械研究所有限公司

MACHINERY RESEARCH INSTITUTE CO.,LTD.

U0896147

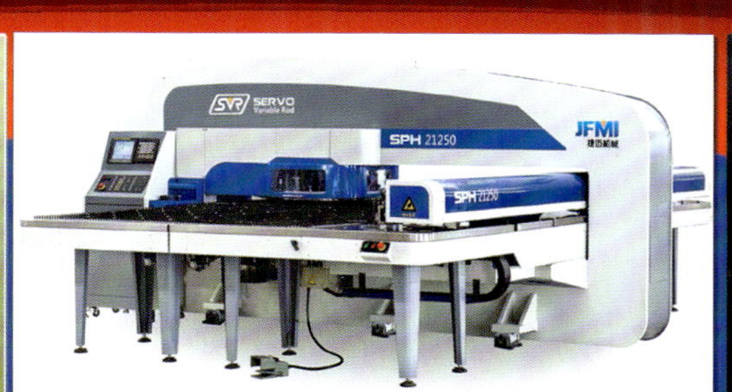

数控转塔冲床

数控光纤激光切割机

高档数控开卷校平生产线

清洁高效绿色铸造成套装备

高端汽车纵梁成套装备

51年风雨历程，铸就行业品牌

传感精诚，惟有禹衡

长春禹衡光学有限公司（原长春一光，以下简称禹衡光学）是光栅编码器及光学仪器行业的龙头企业。2008年落成的产业科技园占地面积30 000m²，建筑面积16 000m²。 现有员工400人，主导产品光栅编码器的年生产能力100万台。 禹衡光学是中国光学协会理事单位，中国机床工具工业协会数显分会理事长单位，全国量具量仪标准化技术委员会数显装置分技术委员会（SAC/TC132/SC3）委员单位。已全面实施ERP企业资源计划系统，建立了产、销、存、财务、技术网络信息化管理架构。

As a leading manufacturer of grating encoders and optical instruments, Yuheng Optics Co., Ltd.（Changchun）is a specialist in the field of industrial sensor technology with an extensive range of products. Our Industrial Science and Technology Park was landed in 2008 covering 30 000m².With the rapid development, our annual production capacities of grating encoders have reached over 1 million units. Meanwhile, our production standards are granted the certification of CE、RoHS and ISO 9001:2008. To meet the highest quality standard, our company has established an overall information management system. All our employees have the professional knowledge to your application needs and we will try our best to meet your requirements sincerely.

广告

长春禹衡光学有限公司
Yuheng Optics Co.,Ltd.(Changchun)

地址：吉林省长春市高新区飞跃东路333号　　邮编：130012
电话：0431-85543700　88684373　传真：0431-88634119
E-mail: sales@yu-heng.cn
http: //www.yu-heng.cn　www.encoders.com.cn

宁江机床

NINGJIANG

MACHINE TOOLS

四川普什宁江机床有限公司由五粮液普什集团公司和宁江机床集团公司共同出资设立，是中国精密数控机床研发、制造、销售的骨干企业。公司产品服务于航空、航天、军工、船舶、核电、汽车、模具以及仪器仪表和家电五金等行业。

主导产品

精密卧式加工中心系列

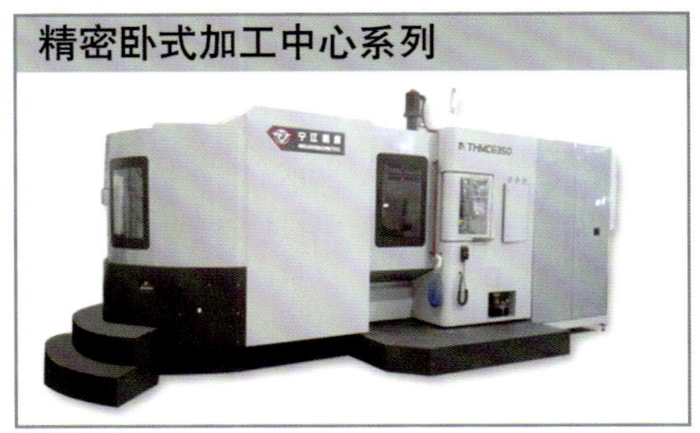

高速卧式加工中心系列

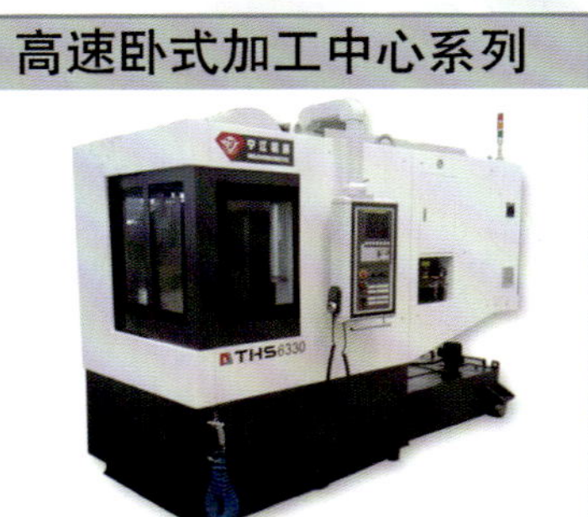

五轴加工中心系列

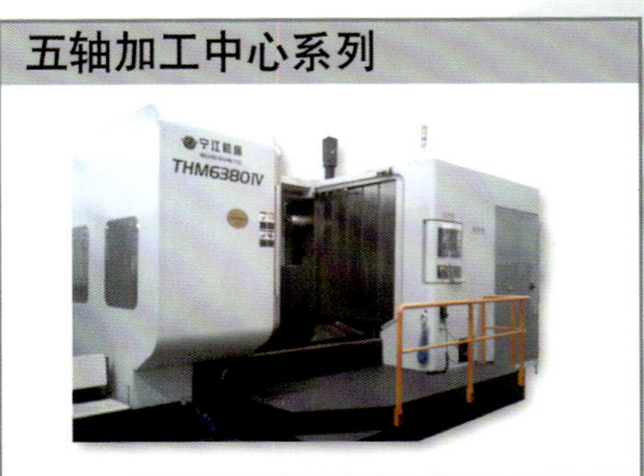

坐标磨床／镗床系列

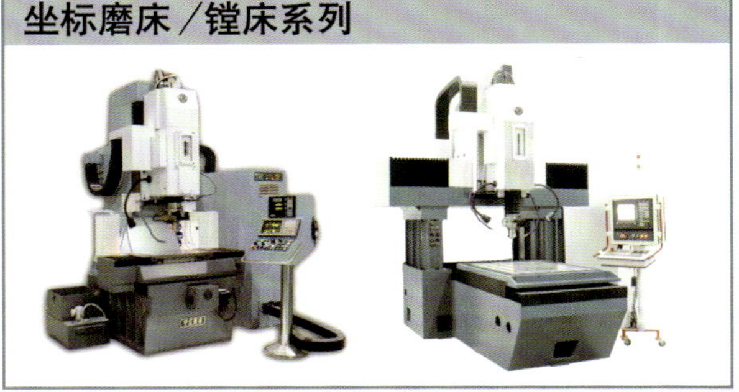

专用组合机床系列

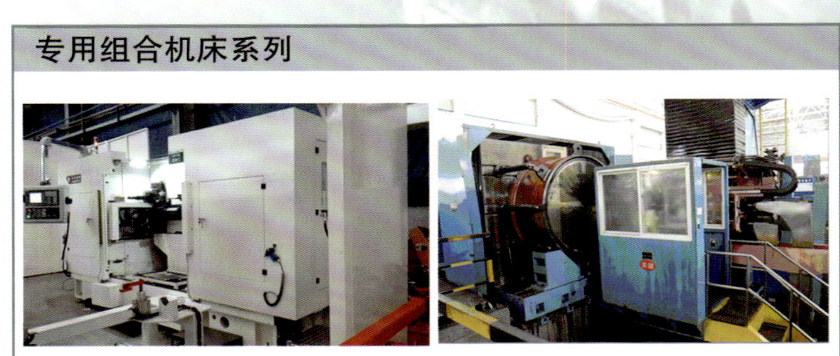

自动组装线及生产线

四川普什宁江机床有限公司

PUSH NINGJIANG MACHINE TOOL CO., LTD.

地址：四川省都江堰市永安大道南一段　邮编：611830

电话：028-87132411 87132477

传真：028-87132467 87111767

销售部（本部）：028-87132411-582 87132477 87127878

http://www.ningjiang.com

广告

产品特色：精密、高效、成套、智能化

- 宁江牌精密数控机床、宁江牌小模数数控卧式滚齿机床为四川省名牌产品
- 国家一级计量单位　省级企业技术中心　国家博士后流动工作站
- 通过 ISO9001:2008 质量管理体系、ISO 14001: 2004环境管理体系和OHSAS 18001: 2007职业健康安全管理体系认证

滚齿机系列

YK3610III　G200　YK3608　YK3115

数控车床系列

柔性制造系统及数字化车间

上海销售服务处：021-65381278　　南京销售服务处：025-84404846
广州销售服务处：020-83827011　　宁波销售服务处　0574-87166609
重庆销售服务处：023-68666497　　天津销售服务处　022-23692975
西安销售服务处：029-85211457　　外　贸　分　部：028-87229738

广告

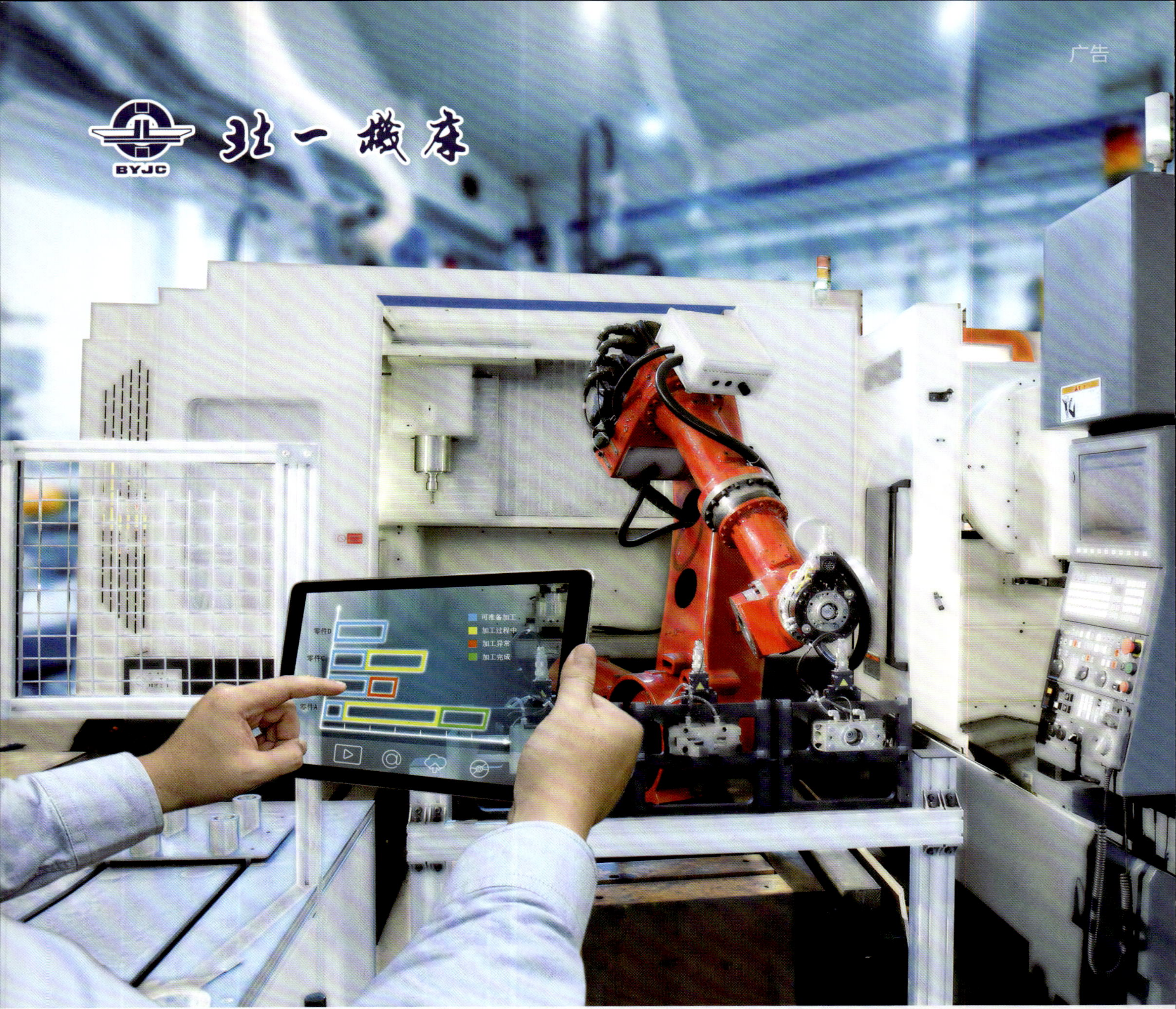

北一機床

制造精良 追求卓越

与共和国同龄，历经 68 载承继，北一机床从变革到超越、追先进至领先，秉承“制造精良，追求卓越”的核心理念，一步一个脚印，致力于成为具有全球竞争力的机床制造与服务供应商，在“精益求精、创新共赢”之路上竭诚与您合作、为您服务。

地址：北京市顺义区双河大街16号　邮编：101300
电话：010-89496161　网址：www.byjc.com.cn

中国机械工业年鉴系列

中国机床工具工业年鉴

2016

中国机械工业年鉴编辑委员会
中国机床工具工业协会 编

《中国机床工具工业年鉴》2016年刊设置产业概况、产业运行、市场概况、产品与技术、特色企业和附录栏目，集中反映机床工具行业的产业运行状况、产销情况、技术水平及发展趋势，全面系统地提供了机床工具行业的经济指标。

《中国机床工具工业年鉴》主要发行对象为政府决策机构、机械工业相关企业决策者和从事市场分析、企业规划的中高层管理人员以及国内外投资机构、贸易公司、银行、证券、咨询服务部门和科研单位的机电项目管理人员等。

图书在版编目（CIP）数据

中国机床工具工业年鉴. 2016/中国机械工业年鉴编辑委员会，中国机床工具工业协会编. —北京：机械工业出版社，2017.4

（中国机械工业年鉴）

ISBN 978-7-111-56525-3

Ⅰ. ①中… Ⅱ. ①中… ②中… Ⅲ. ①机床—金属加工工业—中国—2016—年鉴 Ⅳ. ①F426. 41-54

中国版本图书馆CIP数据核字（2017）第056853号

机械工业出版社（北京市西城区百万庄大街22号 邮政编码 100037）

责任编辑：袁士华 魏素芳

北京宝昌彩色印刷有限公司印制

2017年4月第1版第1次印刷

210mm×285mm·13.5印张·16插页·540千字

定价：320.00元

凡购买此书，如有缺页、倒页、脱页，由本社发行部调换

购书热线电话（010）68326643、68997962

封面无机械工业出版社专用防伪标均为盗版

中国机械工业年鉴系列

作为『工业发展报告』

记录企业成长的每一阶段

中国机械工业年鉴

编辑委员会

名誉主任　于　珍　何光远

主　　任　王瑞祥　第十一届全国政协提案委员会副主任、中国机械工业联合会会长

副 主 任　薛一平　中国机械工业联合会执行副会长

陈　斌　中国机械工业联合会执行副会长

于清笈　中国机械工业联合会执行副会长

杨学桐　中国机械工业联合会执行副会长

赵　驰　中国机械工业联合会执行副会长兼秘书长

宋晓刚　中国机械工业联合会执行副会长

张克林　中国机械工业联合会执行副会长

王文斌　中国机械工业联合会副会长、机械工业信息研究院院长、机械工业出版社社长

委　　员（按姓氏笔画排列）

石　勇　机械工业信息研究院副院长

苏　波　中纪委驻中央统战部纪检组组长

李　冶　国家能源局监管总监

邹大挺　国家科学技术奖励工作办公室主任

张卫华　国家统计局工业统计司司长

陈惠仁　中国机床工具工业协会常务副理事长兼秘书长

周卫东　中国国际贸易促进委员会机械行业分会副会长

姚　平　中国航空工业集团公司综合管理部政策研究室主任

赵　明　中国航天科工集团公司办公厅副局级巡视员

赵新敏　中国机械工业联合会副秘书长

郭　锐　机械工业信息研究院副院长、机械工业出版社总编辑

徐锦玲　中国船舶工业集团公司办公厅新闻处处长

隋永滨　中国机械工业联合会专家委专家

董中江　中国船舶重工集团公司政策研究室主任

路明辉　中国航天科技集团公司办公厅副主任

中国机床工具工业年鉴

『鉴』证行业发展 共建制造强国

中国机床工具工业年鉴
执行编辑委员会

名誉主任 王　旭　北京北一机床股份有限公司董事长
关锡友　沈阳机床（集团）有限责任公司董事长
张志刚　济南二机床集团有限公司董事长
龙兴元　秦川机床工具集团股份公司董事长

主　任 陈惠仁　中国机床工具工业协会常务副理事长兼秘书长

总顾问 于成廷　中国机床工具工业协会名誉理事长
吴柏林　中国机床工具工业协会名誉理事长

副主任 王黎明　中国机床工具工业协会执行副理事长
毛予锋　中国机床工具工业协会执行副理事长
马伟良　齐重数控装备股份有限公司董事长
马俊庆　大连机床集团有限责任公司总裁
石　光　上海机床厂有限公司党委书记
吴国兴　苏州电加工机床研究所有限公司总经理
邱丽花　郑州磨料磨具磨削研究所有限公司总经理
刘炳业　北京机床研究所所长
刘家旭　济南铸造锻压机械研究所有限公司党委书记
李金泉　汉川数控机床股份公司董事长
杜琢玉　武汉重型机床集团有限公司董事长
李　屏　株洲钻石切削刀具股份有限公司总经理
李保民　山东博特精工股份有限公司董事长
吴　日　天津市天锻压力机有限公司总经理
何敏佳　广州数控设备有限公司董事长
张明智　重庆机床（集团）有限责任公司董事长
陈吉红　武汉华中数控股份有限公司董事长
罗　勇　成都工具研究所有限公司董事长
由海燕　齐齐哈尔二机床（集团）有限责任公司党委书记
姜　华　四川普什宁江机床有限公司总经理
潘云虎　扬州锻压机床股份有限公司董事长
魏华亮　哈尔滨量具刃具集团有限责任公司董事长

委　员（按姓氏笔画排列）
王　宇　磨床分会秘书长
王　珏　小型机床分会秘书长
王　镜　木工机械分会秘书长
王兴麟　机床附件分会秘书长
王明远　涂附磨具分会秘书长
叶　军　特种加工机床分会秘书长
叶　钧　锯床分会秘书长
边海燕　机床电器分会秘书长
刘庆乐　组合机床分会秘书长
刘春时　钻镗床分会秘书长
刘宪银　滚动功能部件分会秘书长

中国机床工具工业年鉴

『鉴』证行业发展 共建制造强国

中国机床工具工业年鉴 执行编辑委员会

李宪凯　车床分会秘书长
李继运　中国机床工具工业协会行业部副主任
肖　明　数控系统分会秘书长
吴建民　夹具分会秘书长
邹春生　铣床分会秘书长
张自凯　齿轮加工机床分会秘书长
陈　鹏　磨料磨具分会秘书长
武　平　数显装置分会秘书长
胡红兵　工具分会秘书长
赵　博　超硬材料分会秘书长
钟　洪　主轴功能部件专业委员会秘书长
娄晓钟　中国机床工具工业协会行业部主任
徐宁安　重型机床分会秘书长
郭　俊　插拉刨床分会秘书长
郭长城　中国机床工具工业协会副秘书长
崔瑞奇　锻压机械分会秘书长
符祚钢　中国机床工具工业协会行业部

执委会办公室

主　　任　陈惠仁
成　　员　郭长城　娄晓钟　李继运　符祚钢

中国机床工具工业年鉴 编辑出版工作人员

总　编　辑　石　勇
主　　　编　李卫玲
副　主　编　刘世博　曹　军
执行主编　任智惠
责任编辑　袁士华　魏素芳
编　　　辑　董智利　韩　硕

地　　　址　北京市西城区百万庄大街22号（邮编100037）
编　辑　部　电话（010）68997962　传真（010）68997966
发　行　部　电话（010）68326643　传真（010）88379825

E-mail:cmiy@vip.163.com
http://www.cmiy.com

中国机床工具工业年鉴

『鉴』证行业发展
共建制造强国

中国机床工具工业年鉴
特约顾问单位特约顾问

（按姓氏笔画排列）

特约顾问单位	特约顾问
大连光洋科技集团有限公司	于德海
北京北一机床有限公司	王　旭
秦川机床工具集团股份公司	龙兴元
宇环数控机床股份有限公司	许世雄
上海机床厂有限公司	吴晓健
济南铸造锻压机械研究所有限公司	张　波
济南二机床集团有限公司	张志刚
山东永华机械有限公司	陈　舟
长春禹衡光学有限公司	林长友
四川普什宁江机床有限公司	姜　华
北京精雕科技集团有限公司	蔚　飞
江苏金方圆数控机床有限公司	潘红卫

中国机床工具工业年鉴
特约顾问单位特约编辑

（按姓氏笔画排列）

特约顾问单位	特约编辑
四川普什宁江机床有限公司	王　珏
上海机床厂有限公司	王汉萍
大连光洋科技集团有限公司	田兆强
山东永华机械有限公司	刘卫国
北京北一机床有限公司	刘伟博
济南二机床集团有限公司	李　刚
北京精雕科技集团有限公司	宋小飞
宇环数控机床股份有限公司	易　丁
江苏金方圆数控机床有限公司	孟兆胜
秦川机床工具集团股份公司	郭　劼
济南铸造锻压机械研究所有限公司	崔瑞奇
长春禹衡光学有限公司	董　岩

前　言

2015年，我国机床工具行业市场和经济运行仍处于下行通道，行业承受的下行压力强度更大。机床工具消费市场仍处于下行调整区间，并且下行调整的范围呈现全面扩展趋势。行业企业在应对“需求总量明显减少、需求结构加速升级”的持续性变化中，不断调整，坚持创新，走过了难忘的一年。

统计数据显示，2015年，中国大陆金属加工机床消费额为275亿美元，占世界金属加工机床消费额的34.8%，同比下降13.6%。其中，本土产机床189亿美元，占比69%，同比下降8.7%；进口机床86亿美元，占比31%，同比下降20.4%。

机床工具产品累计进出口总额255.2亿美元，同比下降13.2%。其中，出口额108.3亿美元，同比下降6.9%；进口额146.9亿美元，同比下降17.3%。金属加工机床出口额31.6亿美元，同比下降5.9%；进口额86.2亿美元，同比下降20.4%。

在市场需求不断下行的外部压力下，行业企业主动作为，积极调整，加快转型，取得了难能可贵的新进步。2015年，全行业共有13个研发项目荣获“中国机械工业科学技术奖”，其中，一等奖2项、二等奖5项、三等奖6项。

2016年，在应对以“传统引擎减速、新兴动力不足”为主要特征的持续市场变化过程中，行业企业还将承受更大的下行压力，需要不断创新技术和产品，提升竞争力，力争在转型升级的进程中有新作为、新突破。

改版后的《中国机床工具工业年鉴》再次与读者见面了。作为全面、系统、准确记录机床工具行业年度发展状况和技术进步的资料性工具书，她以详实的信息和数据，真实准确地记录了我国机床工具行业的发展和进步，并将继续关注行业发展的新变化，与广大用户和关心机床工具行业发展的读者一起，共同见证中国机床工具行业转型升级、持续创新的发展历程！

中国机床工具工业协会将继续履行“提供服务、反映诉求、规范行为”三大核心职能，为促进行业发展、维护行业利益努力提升服务能力和水平！

中国机床工具工业协会常务副理事长兼秘书长

2017年3月

广告索引

『鉴』证行业发展

共建制造强国

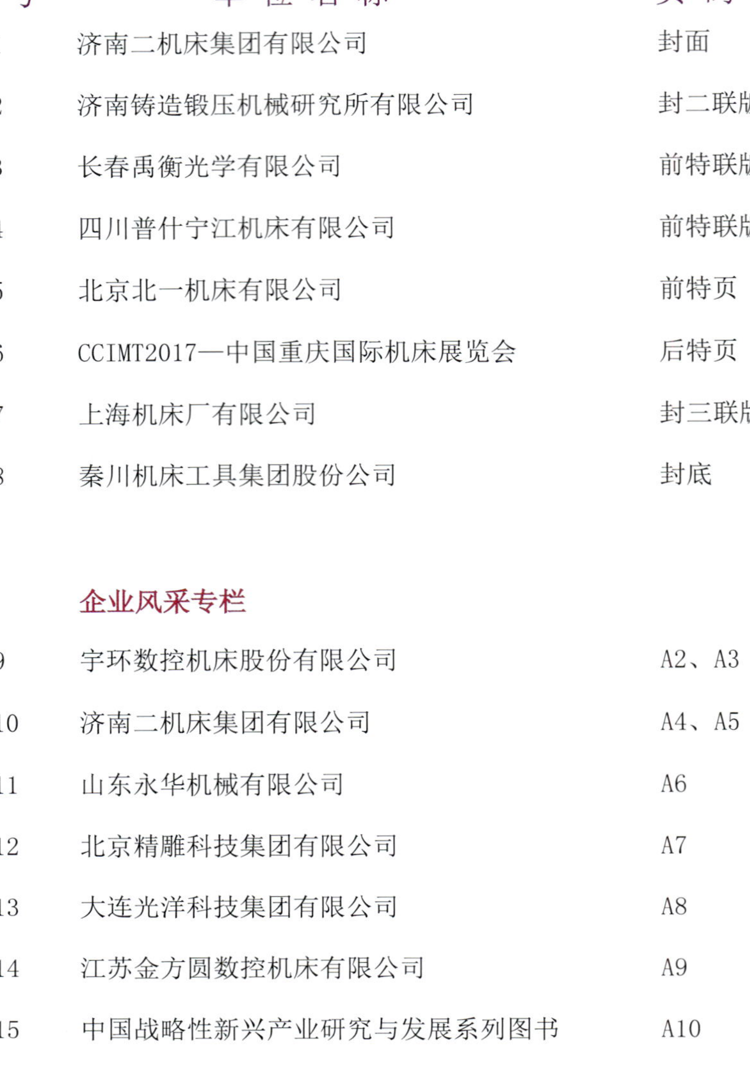

2015年度中国机床工具工业协会先进会员企业

自主创新十佳

企业名称	产品型号及名称
北京北一机床股份有限公司	B3HM-039高精度小孔珩磨机
大连机床集团有限责任公司	HDM-80精密卧式加工中心
湖南中大创远数控装备有限公司	YKA2260数控螺旋锥齿轮干切机床
济南二机床集团有限公司	SE4-2500大型伺服压力机
宁夏银川大河数控机床有限公司	2MK2218×50YSG高档数控珩磨机
齐重数控装备股份有限公司	DVTM1600×55/400L-NC数控双柱立式铣车床
沈机集团昆明机床股份有限公司	TGK46100高精度数控卧式坐标镗床
沈阳机床（集团）有限责任公司	i5A2桁架自动化加工单元
武汉重型机床集团有限公司	CKX53280超重型数控单柱移动立式铣车床
扬力集团股份有限公司	HFP25MN-1500热模锻压力机

产品质量十佳

保定维尔铸造机械股份有限公司	YJZ静压造型自动生产线
重庆机床（集团）有限责任公司	Y4232CNC数控剃齿机
富耐克超硬材料股份有限公司	立方氮化硼聚晶刀具
江苏亚威机床股份有限公司	PBH-110/3100数控折弯机
南京工艺装备制造有限公司	GZB45滚柱重载导轨副
秦川机床工具集团股份公司	YK3132数控滚齿机
山东普利森集团有限公司	CK4363曲轴数控车床
四川普什宁江机床有限公司	CMK0220II小型精密数控排刀车床
宜昌长机科技有限责任公司	YKS5132数控插齿机
浙江凯达机床股份有限公司	KDVM800LH立式加工中心

宇环数控机床股份有限公司
YUHUAN CNC MACHINE TOOL CO., LTD.

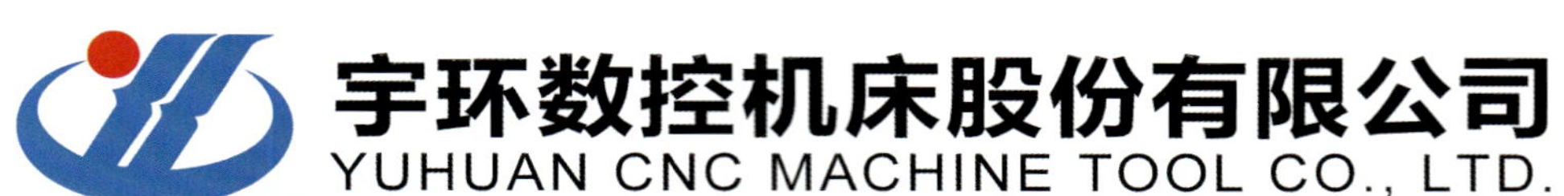

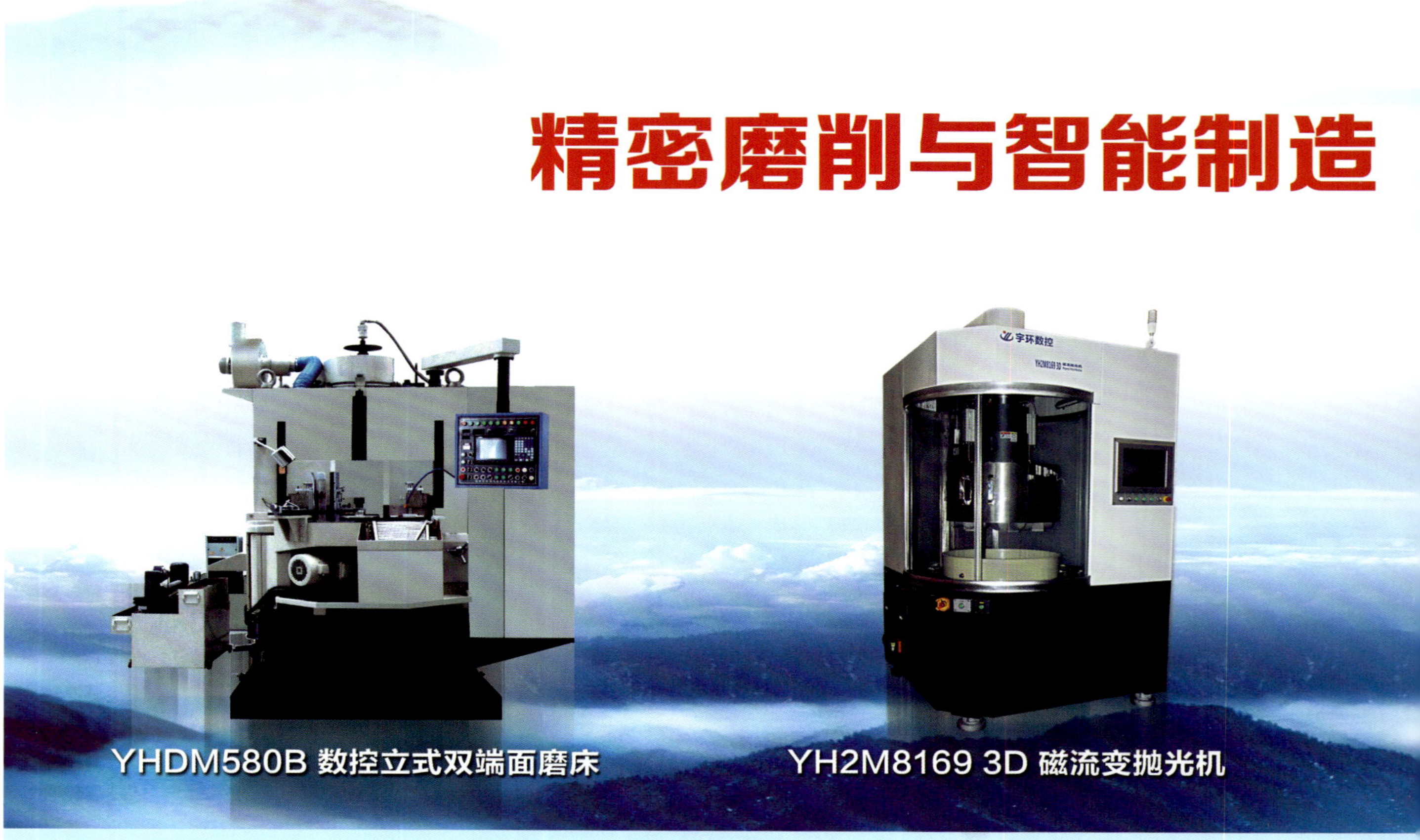
精密磨削与智能制造
YHDM580B 数控立式双端面磨床
YH2M8169 3D 磁流变抛光机

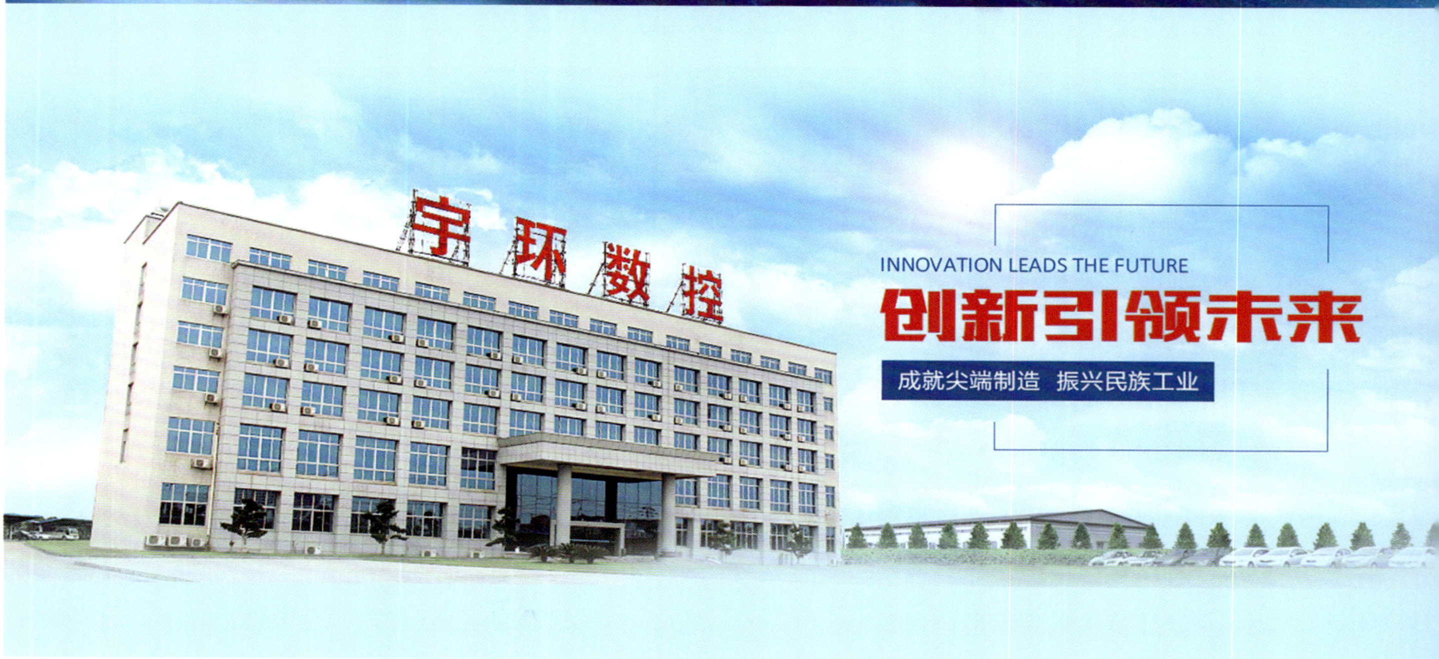
宇环数控
INNOVATION LEADS THE FUTURE
创新引领未来
成就尖端制造 振兴民族工业

技术方案专业提供商

YH2M81118 全自动曲面抛光机

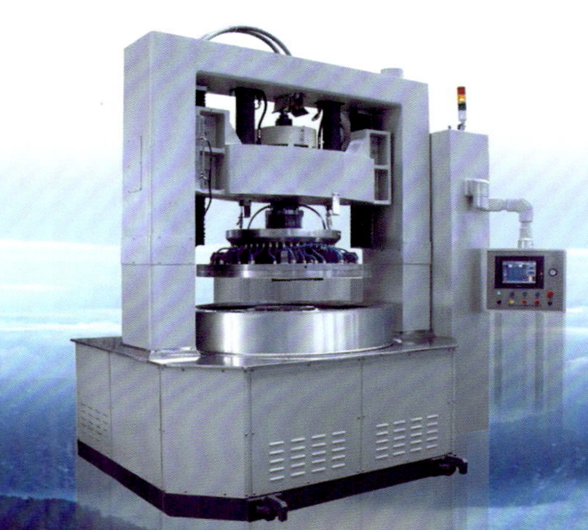
YHM77110高精度立式双面研磨机床

宇环数控机床股份有限公司是专业从事数控磨削设备及智能装备的研发、生产、销售与服务，为客户提供精密磨削与智能制造技术综合解决方案的国家装备制造业重点企业。宇环数控是国家高新技术企业，是国家重大科技支撑计划项目、国家重点新产品计划项目、国家火炬计划项目、国家产业振兴及技术改造项目的实施单位。公司现为中国机械工业联合会会员单位、中国机电装备维修与改造技术协会理事长单位、中国机床再制造产业技术创新战略联盟副理事长单位、湖南省机床工具工业协会会长单位。

公司拥有湖南省数控精密磨床工程技术研究中心、湖南省企业技术中心及院士专家工作站，通过多年自主创新与技术积累，公司在精密高效磨削抛光技术领域及数控装备、智能装备技术领域已形成了自已的核心竞争优势，公司产品多次荣获中国机械工业科学技术奖、国家重点新产品奖、中国国际数控机床展之“春燕奖”。公司产品主要分为数控磨床、数控研磨抛光机和智能装备系列产品，主要应用领域为：汽车工业、内燃机、消费电子、轴承、密封件、船舶、军工及航空航天等国民经济各主要领域。

公司将始终坚持以“责任为本、创新为谋、发展为恒、奉献为荣”的企业精神，不断创新、开拓进取，打造公司“精密磨削与智能制造技术方案专业提供商”的核心名片，致力于成为数控磨削设备及智能装备产业领域的引领者。

地址：湖南省长沙市浏阳高新区永阳路9号
电话：400-8320220 0731-83201588

http://www.yh-cn.com

打造国际一流机床制造企业

出口美国福特汽车公司的大型全自动高速冲压线

双龙门移动式机械五轴联动镗铣床

开卷校平落

80年艰辛创业，承载民族工业振兴使命；80年不竭创新，书写国企发展辉煌篇章。

济南二机床始建于1937年，是国内机床行业重点骨干企业、国家高新技术企业。分别于1953年和1955年国内率先研制出龙门刨床和机械压力机，被誉为“龙门刨的故乡”“机械压力机的摇篮”。企业为国家各重点行业领域提供了重要装备支持，被授予“重大技术装备领域突出贡献企业”。

主要产品有冲压设备、数控金属切削机床、自动化设备、铸造机械、数控切割设备。广泛服务于汽车、航空航天、轨道交通、能源、船舶、军工、模具等行业，远销世界60多个国家和地区。

企业拥有“国家企业技术中心”“国家研发中心”“国家重点实验室”，先后承担了14项国家科技重大专项以及国家科技支撑计划、国家智能制造专项等重大科研项目，牵头制定16项国家及行业标准。

重型数控冲压设备国内市场占有率达到80%以上，装备了国内几乎所有自主品牌和美系、德系、日系等合资品牌汽车企业。同时成批、成线出口到北美、东南亚、南亚等地的汽车主机厂，提供海外总承包交钥匙工程，被通用、福特、大众、日产、本田、铃木、奥迪等国际汽车巨头纳入全球供应商，是“世界三大数控冲压装备制造商”之一。2011年以来，先后赢得福特汽车美国本土4个工厂9条大型冲压线订单，打破德国企业几十年的垄断地位，为中国制造争得了荣誉。

“千吨动力创造价值，万转高速奔向成功”！济南二机床将坚持“打造国际一流机床制造企业，塑造世界知名品牌”的目标，不断提高自主技术创新开发能力，努力为用户、为社会提供更多高技术、高性能、高品质的数控装备，为实现中国制造由大到强作出新的贡献！

广告

塑造世界知名品牌

料自动线

自硬砂造型生产线

自动化等离子切割生产线

JIER 济南二机床集团有限公司
JIER MACHINE-TOOL GROUP CO., LTD.

地址：中国·济南市机床二厂路2号 邮编：250022 电话：(0531) 87963311 传真：(0531) 87118787
邮箱：info@jiermt.com http://www.jiermt.com

广告

山东永华机械有限公司

ROTTLER YONGHUA

德国品质 中国制造

全新系列高性能加工中心

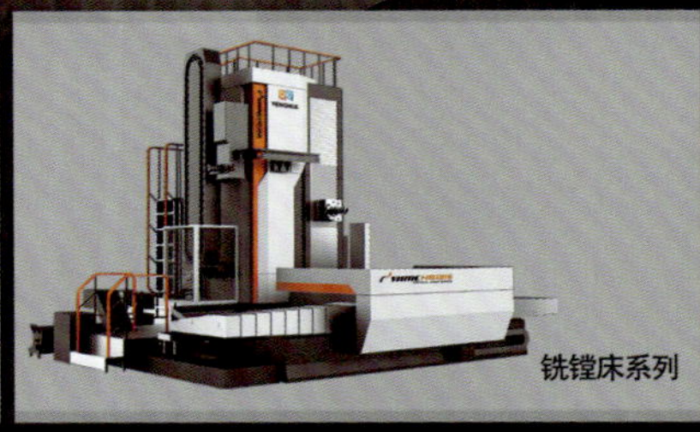

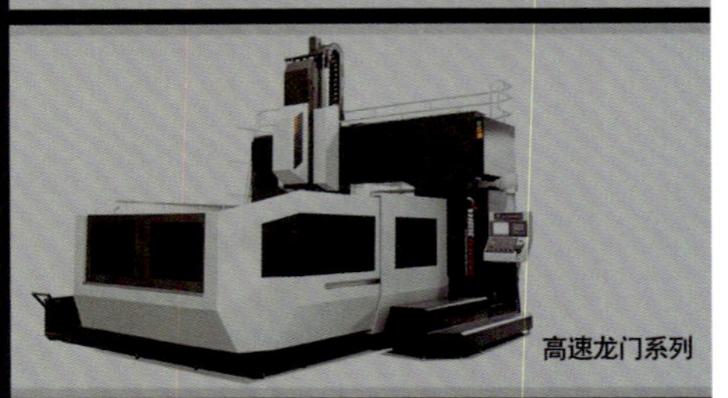

地址：山东省兖州经济开发区永安路

销售服务支持热线：400-113-6699

http://www.sdyhjx.cn http://www.rottler-yonghua.com

E-mail：sales@sdyhjx.cn itd@sdyhjx.cn

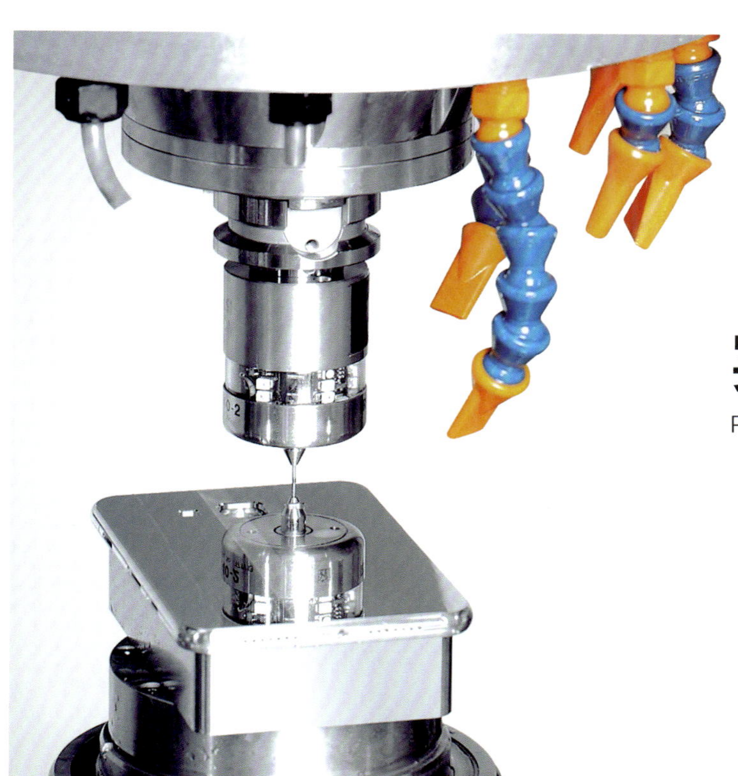

实践智能制造

PRACTICE INTELLIGENT MANUFACTURING

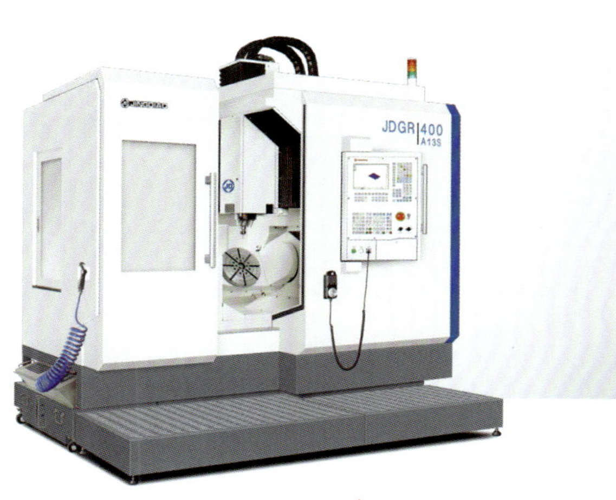

北京精雕科技集团有限公司是一家致力于精密加工技术的高新技术企业，主要从事数控机床、数控系统、高速精密电主轴、高精度直驱转台、CAD/CAM软件等产品的研制、生产和销售。分布在全国的40余家服务机构，为客户提供以解决CNC工艺难题为核心的技术服务；多个规模化的验证中心，可为客户提供批量加工验证服务，帮助客户快速实现批量生产。

自主研发的精雕CNC雕刻中心，具备钻孔、攻丝、磨削、抛光、高光铣、多轴旋转联动和在机测量补加工的能力，高光产品的表面粗糙度可达10nm，适合用于3C行业、精密加工和特种材料加工等领域，是解决小刀具铣削、钻削、磨削和在机测量补加工的理想工具。

咨询热线：400-6789-532
企业网址：www.jingdiao.com

广告

GONA 大连光洋科技集团
Dalian Guangyang Science Group

数控产业完整技术链与产业链

以用户工艺为核心，形成零部件、功能部件、主机，用系统观实现相互提升的机制

数控系统　传感器　电动机　功能部件　铸石床身　液压系统

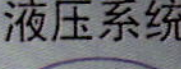

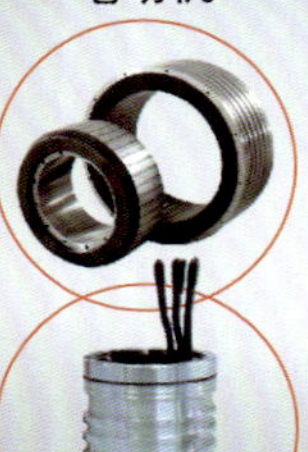
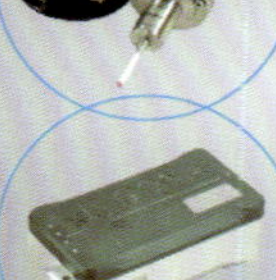
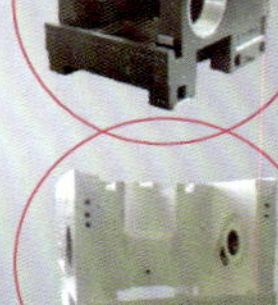

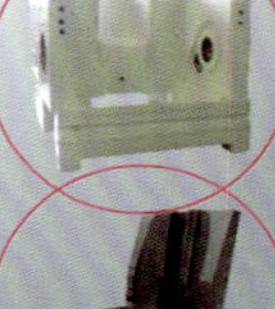

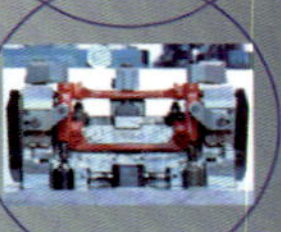

集团公司旗下产品有：高端数控系统、精密伺服驱动及电动机、各类五轴数控机床、工业机器人、数控功能部件、铸石床身、液压系统、传感器等。集团旗下包括科德数控股份有限公司、大连光洋机器人有限公司、大连光洋伺服电机有限公司、大连光洋自动化液压系统有限公司、大连光洋传感器有限公司、大连光洋铸石床身有限公司等11家独立法人股份多元化子公司；集团公司还设有数控功能部件事业部、钣金事业部、工控事业部等业务部门。

大连光洋科技集团是国家火炬计划重点高新技术企业、国家知识产权试点企业、国家数控机床高新技术产业化基地、高档数控控制集成技术国家工程实验室，承担了国家科技支撑计划、国际科技合作计划、国家高档数控机床科技重大专项等十余项国家课题；主持制定数控系统现场总线国家标准，参与制定国家标准7项；数控系统源代码通过国家测试认证；拥有有效专利300余项；通过ISO9001: 2000、CMMI L3、CE等国际认证。

大连光洋科技集团以“公正、公平、实事求是”为企业文化基石，以“客户利益、员工利益、企业利益、国家利益”为企业核心价值观。

率先构建完成智能化制造装备产业完整技术链和产业链，致力于为用户提供不同产品全套的智能制造解决方案，推动我国智能化制造产业实现跨越式发展。形成了以用户工艺为目标，用系统观实现了工业化、信息化的深度融合，满足了用户智能化制造要求，形成了两化融合相互提升的机制。与不同领域用户建立了联合研发，共同受益、共同提升的合作伙伴关系。

大连光洋科技集团有限公司
Dalian Guangyang Science Group Co,. Ltd.
A. 中国大连市经济技术开发区龙泉街6号
T. +86 411 8217 9333-8218
F. +86 411 8217 9333-8225
http://www.dlgona.com

科德数控股份有限公司
Kede Numerical Control Corporation
A. 大连市经济技术开发区哈尔滨路27号
T. +86 411 6278 3333-6009
F. +86 411 6278 3111
http://www.dlkede.com

大连光洋自动化液压系统
Gona Automatic Hydraulic System
A. 大连市经济技术开发区哈尔滨路27号
T. +86 411 6278 3208　8217 9333-6031
Sales and Technical. 400-790-7790
F. +86 411 6278 3528
http://www.gonayeya.com

广告

JFY 江苏金方圆
德国通快集团成员企业

江苏金方圆数控机床有限公司是德国通快集团成员企业。金方圆在国内数控钣金加工领域具有较高的知名度和品牌优势，德国通快也是世界机床行业名列前茅的企业。两个企业合资，强强联合、优势互补。合资后的金方圆将更高起点致力于数控板材加工设备的研制、生产和销售，在拓展国内市场的同时，更加注重国际市场营销网络建设，加速金方圆公司的转型升级，使金方圆品牌更快更好地走向国际市场。

公司生产的主要产品有：数控转塔冲床、数控激光切割机、数控母线加工机、数控折弯机、数控液压闸式剪板机、数控冲剪复合柔性生产线，并可为客户订制各类钣金加工生产线。

www.jinfangyuan.com

地址：江苏省扬州市邗江工业园区银柏路19号
电话：0514-80522333 80522448
传真：0514-80522331
邮箱：sale@jinfangyuan.com

广告

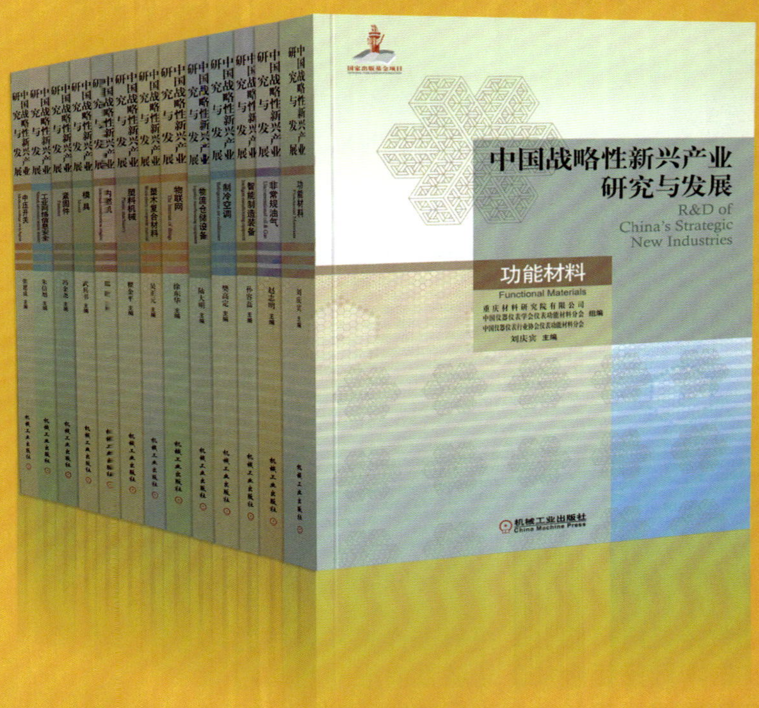

中国战略性新兴产业研究与发展系列图书

- 功能材料
- 制冷空调
- 塑木复合材料
- 模具
- 中压开关
- 非常规油气
- 物流仓储设备
- 塑料机械
- 紧固件
- 智能制造装备
- 物联网
- 内燃机
- 工业网络信息安全

机械工业出版社重点图书

扫描关注微信了解详情

回顾总结 2015 年机床工具产业发展情况，分析产业结构变化

P 3 ～ 5

从生产运行、出口等方面阐述机床工具产业及典型产品领域运行情况

P 9 ～ 50

概述中国机床工具消费市场结构，从进出口、主要用户行业运行情况、主要用户行业固定资产投资情况等方面分析机床工具市场需求

P 53 ～ 72

分析机床工具行业典型产品技术进步和发展情况、“中国机械工业科学技术奖”获奖情况，总结行业标准化工作

P 75 ～ 124

机床年鉴微信

介绍机床工具行业 30 强企业、十佳企业的成功经验及上市公司运营情况

P 127 ～ 173

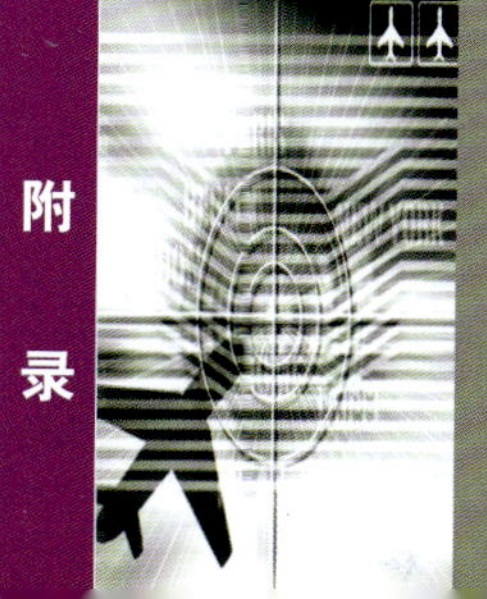

公布 2015 年机床工具行业主要统计数据，发布全球金属加工机床消费及生产调查报告，记载 2015 年机床工具行业发生的重大事件

P 177 ～ 212

中国机械工业年鉴系列

《中国机械工业年鉴》

《中国电器工业年鉴》

《中国工程机械工业年鉴》

《中国机床工具工业年鉴》

《中国通用机械工业年鉴》

《中国机械通用零部件工业年鉴》

《中国模具工业年鉴》

《中国液压气动密封工业年鉴》

《中国重型机械工业年鉴》

《中国农业机械工业年鉴》

《中国石油石化设备工业年鉴》

《中国塑料机械工业年鉴》

《中国齿轮工业年鉴》

《中国磨料磨具工业年鉴》

《中国机电产品市场年鉴》

《中国热处理行业年鉴》

《中国机械工业集团年鉴》

编辑说明

一、《中国机械工业年鉴》是由中国机械工业联合会主管、机械工业信息研究院主办、机械工业出版社出版的大型资料性、工具性年刊，创刊于 1984 年。

二、根据行业需要，1998 年中国机械工业年鉴编辑委员会开始出版分行业年鉴，逐渐形成了中国机械工业年鉴系列。该系列现已出版了《中国电器工业年鉴》《中国工程机械工业年鉴》《中国机床工具工业年鉴》《中国通用机械工业年鉴》《中国机械通用零部件工业年鉴》《中国模具工业年鉴》《中国液压气动密封工业年鉴》《中国重型机械工业年鉴》《中国农业机械工业年鉴》《中国石油石化设备工业年鉴》《中国塑料机械工业年鉴》《中国齿轮工业年鉴》《中国磨料磨具工业年鉴》《中国机电产品市场年鉴》《中国热处理行业年鉴》和《中国机械工业集团年鉴》。

三、《中国机床工具工业年鉴》于 2002 年创刊，2016 年刊为第 15 期。该年鉴由产业概况、产业运行、市场概况、产品与技术、特色企业及附录内容构成，集中反映了机床工具行业的产品状况、技术水平、产销情况及发展趋势，全面系统地提供了机床工具行业的主要经济指标。

四、统计资料中的数据由中国机床工具工业协会提供，数据截止到 2015 年 12 月 31 日。

五、《中国机床工具工业年鉴》主要发行对象为政府决策机构、机械工业相关企业决策者和从事市场分析、企业规划的中高层管理人员以及国内外投资机构、贸易公司、银行、证券、咨询服务部门和科研单位的机电项目管理人员等。

六、在编纂过程中得到了中国机床工具工业协会及多年从事机床工具工业研究的专家、学者和企业的大力支持和帮助，在此表示衷心感谢。

七、未经中国机械工业年鉴编辑部的书面许可，本书内容不得以任何形式转载。

八、由于水平有限，难免出现错误及疏漏，敬请批评指正。

中国机械工业年鉴编辑部

2017 年 3 月

目　录

产 业 概 况

产 业 运 行

市 场 概 况

产品与技术

特色企业

附　录

Contents

General Situation of the Industry

Industrial Operation

General Situation of the Market

Product and Technology

Enterprises with Special Features

Appendix

回顾总结2015年机床工具产业发展情况，分析产业结构变化

产业概况

产业运行

市场概况
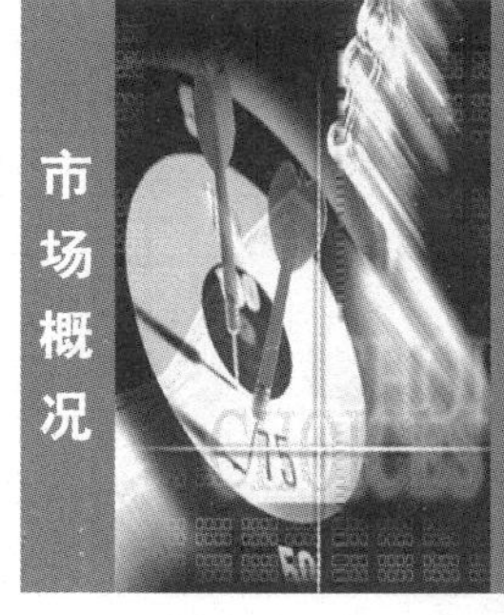

产品与技术

特色企业

附录

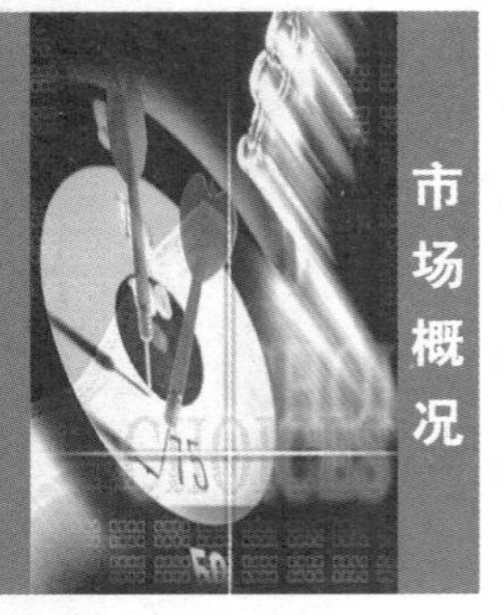

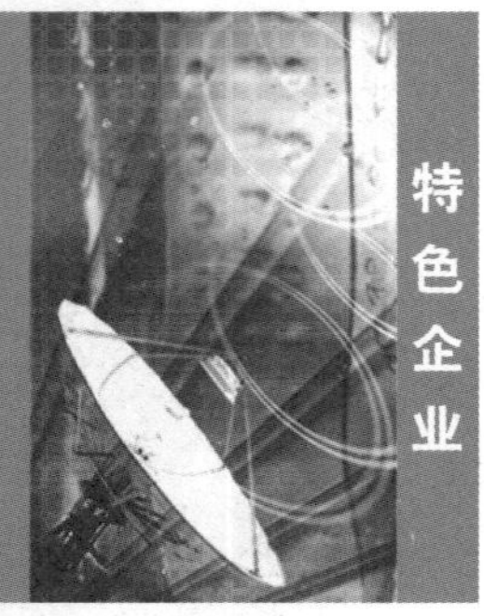

产业概况

2015年中国机床工具产业发展现状

2015年，中国经济增速进一步趋缓，工业形势较上年更加严峻。中国机床工具产业发展也受到很大的影响，产生诸多新变化，产业主体结构继续调整，产业下行压力持续加大，产业分化日益明显，企业经营困难进一步扩大，产业转型升级处于关键时期。

中国机床工具产业经过60余年的发展，已经形成涵盖金属切削机床、金属成形机床、铸造机械、木工机床、数控装置、功能部件、工具及量具量仪、机床电器和磨料磨具等分行业的完备的机床工具产业体系，完全具备自主发展的产业基础，部分产品技术领域达到和接近国际先进水平，初步形成了具有国际影响力的企业品牌和产业集群，能够为国民经济建设和中国装备制造业的持续发展提供战略支撑。

国家统计局2015年中国机床工具产业统计数据显示，中国机床工具产业规模以上企业共有5 656家，其中国有控股、集体控股、私人控股、港澳台商控股、外商控股和其他类型的企业比例分别为3.3%、1.8%、81.7%、3.9%、5.6%和3.7%，与上年同期相比分别变化了-0.2个、-0.3个、1.1个、-0.2个、-0.3个和-0.1个百分点。总体上看，中国机床工具产业结构呈现出新的变化，民营经济继续保持增长的势头。2015年中国机床工具产业企业构成按所有制性质分类情况见表1。

表1　2015年中国机床工具产业企业构成按所有制性质分类情况

所有制性质	企业数（家）	占比（%）	上年同期企业数（家）	占比（%）	所有制性质	企业数（家）	占比（%）	上年同期企业数（家）	占比（%）
合计	5 656	100.0	5 400	100.0	港澳台商控股	219	3.9	220	4.1
国有控股	186	3.3	187	3.5	外商控股	319	5.6	318	5.9
集体控股	99	1.8	115	2.1	其他	210	3.7	206	3.8
私人控股	4 623	81.7	4 354	80.6					

注：由于国家统计局未提供数控装置和机床电器分行业的统计数据，因此表中不含上述两个分行业。

按中国机床工具产业分行业的分类分析，金属切削机床、金属成形机床、铸造机械、木工机床、功能部件、工具及量具量仪和磨料磨具等分行业的企业占比分别为13.1%、10.2%、11.2%、2.5%、7.3%、12.5%和31.2%，与上年同期相比分别变化了-0.4个、0.1个、-0.2个、-0.3个、0个、-0.1个和1.2个百分点。总体上看，除了磨料磨具分行业外，其他分行业均呈现萎缩趋势。2015年中国机床工具产业企业构成按分行业分类情况见表2。

表2　2015年中国机床工具产业企业构成按分行业分类情况

分行业名称	企业数（家）	占比（%）	上年同期企业数（家）	占比（%）	分行业名称	企业数（家）	占比（%）	上年同期企业数（家）	占比（%）
合计	5 656	100.0	5 400	100.0	功能部件	413	7.3	392	7.3
金属切削机床	739	13.1	731	13.5	工具及量具量仪	706	12.5	680	12.6
金属成形机床	575	10.2	545	10.1	磨料磨具	1 762	31.2	1 618	30.0
铸造机械	636	11.2	617	11.4	其他金属加工机械	682	12.0	663	12.3
木工机床	143	2.5	154	2.8					

注：由于国家统计局未提供数控装置和机床电器分行业的统计数据，因此表中不含上述两个分行业。

以上数据所反映出的中国机床工具产业结构最新变化情况，间接印证了2015年中国机床工具产业总体继续处于承压运行的状态，且运行压力进一步加大。

〔撰稿人：中国机床工具工业协会杜智强〕

2015 年中国机床工具产业结构情况

随着机床工具产业所处环境和运行状态的变化，中国机床工具产业也随之在不同方面和不同层次发生进一步的结构性分化。首先是产业主体变化进一步发展。国家统计局和海关 2015 年中国机床工具产业统计数据显示，产业结构中“私人企业绝对主体”的局面进一步加深，“国有和外资不分伯仲”继续微弱下降。私人控股企业在全行业主营业务收入和企业数量方面的占比高达 79.1% 和 81.7%，较上年同期分别提高 1.3 和 1.1 个百分点。与之对应，国有控股企业（含集体控股）的主营业务收入占比为 9.5%，较上年同期下降 0.3 个百分点；境外控股企业（含港澳台）的主营业务收入占比为 8.2%，较上年同期下降 0.9 个百分点。国有控股和外商控股企业都处于下行态势，说明 2015 年经济处于整体回落过程中，市场低迷正在扩大。2015 年中国机床工具产业及主要分行业经济运行指标按企业所有制性质分布情况见表 1。

表 1　2015 年中国机床工具产业及主要分行业经济运行指标按企业所有制性质分布情况

行业分类	指标名称	私人控股（%）	境外控股（含港澳台）（%）	国有控股（含集体）（%）	其他（%）
全部	主营业务收入	79.1	8.2	9.5	3.1
	利润总额	86.3	8.4	2.1	3.2
	出口额	56.0	32.3	11.6	0.0
	企业数	81.7	9.5	5.1	3.7
	资产	65.0	10.5	20.4	4.1
其中：金属切削机床	主营业务收入	68.7	10.8	18.4	2.2
	利润总额	97.3	13.4	-12.0	1.2
	出口额	53.6	34.1	12.3	0.0
	企业数	72.1	14.2	9.6	4.1
	资产	48.8	10.4	38.3	2.5
金属成形机床	主营业务收入	73.7	12.4	8.0	5.9
	利润总额	65.5	13.8	12.6	8.1
	出口额	70.6	18.6	10.8	0.0
	企业数	79.7	11.0	4.5	4.9
	资产	60.0	14.3	15.5	10.2
工具及量具量仪	主营业务收入	76.4	14.4	6.7	2.4
	利润总额	79.8	13.4	3.5	3.3
	出口额	47.9	39.8	12.3	0.0
	企业数	75.1	16.7	4.8	3.4
	资产	61.8	19.8	14.4	4.0

将“十二五”期间中国机床工具产业结构数据相比较，国有、私人和外资三大主体在产业构成中占比的变化大体呈现同一规律，即私人企业占比增加幅度与国有企业下降幅度相当，外资企业占比变化不大。事实上，在“十二五”期间，市场处于不断的下行变化过程中，受冲击最早和最大的基本是长期占据市场主导地位的大企业和处于产业价值链最低端的小企业。与此相对，民营企业因具有较强的内生动力和市场适应性，在快速调整经营思路，规避风险的同时，开拓新兴细分市场，运行趋势上总体表现得比前两类企业要稳定。中国机床工具产业主要经济数据占比变化情况（2015 年与 2011 年同期比较）见表 2。

表 2　中国机床工具产业主要经济数据占比变化情况（2015 年与 2011 年同期比较）

（单位：个百分点）

行业分类	指标名称	国有控股（含集体）	境外控股（含港澳台）	私人控股
全行业	企业数	-2.9	-2.9	5.0
	主营业务收入	-6.9	-3.8	10.0
	利润总额	-10.9	-6.8	17.1
其中：金属切削机床	企业数	-6.3	-1.9	7.2
	主营业务收入	-17.0	-1.1	16.9
	利润总额	-35.7	-3.1	38.4
金属成形机床	企业数	-2.4	-3.5	3.3
	主营业务收入	-6.0	-6.2	8.3
	利润总额	-3.2	-14.3	10.2
工具及量具量仪	企业数	-2.2	-3.9	5.7
	主营业务收入	-4.2	-1.9	5.9
	利润总额	-9.5	-6.4	14.8

注：其他经济成分的变化未计入，因此各部分占比变化值合计不为零。

当前这种新的产业结构变化趋势是中国机床工具产业在市场倒逼作用下的积极变化，对构建产业发展内生动力和利用市场机制优化资源配置具有重要意义，是产业顺应市场发展和提升服务市场能力的集中反映，将会奠定中国机床工具产业持续健康发展的基础。

〔撰稿人：中国机床工具工业协会杜智强〕

产业运行

从生产运行、出口等方面阐述机床工具产业及典型产品领域运行情况

产业概况

产业运行

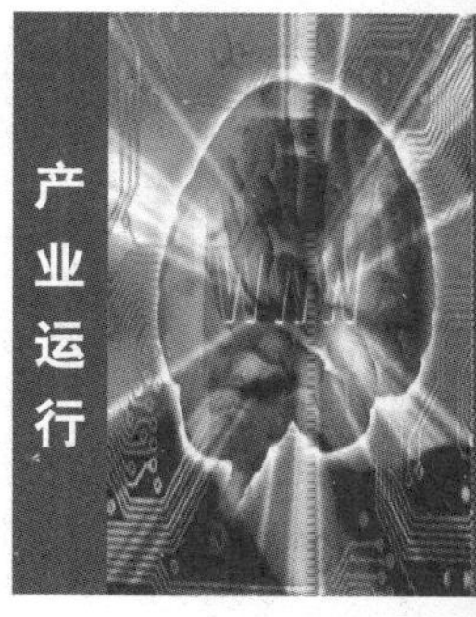

市场概况

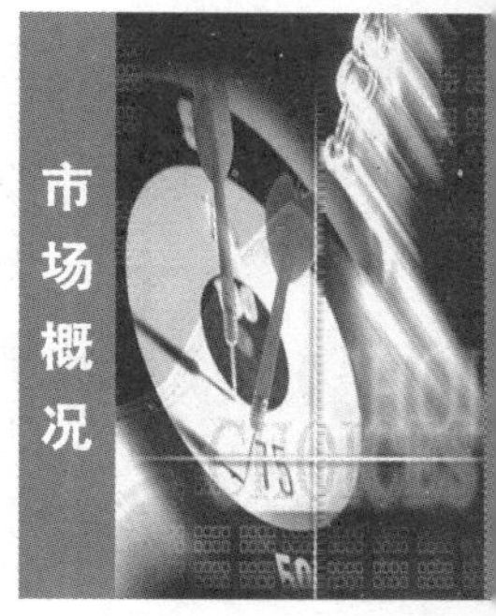

产品与技术

特色企业

附录

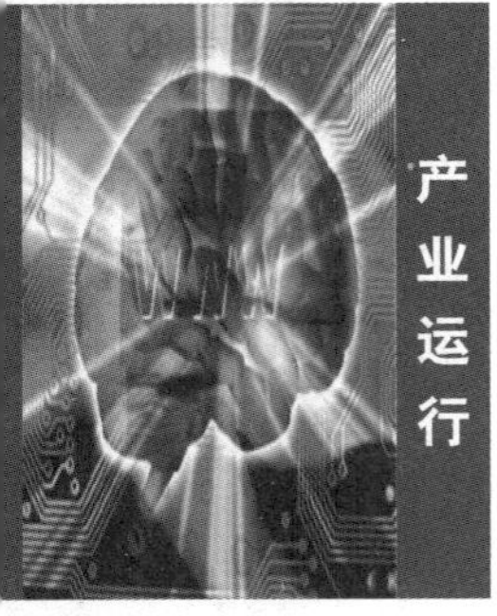

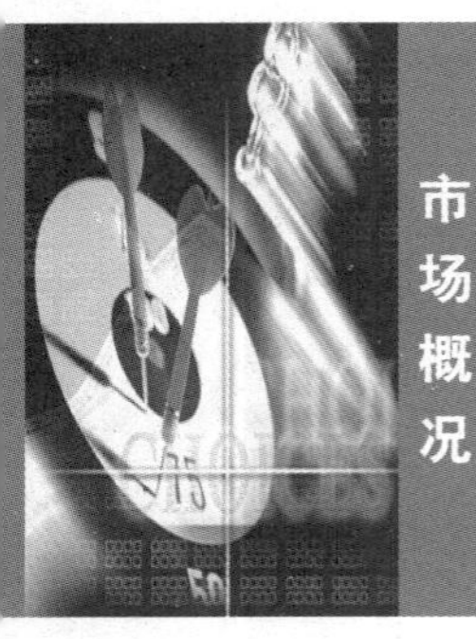

产业运行

2015 年中国机床工具产业运行综述

2015 年中国机床工具产业继续呈现低位运行的趋势，经营压力不断增加。

一、中国机床工具产业运行基本情况

2015 年中国机床工具产业中，金属加工机床产出 1 370 亿元，同比下降 8.7%。其中，金属切削机床 756 亿元，同比下降 8.2%；金属成形机床 614 亿元，同比下降 9.2%。工具及量具量仪产出 347 亿元，同比下降 10.5%。2015 年中国机床工具产业生产和出口情况见表 1。

表 1　2015 年中国机床工具产业生产和出口情况

指标名称	金额（亿元）	同比增长（%）	增速提高（百分点）
金属加工机床生产	1 370	-8.7	-7.6
其中：金属切削机床	756	-8.2	0.0
金属成形机床	614	-9.2	-18.4
金属加工机床出口	198	-5.3	-24.1
其中：金属切削机床	130	-7.1	-27.7
金属成形机床	68	-1.4	-16.7
工具及量具量仪生产	347	-10.5	-10.8
工具及量具量仪出口	161	-6.4	-19.3

注：生产值是测算值，出口值根据海关数据。

二、重点联系网络企业运行情况

2015 年，中国机床工具工业协会信息统计重点联系网络企业共有 203 家，共完成主营业务收入 1 043 亿元，同比下降 9.2%。2015 年中国机床工具工业协会信息统计重点联系网络情况见表 2。

表 2　2015 年中国机床工具工业协会信息统计重点联系网络情况

行业	合计	金属切削机床	金属成形机床	机床电器	机床附件	工具及量具量仪	磨料磨具	滚动功能部件	数控装置
主营业务收入（亿元）	1 043	589	116	12	10	59	208	4	45
同比增长（%）	-9.2	-10.8	-14.0	-4.8	-17.3	-13.4	3.4	-13.5	-18.3
企业数（家）	203	109	22	6	13	28	12	5	8
占比（%）	100.0	53.7	10.8	3.0	6.4	13.8	5.9	2.5	3.9

注：由于四舍五入，表中合计数有微小出入。

中国经济进入“新常态”，市场特征的新变化、新环境对机床工具行业企业经营产生了新的影响。为了有效评估行业企业运行质量，向全球业界和用户领域展示中国机床工具行业发展实力，提高行业运行分析、企业综合评价的准确性和科学性，营造公平、合理的行业发展氛围，2015 年协会试行建立“中国机床工具行业运行综合评价指数”（以下简称综合评价指数）体系。

该综合评价指数是综合衡量行业企业在销售规模、运行质量和发展速度等方面数量上总体水平的一种特殊相对数，是反映企业在规模、质量、速度方面的综合性总量指标。针对 2014 年行业年报数据进行分析评价的过程中所反映出的一些需要解决的问题，进一步优化评价方法和指标体系，客观反映行业企业发展情况。如，在产销能力项下，增加机床工具产品产值和税负两项指标；适当减小主营业务收入的权重。通过上述修改，对于企业规模的评价更加全面、客观，也更能准确反映企业在机床工具产品领域的规模情况，突出综合评价指数的产业特点和导向。

综合评价指数是以各单项经济指标报告期内实际数值分别除以该项指标的全行业标准值并乘以各自权数，合计后再除以总权数求得。综合评价指数由工业产品销售率、主营业务收入、机床工具产品产值、税负、总资产贡献率、成本费用利润率、主营业务利润率、资本保值增值率、流动资产周转率、应收账款周转率、人均主营业务收入、主营业务收入增长率、资产负债率、流动比率 14 项指标组成。指标的选择和设置，反映了企业在产销能力、获利能力、运营质量、偿债能力等方面的情况。

计算公式为：综合评价指数 = ∑（某项指标报告期数值 ÷ 该项指标全行业标准值 × 该项指标权数）÷ 总权数。

为了兼顾行业规模、质量和发展，体现对企业实现“做强”方面的综合评价，指数中权数基本按照“销售规模：运行质量：发展速度 =4 ∶ 5.5 ∶ 0.5”的比例设置。标准值的测算依据为2006—2013 年企业年报实际数据。根据“中国机床工具行业运行综合评价指数”测算方法，对 2015 年度行业主要企业的经济运行情况进行综合评价，2015 年中国机床工具行业及各分行业经济运行综合评价情况（平均水平）见表 3。

表 3　2015 年中国机床工具行业及各分行业经济运行综合评价情况（平均水平）

所属领域	综合评价指数	与上年同期变化	主营业务收入平均水平（亿元）	主营业务收入平均水平同比提高（%）
机床工具行业	1.168	−0.214	5.0	−5.7
金属成形机床	1.638	−0.171	6.3	−14.9
磨料磨具	1.560	−0.054	4.1	21.8
金属切削机床	1.326	−0.158	6.3	−4.5
数控装置	1.113	−0.241	2.7	−10.0
工具及量具量仪	1.067	−0.185	2.2	−24.1
机床电器	1.084	0.026	1.7	−11.8
功能部件	0.914	0.219	0.8	0.0

从表 3 不难看出，2015 年中国机床工具产业中金属成形机床分行业的总体运行最好，功能部件分行业的总体运行最差；从变化趋势上看，除了机床电器和功能部件以外，其余分行业均呈现下降。从主营业务收入平均值的增速看，磨料磨具增长最快，同比增长 21.8%；工具及量具量仪下降最明显，同比下降 24.1%。在主机产品领域，在企业平均规模相当的情况下，金属成形机床分行业的运行情况仍远好于金属切削机床分行业，综合评价指数前者比后者高了 0.312。

2015 年中国机床工具工业协会信息统计重点联系网络主要经济指标情况见表 4。

表 4　2015 年中国机床工具工业协会信息统计重点联系网络主要经济指标情况

行业名称	主营业务收入		利润总额		产成品存货		机床产量		其中：数控机床产量	
	2015 年（亿元）	同比增长（%）	2015 年（亿元）	同比增长（%）	2015 年（亿元）	同比增长（%）	2015 年（万台）	同比增长（%）	2015 年（万台）	同比增长（%）
机床工具行业合计	1 043	−9.2	32	−43.5	188	3.2				
金属切削机床	589	−10.8	−3	−121.6	110	4.2	20	−19.1	12	−11.4
金属成形机床	116	−14.0	10	−15.3	18	−9.7	4	−22.0	0.6	−17.4
机床电器	12	−4.8	1	−1.5	2	−0.7				
机床附件	10	−17.3	0.1	−64.7	4	−3.4				
工具及量具量仪	59	−13.4	3	−52.5	19	2.4				
磨料磨具	208	3.4	17	−4.8	23	17.6				
滚动功能部件	4	−13.5	−0.2	−266.7	1	−14.8				
数控装置	45	−18.3	5	−35.3	10	−1.7				

注：1. 由于四舍五入，表中合计数有微小出入。

2. 功能部件分行业中的机床附件和滚动功能部件分别统计。

通过对2015年中国机床工具工业协会信息统计重点联系网络数据和海关出口情况分析，反映出机床工具产业运行具有如下特征。

1. 需求持续大幅下降，销售显著下行

需求下降最直接表现在订单数据的负增长。2015年，金属加工机床新增订单同比下降15.4%。其中，金属切削机床新增订单同比下降15%，金属成形机床新增订单同比下降16.8%。

受主机订单大幅下降和主机配套关系影响，2015年，全行业主营业务收入同比下降9.2%，金属加工机床主营业务收入同比下降11.3%。其中，金属切削机床主营业务收入同比下降10.8%，金属成形机床主营业务收入同比下降14.0%。各分行业中，主营业务收入降幅最大的是数控装置，同比下降18.3%。

2. 生产持续大幅下降，库存小幅增长

销售大幅下滑严重拉低企业生产投入，同时受市场需求升级和供需结构性矛盾影响，企业前期惯性投入而形成的库存不断积压，部分形成无法变现的“死库存”。2015年，金属加工机床产量同比下降19.6%。其中，金属切削机床的产量同比下降19.1%，金属成形机床的产量同比下降22.0%。但同期全行业产成品存货同比增长3.2%，金属加工机床产成品存货同比增长2.0%，其中金属切削机床同比增长4.2%。

3. 运行质量显著下滑

近五年来，随着持续的产业运行低迷和不断提升的企业综合负担，以及缺乏产业转型升级的有效推进，目前企业运行质量显著下滑，半停产、停产现象不断出现，并有扩大化的趋势。

2015年，全行业利润总额同比下降43.5%，金属加工机床利润总额同比下降71.0%。其中，金属切削机床同比下降121.6%，金属成形机床同比下降15.3%。同期全行业亏损企业占比为39.9%，金属加工机床亏损企业占比为43.5%。其中，金属切削机床为47.7%，金属成形机床为22.7%，与2014年相比分别提高了8.0个、6.8个、5.0个和18.4个百分点。

4. 出口由增转降，能力还需加强

2015年出口增速由正转负，是自2010年以来的首次负增长。2015年，出口108亿美元，同比下降6.9%。其中，金属加工机床出口额32亿美元，同比下降5.9%；金属切削机床出口额21亿美元，同比下降7.5%；金属成形机床出口额11亿美元，同比下降2.7%。

另一方面，出口在整个产出中的比重和出口产品结构都亟待提升。2015年金属加工机床的出口依存度为14.5%，工量具的出口依存度为46.4%。出口额居前三位的分别是切削刀具（25亿美元）、磨料磨具（21亿美元）和金属切削机床（21亿美元）。2015年中国机床工具商品出口情况见表5。

表5　2015年中国机床工具商品出口情况

商品名称	完成				其中：数控			
	出口量（万台／万件）	同比增长（%）	出口额（亿美元）	同比增长（%）	出口量（万台／万件）	同比增长（%）	出口额（亿美元）	同比增长（%）
机床工具总计			108	-6.9				
金属加工机床	841	1.1	32	-5.9	9	12.3	15	1.8
其中：金属切削机床	782	0.5	21	-7.5	8	13.0	11	-1.5
金属成形机床	59	9.3	11	-2.7	1	7.7	4	13.4
木工机床	647	-2.4	12	-19.2				
机床功能部件（含零件）	33 236	-9.7	10	-6.1				
数控装置	2332	16.6	6	8.6				
切削刀具			25	-6.5				
量具量仪			2	-3.4				
磨料磨具			21	-4.5				

注：1. 由于四舍五入，表中合计数有微小出入。

2. 机床数量中含低值机床和加工机械。

出口去向上，2015年12月份当月出口去向前三位是美国、日本和越南。其中，对美国出口呈现短期走弱，对越南出口短期回升并超越德国和日本处于第二位，对日本出口呈现低位运行。2015年，向美国出口额17亿美元，同比增长0.7%；向日本出口额9亿美元，同比下降2.4%；向越南出口额7亿美元，同比下降37.8%。2015年中国机床工具商品出口去向前10位国家（地区）情况见表6。

出口企业中，私人企业和外资（含港澳台）企业的占比分别为56.0%和32.3%，国有（含集体）企业占比11.6%；从出口增速上看，私人企业同比下降6.0%，外资（含港澳台）企业同比下降4.4%，国有（含集体）企业同比下降16.5%。

出口按地区来分，华东地区排在第一（49亿美元），同比下降2.3%；华南地区排在第二（21亿美元），同比下降2.0%；华北地区排在第三（19亿美元），同比下降7.8%。2015年中国机床工具商品出口按企业性质分列情况见表7。2015年中国机床工具商品出口按地区分列情况见表8。

表6 2015年中国机床工具商品出口去向前10位国家（地区）情况

序号	国家（地区）	出口量（亿台/亿件）	出口量同比增长（%）	出口量占比（%）	出口额（亿美元）	出口额同比增长（%）	出口额占比（%）
	总计	42.608	-10.9	100.0	108	-6.9	100.0
1	美国	7.799	-33.5	18.3	17	0.7	15.4
2	日本	4.385	-2.6	10.3	9	-2.4	8.7
3	越南	0.421	-4.9	1.0	7	-37.8	6.5
4	德国	1.138	-12.5	2.7	7	-7.1	6.4
5	印度	6.413	2.5	15.1	6	-5.2	5.7
6	韩国	3.989	5.1	9.4	5	-1.9	4.4
7	中国香港	2.122	-34.4	5.0	3	6.7	3.1
8	中国台湾	1.201	-9.8	2.8	3	-9.1	3.0
9	印度尼西亚	0.475	7.9	1.1	3	3.2	2.7
10	泰国	0.867	3.5	2.0	3	-5.2	2.5

表7 2015年中国机床工具商品出口按企业性质分列情况

企业性质	出口量（亿台/亿件）	出口量同比增长（%）	出口量占比（%）	出口额（亿美元）	出口额同比增长（%）	出口额占比（%）
总计	42.608	-10.9	100.0	108	-6.9	100.0
私人企业	26.660	-7.5	62.6	61	-6.0	56.0
外资企业	4.573	-21.0	10.7	35	-4.4	32.3
国有企业	11.375	-14.0	26.7	13	-16.5	11.6
其他企业	0		0.0	0		0.0

注：由于四舍五入，表中合计数有微小出入。

表8 2015年中国机床工具商品出口按地区分列情况

地区	出口量（亿台/亿件）	出口量同比增长（%）	出口量占比（%）	出口额（亿美元）	出口额同比增长（%）	出口额占比（%）
总计	42.608	-10.9	100.0	108	-6.9	100.0
华东	8.233	-2.8	19.3	49	-2.3	45.2
华南	7.072	-7.9	16.6	21	-2.0	19.4
华北	3.785	-14.6	8.9	19	-7.8	17.6
华中	19.914	-10.9	46.7	6	-10.9	6.0
东北	1.185	-25.6	2.8	6	-23.9	5.9
西南	1.729	-28.1	4.1	4	-28.2	4.0
西北	0.689	-21.7	1.6	2	-11.8	1.8

注：由于四舍五入，表中合计数有微小出入。

三、中国机床行业在全球机床制造业中的定位

根据美国 Gardner 商业媒体公司提供的全球机床制造业运行数据显示，2015 年全球机床产出 802 亿美元，同比下降 12.4%。其中，中国机床行业产出 221 亿美元，同比下降 9.4%，在全球机床制造业中的排名处于第一位。产出位列第 2 至第 5 位的国家分别是：日本（135 亿美元，同比下降 9.5%）、德国（124 亿美元，同比下降 14.3%）、意大利（53 亿美元，同比下降 8.5%）和韩国（48 亿美元，同比下降 15.8%）。2015 年全球机床产出前 10 位国家（地区）情况见表 9。

表 9　2015 年全球机床产出前 10 位国家（地区）情况

序号	国家（地区）	2015 年（亿美元）	同比增长（%）	在全球中的占比（%）	金属切削机床占比（%）	上年同期（亿美元）
	总计	802	-12.4			819
1	中国	221	-9.4	27.6	55.2	244
2	日本	135	-9.5	16.8	85.8	149
3	德国	124	-14.3	15.5	73.8	145
4	意大利	53	-8.5	6.6		58
5	韩国	48	-15.8	5.8	76.1	57
6	美国	46	-16.4	5.7	76.1	55
7	中国台湾	40	-17.8	5.0	83.4	49
8	瑞士	31	-17.5	3.8	87.3	37
9	西班牙	10	-16.4	1.3	66.8	12
10	奥地利	9	-9.7	1.2	54.8	10

2015 年，全球机床制造业产出总体呈现显著下降态势，总产出同比下降 12.4%。其中，产出额前 10 位的国家（地区）均呈现同比下降状态，降幅最大的是中国台湾（-17.8%），降幅最小的是意大利（-8.5%），中国的降幅仅次于意大利，为 -9.4%。全球机床主要输出国家（地区）中，意大利的产出下降最小，为 -8.5%；德国则明显下降，为 -14.3%。全球经济低迷、复苏乏力仍然是制约机床消费复苏的主要原因。2015 年中国机床产出占全球的份额有所下降，但仍然以 27.6% 排在第一位，中国机床行业对全球机床制造业运行和发展具有举足轻重的影响。

四、中国机床工具产业的运行趋势预测

2015 年，在国内外经济低迷、市场需求持续疲弱和转型升级困难增大的综合因素影响下，机床工具产业全年运行继续呈现明显的惯性下滑趋势。产业运行下探的情况正从部分企业的分化状态向全产业同化扩散。由于机床工具产业的用户领域均面临不同程度的发展迟滞和转型升级，供需结构性矛盾日益突出。同时，国内外经济呈现艰难复苏的状态，波动性和周期性将长期存在。产业运行形势还将十分严峻，转型压力进一步加大。

〔撰稿人：中国机床工具工业协会杜智强〕

2015 年中国机床工具产业典型产品领域运行情况

据 2015 年中国机床工具工业协会年报的产销存统计和海关出口贸易数据，对加工中心、数控车床、磨床、齿轮加工机床、重型机床、特种加工机床、金属成形机床、数控装置、功能部件、工具及量具量仪、磨料磨具 11 个机床工具产业典型产品领域的生产运行和出口情况进行分析，共涉及企业 400 家。2015 年年报对产销存统计产品目录进行调整，细化了产品分类，增加了典型产品的同比数据，提高了统计分类的准确性和数据的可比性。

加工中心

一、基本情况

2015 年，中国机床工具行业年报统计中生产加工中心产品的企业共计 43 家。加工中心总体呈现高速增长趋势，产量 34 654 万台，同比增长 41.5%；销售产值 127.8 亿元，同比增长 13.7%；期间产成品库存增加 130 台，同比下降 94.8%。从产品结构上看，立式加工中心产品占比高且增速也高，重型龙门式加工中心的降幅最大。从产销存数据看，产销同比大幅增长，产成品库存大幅下降，呈现积极扩张的趋势。另一方面，产销的数量增速明显高于价格增速，加工中心平均单价呈现下降趋势，反映出市场竞争激烈。2015 年加工中心产品产销存情况见表 1。

表 1　2015 年加工中心产品产销存情况

产品名称	生产				销售				期间产成品库存变化			
	数量（台）	同比增长（%）	金额（亿元）	同比增长（%）	数量（台）	同比增长（%）	金额（亿元）	同比增长（%）	数量（台）	同比增长（%）	金额（亿元）	同比增长（%）
加工中心合计	34 654	41.5	129.9	11.4	34 524	57.2	127.8	13.7	130	-94.8	2.1	-49.1
立式加工中心	29 735	35.1	85.6	16.4	29 690	53.0	82.3	20.5	45	-98.3	3.3	-36.7
五轴以下立式加工中心	29 561	46.3	84.1	31.7	29 310	61.8	79.5	31.2	251	-88.0	4.6	41.7
五轴立式加工中心	174	-90.3	1.5	-84.5	380	-70.7	2.8	-63.7	-206	-141.0	-1.3	-167.7
卧式加工中心	1 156	-10.9	21.1	-4.0	1 136	-17.8	20.2	-10.1	20	123.9	0.9	318.7
五轴以下卧式加工中心	1 156	-10.8	21.1	-4.0	1 136	-17.7	20.2	-10.1	20	123.6	0.9	315.8
五轴卧式加工中心	0	-100.0	0.0	-100.0	0	-100.0	0.0	-100.0	0	-100.0	0.0	-100.0
超重型龙门式加工中心	5	-16.7	0.2	-23.7	7	0.0	0.3	-56.3	-2	-100.0	-0.04	87.6
五轴以下超重型龙门式加工中心	4	-33.3	0.2	-45.0	6	-14.3	0.2	-66.7	-2	-100.0	-0.04	87.6
五轴超重型龙门式加工中心	1		0.1		1		0.1		0		0.0	
重型龙门式加工中心	37	-50.7	1.7	-35.7	44	-31.3	1.8	-15.0	-7	-163.6	-0.2	-137.3
五轴以下重型龙门式加工中心	36	-52.0	1.6	-38.3	44	-31.3	1.8	-15.0	-8	-172.7	-0.2	-152.7
五轴重型龙门式加工中心	1		0.1		0		0.0		1		0.1	
大型龙门式加工中心	3 259	545.3	17.5	52.3	3 192	509.2	18.6	53.6	67	452.6	-1.1	-78.9
五轴以下大型龙门式加工中心	3 244	542.4	16.8	45.5	3 170	505.0	17.5	44.8	74	489.5	-0.8	-31.2
五轴大型龙门式加工中心	15		0.8		22		1.1		-7		-0.3	
中小型龙门式加工中心	394	-25.2	3.3	-44.7	382	-25.8	3.9	-36.1	12	0.0	-0.6	-239.1
五轴以下中小型龙门式加工中心	394	-25.2	3.3	-44.7	382	-25.8	3.9	-36.1	12	0.0	-0.6	-239.1
车铣（铣车）加工中心	34	70.0	0.3	46.6	34	78.9	0.3	54.1	0	-100.0	0.0	-100.0
五轴以下车铣（铣车）加工中心	34	70.0	0.3	46.6	34	78.9	0.3	54.1	0	-100.0	0.0	-100.0
其他加工中心	34	-27.7	0.2	-62.4	39	-11.4	0.4	-8.3	-5	-266.7	-0.2	-332.7
五轴以下其他加工中心	34	-27.7	0.2	-62.4	39	-11.4	0.4	-8.3	-5	-266.7	-0.2	-332.7

二、生产运行

2015 年，加工中心产品的产销总体保持增长态势，立式加工中心、大型龙门式加工中心和车铣（铣车）加工中心是增长的主要动力，其他加工中心产品呈现下降趋势。

从库存数据变化上，也可以反映出加工中心产销两旺的状态。2015 年加工中心产成品库存仅增加 130 台，同比下降 94.8%，与 2014 年产成品库存数据大幅增加的情况相比变化明显。

三、出口情况

根据海关统计数据，2015 年，加工中心出口总额 19 874.7 万美元，同比下降 4.6%。其中，立式加工中心出口额 10 825.2 万美元，同比下降 6.5%；卧式加工中心出口额 2 073.3 万美元，同比下降 20.0%；龙门式加工中心出口额 6248.0 万美元，同比增长 0.5%；铣车复合加工中心出口额 132.2 万美元。2015 年加工中心出口情况见表 2。

表 2　2015 年加工中心出口情况

产品名称	出口量（台）	同比增长（%）	占比（%）	出口额（千美元）	同比增长（%）	占比（%）	单价（千美元 / 台）	同比增长（%）
合计	3 421	−2.3	100.0	198 747	−4.6	100.0	58	−2.4
立式加工中心	2 114	−8.5	61.8	108 252	−6.5	54.5	51	2.2
卧式加工中心	172	23.7	5.0	20 733	−20.0	10.4	121	−35.3
龙门式加工中心	893	0.8	26.1	62 480	0.5	31.4	70	−0.3
铣车复合加工中心	21		0.6	1 322		0.7	63	
未列名加工中心	221	38.1	6.5	5 960	45.3	3.0	27	5.2

注：由于四舍五入，表中合计数有微小出入。

从出口量和出口额上看，立式加工中心的占比都居首位；从单价上看，卧式加工中心的单价最高。从出口趋势上看，加工中心在出口量和出口额上呈现小幅下降的趋势，但出口量降幅要小于出口额的降幅，因此加工中心的单价仍呈现同比下降的趋势。

在加工中心出口去向上，越南排在第一位，但出口额同比下降 3.2%；韩国大幅增长，处于第二位，同比增长 53.6%；荷兰大幅增长，位居第三，同比增长 86.4%。2015 年加工中心出口去向前 10 位国家（地区）情况见表 3。

表 3　2015 年加工中心出口去向前 10 位国家（地区）情况

序号	国家（地区）	出口量（台）	同比增长（%）	占比（%）	出口额（千美元）	同比增长（%）	占比（%）	单价（千美元 / 台）
1	越南	889	−1.9	26.0	53 081	−3.2	26.7	60
2	韩国	318	−7.6	9.3	17 364	53.6	8.7	55
3	荷兰	92	80.4	2.7	14 251	86.4	7.2	155
4	美国	158	−43.2	4.6	13 286	−23.1	6.7	84
5	俄罗斯	180	31.4	5.3	11 919	39.8	6.0	66
6	印度	82	2.5	2.4	8 449	−28.4	4.3	103
7	伊朗	199	7.0	5.8	7 403	−3.6	3.7	37
8	日本	106	−52.9	3.1	6 163	−55.4	3.1	58
9	比利时	70	150.0	2.1	6 131	220.9	3.1	88
10	马来西亚	106	76.7	3.1	4 873	70.0	2.5	46

注：由于四舍五入，表中合计数有微小出入。

加工中心出口企业中，按出口额占比排序，私人企业占 48.5%，外资企业占 39.5%，国有企业占 12.0%。在出口企业所在地区中，按出口额占比排序，华北（38.7%）、华东（30.3%）和华南（12.9%）居前三位，同比分别增长 0.8%、4.3% 和下降 15.6%。2015 年加工中心出口按企业性质分列情况见表 4。2015 年加工中心出口按企业所在地区分列情况见表 5。

表 4　2015 年加工中心出口按企业性质分列情况

企业性质	出口量（台）	同比增长（%）	占比（%）	出口额（千美元）	同比增长（%）	占比（%）	单价（千美元 / 台）
合计	3 421	−2.3		198 747	−4.6		58
私人企业	1 797	5.0	52.5	96 472	8.1	48.5	54
外资企业	1 147	−4.5	33.5	78 507	−12.3	39.5	68
国有企业	477	−19.2	13.9	23 768	−19.8	12.0	50

注：由于四舍五入，表中合计数有微小出入。

表5　2015年加工中心出口按企业所在地区分列情况

序号	地区	出口量（台）	同比增长（%）	占比（%）	出口额（千美元）	同比增长（%）	占比（%）	单价（千美元/台）
	合计	3 421	−2.3		198 747	−4.6		58
1	华北	1 381	−2.6	40.4	76 860	0.8	38.7	56
2	华东	835	2.6	24.4	60 247	4.3	30.3	72
3	华南	628	0.8	18.4	25 673	−15.6	12.9	41
4	东北	355	−36.0	10.4	21 257	−38.9	10.7	60
5	西北	168	223.1	4.9	11 115	416.1	5.6	66
6	西南	36	63.6	1.1	2 511	−20.1	1.3	70
7	华中	18	0.0	0.5	1 083	−71.6	0.5	60

注：由于四舍五入，表中合计数有微小出入。

四、企业信息

参加2015年加工中心产品年度统计的企业（按企业　名称拼音的字母排序）见表6。

表6　参加2015年加工中心产品年度统计的企业（按企业名称拼音的字母排序）

序号	企业名称	网址
1	安徽晶菱机床制造有限公司	http://www.ahjljc.com
2	宝鸡机床集团有限公司	http://www.bjmtw.com
3	北京北一机床股份有限公司	http://www.byjc.com.cn
4	北京精雕科技集团有限公司	http://jingdiao.com/cn
5	成都普瑞斯数控机床有限公司	http://www.precisecnc.com.cn
6	大连机床集团有限责任公司	http://www.dmtg.com
7	大连科德数控有限公司	http://www.dlkede.com
8	东风汽车有限公司设备制造厂	http://www.dfl.com.cn
9	汉川数控机床股份公司	http://www.cnhlmt.com
10	杭州光大机械有限公司	http://www.guoliang.com.cn
11	杭州友佳精密机械有限公司	http://www.feeler.com.cn
12	黄山皖南机床有限公司	http://www.wannan.com.cn
13	济南二机床集团有限公司	http://www.jiermt.com
14	南京第二机床厂有限公司	http://www.nmt2.cn
15	南通国盛机电集团有限公司	http://www.ntgsjd.com
16	中航航空高科技股份有限公司	http://www.avicht.cn
17	宁波海天精工股份有限公司	http://www.hision.com.cn
18	宁夏银川大河数控机床有限公司	http://www.nxdahe.com.cn
19	齐齐哈尔二机床（集团）有限责任公司	http://www.q2jc.com.cn
20	齐重数控装备股份有限公司	http://www.qfmtw.com.cn
21	秦川机床工具集团股份公司	http://www.qinchuan.com
22	青海一机数控机床有限责任公司	http://www.qyskjc.com
23	瑞远机床集团有限公司	http://www.ruiyuanchina.com
24	山东临沂金星机床有限公司	http://www.jinxingjichuang.com

（续）

序号	企业名称	网址
25	山东鲁南机床有限公司	http://lunanmachine.com
26	山东威达重工股份有限公司	http://www.weidamc.com
27	上海第三机床厂	http://www.h3mt.com
28	深圳市捷甬达实业有限公司	http://www.jointcn.com
29	沈机集团昆明机床股份有限公司	http://www.kmtcl.com.cn
30	沈阳机床（集团）有限责任公司	http://www.syjcc.com
31	四川普什宁江机床有限公司	http://www.ningjiang.com
32	苏州宝玛数控设备有限公司	http://www.bmnc.cn
33	滕州市喜力机床有限责任公司	http://www.xljc.cn
34	天津第一机床总厂	http://www.tmtw.com/cn
35	威海华东数控股份有限公司	http://www.huadongcnc.com
36	无锡开源机床集团有限公司	http://www.k-yuan.com.cn
37	武汉重型机床集团有限公司	http://www.whhdmt.com
38	新乡日升数控轴承装备有限公司	http://www.xxrs.com
39	新誉集团有限公司	http://www.shinri.cn
40	亿达日平机床有限公司	http://www.ync-china.com
41	云南 CY 集团有限公司	http://www.cy-ymtw.com
42	浙江凯达机床股份有限公司	http://www.zjmtw.com
43	中传重型机床有限公司	http://www.ngczcmt.com

数控车床

一、基本情况

2015 年，中国机床工具行业年报统计中生产数控车床产品的企业共计 44 家。数控车床总体呈现大幅下降，产量 61 397 台，同比下降 26.8%；销售产值 117.7 亿元，同比下降 15.9%；期间产成品库存减少 1 873 台，同比下降 864.5%。从产品结构上看，数控卧式车床产品的比重最大。2015 年数控车床产品产销存情况见表 7。

二、生产运行

2015 年，数控车床产品的产销总体呈现大幅下降状态。从细分产品结构上看，产销量占比最大的仍然是数控中小型卧式车床，数控超重型立式车床和卧式车床的占比最小。这些细分产品运行情况间接反映了同期市场需求的结构。

从库存数据看，数控车床总体上呈现大幅消化库存的状态。但对比产成品库存数量和金额的降幅变化趋势，可以发现库存金额的同比降幅是数量的 10 倍以上。这反映出库存下降的主要产品是单价较高的数控机床产品，间接反映出数控车床制造企业产品结构转型升级正在不断加大力度。

表 7　2015 年数控车床产品产销存情况

产品名称	生产				销售				期间产成品库存变化			
	数量（台）	同比增长（%）	金额（亿元）	同比增长（%）	数量（台）	同比增长（%）	金额（亿元）	同比增长（%）	数量（台）	同比增长（%）	金额（亿元）	同比增长（%）
数控车床	61 397	-26.8	116.0	-17.1	63 270	-24.8	117.7	-15.9	-1 873	-864.5	-1.7	-8 931.7
数控卧式车床	59 497	-27.2	99.8	-19.5	61 518	-24.9	102.0	-17.7	-2 021	-731.0	-2.3	-2 417.7

（续）

产品名称	生产				销售				期间产成品库存变化			
	数量（台）	同比增长（%）	金额（亿元）	同比增长（%）	数量（台）	同比增长（%）	金额（亿元）	同比增长（%）	数量（台）	同比增长（%）	金额（亿元）	同比增长（%）
数控超重型卧式车床	6	0.0	0.3	-11.9	8	-11.1	0.6	-8.9	-2	33.3	-0.3	4.8
数控重型卧式车床	11	-68.6	0.3	-53.6	11	-64.5	0.3	-45.9	0	-100.0	0.0	-100.0
数控大型卧式车床	548	-4.7	4.3	-12.1	533	-6.0	3.9	-19.7	15	87.5	0.4	2 731.7
数控中小型卧式车床	58 932	-27.3	94.8	-19.7	60 966	-25.0	97.2	-17.5	-2 034	-706.5	-2.4	-1 394.1
数控立式车床	1 006	-10.3	9.2	0.7	993	-7.6	8.8	-3.8	13	-72.3	0.4	4 769.0
数控超重型立式车床	10	-33.3	0.9	-31.6	10	-37.5	0.9	-35.9	0	100.0	0.0	100.0
数控重型立式车床	110	-34.5	1.6	-34.5	109	-39.4	1.3	-52.4	1	108.3	0.3	204.4
数控大型立式车床	104	-9.6	1.6	17.6	95	13.1	1.5	28.0	9	-71.0	0.1	-60.2
数控中小型立式车床	782	-5.1	5.1	27.8	779	-2.0	5.1	33.5	3	-89.7	0.01	-97.0
其他数控车床	894	-18.4	7.0	3.5	759	-30.6	6.8	-0.2	135	6 650.0	0.2	351.4

三、出口情况

根据海关统计数据，2015 年数控车床出口总额 33 363.8 万美元，同比下降 5.2%。其中，数控卧式车床出口额 27 817.9 万美元，同比下降 9.9%；其他数控车床（含数控立式车床）出口额 5 545.9 万美元，同比增长 27.9%。2015 年数控车床产品出口情况见表 8。

表 8　2015 年数控车床产品出口情况

产品名称	出口量（台）	同比增长（%）	占比（%）	出口额（千美元）	同比增长（%）	占比（%）	单价（千美元／台）	同比增长（%）
合计	9 701	-1.7	100.0	333 638	-5.2	100.0	34	-3.6
数控卧式车床	8 599	-5.3	88.6	278 179	-9.9	83.4	32	-4.9
其他数控车床	1 102	39.5	11.4	55 459	27.9	16.6	50	-8.3
其中：数控立式车床	408	0.0		45 337	20.6		111	

注：由于四舍五入，表中合计数有微小出入。

从出口量和出口额上看，数控卧式车床的占比都居首位；从单价上看，数控立式车床的单价最高。从出口趋势上看，其他数控车床（含数控立式车床）保持高速增长趋势，但出口量增速要明显高于出口额的增速，因此其他数控车床（含数控立式车床）的单价呈现同比显著下降的趋势。

在数控车床出口去向上，日本排在第一位，出口额同比下降 7.5%；美国处于第二位，同比增长 6.7%；德国位居第三，同比增长 1.2%。2015 年数控车床出口去向前 10 位国家（地区）情况见表 9。

表 9　2015 年数控车床出口去向前 10 位国家（地区）情况

序号	国家（地区）	出口量（台）	同比增长（%）	占比（%）	出口额（千美元）	同比增长（%）	占比（%）	单价（千美元／台）
1	日本	2 935	-6.0	30.3	105 181	-7.5	31.5	36
2	美国	704	16.0	7.3	35 114	6.7	10.5	50
3	德国	330	20.4	3.4	31 734	1.2	9.5	96
4	比利时	330	469.0	3.4	19 590	419.7	5.9	59
5	荷兰	275	-30.9	2.8	14 433	-34.2	4.3	52
6	印度	541	-29.1	5.6	13 480	-23.6	4.0	25
7	印度尼西亚	764	-2.9	7.9	9 978	-27.0	3.0	13
8	俄罗斯	270	-25.0	2.8	9 351	-22.3	2.8	35
9	泰国	280	-28.2	2.9	8 465	-41.1	2.5	30
10	韩国	288	311.4	3.0	8 308	145.4	2.5	29

注：由于四舍五入，表中合计数有微小出入。

数控车床出口企业中，按出口额占比排序，外资企业占 70.8%，私人企业占 24.5%，国有企业占 4.7%。在出口企业所在地区中，按出口额占比排序，华东（50.0%）、东北（34.7%）和华北（4.9%）居前三位，同比分别下降 1.0%、3.3% 和 30.2%。2015 年数控车床出口按企业性质分列情况见表 10。2015 年数控车床出口按企业所在地区分列情况见表 11。

表 10　2015 年数控车床出口按企业性质分列情况

企业性质	出口量（台）	同比增长（%）	占比（%）	出口额（千美元）	同比增长（%）	占比（%）	单价（千美元／台）
合计	9 701	−1.7	100.0	333 638	−5.2	100.0	34
外资企业	5 076	0.7	52.3	236 119	−0.9	70.8	47
私人企业	4 119	−0.7	42.5	81 762	−11.8	24.5	20
国有企业	506	−25.2	5.2	15 757	−25.1	4.7	31

注：由于四舍五入，表中合计数有微小出入。

表 11　2015 年数控车床出口按企业所在地区分列情况

序号	地区	出口量（台）	同比增长（%）	占比（%）	出口额（千美元）	同比增长（%）	占比（%）	单价（千美元／台）
	合计	9 701	−1.7	100.0	333 638	−5.2	100.0	34
1	华东	5 063	1.4	52.2	166 713	−1.0	50.0	33
2	东北	2 412	−8.0	24.9	115 882	−3.3	34.7	48
3	华北	562	−4.1	5.8	16 248	−30.2	4.9	29
4	华南	852	47.2	8.8	13 106	−1.0	3.9	15
5	西南	540	−15.0	5.6	11 497	−6.8	3.4	21
6	西北	210	−23.9	2.2	6 282	−16.3	1.9	30
7	华中	62	−64.8	0.6	3 912	−47.3	1.2	63

注：由于四舍五入，表中合计数有微小出入。

四、企业信息

参加 2015 年数控车床产品年度统计的企业（按企业　名称拼音的字母排序）见表 12。

表 12　参加 2015 年数控车床产品年度统计的企业（按企业名称拼音的字母排序）

序号	企业名称	网址
1	安徽双龙机床制造有限公司	http://www.ahsljc.com
2	安阳鑫盛机床股份有限公司	http://www.ayxsjc.cn
3	宝鸡机床集团有限公司	http://www.bjmtw.com
4	北京北一机床股份有限公司	http://www.byjc.com.cn
5	重庆第二机床厂有限责任公司	http://www.cqej.com
6	重庆机床（集团）有限责任公司	http://www.chmti.com
7	大连机床集团有限责任公司	http://www.dmtg.com
8	广州机床厂有限公司	http://www.gzmachine.com
9	广州市珠江机床厂有限公司	http://www.prmt.com.cn
10	汉川数控机床股份公司	http://www.cnhlmt.com
11	杭州光大机械有限公司	http://www.guoliang.com.cn
12	杭州友佳精密机械有限公司	http://www.feeler.com.cn

（续）

序号	企业名称	网址
13	马鞍山万马机床制造有限公司	http://www.wanmajc.com
14	牡丹江迈克机床制造有限公司	http://www.mdjmec.com
15	南京第二机床厂有限公司	http://www.nmt2.cn
16	南京第一机床厂有限公司	http://www.nj-jcc.com
17	中航航空高科技股份有限公司	,http://www.avicht.cn
18	宁波海天精工股份有限公司	http://www.hision.com.cn
19	宁夏新瑞长城机床有限公司	http://www.shinri.cn
20	齐齐哈尔二机床（集团）有限责任公司	http://www.q2jc.com.cn
21	齐重数控装备股份有限公司	http://www.qfmtw.com.cn
22	秦川机床工具集团股份公司	http://www.qinchuan.com
23	青海华鼎重型机床有限责任公司	http://www.qhzx.cn
24	瑞远机床集团有限公司	http://www.ruiyuanchina.com
25	山东临沂金星机床有限公司	http://www.jinxingjichuang.com
26	山东鲁南机床有限公司	http://lunanmachine.com
27	山东普利森集团有限公司	http://www.dzjc.com
28	上海第三机床厂	http://www.h3mt.com
29	上海机床厂有限公司	http://www.smtw.com/cn
30	上海重型机床厂有限公司	http://www.shzxjcc.com
31	沈阳机床（集团）有限责任公司	http://www.syjcc.com
32	四川普什宁江机床有限公司	http://www.ningjiang.com
33	天水星火机床有限责任公司	http://www.sparkcnc.com
34	芜湖恒升重型机床股份有限公司	http://www.whhmtw.com
35	武汉重型机床集团有限公司	http://www.whhdmt.com
36	新乡日升数控轴承装备有限公司	http://www.xxrs.com
37	烟台环球机床装备股份有限公司	http://www.yt-ma.com
38	一拖（洛阳）开创装备科技有限公司	http://www.ytkc.com
39	云南 CY 集团有限公司	http://www.cy-ymtw.com
40	长沙金岭机床有限责任公司	http://www.jinling.net.cn
41	浙江海德曼智能装备股份有限公司	http://www.headman.cn
42	浙江金火机床有限公司	http://www.jinhuo.net
43	浙江凯达机床股份有限公司	http://www.zjmtw.com
44	中传重型机床有限公司	http://www.ngczcmt.com

磨　床

一、基本情况

2015 年，中国机床工具行业年报统计中生产磨床产品的企业共计 31 家。磨床总体呈现大幅下降趋势，产量 7 444 台，同比下降 36.3%；销售产值 14.07 亿元，同比下降 33.3%；期间产成品库存减少 567 台，同比下降 82.9%。从结构上看，磨床产品的产值数控化率为 51.8%，数控磨床的降幅略小于全部磨床产品。2015 年磨床产品产销存情况见表 13。

二、生产运行

2015 年磨床产品的产销总体继续呈现大幅负增长的态势。从细分产品结构上看，产销量占比最大的仍然是平面磨床和外圆磨床，其中外圆磨床的数控化率要明显高于平面磨床。数控磨床产品的运行呈现明显下行趋势，这与全行业数控产品要好于普通机床产品的趋势相反，反映出磨床产品领域的升级滞后，发展动力不足。

2015 年磨床产成品库存的数据显著下降。从 2015 年产成品库存的数量和金额降幅对比情况看，数量降幅要大于金额，反映出磨床企业在加大低端磨床产品的去库存力度。其中，数控磨床的去库存力度要明显大于普通磨床。

表 13　2015 年磨床产品产销存情况

产品名称	生产				销售				期间产成品库存变化			
	数量（台）	同比增长（%）	金额（亿元）	同比增长（%）	数量（台）	同比增长（%）	金额（亿元）	同比增长（%）	数量（台）	同比增长（%）	金额（亿元）	同比增长（%）
磨床	7 444	-36.3	14.26	-33.9	8 011	-33.2	14.07	-33.3	-567	-82.9	0.183	-59.5
其中：数控磨床	1 413	-35.1	7.38	-32.7	1 584	-30.3	7.43	-29.1	-171	-81.9	-0.117	-123.2
平面磨床	3 302	-28.9	3.5	-26.5	3 359	-30.2	3.2	-34.8	-57	65.7	0.36	642.9
其中：数控平面磨床	160	-19.2	0.4	-31.6	169	-25.6	0.4	-37.2	-9	69.0	-0.02	73.0
导轨磨床	19	-47.2	0.3	-24.2	26	-23.5	0.3	-23.3	-7	-450.0	0.01	-47.3
其中：数控导轨磨床	11	-59.3	0.2	-29.3	17	-34.6	0.2	-28.8	-6	-700.0	0.01	-39.7
外圆磨床	2 462	-38.2	4.4	-33.3	2 637	-31.5	4.3	-31.0	-175	-227.7	0.09	-73.5
其中：数控外圆磨床	404	-38.8	2.1	-26.6	403	-30.0	2.0	-21.4	1	-98.8	0.07	-73.4
普通外圆磨床	1 313	-38.4	2.2	-36.1	1 381	-32.9	2.1	-38.4	-68	-190.7	0.13	57.1
其中：数控普通外圆磨床	148	-35.1	0.8	-29.7	158	-22.2	0.7	-31.8	-10	-140.0	0.08	-3.9
万能外圆磨床	1 049	-39.2	1.5	-36.9	1158	-29.9	1.5	-26.5	-109	-245.3	-0.01	-103.7
其中：数控万能外圆磨床	167	-45.8	0.7	-32.1	154	-35.3	0.6	-14.0	13	-81.4	0.04	-82.8
端面外圆磨床	100	-20.6	0.7	-7.5	98	-29.5	0.7	-11.1	2	115.4	-0.03	52.7
其中：数控端面外圆磨床	89	-28.2	0.6	-14.1	91	-32.6	0.7	-14.7	-2	81.8	-0.05	21.6
内圆磨床	159	-34.6	0.2	-43.0	127	-53.3	0.2	-47.2	32	210.3	-0.01	74.9
其中：数控内圆磨床	33	-21.4	0.1	-30.6	36	-41.0	0.1	-34.9	-3	84.2	-0.03	45.7
坐标磨床	1	-75.0	0.01	-20.9	4	33.3	0.02	44.4	-3	-400.0	-0.01	-306.6
其中：数控坐标磨床	1		0.01		1		0.01		0		0.00	
立式磨床	3	0.0	0.03	-50.3	0		0.0		3	0.0	0.03	-50.3
其中：数控立式磨床	3	0.0	0.03	-50.3	0		0.0		3	0.0	0.03	-50.3
曲轴、凸轮磨床	38	-50.6	0.3	-69.7	54	-20.6	0.3	-64.4	-16	-277.8	-0.005	-104.2
其中：数控曲轴、凸轮磨床	23	-41.0	0.2	-68.2	26	-25.7	0.2	-68.7	-3	-175.0	-0.04	-149.0
曲轴磨床	17	-62.2	0.1	-67.7	30	-28.6	0.1	-79.4	-13	-533.3	0.04	154.3
其中：数控曲轴磨床	2	-77.8	0.1	-63.0	2	-77.8	0.01	-94.2	0		0.00	
凸轮磨床	21	-34.4	0.2	-70.8	24	-7.7	0.2	-55.3	-3	-150.0	-0.04	-142.5
其中：数控凸轮磨床	21	-30.0	0.2	-70.1	24	-7.7	0.2	-55.3	-3	-175.0	-0.04	-149.0
轧辊磨床	15	15.4	0.2	13.2	12	-40.0	0.2	-30.7	3	142.9	0.05	199.6
其中：数控轧辊磨床	7	75.0	0.2	39.2	5	0.0	0.1	-15.0	2	300.0	0.05	277.9
工具磨床	165	10.0	0.2	43.7	144	-16.3	0.2	39.8	21	195.5	0.02	87.6
其中：数控工具机床	32	-15.8	0.1	-21.2	21	-32.3	0.04	-25.1	11	57.1	0.02	-10.9
金属珩磨机床	36	38.5	0.3	46.7	30	-6.3	0.1	-22.0	6	200.0	0.11	1 017.5

（续）

产品名称	生产				销售				期间产成品库存变化			
	数量（台）	同比增长（%）	金额（亿元）	同比增长（%）	数量（台）	同比增长（%）	金额（亿元）	同比增长（%）	数量（台）	同比增长（%）	金额（亿元）	同比增长（%）
其中：数控金属珩磨机床	34	41.7	0.2	41.5	26	-13.3	0.1	-32.7	8	233.3	0.12	1 079.4
金属研磨机床	207	-67.0	0.3	-57.5	407	-39.5	0.4	-36.6	-200	-334.8	-0.16	-246.5
端面磨床	87	-45.6	0.7	-43.8	106	0.0	0.8	-2.6	-19	-135.2	-0.12	-130.3
其中：数控端面磨床	87	-45.6	0.7	-43.8	105	2.9	0.8	-1.5	-18	-131.0	-0.11	-127.4
无心磨床	348	-53.5	0.9	-41.0	367	-51.9	0.9	-39.0	-19	-35.7	-0.03	-8 938.4
其中：数控无心磨床	98	-42.7	0.6	-34.7	100	-35.5	0.6	-28.7	-2	-112.5	-0.02	-125.8
轴承磨床	438	-43.4	0.8	-43.2	589	-40.2	1.0	-39.3	-151	28.4	-0.18	14.6
其中：数控轴承磨床	434	-41.7	0.8	-41.5	584	-38.8	1.0	-37.6	-150	28.6	-0.18	13.4
其他磨床	164	-15.9	2.3	-31.6	149	-29.0	2.2	-33.3	15	200.0	0.03	195.3
其中：其他数控磨床	86	28.4	1.8	-28.3	91	31.9	1.8	-28.2	-5	-150.0	-0.01	1.6

三、出口情况

根据海关统计数据，2015 年磨床出口总额 6 842.1 万美元，同比下降 26.6%。其中，位居前三位的产品是：平面磨床出口额 2 380.5 万美元，同比下降 4.6%；外圆磨床出口额 1 545.2 万美元，同比下降 25.5%；其他磨床出口额 1 454.1 万美元，同比下降 25.9%。2015 年磨床产品出口情况见表 14。

表 14　2015 年磨床产品出口情况

产品名称	出口量（台）	同比增长（%）	占比（%）	出口额（千美元）	同比增长（%）	占比（%）	单价（千美元/台）	同比增长（%）
合计	3 697	-29.7	100.0	68 421	-26.6	100.0	19	4.4
平面磨床	2 015	-9.9	54.5	23 805	-4.6	34.8	12	5.9
曲轴磨床	22	83.3	0.6	2 052	216.6	3.0	93	
外圆磨床	495	-69.9	13.4	15 452	-25.5	22.6	31	147.4
内圆磨床	87	-19.4	2.4	3 990	-44.4	5.8	46	-31.0
轧辊磨床	21	50.0	0.6	629	-51.2	0.9	30	-67.5
数控工具磨床	426	-25.7	11.5	5 673	0.3	8.3	13	-54.2
珩磨、研磨机	144	-25.0	3.9	2 279	6.9	3.3	16	42.6
其他磨床	487	1.5	13.2	14 541	-25.9	21.3	30	-27.0

注：由于四舍五入，表中合计数有微小出入。

从出口量和出口额上看，平面磨床的占比都居首位；从单价上看，曲轴磨床的单价最高。从出口趋势上看，磨床出口虽然呈现显著下降，但出口单价呈现小幅回升。其中，外圆磨床的单价增速最显著，同比增长 147.4%。

在磨床出口去向上，德国排在第一位，出口额同比下降 10.2%；韩国处于第二位，同比增长 95.5%；印度升至第三位，同比下降 11.1%。2015 年磨床出口去向前 10 位国家（地区）情况见表 15。

表 15　2015 年磨床出口去向前 10 位国家（地区）情况

序号	国家（地区）	出口量（台）	同比增长（%）	占比（%）	出口额（千美元）	同比增长（%）	占比（%）	单价（千美元/台）
1	德国	253	-22.6	6.8	8 007	-10.2	11.7	32
2	韩国	257	-5.5	7.0	7 622	95.5	11.1	30

（续）

序号	国家（地区）	出口量（台）	同比增长（%）	占比（%）	出口额（千美元）	同比增长（%）	占比（%）	单价（千美元 / 台）
3	印度	126	-90.3	3.4	5 193	-11.1	7.6	41
4	美国	323	8.8	8.7	4 617	5.9	6.7	14
5	越南	231	-34.4	6.2	3 806	-50.9	5.6	16
6	日本	177	32.1	4.8	3 553	-25.8	5.2	20
7	墨西哥	181	5.9	4.9	2 887	6.8	4.2	16
8	泰国	147	53.1	4.0	2 289	27.4	3.3	16
9	朝鲜	34	54.6	0.9	2 065	173.4	3.0	61
10	中国台湾	215	-43.3	5.8	2 057	-68.7	3.0	10

注：由于四舍五入，表中合计数有微小出入。

磨床出口企业中，按出口额占比排序，私人企业占54.5%，外资企业占31.6%，国有企业占13.9%。在出口企业所在地区中，按出口额占比排序，华东（57.7%）、华北（12.1%）和华南（11.6%）居前三位，同比分别下降25.2%、45.1%和41.0%。2015年磨床出口按企业性质分列情况见表16。2015年磨床出口按企业所在地区分列情况见表17。

表16　2015年磨床出口按企业性质分列情况

企业性质	出口量（台）	同比增长（%）	占比（%）	出口额（千美元）	同比增长（%）	占比（%）	单价（千美元 / 台）
合计	3 697	-29.7	100.0	68 421	-26.6	100.0	19
私人企业	2 320	-2.9	62.8	37 256	-15.1	54.5	16
外资企业	958	-20.0	25.9	21 640	-28.4	31.6	23
国有企业	419	-75.0	11.3	9 526	-50.1	13.9	23

注：由于四舍五入，表中合计数有微小出入。

表17　2015年磨床出口按企业所在地区分列情况

序号	地区	出口量（台）	同比增长（%）	占比（%）	出口额（千美元）	同比增长（%）	占比（%）	单价（千美元 / 台）
	合计	3 697	-29.7	100.0	68 421	-26.6	100.0	19
1	华东	1 891	-42.3	51.1	39 496	-25.2	57.7	21
2	华北	687	-10.9	18.6	8 258	-45.1	12.1	12
3	华南	582	-5.8	15.7	7 945	-41.0	11.6	14
4	华中	140	16.7	3.8	4 833	76.3	7.1	35
5	西南	134	0.0	3.6	3 298	22.8	4.8	25
6	东北	101	-21.7	2.7	2 529	-39.7	3.7	25
7	西北	162	-22.1	4.4	2 062	-8.5	3.0	13

注：由于四舍五入，表中合计数有微小出入。

四、企业信息

参加2015年磨床产品年度统计的企业（按企业名称　拼音的字母排序）见表18。

表 18　参加 2015 年磨床产品年度统计的企业（按企业名称拼音的字母排序）

序号	企业名称	网址
1	宝鸡机床集团有限公司	http://www.bjmtw.com
2	北京北一机床股份有限公司	http://www.byjc.com.cn
3	北京德铭纳精密机械有限公司	http://www.demina.cn
4	北京第二机床厂有限公司	http://www.bemtw.com
5	北京市电加工研究所	http://www.biem.com.cn
6	大连科德数控有限公司	http://www.dlkede.com
7	桂林桂北机器有限责任公司	http://www.glmbc.com
8	汉江机床有限公司	http://www.hjmtc.cn
9	杭州杭机股份有限公司	http://www.hzmtg.com
10	湖南海捷精密工业有限公司	http://www.hdhjjg.com
11	济南四机数控机床有限公司	http://www.j4m.cn
12	江西杰克机床有限公司	http://www.jackmt.com.cn
13	中航航空高科技股份有限公司	http://www.avicht.cn
14	宁夏银川大河数控机床有限公司	http://www.nxdahe.com.cn
15	秦川机床工具集团股份公司	http://www.qinchuan.com
16	青海第二机床制造有限责任公司	http://www.qh2j.com
17	山东普利森集团有限公司	http://www.dzjc.com
18	陕西秦川格兰德机床有限公司	http://www.qcgrinder.com
19	上海第三机床厂	http://www.h3mt.com
20	上海机床厂有限公司	http://www.smtw.com/cn
21	深圳市捷甬达实业有限公司	http://www.jointcn.com
22	四川普什宁江机床有限公司	http://www.ningjiang.com
23	天津第一机床总厂	http://www.tmtw.com/cn
24	天津市第二机床有限公司	http://www.tmtw2.com
25	天津市津机磨床有限公司	http://tianjin-machine.com.cn
26	天水星火机床有限责任公司	http://www.sparkcnc.com
27	威海华东数控股份有限公司	http://www.huadongcnc.com
28	无锡开源机床集团有限公司	http://www.k-yuan.com.cn
29	新乡日升数控轴承装备有限公司	http://www.xxrs.com
30	营口冠华机床有限公司	http://www.ykghjc.com
31	宇环数控机床股份有限公司	http://www.yh-cn.com

齿轮加工机床

一、基本情况

2015 年，中国机床工具行业年报统计中生产齿轮加工机床产品的企业共计 14 家。齿轮加工机床总体呈现下行趋势，产量 1 373 台，同比下降 46.2%；销售产值 9.0 亿元，同比下降 31.9%；期间产成品库存减少 77 台，同比下降 182.2%。从齿轮加工机床产品结构上看，数控产品降幅要小于普通机床产品。2015 年齿轮加工机床产品产销存情况见表 19。

二、生产运行

2015 年齿轮加工机床产品的产销总体呈现量价齐跌的态势，反映运行压力仍在增加。从细分产品结构上看，滚齿机的产销量占比最大，其中数控重大型产品比例很小，数控中小型产品比重最大。

从 2015 年齿轮加工机床产成品库存数据看，库存数量下降，但金额上升，反映低端产品在消化库存，中高端产品库存增加。

表 19　2015 年齿轮加工机床产品产销存情况

产品名称	生产				销售				期间产成品库存变化			
	数量（台）	同比增长（%）	金额（亿元）	同比增长（%）	数量（台）	同比增长（%）	金额（亿元）	同比增长（%）	数量（台）	同比增长（%）	金额（亿元）	同比增长（%）
齿轮加工机床	1 373	−46.2	9.3	−31.8	1 450	−40.9	9.0	−31.9	−77	−182.2	0.23	−29.7
其中：数控齿轮加工机床	847	−22.8	7.5	−26.1	871	−33.2	7.2	−28.3	−24	88.3	0.20	1729.3
滚齿机	658	−48.5	2.7	−32.5	704	−42.3	2.6	−37.3	−46	−182.7	0.1	175.0
其中：数控重型滚齿机	21	−65.6	0.2	−62.1	23	−59.6	0.2	−46.0	−2	−150.0	−0.05	−227.7
其中：数控大型滚齿机	8	−20.0	0.1	−38.0	8	−27.3	0.1	−53.5	0	100.0	0.0	110.5
其中：数控中小型滚齿机	307	42.8	1.9	−7.3	318	−30.8	1.7	−23.1	−11	95.3	0.2	195.7
插齿机	161	−51.9	1.0	−36.3	191	−45.1	1.2	−26.6	−30	−130.8	−0.2	−331.7
其中：数控插齿机	45	−63.1	0.2	−47.3	58	−31.0	0.3	−14.4	−13	−134.2	−0.1	−393.2
磨齿机	167	−38.4	3.7	−25.3	161	−40.6	3.5	−29.6	6		0.2	
其中：数控磨齿机	167	−38.4	3.7	−25.3	161	−40.6	3.5	−29.6	6		0.2	
珩齿机	48	−53.8	0.1	−54.9	48	−52.0	0.1	−50.0	0	−100.0	0.0	−100.0
其中：数控珩齿机	41	−34.9	0.1	−42.9	41	−30.5	0.1	−39.1	0	−100.0	0.0	−100.0
剃齿机	95	−39.5	0.3	−6.8	97	−33.1	0.3	−23.0	−2	−116.7	0.01	118.4
其中：数控剃齿机	92	35.3	0.3	45.6	74	−22.1	0.3	−18.5	18	166.7	0.04	137.5
成形铣齿机	38	−71.2	0.3	−65.3	48	−56.8	0.3	−49.3	−10	−147.6	−0.03	−116.0
其中：数控成形铣齿机	10	−89.0	0.2	−69.6	23	−68.9	0.3	−52.2	−13	−176.5	−0.04	−119.4
成形磨齿机	2	−33.3	0.1	−30.0	2	−33.3	0.1	−30.0	0		0.0	
其中：数控成形磨齿机	2	−33.3	0.1	−30.0	2	−33.3	0.1	−30.0	0		0.0	
其他齿轮加工机床	204	−24.7	1.0	−30.2	199	−22.6	0.8	−19.2	5	−64.3	0.1	−63.5
其中：其他数控齿轮加工机床	154	−20.2	0.7	−22.7	163	−14.7	0.7	−10.9	−9	−550.0	−0.1	−218.6

三、出口情况

根据海关统计数据，2015 年齿轮加工机床出口总额 1 181.8 万美元，同比下降 43.2%。从单价上看，齿轮加工机床变化不大，仅同比增长 0.8%。2015 年齿轮加工机床出口情况见表 20。

表 20　2015 年齿轮加工机床出口情况

产品名称	出口量（台）	同比增长（%）	出口额（千美元）	同比增长（%）	单价（千美元 / 台）	同比增长（%）
齿轮加工机床	9 163	−43.6	11 818	−43.2	1.3	0.8

在齿轮加工机床出口去向上，韩国排在第一位，出口额同比下降 60.9%；印度处于第二位，同比下降 34.7%；德国位居第三，同比下降 22.1%。2015 年齿轮加工机床出口去向前 10 位国家（地区）情况见表 21。

表 21 2015 年齿轮加工机床出口去向前 10 位国家（地区）情况

序号	国家（地区）	出口量（台）	同比增长（%）	占比（%）	出口额（千美元）	同比增长（%）	占比（%）	单价（千美元 / 台）
1	韩国	124	7.8	1.4	1 628	-60.9	13.8	13.1
2	印度	2 097	280.6	22.9	1 035	-34.7	8.8	0.5
3	德国	6	-96.7	0.1	860	-22.1	7.3	143.3
4	中国台湾	26	-10.3	0.3	782	-9.9	6.6	30.1
5	越南	105	191.7	1.1	781	26.3	6.6	7.4
6	泰国	118	-54.6	1.3	661	-42.7	5.6	5.6
7	俄罗斯	1 102	-18.1	12.0	486	-35.3	4.1	0.4
8	马来西亚	239	-84.2	2.6	422	-44.5	3.6	1.8
9	印度尼西亚	48	17.1	0.5	362	-34.9	3.1	7.5
10	朝鲜	4	300.0	0.0	361	245 477.6	3.1	90.3

注：由于四舍五入，表中合计数有微小出入。

齿轮加工机床出口企业中，按出口额占比排序，私人企业占 71.1%，国有企业占 20.5%，外资企业占 8.4%。在出口企业所在地区中，按出口额占比排序，华东（30.1%）、华北（27.2%）和华南（14.0%）居前三位，同比分别下降 27.4%、68.6% 和 18.9%。2015 年齿轮加工机床出口按企业性质分列情况见表 22。2015 年齿轮加工机床出口按企业所在地区分列情况见表 23。

表 22 2015 年齿轮加工机床出口按企业性质分列情况

企业性质	出口量（台）	同比增长（%）	占比（%）	出口额（千美元）	同比增长（%）	占比（%）	单价（千美元 / 台）
合计	9 163	-43.6	100.0	11 818	-43.2	100.0	1.3
私人企业	7 041	-44.3	76.8	8 407	-31.7	71.1	1.2
国有企业	1 779	-46.2	19.4	2 420	-65.0	20.5	1.4
外资企业	343	18.7	3.7	991	-36.6	8.4	2.9

注：由于四舍五入，表中合计数有微小出入。

表 23 2015 年齿轮加工机床出口按企业所在地区分列情况

序号	地区	出口量（台）	同比增长（%）	占比（%）	出口额（千美元）	同比增长（%）	占比（%）	单价（千美元 / 台）
	合计	9 163	-43.6	100.0	11 818	-43.2	100.0	1.3
1	华东	4 892	-20.8	53.4	3 556	-27.4	30.1	0.7
2	华北	862	-67.9	9.4	3 216	-68.6	27.2	3.7
3	华南	2 516	-61.8	27.5	1 654	-18.9	14.0	0.7
4	华中	99	-81.5	1.1	1 241	-21.6	10.5	12.5
5	西南	696	237.9	7.6	1 234	34.5	10.4	1.8
6	东北	17	-10.5	0.2	739	19.6	6.3	43.5
7	西北	81	170.0	0.9	179	-65.0	1.5	2.2

注：由于四舍五入，表中合计数有微小出入。

四、企业信息

参加 2015 年齿轮加工机床产品年度统计的企业（按 企业名称拼音的字母排序）见表 24。

表 24　参加 2015 年齿轮加工机床产品年度统计的企业（按企业名称拼音的字母排序）

序号	企业名称	网址
1	重庆机床（集团）有限责任公司	http://www.chmti.com
2	南京第二机床厂有限公司	http://www.nmt2.cn
3	南京第一机床厂有限公司	http://www.nj-jcc.com
4	南京二机齿轮机床有限公司	http://www.nmt2.com
5	南京工大数控科技有限公司	http://www.njut-nc.com
6	秦川机床工具集团股份公司	http://www.qinchuan.com
7	青海第二机床制造有限责任公司	http://www.qh2j.com
8	上海第三机床厂	http://www.h3mt.com
9	四川普什宁江机床有限公司	http://www.ningjiang.com
10	天津第一机床总厂	http://www.tmtw.com/cn
11	天津精诚机床股份有限公司	http://www.tj-jcmt.com
12	宜昌长机科技有限责任公司	http://www.cjmt.com.cn
13	营口冠华机床有限公司	http://www.ykghjc.com
14	浙江众昊机床有限公司	http://www.cn-zohao.com

重型机床

一、基本情况

2015 年，中国机床工具行业年报统计中生产重型机床产品的企业共计 17 家。重型机床继续总体呈现低位运行和消化库存的状态，产量 367 台，同比下降 33.5%；销售产值 17.5 亿元，同比下降 22.3%。期间产成品库存减少 54 台，同比下降 107.7%。2015 年重型机床产品产销存情况见表 25。

二、生产运行

2015 年重型机床产品的产销总体以消化存量库存，这与重型机床市场需求低迷和相关用户领域投资持续下降密切相关。从细分产品的销售产值上看，占比最高的是数控超重型龙门铣床；从销售数量上看，占比最高的是数控重型立式车床。降库存最大的是数控重型龙门铣床，库存数量同比下降 285.7%。

表 25　2015 年重型机床产品产销存情况

产品名称	生产				销售				期间产成品库存变化			
	数量（台）	同比增长（%）	金额（亿元）	同比增长（%）	数量（台）	同比增长（%）	金额（亿元）	同比增长（%）	数量（台）	同比增长（%）	金额（亿元）	同比增长（%）
重型金属切削机床	367	-33.5	14.9	-27.4	421	-27.2	17.5	-22.3	-54	-107.7	-2.75	-30.8
其中：数控	351	-34.3	14.8	-27.5	405	-27.0	17.5	-22.3	-54	-157.1	-2.75	-32.2
超重型龙门式加工中心	5	-16.7	0.2	-23.7	7	0.0	0.3	-56.3	-2	-100.0	-0.04	87.6
五轴以下超重型龙门式加工中心	4	-33.3	0.2	-45.0	6	-14.3	0.2	-66.7	-2	-100.0	-0.04	87.6
五轴超重型龙门式加工中心	1		0.1		1		0.1		0		0	
重型龙门式加工中心	37	-50.7	1.7	-35.7	44	-31.3	1.8	-15.0	-7	-163.6	-0.2	-137.3
五轴以下重型龙门式加工中心	36	-52.0	1.6	-38.3	44	-31.3	1.8	-15.0	-8	-172.7	-0.2	-152.7
五轴重型龙门式加工中心	1		0.1		0		0.0		1		0.1	
数控超重型卧式车床	6	0.0	0.3	-11.9	8	-11.1	0.6	-8.9	-2	33.3	-0.3	4.8

（续）

产品名称	生产				销售				期间产成品库存变化			
	数量（台）	同比增长（%）	金额（亿元）	同比增长（%）	数量（台）	同比增长（%）	金额（亿元）	同比增长（%）	数量（台）	同比增长（%）	金额（亿元）	同比增长（%）
数控重型卧式车床	11	-68.6	0.3	-53.6	11	-64.5	0.3	-45.9	0	-100.0	0.00	100.0
数控超重型立式车床	10	-33.3	0.9	-31.6	10	-37.5	0.9	-35.9	0	100.0	0.00	100.0
数控重型立式车床	110	-34.5	1.6	-34.5	109	-39.4	1.3	-52.4	1	108.3	0.3	204.4
数控超重型落地式铣镗床	5	-64.3	0.3	-70.3	13	-48.0	0.9	-40.2	-8	27.3	-0.6	-10.7
数控重型落地式铣镗床	21	425.0	1.2	277.1	18	200.0	1.1	285.2	3	250.0	0.1	167.3
数控超重型龙门铣床	79	-16.8	6.6	-26.5	85	-13.3	7.1	-25.3	-6	-100.0	-0.4	-2.0
数控重型龙门铣床	28	16.7	1.0	-28.1	55	77.4	2.6	17.3	-27	-285.7	-1.6	-99.0
数控重型滚齿机	21	-65.6	0.2	-62.1	23	-59.6	0.2	-46.0	-2	-150.0	-0.05	-227.7
轧辊磨床	15	15.4	0.2	13.2	12	-40.0	0.2	-30.7	3	142.9	0.05	199.6
其中：数控轧辊磨床	7	75.0	0.2	39.2	5	0.0	0.1	-15.0	2	300.0	0.05	277.9
导轨磨床	19	-47.2	0.3	-24.2	26	-23.5	0.3	-23.3	-7	-450.0	0.01	-47.3
其中：数控导轨磨床	11	-59.3	0.2	-29.3	17	-34.6	0.2	-28.8	-6	-700.0	0.01	-39.7

三、出口情况

根据海关统计数据，2015年重型机床出口总额12 336.6万美元，同比增长3.1%。其中，龙门式加工中心出口额6 248.0万美元，同比增长0.5%；数控立式车床出口额4 533.7万美元，同比增长20.6%；数控镗铣床出口额839.6万美元，同比增长16.7%；轧辊磨床出口额62.9万美元，同比下降51.2%。2015年重型机床产品出口情况见表26。

表26　2015年重型机床产品出口情况

产品名称	出口量（台）	同比增长（%）	占比（%）	出口额（千美元）	同比增长（%）	占比（%）	单价（千美元/台）	同比增长（%）
合计	1 948	10.3	100.0	123 366	3.1	100.0	63	-6.6
龙门式加工中心	893	0.8	45.8	62 480	0.5	50.6	70	-0.3
数控立式车床	408	0.0	20.9	45 337	20.6	36.8	111	-7.2
数控镗铣床	132	3.9	6.8	8 396	16.7	6.8	64	12.3
其他镗铣床	494	16.2	25.4	6 523	-43.0	5.3	13	-50.9
轧辊磨床	21	50.0	1.1	629	-51.2	0.5	30	-67.5

注：由于四舍五入，表中合计数有微小出入。

从出口量和出口额上看，龙门式加工中心的占比都居首位；从单价上看，数控立式车床的单价最高。从出口趋势上看，数控立式车床在金额上保持最高的增速；整体上重型机床的单价仍呈现走低趋势。

在重型机床出口去向上，越南排在第一位，出口额同比下降5.1%；德国大幅增长，处于第二位，出口额同比增长81.9%；印度大幅增长，位居第三，同比增长120.6%。2015年重型机床出口去向前10位国家（地区）情况见表27。

表 27　2015 年重型机床出口去向前 10 位国家（地区）情况

序号	国家（地区）	出口量（台）	同比增长（%）	占比（%）	出口额（千美元）	同比增长（%）	占比（%）	单价（千美元 / 台）
1	越南	804	−5.4	41.3	50 142	−5.1	40.6	62
2	德国	196	88.5	10.1	23 842	81.9	19.3	122
3	印度	60	114.3	3.1	9 931	120.6	8.1	166
4	美国	61	64.9	3.1	8 262	38.5	6.7	135
5	印度尼西亚	43	−4.4	2.2	2 239	8.0	1.8	52
6	马来西亚	33	37.5	1.7	2 159	53.2	1.8	65
7	俄罗斯	29	−19.4	1.5	2 039	−8.0	1.7	70
8	意大利	6	0.0	0.3	1 997	136.8	1.6	333
9	土耳其	18	−45.5	0.9	1 782	−58.9	1.4	99
10	新加坡	18	−69.0	0.9	1 708	127.9	1.4	95

注：由于四舍五入，表中合计数有微小出入。

重型机床出口企业中，按出口额占比排序，私人企业占 67.3%，外资企业占 29.1%，国有企业占 3.6%。在出口企业所在地区中，按出口额占比排序，华北（43.6%）、华东（37.2%）和东北（10.1%）居前三位，同比分别下降 14.1%、增长 82.6% 和下降 27.0%。2015 年重型机床出口按企业性质分列情况见表 28。2015 年重型机床出口按企业所在地区分列情况见表 29。

表 28　2015 年重型机床出口按企业性质分列情况

企业性质	出口量（台）	同比增长（%）	占比（%）	出口额（千美元）	同比增长（%）	占比（%）	单价（千美元 / 台）
合计	1 948	10.3	100.0	123 366	3.1	100.0	63
私人企业	1 544	7.3	79.3	83 077	1.7	67.3	54
外资企业	280	53.0	14.4	35 886	55.7	29.1	128
国有企业	124	−13.9	6.4	4 403	−70.6	3.6	36

注：由于四舍五入，表中合计数有微小出入。

表 29　2015 年重型机床出口按企业所在地区分列情况

序号	地区	出口量（台）	同比增长（%）	占比（%）	出口额（千美元）	同比增长（%）	占比（%）	单价（千美元 / 台）
	合计	1 948	10.3	100.0	123 366	3.1	100.0	63
1	华北	873	−6.6	44.8	53 747	−14.1	43.6	62
2	华东	691	102.6	35.5	45 860	82.6	37.2	66
3	东北	68	−37.6	3.5	12 434	−27.0	10.1	183
4	华南	170	18.9	8.7	6 632	72.0	5.4	39
5	西南	99	−50.5	5.1	3 676	−29.4	3.0	37
6	西北	37	131.3	1.9	598	49.6	0.5	16
7	华中	10	−54.6	0.5	418	−92.5	0.3	42

注：由于四舍五入，表中合计数有微小出入。

四、企业信息

参加 2015 年重型机床产品年度统计的企业（按企业名称拼音的字母排序）见表 30。

表 30　参加 2015 年重型机床产品年度统计的企业（按企业名称拼音的字母排序）

序号	企业名称	网址
1	北京北一机床股份有限公司	http://www.byjc.com.cn
2	桂林桂北机器有限责任公司	http://www.glmbc.com
3	济南二机床集团有限公司	http://www.jiermt.com
4	南京二机齿轮机床有限公司	http://www.nmt2.com
5	中航航空高科技股份有限公司	http://www.avicht.cn
6	宁波海天精工股份有限公司	http://www.hision.com.cn
7	齐齐哈尔二机床（集团）有限责任公司	http://www.q2jc.com.cn
8	齐重数控装备股份有限公司	http://www.qfmtw.com.cn
9	青海华鼎重型机床有限责任公司	http://www.qhzx.cn
10	山东普利森集团有限公司	http://www.dzjc.com
11	上海机床厂有限公司	http://www.smtw.com/cn
12	威海华东数控股份有限公司	http://www.huadongcnc.com
13	无锡开源机床集团有限公司	http://www.k-yuan.com.cn
14	芜湖恒升重型机床股份有限公司	http://www.whhmtw.com
15	武汉重型机床集团有限公司	http://www.whhdmt.com
16	新誉集团有限公司	http://www.shinri.cn
17	中传重型机床有限公司	http://www.ngczcmt.com

特种加工机床

一、基本情况

2015 年，中国机床工具行业年报统计中生产特种加工机床产品的企业共计 12 家。特种加工机床结构性升级趋势明显，总体呈现量跌价升的趋势。2015 年的产量 3 952 台，同比下降 10.6%；销售产值 14.8 亿元，同比增长 20.7%；期间产成品库存增加 43 台，同比下降 41.8%。2015 年特种加工机床产品产销存情况见表 31。

二、生产运行

2015 年，特种加工机床产品的产销金额大幅增长，产品结构升级趋势明显。从细分产品结构上看，放电加工机床的销售额最多，达到 12.8 亿元，同比增长 20.2%。期间产成品库存大幅下降，数量同比下降 41.8%；金额同比下降 107.3%。

表 31　2015 年特种加工机床产品产销存情况

产品名称	生产				销售				期间产成品库存变化			
	数量（台）	同比增长（%）	金额（亿元）	同比增长（%）	数量（台）	同比增长（%）	金额（亿元）	同比增长（%）	数量（台）	同比增长（%）	金额（亿元）	同比增长（%）
特种加工机床	3 952	−10.6	14.65	6.7	3 910	−10.1	14.8	20.7	43	−41.8	−0.111	−107.3
其中：数控特种加工机床	3 941	−10.4	14.64	6.7	3 899	−9.9	14.7	20.8	43	−41.8	−0.111	−107.3
激光，相关光子束加工机床	141	39.6	2.1	53.2	138	23.9	1.9	24.4	4	135.0	0.2	200.9

（续）

产品名称	生产				销售				期间产成品库存变化			
	数量（台）	同比增长（%）	金额（亿元）	同比增长（%）	数量（台）	同比增长（%）	金额（亿元）	同比增长（%）	数量（台）	同比增长（%）	金额（亿元）	同比增长（%）
其中：数控激光，相关光子束加工机床	141	39.6	2.1	53.2	138	23.9	1.9	24.4	4	135.0	0.2	200.9
放电加工机床	3 809	−11.7	12.5	1.5	3 770	−10.9	12.8	20.2	39	−53.0	−0.3	−117.2
其中：数控放电加工机床	3 800	−11.6	12.5	1.5	3 761	−10.8	12.8	20.3	39	−53.0	−0.3	−117.2
线切割加工机床	2 462	−11.9	10.4	2.4	2 458	−11.3	10.8	26.9	4	−83.3	−0.4	−123.1
其中：数控电火花线切割加工机床	2 462	−11.9	10.4	2.4	2 458	−11.3	10.8	26.9	4	−83.3	−0.4	−123.1
成形加工机床	653	2.5	1.7	0.5	635	3.6	1.6	−4.0	18	−25.0	0.1	372.8
其中：数控电火花成形加工机床	653	2.5	1.7	0.5	635	3.6	1.6	−4.0	18	−25.0	0.1	372.8
小孔加工机床	678	−22.2	0.4	−19.8	661	−20.9	0.4	−18.2	17	−51.4	−0.002	−142.8
其中：数控电火花小孔加工机床	669	−21.7	0.4	−19.3	652	−20.4	0.4	−17.7	17	−51.4	−0.002	−142.8
其他放电加工机床	16	14.3	0.1	42.9	16	14.3	0.1	42.9	0		0.0	
其中：数控相关放电加工机床	16	14.3	0.1	42.9	16	14.3	0.1	42.9	0		0.0	
化学、电化学（电解）加工机床	2	−33.3	0.01	−4.4	2	−33.3	0.01	−4.4	0		0.0	

三、出口情况

根据海关统计数据，2015 年特种加工机床出口总额 60 427.3 万美元，同比增长 5.8%。其中，用激光、其他光或光子束处理材料的加工机床出口额 33 842.4 万美元，同比增长 10.7%；用放电处理各种材料的加工机床出口额 15 103.6 万美元，同比增长 0.6%；等离子弧切割机、水射流切割机出口额 9 710.9 万美元，同比增长 2.2%。2015 年特种加工机床出口情况见 32。

表 32　2015 年特种加工机床出口情况

产品名称	出口量（台）	同比增长（%）	占比（%）	出口额（千美元）	同比增长（%）	占比（%）	单价（千美元 / 台）	同比增长（%）
合计	181 583	2.4	100.0	604 273	5.8	100.0	3	3.4
用激光、其他光或光子束处理材料的加工机床	58 235	19.4	32.1	338 424	10.7	56.0	6	−7.3
用超声波处理材料的加工机床	2 248	−26.8	1.2	5 685	12.9	0.9	3	54.3
用放电处理各种材料的加工机床	5 028	13.0	2.8	151 036	0.6	25.0	30	−11.0
等离子弧切割机、水射流切割机	110 910	−2.9	61.1	97 109	2.2	16.1	1	5.3
其他化学、电子、离子束或等离子弧加工机床	5 162	−23.8	2.8	12 019	−19.9	2.0	2	5.1

注：由于四舍五入，表中合计数有微小出入。

从出口额上看，用激光、其他光或光子束处理材料的加工机床占比居首位，用放电处理各种材料的加工机床位居第二；从单价上看，整体呈现小幅增长，其中用放电处理各种材料的加工机床单价最高。从出口趋势上看，用激光、其他光或光子束处理材料的加工机床和用超声波处理材料的加工机床继续保持大幅增长趋势。

在特种加工机床出口去向上，美国增长持平，排在第一位；中国香港小幅下降，处于第二位，同比下降 2.0%；越南大幅增长，位居第三，同比增长 41.9%。2015 年特种加工机床出口去向前 10 位国家（地区）情况见表 33。

表 33　2015 年特种加工机床出口去向前 10 位国家（地区）情况

序号	国家（地区）	出口量（台）	同比增长（%）	占比（%）	出口额（千美元）	同比增长（%）	占比（%）	单价（千美元 / 台）
1	美国	48 430	22.5	26.7	63 882	0.0	10.6	1
2	中国香港	4 777	59.5	2.6	48 204	−2.0	8.0	10
3	越南	8 177	81.2	4.5	41 022	41.9	6.8	5
4	日本	3 533	26.0	1.9	31 707	15.1	5.2	9
5	印度	5 840	21.8	3.2	31 654	−2.9	5.2	5
6	德国	7 179	29.2	4.0	30 752	10.4	5.1	4
7	韩国	3 172	72.0	1.7	28 696	5.7	4.7	9
8	中国台湾	2 076	33.8	1.1	23 034	21.3	3.8	11
9	荷兰	1 986	33.7	1.1	22 483	34.1	3.7	11
10	马来西亚	3 266	13.9	1.8	21 243	39.3	3.5	7

注：由于四舍五入，表中合计数有微小出入。

特种加工机床出口企业中，按出口额占比排序，私人企业占 51.3%，外资企业占 34.2%，国有企业占 14.4%。在出口企业所在地区中，按出口额占比排序，华南（33.7%）、华东（24.5%）和华北（19.8%）居前三位，同比分别增长 10.0%、4.8% 和 13.9%。2015 年特种加工机床出口按企业性质分列情况见表 34。2015 年特种加工机床出口按企业所在地区分列情况见表 35。

表 34　2015 年特种加工机床出口按企业性质分列情况

企业性质	出口量（台）	同比增长（%）	占比（%）	出口额（千美元）	同比增长（%）	占比（%）	单价（千美元 / 台）
合计	181 583	2.4	100.0	604 273	5.8	100.0	3
私人企业	148 962	5.4	82.0	310 048	15.8	51.3	2
外资企业	18 484	−12.5	10.2	206 933	2.0	34.2	11
国有企业	14 137	−4.5	7.8	87 292	−12.9	14.4	6

注：由于四舍五入，表中合计数有微小出入。

表 35　2015 年特种加工机床出口按企业所在地区分列情况

序号	地区	出口量（台）	同比增长（%）	占比（%）	出口额（千美元）	同比增长（%）	占比（%）	单价（千美元 / 台）
	合计	181 583	2.4	100.0	604 273	5.8	100.0	3
1	华南	57 990	−1.7	31.9	203 576	10.0	33.7	4
2	华东	87 228	11.5	48.0	147 945	4.8	24.5	2
3	华北	22 412	−20.9	12.3	119 584	13.9	19.8	5
4	东北	2 312	−38.4	1.3	65 918	−6.3	10.9	29
5	华中	3 185	24.2	1.8	41 675	−6.8	6.9	13
6	西南	7311	142.6	4.0	19 057	0.2	3.2	3
7	西北	1 145	−52.3	0.6	6 518	16.3	1.1	6

注：由于四舍五入，表中合计数有微小出入。

四、企业信息

参加 2015 年特种加工机床产品年度统计的企业（按　企业名称拼音的字母排序）见表 36。

表 36 参加 2015 年特种加工机床产品年度统计的企业（按企业名称拼音的字母排序）

序号	企业名称	网址
1	北京阿奇夏米尔工业电子有限公司	http://www.gfms.com
2	北京市电加工研究所	http://www.biem.com.cn
3	汉川数控机床股份公司	http://www.cnhlmt.com
4	杭州华方数控机床有限公司	http://www.hzhf.com/cn
5	湖北三环锻压设备有限公司	http://www.hsdy.com.cn
6	江苏金方圆数控机床有限公司	http://www.jinfangyuan.com
7	江苏亚威机床股份有限公司	http://www.yawei.cc/cn
8	深圳市捷甬达实业有限公司	http://www.jointcn.com
9	苏州电加工机床研究所有限公司	http://www.sino-edm.com
10	苏州三光科技股份有限公司	http://www.ssgedm.com
11	苏州宝玛数控设备有限公司	http://www.bmnc.cn
12	武汉华工激光工程有限责任公司	http://www.hglaser.com

金属成形机床

一、基本情况

2015 年，中国机床工具行业年报统计中生产金属成形机床产品的企业共计 26 家。金属成形机床生产总体呈现显著下降的趋势，产量 45 860 台，同比下降 27.5%；销售产值 109.0 亿元，同比下降 16.0%；期间产成品库存增加 9 台，同比增长 104.3%。2015 年金属成形机床产品产销存情况见表 37。

二、生产运行

2015 年，金属成形机床产品的产销额明显下降。从细分产品结构上看，锻造机及冲压机产量同比下降 39.4%，液压压力机产量同比下降 36.6%，机械压力机产量同比下降 28.4%。期间产成品库存数量增长较少，但增速很明显。通过对比分析可以看出，数控产品销售下降要小于普通产品。

三、出口情况

根据海关统计数据，2015 年金属成形机床出口总额 110 073.5 万美元，同比下降 2.1%。其中，出口额前三位的产品是：成形折弯机 24 569.2 万美元，同比下降 8.9%；其他金属成形机床 19 482.4 万美元，同比下降 7.7%；液压压力机 16 468.9 万美元，同比下降 7.5%。2015 年金属成形机床出口情况见表 38。

表 37 2015 年金属成形机床产品产销存情况

产品名称	生产				销售				期间产成品库存变化			
	数量（台）	同比增长（%）	金额（亿元）	同比增长（%）	数量（台）	同比增长（%）	金额（亿元）	同比增长（%）	数量（台）	同比增长（%）	金额（亿元）	同比增长（%）
金属成形机床合计	45 860	-27.5	107.3	-15.7	45 851	-27.7	109.0	-16.0	9	104.3	-1.71	29.0
其中：数控金属成形机床合计	6 261	-20.1	58.0	-4.2	6 430	-19.1	59.3	-8.5	-169	-47.7	-1.08	74.6
锻造机及冲压机	327	-39.4	1.6	-47.3	447	-14.7	2.1	-30.5	-120	-850.0	-0.48	-2 634.2
其中：数控锻造机及冲压机	32	-55.6	0.4	-50.6	69	0.0	0.6	-7.8	-37	-1 333.3	-0.26	-471.7
自由锻锤	195	-36.1	0.5	-15.0	258	-2.6	0.6	66.7	-63	-257.5	-0.16	-191.2
模锻锤	14	-73.6	0.2	-73.2	31	-55.1	0.3	-61.5	-17	-6.3	-0.14	13.7
自由锻液压机	1	-66.7	0.0	-75.5	2	0.0	0.1	-53.8	-1	-200.0	-0.02	-200.0
金属挤压机	7	-50.0	0.0	-43.1	9	-25.0	0.1	-17.7	-2	-200.0	-0.01	-139.8

（续）

产品名称	生产				销售				期间产成品库存变化			
	数量（台）	同比增长（%）	金额（亿元）	同比增长（%）	数量（台）	同比增长（%）	金额（亿元）	同比增长（%）	数量（台）	同比增长（%）	金额（亿元）	同比增长（%）
金属滚压机	0	-100.0	0.0	-100.0	0	-100.0	0.0	-100.0	0	-100.0	0.00	100.0
模锻机械压力机	81	-44.9	0.8	-42.6	101	-29.4	1.0	-32.9	-20	-600.0	-0.13	-2 940.8
其中：数控模锻机械压力机	18	-48.6	0.2	-40.4	38	18.8	0.3	2.1	-20	-766.7	-0.13	-759.6
热模锻压力机	0	-100.0	0.0	-100.0	0	-100.0	0.0	-100.0	0		0.00	
摩擦螺旋压力机	31	-60.3	0.2	-65.2	31	-60.8	0.2	-68.0	0	100.0	0.00	100.0
电动螺旋压力机	43	-30.6	0.4	-37.0	63	8.6	0.6	-15.3	-20	-600.0	-0.13	-490.0
其中：数控电动螺旋压力机	18	-48.6	0.2	-40.4	38	18.8	0.3	2.1	-20	-766.7	-0.13	-759.6
离合器式螺旋压力机	1	-50.0	0.0	-21.9	1	-50.0	0.0	-22.0	0		0.00	
冷温锻压力机	6	50.0	0.2	62.2	6	100.0	0.2	119.5	0	-100.0	0.00	-100.0
粉末成形压力机	2	100.0	0.0	365.3	2	-33.3	0.0	89.6	0	100.0	0.00	100.0
其他锻造机及冲压机	27	68.8	0.0	-70.3	44	57.1	0.1	-30.8	-17	-41.7	-0.03	-846.8
液压式压力机	1 168	-36.6	10.6	-22.0	1 346	-31.9	10.9	-26.7	-178	-30.9	-0.31	76.3
其中：数控液压式压力机	977	-30.2	10.1	-2.3	1 045	-28.3	10.2	-26.0	-68	-17.2	-0.08	97.5
其中：数控重型液压式压力机	321	68.1	8.8	98.2	280	45.1	8.1	103.1	41	2 150.0	0.68	53.6
其中：数控大型液压式压力机	26	-69.8	0.1	-94.0	24	-81.5	0.1	-97.9	2	104.5	0.00	100.1
其中：数控中型液压式压力机	30	-91.8	0.1	-96.0	170	-57.1	0.7	-70.2	-140	-366.7	-0.59	-72.2
其中：数控小型液压式压力机	6	-86.4	0.0	-94.0	6	-87.2	0.0	-94.7	0	100.0	0.00	100.0
其他未列明数控液压压力机	594	-16.6	1.1	-34.3	565	-18.2	1.2	-20.4	29	-38.1	-0.18	-446.6
机械式压力机	36 548	-28.4	69.4	-11.4	36 030	-29.4	69.9	-12.0	518	-10 260.0	-0.49	55.1
其中：数控机械压力机	437	-15.5	27.7	11.1	474	-11.9	28.4	10.7	-37	-76.2	-0.63	4.2
开式机械式压力机	2 301	-26.4	3.1	-13.1	2 617	-17.9	3.0	-18.9	-316	-418.0	0.04	119.8
闭式机械式压力机	3 394	-18.0	41.1	2.2	3 321	-21.6	41.3	1.6	73	174.5	-0.23	49.8
其中：数控重型闭式机械式压力机	97	-17.1	12.4	35.0	88	-25.4	11.4	18.9	9	1000.0	1.03	368.6
其中：数控大型闭式机械式压力机	115	-2.5	12.5	7.3	135	12.5	13.6	17.7	-20	-900.0	-1.14	-2 129.3
其中：数控中型闭式机械式压力机	37	-28.8	1.6	-38.6	51	-22.7	2.2	-25.5	-14	0.0	-0.60	-79.5
其他机械式压力机	30 853	-29.5	25.2	-27.1	30 092	-31.0	25.5	-27.1	761	364.0	-0.31	30.3
其中：其他数控机械压力机	188	-18.3	1.2	-17.7	200	-14.5	1.1	-22.9	-12	-200.0	0.08	1 116.6
弯曲、折叠机床	3 676	-19.6	8.5	-19.1	3 791	-16.8	8.6	-22.2	-115	-921.4	-0.03	93.9
其中：数控弯曲、折叠机床	2 705	-13.8	7.1	-15.5	2 753	-12.3	7.1	-20.7	-48	-2 300.0	0.02	104.0
折弯机	3 676	-19.6	8.5	-19.1	3 791	-16.8	8.6	-22.2	-115	-921.4	-0.03	93.9
其中：数控折弯机	2 705	-13.8	7.1	-15.5	2 753	-12.3	7.1	-20.7	-48	-2 300.0	0.02	104.0
矫直或矫平机床	532	-37.0	6.3	-23.1	535	-35.9	6.4	-22.6	-3	-130.0	-0.07	-86.9
其中：数控矫直或矫平机床	409	-41.0	3.7	-25.8	409	-41.0	3.7	-25.8	0		0.00	
矫平机	532	-37.0	6.3	-23.1	535	-35.9	6.4	-22.6	-3	-130.0	-0.07	-86.9
其中：数控矫平机	409	-41.0	3.7	-25.8	409	-41.0	3.7	-25.8	0		0.00	

（续）

产品名称	生产				销售				期间产成品库存变化			
	数量（台）	同比增长（%）	金额（亿元）	同比增长（%）	数量（台）	同比增长（%）	金额（亿元）	同比增长（%）	数量（台）	同比增长（%）	金额（亿元）	同比增长（%）
剪切机床	2 003	-18.2	4.3	-11.1	2 072	-17.2	4.6	-2.4	-69	30.2	-0.30	-330.9
其中：数控剪切机床	788	-13.3	3.0	-14.0	778	-18.7	3.3	1.4	10	-120.8	-0.10	-148.8
其中：数控板带横剪机床	82	-18.8	1.7	-18.2	82	-2.4	2.0	11.9	0	-100.0	0.00	-100.0
其中：其他数控剪切机床	706	-12.6	1.2	-7.1	696	-20.3	1.3	-11.0	10	115.4	-0.10	41.2
冲床	1 274	-13.2	6.0	-23.5	1 268	-13.0	6.0	-23.1	6	-37.5	0.01	-77.7
其中：数控冲床	883	-19.2	5.7	-24.3	879	-18.8	5.7	-23.8	4	-62.3	0.01	-79.4
其中：数控转塔冲床	883	-19.2	5.7	-24.3	879	-18.8	5.7	-23.8	4	-62.3	0.01	-79.4
冲孔机床	22	0.0	0.2	22.1	10	-66.0	0.1	-62.3	12	262.2	0.09	208.3
其他金属成形机床	332	-30.3	0.6	-39.9	362	-34.4	0.6	-9.2	-30	60.5	-0.04	-114.3
其中：其他数控金属成形机床	30	172.7	0.2	1 376.7	23	130.0	0.3	1 441.8	7	600.0	-0.05	-1 909.3

表 38　2015 年金属成形机床出口情况

产品名称	出口量（台）	同比增长（%）	占比（%）	出口额（千美元）	同比增长（%）	占比（%）	单价（千美元 / 台）	同比增长（%）
合计	583 650	9.2	100.0	1 100 735	-2.1	100.0	1.9	-10.4
锻造和冲压机床	9 621	37.6	1.6	153 049	22.8	13.9	15.9	-10.8
成形折弯机	219 834	6.5	37.7	245 692	-8.9	22.3	1.1	-14.5
剪切机床	42 287	0.6	7.2	145 852	-8.0	13.3	3.4	-8.5
冲床	40 505	203.8	6.9	100 895	35.4	9.2	2.5	-55.4
液压压力机	213 214	11.3	36.5	164 689	-7.5	15.0	0.8	-16.9
机械压力机	36 287	-32.5	6.2	95 734	-11.5	8.7	2.6	31.1
其他金属成形机床	21 902	7.6	3.8	194 824	-7.7	17.7	8.9	-14.2

注：由于四舍五入，表中合计数有微小出入。

从出口量和出口额上看，成形折弯机的占比都居首位；从单价上看，整体上出口产品单价同比大幅下降，其中锻造和冲压机床的平均单价最高。从出口趋势上看，仅锻造和冲压机床、冲床保持大幅增长，其他金属成形机床呈现明显下降。

在金属成形机床出口去向上，美国大幅增长，排在第一位，出口额同比增长 17.2%；印度大幅下降，处于第二位，同比下降 12.3%；越南大幅增长，位居第三，同比增长 12.9%。2015 年金属成形机床出口去向前 10 位国家（地区）情况见表 39。

表 39　2015 年金属成形机床出口去向前 10 位国家（地区）情况

序号	国家（地区）	出口量（台）	同比增长（%）	占比（%）	出口额（千美元）	同比增长（%）	占比（%）	单价（千美元 / 台）
1	美国	202 735	21.4	34.7	92 848	17.2	8.4	0.5
2	印度	10 791	105.8	1.8	82 929	-12.3	7.5	7.7
3	越南	9 522	28.5	1.6	82 632	12.9	7.5	8.7

（续）

序号	国家（地区）	出口量（台）	同比增长（%）	占比（%）	出口额（千美元）	同比增长（%）	占比（%）	单价（千美元 / 台）
4	马来西亚	6 132	-67.8	1.1	60 443	5.2	5.5	9.9
5	印度尼西亚	8 423	9.3	1.4	56 894	-15.6	5.2	6.8
6	泰国	4 220	11.7	0.7	46 738	-17.2	4.2	11.1
7	日本	8 596	3.8	1.5	34 843	56.0	3.2	4.1
8	墨西哥	11 847	32.3	2.0	32 439	78.2	2.9	2.7
9	土耳其	1 830	-1.7	0.3	29 182	5.6	2.7	15.9
10	俄罗斯	18 160	-44.0	3.1	27 107	-53.9	2.5	1.5

注：由于四舍五入，表中合计数有微小出入。

金属成形机床出口企业中，按出口额占比排序，私人企业占 70.5%，外资企业占 18.6%，国有企业占 10.9%。在出口企业所在地区中，按出口额占比排序，华东（50.0%）、华南（18.0%）和华北（16.4%）居前三位，同比分别下降 2.5%、增长 2.4% 和下降 7.7%。2015 年金属成形机床出口按企业性质分列情况见表 40。2015 年金属成形机床出口按企业所在地区分列情况见表 41。

表 40　2015 年金属成形机床出口按企业性质分列情况

企业性质	出口量（台）	同比增长（%）	占比（%）	出口额（千美元）	同比增长（%）	占比（%）	单价（千美元 / 台）
合计	583 650	9.2	100.0	1 100 735	-2.1	100.0	1.9
私人企业	466 409	13.9	79.9	776 257	7.4	70.5	1.7
外资企业	64 544	-10.6	11.1	204 861	-7.5	18.6	3.2
国有企业	52 697	0.3	9.0	119 617	-33.8	10.9	2.3

注：由于四舍五入，表中合计数有微小出入。

表 41　2015 年金属成形机床出口按企业所在地区分列情况

序号	地区	出口量（台）	同比增长（%）	占比（%）	出口额（千美元）	同比增长（%）	占比（%）	单价（千美元 / 台）
	合计	583 650	9.2	100.0	1 100 735	-2.1	100.0	1.9
1	华东	353 303	10.1	60.5	550 127	-2.5	50.0	1.6
2	华南	26 897	52.4	4.6	197 867	2.4	18.0	7.4
3	华北	168 446	0.3	28.9	180 864	-7.7	16.4	1.1
4	西南	23 085	95.5	4.0	67 389	23.1	6.1	2.9
5	华中	6 847	-24.6	1.2	47 153	-8.0	4.3	6.9
6	东北	1 701	-29.4	0.3	31 300	-20.6	2.8	18.4
7	西北	3 371	-27.3	0.6	26 035	1.3	2.4	7.7

注：由于四舍五入，表中合计数有微小出入。

四、企业信息

参加 2015 年金属成形机床产品年度统计的企业（按　企业名称拼音的字母排序）见表 42。

表 42　参加 2015 年金属成形机床产品年度统计的企业（按企业名称拼音的字母排序）

序号	企业名称	网址
1	安阳锻压机械工业公司	http://www.ayduanya.com
2	广东锻压机床厂有限公司	http://www.wanshun.com
3	合肥合锻机床股份有限公司	http://www.hfpress.com
4	湖北三环锻压设备有限公司	http://www.hsdy.com.cn
5	济南二机床集团有限公司	http://www.jiermt.com
6	江苏金方圆数控机床有限公司	http://www.jinfangyuan.com
7	江苏省徐州锻压机床厂集团有限公司	http://www.xuduan.com.cn
8	江苏亚威机床股份有限公司	http://www.yawei.cc/cn
9	江苏扬力集团有限公司	http://www.yangli.com
10	辽阳锻压机床股份有限公司	http://www.liaoduan.com
11	齐齐哈尔二机床（集团）有限责任公司	http://www.q2jc.com.cn
12	青岛青锻锻压机械有限公司	http://www.qingduan.com
13	荣成锻压机床有限公司	http://www.weide.com.cn
14	山东高密高锻机械有限公司	http://www.gaoduan.com
15	山东宏康机械制造有限公司	http://www.hongkang.com
16	山东鲁南机床有限公司	http://www.lunanmachine.com
17	山东省青岛生建机械厂	http://www.qdqs.com.cn
18	上海机床厂有限公司	http://www.smtw.com
19	泰安华鲁锻压机床有限公司	http://www.taianduanya.cn
20	天津市天锻压力机有限公司	http://www.tjdy.com
21	沃德精机（中国）有限公司	http://www.worldgroup.com.cn
22	西安西锻机床有限公司	http://www.cnxiduan.com
23	扬州锻压机床股份有限公司	http://www.duanya.com.cn
24	营口锻压机床有限责任公司	http://www.ykdy.com
25	长治钢铁（集团）锻压机械制造有限公司	http://www.changduan.com
26	浙江萧山金龟机械有限公司	http://www.jingui.com.cn

数控装置

一、基本情况

2015 年，中国机床工具行业年报统计中生产数控装置产品的企业共计 7 家。数据装置总体呈现降库存的状态，产量 66 926 台，同比下降 36.3%；销售产值 8.3 亿元，同比下降 33.3%。期间产成品库存减少 832 台（套），同比下降 200.2%。2015 年数控装置产品产销存情况见表 43。

二、出口情况

根据海关统计数据，2015 年数控装置出口总额 61 500.2 万美元，同比增长 8.6%。从单价上看，整体上价格处于下降状态。2015 年数控装置出口情况见表 44。

表43　2015年数控装置产品产销存情况

产品名称	生产				销售				期间产成品库存变化			
	数量（台）	同比增长（%）	金额（亿元）	同比增长（%）	数量（台）	同比增长（%）	金额（亿元）	同比增长（%）	数量（台）	同比增长（%）	金额（亿元）	同比增长（%）
机床数控装置	66 926	-36.3	8.3	-38.4	67 758	-35.0	8.3	-33.3	-832	-200.2	-0.05	-105.5
数控机床用伺服驱动单元	31 279	-30.6	0.7	-26.3	31 317	-28.9	0.8	-10.3	-38	-103.7	-0.05	-140.2
主轴伺服驱动单元	5 946	-32.0	0.2	-30.4	5 954	-30.7	0.2	-17.6	-8	-105.0	-0.01	-142.8
进给伺服驱动单元	25 333	-30.3	0.6	-24.9	25 363	-28.5	0.6	-7.6	-30	-103.5	-0.04	-139.5
数控机床用电机	101 306	-27.1	2.3	-30.4	100 651	-24.2	2.4	-17.0	655	-89.2	-0.10	-124.6
主轴电机	12 758	-18.7	0.4	-23.6	10 763	-14.3	0.3	-17.7	1 995	-36.4	0.04	-51.8
伺服电机	88 548	-28.1	1.9	-31.6	89 888	-25.2	2.1	-16.9	-1 340	-145.3	-0.15	-144.4
数显装置	587 807	-18.0	1.0	-23.0	582 513	-20.0	0.9	-25.7	5 294	148.9	0.05	156.0
角位移传感器	587 807	-18.0	1.0	-23.0	582 513	-20.0	0.9	-25.7	5 294	148.9	0.05	156.0
圆光栅编码器	587 807	-18.0	1.0	-23.0	582 513	-20.0	0.9	-25.7	5 294	148.9	0.05	156.0

表44　2015年数控装置出口情况

产品名称	出口量（台）	同比增长（%）	出口额（千美元）	同比增长（%）	单价（千美元/台）	同比增长（%）
数控装置	23 323 054	16.6	615 002	8.6	0.03	-6.8

在数控装置出口去向上，美国排在第一位，出口额同比增长55.0%；日本处于第二位，同比下降0.6%；德国位居第三，同比下降24.8%。2015年数控装置出口去向前10位国家（地区）情况见表45。

表45　2015年数控装置出口去向前10位国家（地区）情况

序号	国家（地区）	出口量（台）	同比增长（%）	占比（%）	出口额（千美元）	同比增长（%）	占比（%）	单价（千美元/台）
1	美国	4 750 287	76.2	20.4	116 286	55.0	18.9	0.02
2	日本	3 226 771	-15.3	13.8	88 859	-0.6	14.4	0.03
3	德国	1 924 970	-6.1	8.3	43 544	-24.8	7.1	0.02
4	中国香港	1 646 049	-37.8	7.1	36 448	-6.2	5.9	0.02
5	中国台湾	573 896	-8.0	2.5	24 659	-5.0	4.0	0.04
6	伊朗	100 217	-77.6	0.4	21 195	24.0	3.4	0.21
7	瑞典	707 952	41.8	3.0	20 557	-17.9	3.3	0.03
8	印度	698 315	56.7	3.0	18 154	-22.1	3.0	0.03
9	芬兰	419 413	4.2	1.8	15 890	8.9	2.6	0.04
10	印度尼西亚	32 577	19.5	0.1	12 329	54.0	2.0	0.38

注：由于四舍五入，表中合计数有微小出入。

数控装置出口企业中，按出口额占比排序，外资企业占59.8%，私人企业占24.1%，国有企业占16.2%。在出口企业所在地区中，按出口额占比排序，华东（44.1%）、华南（28.2%）和华北（21.6%）居前三位，同比分别下降4.6%、增长31.1%和增长23.3%。2015年数控装置出口按企业性质分列情况见表46。2015年数控装置出口按企业所在地区分列情况见表47。

表46 2015年数控装置出口按企业性质分列情况

企业性质	出口量（台）	同比增长（%）	占比（%）	出口额（千美元）	同比增长（%）	占比（%）	单价（千美元/台）
合计	23 323 054	16.6	100.0	615 002	8.6	100.0	0.03
外资企业	11 030 534	1.2	47.3	367 682	-3.2	59.8	0.03
私人企业	5 084 857	50.6	21.8	147 914	25.5	24.1	0.03
国有企业	7 207 663	25.7	30.9	99 407	44.9	16.2	0.01

注：由于四舍五入，表中合计数有微小出入。

表47 2015年数控装置出口按企业所在地区分列情况

序号	地区	出口量（台）	同比增长（%）	占比（%）	出口额（千美元）	同比增长（%）	占比（%）	单价（千美元/台）
	合计	23 323 054	16.6	100.0	615 002	8.6	100.0	0.03
1	华东	8 193 186	5.9	35.1	271 069	-4.6	44.1	0.03
2	华南	9 987 910	33.1	42.8	173 200	31.1	28.2	0.02
3	华北	2 439 866	31.5	10.5	133 047	23.3	21.6	0.05
4	东北	2 303 349	-15.5	9.9	18 764	-12.0	3.1	0.01
5	西北	115 749	174.3	0.5	8 121	9.5	1.3	0.07
6	西南	101 475	51.1	0.4	6 334	-18.2	1.0	0.06
7	华中	181 519	150.3	0.8	4 468	-20.3	0.7	0.02

注：由于四舍五入，表中合计数有微小出入。

三、企业信息

参加2015年数控装置产品年度统计的企业（按企业名称拼音的字母排序）见表48。

表48 参加2015年数控装置产品年度统计的企业（按企业名称拼音的字母排序）

序号	企业名称	网址
1	北京凯奇数控设备成套有限公司	http://www.catch-cnc.com
2	大连光洋科技集团有限公司	http://www.dlgona.com/cn/index
3	广州数控设备有限公司	http://www.gsk.com.cn
4	南京华兴数控技术有限公司	http://www.wxcnc.com
5	上海美事科传动技术有限公司	http://msddj.gongboshi.com
6	武汉华大新型电机科技股份有限公司	http://www.ttmn.com/web
7	长春禹衡光学有限公司	http://www.yu-heng.cn

功能部件

一、基本情况

2015年，中国机床工具行业年报统计中生产功能部件产品的企业共计17家。功能部件产品产值27.9亿元，同比下降15.4%；期间产成品库存增加0.03亿元，同比下降94.3%。2015年功能部件产品产销存情况见表49。

二、生产运行

2015年功能部件细分产品结构上，产值占比最高的是数控机床功能部件，其产值达11.8亿元，同比下降19.9%。

三、出口情况

根据海关统计数据，2015年功能部件出口总额99 428.8万美元，同比下降6.1%。其中，机床夹具、附件出口额25 909.5万美元，同比下降5.1%；机床零件、部件出口额73 519.2万美元，同比下降6.4%。2015年功能部件出口情况见表50。

表49　2015年功能部件产品产销存情况

产品名称	生产				销售				期间产成品库存变化			
	数量（台）	同比增长（%）	金额（亿元）	同比增长（%）	数量（台）	同比增长（%）	金额（亿元）	同比增长（%）	数量（台）	同比增长（%）	金额（亿元）	同比增长（%）
功能部件合计	2 792 343	-4.5	27.9	-15.4	2 771 071	-6.4	27.8	-14.2	21 271	159.1	0.03	-94.3
工具夹具	1 419 040	-0.8	1.3	-1.3	1 409 721	2.4	1.4	9.1	9 319	-82.5	-0.06	-176.7
卡盘	11 417	-48.8	0.5	-9.7	15 794	-28.4	0.6	19.9	-4 377	-1 809.8	-0.07	-200.3
自动定心卡盘	9 412	-51.2	0.1	-42.4	13 902	-27.0	0.1	-27.8	-4 490	-1 750.7	-0.02	-196.3
单动卡盘	1 685	-37.6	0.03	-29.5	1 550	-44.6	0.02	-46.3	135	235.0	0.005	281.8
动力卡盘	320	6.7	0.4	2.7	342	58.3	0.4	49.9	-22	-126.2	-0.05	-165.2
夹头	122 1013	0.8	0.6	21.3	1 203 000	3.9	0.5	17.4	18 013	-66.8	0.03	195.9
弹簧夹头	122 1013	0.8	0.6	21.3	1 203 000	3.9	0.5	17.4	18 013	-66.8	0.03	195.9
车床刀架	78 301	3.1	0.1	-8.9	78 329	7.3	0.1	-1.9	-28	-101.0	-0.004	-209.4
铣头、插头、镗头	735	-42.4	0.02	-37.5	653	-45.1	0.02	-38.4	82	-4.7	0.002	-22.6
刀杆（刀柄）	80 235	-9.8	0.1	-28.5	85 924	-6.9	0.1	-1.5	-5 689	-70.4	-0.04	-122.4
回转工作台	5 791	-1.1	0.1	-13.8	4 473	-33.4	0.1	-39.6	1 318	253.3	0.03	535.4
机械回转工作台	5 791	-1.1	0.1	-13.8	4 473	-33.4	0.1	-39.6	1 318	253.3	0.03	535.4
其他工具夹具	21 548	-10.7	0.004	6.0	21 548	-10.8	0.004	5.7	0	100.0	0.00	100.0
工件夹具	419 275	16.6	0.9	11.8	419 756	-9.3	0.7	-9.6	-481	99.5	0.19	1 475.6
顶尖	59 845	-26.6	0.05	-26.6	58 500	-25.3	0.05	-25.3	1 345	-58.8	0.001	-58.5
虎钳	75 401	-27.7	0.5	-5.8	72 741	-22.8	0.3	-43.4	2 660	-73.6	0.20	2 041.0
其他工件夹具	284 029	63.6	0.4	59.9	288 515	-0.6	0.4	65.6	-4 486	96.2	-0.01	-46 266.7
特殊辅助装置	6 163	-9.8	0.2	-27.4	5 902	-9.4	0.1	-23.5	261	-18.4	0.01	-53.0
分度头	6 163	-9.8	0.2	-27.4	5 902	-9.4	0.1	-23.5	261	-18.4	0.01	-53.0
机械分度头	5 238	-10.6	0.1	-38.0	5 072	-9.5	0.1	-29.7	166	-33.9	0.00	-93.9
数控分度头	925	-5.4	0.1	-11.6	830	-8.7	0.1	-14.1	95	37.7	0.01	4.4

（续）

产品名称	生产				销售				期间产成品库存变化			
	数量（台）	同比增长（%）	金额（亿元）	同比增长（%）	数量（台）	同比增长（%）	金额（亿元）	同比增长（%）	数量（台）	同比增长（%）	金额（亿元）	同比增长（%）
数控机床功能部件	558 344	−17.4	11.8	−19.9	557 376	−16.9	11.8	−19.7	967	−82.0	0.01	−87.4
电主轴	2 313	−4.6	0.1	5.0	2 233	4.7	0.1	−17.7	80	−72.7	0.03	14 990.0
机械主轴	33 904	−19.6	3.7	−15.4	33 727	−16.6	3.7	−15.3	177	−89.8	0.02	−34.6
数控刀架	38 917	−37.4	1.1	−15.5	39 877	−31.9	1.1	−16.5	−960	−126.6	0.01	237.3
其中：普通数控刀架	38 787	−37.6	1.1	−15.6	39 747	−32.1	1.1	−16.6	−960	−126.6	0.01	237.3
其中：电机直驱数控刀架	130	1 200.0	0.002	1 025.0	130	1 200.0	0.002	1 025.0	0		0.00	
数控动力刀架	1 088	−38.0	0.1	−31.3	1194	−32.0	0.1	−40.6	−106	−3 433.3	−0.002	92.2
普通数控动力刀架	1 088	−38.0	0.1	−31.3	1194	−32.0	0.1	−40.6	−106	−3 433.3	−0.002	92.2
数控转台	926	11.6	0.3	7.4	772	−11.2	0.3	−1.9	154	494.9	0.03	2 807.3
机械传动数控转台	926	11.6	0.3	7.4	772	−11.2	0.3	−1.9	154	494.9	0.03	2 807.3
数控平旋盘	2	−86.7	0.002	−88.8	5	−75.0	0.01	−74.0	−3	40.0	−0.004	38.2
滚珠丝杠副	247 978	−23.7	4.2	−24.8	247 378	−23.4	4.2	−25.4	600	−71.0	0.05	272.6
滚动导轨副	25 911	3.1	0.3	−20.2	26 022	0.9	0.3	−14.2	−111	83.2	−0.02	−1 041.5
直线导轨副	207 305	−4.3	1.9	−22.7	206 168	−5.5	2.0	−17.3	1136	169.1	−0.09	−284.6
金属加工机床零件	99 980	−19.3	3.1	−20.6	99 386	−19.8	3.1	−20.7	594	642.5	0.02	7.0
其他机床附件及辅助装置	289 541	−11.5	10.5	−11.3	278 930	−12.6	10.7	−7.9	10 611	29.8	−0.15	−153.2

表 50　2015 年功能部件出口情况

产品名称	出口量（台）	同比增长（%）	占比（%）	出口额（千美元）	同比增长（%）	占比（%）	单价（千美元 / 台）	同比增长（%）
合计	332 359 080	−9.7	100.0	994 288	−6.1	100.0	0.003	4.1
机床夹具、附件	32 825 374	−5.6	9.9	259 095	−5.1	26.1	0.008	0.5
机床零件、部件	299 533 706	−10.2	90.1	735 192	−6.4	73.9	0.002	4.2

注：由于四舍五入，表中合计数有微小出入。

在功能部件出口去向上，日本大幅增长，排在第一位，出口额同比增长 3.8%；美国处于第二位，同比下降 13.0%；中国台湾位居第三，同比下降 13.4%。2015 年功能部件出口去向前 10 位国家（地区）情况见表 51。

表 51　2015 年功能部件出口去向前 10 位国家（地区）情况

序号	国家（地区）	出口量（件 / 套）	同比增长（%）	占比（%）	出口额（千美元）	同比增长（%）	占比（%）	单价（千美元 / 件）
1	日本	127 786 143	2.0	38.4	282 969	3.8	28.5	0.002
2	美国	60 982 749	−24.4	18.3	176 751	−13.0	17.8	0.003
3	中国台湾	27 502 128	−22.0	8.3	69 119	−13.4	7.0	0.003

（续）

序号	国家（地区）	出口量（件 / 套）	同比增长（%）	占比（%）	出口额（千美元）	同比增长（%）	占比（%）	单价（千美元 / 件）
4	德国	18 673 040	−11.4	5.6	68 035	−17.1	6.8	0.004
5	韩国	33 369 809	−18.5	10.0	50 457	−17.1	5.1	0.002
6	中国香港	1 740 951	−2.9	0.5	27 577	12.7	2.8	0.016
7	意大利	5 886 140	−12.6	1.8	24 868	−8.6	2.5	0.004
8	英国	6 524 538	5.2	2.0	21 778	−1.8	2.2	0.003
9	新加坡	5 773 280	−13.6	1.7	19 439	−9.4	2.0	0.003
10	越南	1 342 422	30.9	0.4	17 799	45.6	1.8	0.013

注：由于四舍五入，表中合计数有微小出入。

功能部件出口企业中，按出口额占比排序，外资企业占 50.1%，私人企业占 38.2%，国有企业占 11.7%。在出口企业所在地区中，按出口额占比排序，华东（42.0%）、华北（24.2%）和东北（17.6%）居前三位，同比分别下降 7.6%、5.1% 和 7.6%。2015 年功能部件出口按企业性质分列情况见表 52。2015 年功能部件出口按企业所在地区分列情况见表 53。

表 52　2015 年功能部件出口按企业性质分列情况

企业性质	出口量（件 / 套）	同比增长（%）	占比（%）	出口额（千美元）	同比增长（%）	占比（%）	单价（千美元 / 件）
合计	332 359 080	−9.7	100.0	994 288	−6.1	100.0	0.003
外资企业	171 573 645	−14.0	51.6	498 583	−8.8	50.1	0.003
私人企业	131 882 346	−1.8	39.7	379 434	−2.8	38.2	0.003
国有企业	28 903 089	−16.0	8.7	116 270	−4.6	11.7	0.004

注：由于四舍五入，表中合计数有微小出入。

表 53　2015 年功能部件出口按企业所在地区分列情况

序号	地区	出口量（件 / 套）	同比增长（%）	占比（%）	出口额（千美元）	同比增长（%）	占比（%）	单价（千美元 / 件）
	合计	332 359 080	−9.7	100.0	994 288	−6.1	100.0	0.003
1	华东	117 813 102	−5.1	35.4	417 467	−7.6	42.0	0.004
2	华北	87 861 200	−15.5	26.4	240 820	−5.1	24.2	0.003
3	东北	86 340 017	−11.1	26.0	174 950	−7.6	17.6	0.002
4	华南	15 996 059	−6.1	4.8	88 189	−3.4	8.9	0.006
5	华中	12 593 857	1.2	3.8	32 855	15.9	3.3	0.003
6	西北	10 330 868	−8.8	3.1	23 085	−3.5	2.3	0.002
7	西南	1 423 977	−35.5	0.4	16 922	−16.6	1.7	0.012

注：由于四舍五入，表中合计数有微小出入。

三、企业信息

参加 2015 年功能部件产品年度统计的企业（按企业　名称拼音的字母排序）见表 54。

表 54 参加 2015 年功能部件产品年度统计的企业（按企业名称拼音的字母排序）

序号	企业名称	网址
1	保定向阳航空精密机械有限公司	http://www.xiangyang.com.cn
2	常州市新墅机床数控设备有限公司	http://www.yaxingsk.com
3	大连机床集团有限责任公司	http://www.dmtg.com
4	广东高新凯特精密机械股份有限公司	http://www.htpm.com.cn
5	江苏宏达数控科技股份有限公司	http://www.hrdsk.com
6	南京工艺装备制造有限公司	http://www.njyigong.cn
7	秦川机床工具集团股份公司	http://www.qinchuan.com
8	曲阜市崇德精密机械有限公司	http://www.qufuchongde.cn
9	山东博特精工股份有限公司	http://www.jsinfo.com.cn
10	山东征宙机械股份有限公司	http://www.zhengzhoutools.com
11	陕西汉江机床有限公司	http://www.hjmtc.cn
12	陕西航空宏峰精密机械工具公司	http://www.hfmtc.com.cn
13	上海工具厂有限公司	http://www.stwc.com.cn
14	瓦房店永川机床附件有限公司	http://www.fy-chuck.com
15	威海天诺数控机械有限公司	http://www.whpack.com
16	烟台环球机床装备股份有限公司	http://www.yt-ma.com
17	烟台开发区博森科技发展有限公司	http://www.bosen-fuji.com

工具及量具量仪

一、基本情况

2015 年，中国机床工具行业年报统计中生产工具及量具量仪产品的企业共计 78 家。从工具及量具量仪产品细分情况看，量具产值 8.97 亿元，同比下降 6.8%；量仪产值 2.15 亿元，同比下降 13.7%；金属切削工具 74.94 亿元，同比下降 14.2%。期间产成品库存均呈现大幅下降。2015 年工具及量具量仪产品产销存情况见表 55。

二、出口情况

根据海关统计数据，2015 年工具及量具量仪出口总额 262 325.3 万美元，同比下降 6.3%。其中，切削刀具出口额 244 475.1 万美元，同比下降 6.5%；量具出口额 12 811.1 万美元，同比下降 4.1%；量仪出口额 5 039.1 万美元，同比下降 1.4%。2015 年工具及量具量仪出口情况见表 56。

表 55 2015 年工具及量具量仪产品产销存情况

产品名称	生产				销售				期间产成品库存变化			
	数量（件）	同比增长（%）	金额（亿元）	同比增长（%）	数量（件）	同比增长（%）	金额（亿元）	同比增长（%）	数量（件）	同比增长（%）	金额（亿元）	同比增长（%）
金属切削工具	821 633 700	-10.6	74.94	-14.2	838 912 300	-6.5	71.37	-11.4	-17 278 600	-176.8	3.581	-46.7
金属切削机床用切削刀具	818 405 300	-10.6	71.27	-14.2	834 769 100	-6.5	67.60	-11.3	-16 363 800	-173.5	3.678	-46.0
金属切削机床用刀片	146 600 700	-16.3	19.10	-14.0	151 210 800	-6.9	13.82	-7.1	-4 610 100	-136.0	5.283	-28.0

（续）

产品名称	生产				销售				期间产成品库存变化			
	数量（件）	同比增长（%）	金额（亿元）	同比增长（%）	数量（件）	同比增长（%）	金额（亿元）	同比增长（%）	数量（件）	同比增长（%）	金额（亿元）	同比增长（%）
硬质合金刀片	143 506 800	−17.0	17.67	−15.1	149 135 000	−6.9	12.54	−6.6	−5 628 200	−144.0	5.131	−30.7
陶瓷刀片	1 103 100		0.26		35 500		0.04		1 067 600		0.222	
立方氮化硼刀片	198 400	3.0	0.39	3.0	193 600	1.3	0.39	1.3	4 800	242.9	0.008	587.4
金刚石刀片	153 000	−11.3	0.32	−11.1	151 400	−11.6	0.32	−11.7	1 600	45.5	0.004	117.1
其他金属切削机床用刀片	1 639 400	−14.1	0.46	−28.7	1 695 300	−10.6	0.54	−23.8	−55 900	−526.7	−0.081	−25.0
车（刨）削工具	100 900	−12.0	0.40	0.0	91 700	−24.2	0.33	−8.8	9 200	248.4	0.065	97.4
铣刀	61 126 800	−4.5	10.83	2.6	63 225 900	2.0	11.21	7.1	−2 099 100	−201.4	−0.382	−584.2
可转位硬质合金铣刀	64 700	289.8	0.27	214.2	65 400	131.9	0.27	121.9	−700	94.0	−0.006	83.4
整体硬质合金铣刀	36 348 100	0.5	6.29	0.4	38 712 200	12.7	6.59	6.9	−2 364 100	−230.4	−0.303	−412.6
高速钢铣刀	24 660 800	−11.3	4.11	1.7	24 396 800	−11.4	4.11	2.2	264 000	−1.3	0.002	−92.8
其他铣刀	53 200	3.1	0.16	3.1	51 500	−0.6	0.24	48.0	1 700	950.0	−0.074	−4 308.4
孔加工刀具	505 290 300	−7.7	20.96	−18.8	514 952 900	−5.4	22.18	−17.0	−9 662 600	−384.3	−1.225	−33.4
高速钢钻头	48 652 1500	−8.5	15.71	−14.7	496 155 900	−6.1	16.63	−12.2	−9 634 400	−383.3	−0.918	−72.8
整体硬质合金钻头	16 402 600	102.8	1.57	46.5	16 384 700	100.3	1.55	25.1	17 900	119.3	0.020	111.6
可转位硬质合金钻头	28 400	50.3	0.13	51.8	23 500	−44.0	0.10	−30.2	4 900	121.2	0.030	155.4
金刚石钻头	17 700	2.9	0.10	2.9	17 300	−12.6	0.08	−12.7	400	115.4	0.025	133.9
镗刀	49 400	−70.6	0.49	−37.1	52 300	−66.6	0.69	−24.2	−2 900	−125.9	−0.198	−56.2
铰刀	758 700	−24.9	0.72	−8.4	807 100	−13.7	0.81	2.9	−48 400	−164.5	−0.089	−31 155.6
其他孔加工刀具	1 512 000	−75.7	2.23	−51.2	1 512 100	−75.6	2.33	−49.7	−100	−100.3	−0.095	−94.4
螺纹刀具	96 337 300	−18.5	8.64	−17.7	95 557 800	−16.2	8.33	−20.7	779 500	−81.1	0.312	3 653.3
机用丝锥	66 874 500	−21.9	6.41	−21.4	65 172 300	−15.0	6.09	−20.7	1 702 200	−81.0	0.320	−31.6
手用丝锥	13 588 100	−11.7	0.46	−14.5	14 343 600	−25.9	0.47	−44.9	−755 500	81.0	−0.010	96.9
板牙	10 761 000	−2.4	0.66	−1.0	10 845 700	−3.5	0.66	−3.8	−84 700	61.3	−0.001	95.2
其他螺纹刀具	5 113 700	−16.1	1.11	−2.4	5 196 200	−22.9	1.11	−13.5	−82 500	87.1	0.002	101.3
拉削刀具	150 500	−12.3	2.61	−3.6	151 400	−14.2	2.59	−3.7	−900	80.9	0.022	19.8
齿轮刀具	146 900	−28.7	2.39	−15.8	157 700	−32.0	2.44	−15.6	−10 800	58.1	−0.052	14.5
滚刀	94 600	−20.7	1.66	−9.1	103 100	−24.1	1.70	−10.5	−8 500	48.8	−0.042	45.3
插齿刀	30 000	−40.4	0.39	−25.6	30 700	−39.2	0.40	−23.4	−700	−250.0	−0.006	−188.6
剃齿刀	7 500	−33.6	0.25	−26.6	7 500	−30.6	0.25	−22.7	0	−100.0	0.000	−100.0
其他齿轮刀具	14 800	−41.3	0.09	−39.9	16 400	−52.7	0.09	−38.6	−1 600	83.2	−0.004	−23.9
锯削刀具	4 453 200	−34.8	3.97	−31.1	4 796 800	−29.0	4.44	−17.3	−343 600	−576.6	−0.464	−215.4

（续）

产品名称	生产				销售				期间产成品库存变化			
	数量（件）	同比增长（%）	金额（亿元）	同比增长（%）	数量（件）	同比增长（%）	金额（亿元）	同比增长（%）	数量（件）	同比增长（%）	金额（亿元）	同比增长（%）
双金属带锯条	4 134 200	-28.5	3.94	-30.5	4 619 800	-20.0	4.41	-16.0	-485 600	-10 010.2	-0.464	-210.1
机用锯条	319 000	-69.5	0.03	-69.9	177 000	-81.9	0.03	-74.8	142 000	111.3	0.000	98.5
其他金属切削机床用切削刀具	4 198 700	49.1	2.38	4.4	4 624 100	54.6	2.26	-3.9	-425 400	-143.6	0.119	262.6
工具系统	524 500	-75.5	2.33	-22.2	544 100	-70.6	2.19	-5.1	-19 600	-106.7	0.136	-80.1
车削工具系统	83 800	-13.5	0.17	-22.9	91 600	-2.3	0.18	-16.7	-7 800	-351.6	-0.004	-132.8
镗铣工具系统	272 100	21.3	1.46	40.1	267 600	16.4	1.26	17.3	4 500	180.4	0.195	644.5
其他工具系统	168 600	-90.8	0.70	-59.5	184 900	-87.9	0.76	-26.1	-16 300	-105.5	-0.055	-107.8
机器用刀具及刀片	196 000	-44.0	0.07	-34.1	209 000	-39.6	0.09	-32.9	-13 000	-425.0	-0.021	28.9
木工机械用刀具及刀片	196 000	-44.0	0.07	-34.1	209 000	-39.6	0.09	-32.9	-13 000	-425.0	-0.021	28.9
其他金属切削工具	2 507 900	27.7	1.27	10.5	3 390 100	69.3	1.48	-21.5	-882 200	-2 167.9	-0.212	71.3
量具	27 882 800	145.9	8.97	-6.8	27 882 400	149.3	9.22	-5.9	400	-99.7	-0.243	-53.2
卡尺	2 465 900	-1.3	2.28	-3.8	2 460 800	-4.5	2.39	-5.1	5 100	106.4	-0.113	25.6
量块及量规	2 126 900	-28.8	1.21	-30.9	2 161 800	-19.4	1.29	-24.7	-34 900	-111.5	-0.079	-301.9
测微螺杆类量具	1 443 000	-9.7	1.35	-6.4	1 348 000	-11.1	1.28	-12.8	95 000	15.6	0.072	425.3
量表	1 340 400	-17.4	1.28	-23.4	1 365 200	-11.6	1.36	-18.8	-24 800	-131.5	-0.082	-1 001.5
角度和平直度量具	13 765 900	15 962.9	0.40	331.6	13 748 100	15 923.4	0.41	298.4	17 800	17 900.0	-0.014	-21.4
电子数显量具	1 692 600	-3.5	1.85	-6.2	1 711 100	-3.4	1.88	-5.2	-18 500	-14.2	-0.028	-187.0
辅助测量器具	2 193 800	349.9	0.29	59.0	2 206 800	356.5	0.29	63.0	-13 000	-409.5	-0.006	-717.5
其他量具	2 854 300	828.2	0.32	105.5	2 880 600	445.9	0.31	106.6	-26 300	88.1	0.006	62.4
量仪	63 035	-12.7	2.15	-13.7	64 407	-6.7	2.09	-10.4	-1 372	-143.6	0.059	-63.1
通用长度量仪	1 954	-4.2	0.35	-14.1	1 209	-26.7	0.37	-1.2	745	91.0	-0.013	-132.0
通用角度量仪	380	1.9	0.01	54.8	321	-13.9	0.01	-4.5	59		0.001	
形状和位置误差量仪	236	-37.6	0.02	-49.4	217	-40.4	0.02	-44.2	19	35.7	0.000	-110.3
表面质量量仪	41	-34.9	0.04	-42.6	39	-58.1	0.04	-63.5	2	106.7	0.001	104.1
三坐标测量仪	0		0.00		2	100.0	0.00	18.5	-2	-100.0	-0.003	-18.5
齿轮量仪	253	-16.5	0.51	-18.8	273	-23.1	0.44	-24.7	-20	61.5	0.064	76.9
螺纹量仪	0	-100.0	0.00	-100.0	0	-100.0	0.00	-100.0	0	100.0	0.000	-100.0
气动、电动、主动量仪检验机	14 385	-25.2	0.20	-40.6	16 201	-2.3	0.21	-4.4	-1 816	-168.7	-0.010	-108.2
其他量仪	45 786	-7.6	1.03	11.6	46 145	-6.3	1.01	9.7	-359	-228.2	0.019	2 391.8

表 56　2015 年工具及量具量仪出口情况

产品名称	出口额（千美元）	同比增长（%）	占比（%）
合计	2 623 253	-6.3	100.0
切削刀具	2 444 751	-6.5	93.2
量具	128 111	-4.1	4.9
量仪	50 391	-1.4	1.9

注：由于四舍五入，表中合计数有微小出入。

在工具及量具量仪出口去向上，美国排在第一位，出口额同比下降 5.0%；德国处于第二位，同比增长 0.6%；印度位居第三，同比下降 9.2%。2015 年工具及量具量仪出口去向前 10 位国家（地区）情况见表 57。

表 57　2015 年工具及量具量仪出口去向前 10 位国家（地区）情况

序号	国家（地区）	出口额（千美元）	同比增长（%）	占比（%）
1	美国	500 867	-5.0	19.1
2	德国	259 373	0.6	9.9
3	印度	148 275	-9.2	5.7
4	韩国	137 238	0.8	5.2
5	日本	131 689	-3.9	5.0
6	中国香港	113 411	15.3	4.3
7	越南	101 400	-31.9	3.9
8	荷兰	100 161	-8.1	3.8
9	英国	86 272	-4.2	3.3
10	俄罗斯	85 651	-21.3	3.3

注：由于四舍五入，表中合计数有微小出入。

工具及量具量仪出口企业中，按出口额占比排序，私人企业占 47.4%，外资企业占 40.3%，国有企业占 12.3%。在出口企业所在地区中，按出口额占比排序，华东（56.7%）、华南（16.1%）和华北（15.8%）居前三位，同比分别下降 3.4%、7.8% 和 9.5%。2015 年工具及量具量仪出口按企业性质分列情况见表 58。2015 年工具及量具量仪出口按企业所在地区分列情况见表 59。

表 58　2015 年工具及量具量仪出口按企业性质分列情况

企业性质	出口额（千美元）	同比增长（%）	占比（%）
合计	2 623 253	-6.3	100.0
私人企业	1 243 652	-4.9	47.4
外资企业	1 056 577	-5.9	40.3
国有企业	323 023	-12.6	12.3

注：由于四舍五入，表中合计数有微小出入。

表 59　2015 年工具及量具量仪出口按企业所在地区分列情况

序号	地区	出口额（千美元）	同比增长（%）	占比（%）
	合计	2 623 253	-6.3	100.0
1	华东	1 487 467	-3.4	56.7
2	华南	421 589	-7.8	16.1
3	华北	413 530	-9.5	15.8
4	华中	118 634	-24.4	4.5
5	东北	83 202	-0.6	3.2
6	西南	72 695	-4.1	2.8
7	西北	26 135	-10.6	1.0

注：由于四舍五入，表中合计数有微小出入。

三、企业信息

参加 2015 年工具及量具量仪产品年度统计的企业（按企业名称拼音的字母排序）见表 60。

表 60　参加 2015 年工具及量具量仪产品年度统计的企业（按企业名称拼音的字母排序）

序号	企业名称	网址
1	本溪工具有限责任公司	http://www.liontool.com.cn
2	常熟量具刃具厂	http://www.cslrj.com.cn
3	常州西夏墅工具研究所有限公司	http://www.xxsgj.com/ch
4	成都邦普合金材料有限公司	http://www.bpcarbide.com
5	成都成量工具集团有限公司	http://www.chinachengliang.com
6	成都成林数控刀具有限公司	http://www.kilowood.cn
7	成都岷江精密刀具有限公司	http://www.cdmjdj.cn
8	大连富士工具有限公司	http://www.dfg.com.cn

（续）

序号	企业名称	网址
9	大连恒瑞精机有限公司	http://www.hrjj.com.cn
10	大连远东工具有限公司	http://www.tdc-tools.com
11	东风汽车有限公司刃量具厂	http://www.dfl.com.cn
12	贵阳华工工具注塑有限公司	http://www.gzhuagong.cn
13	贵阳新天光电科技有限公司	http://www.chfoic.com
14	贵州西南工具（集团）有限公司	http://www.swt.com.cn
15	桂林迪吉特电子有限公司	http://www.dijite.com
16	桂林广陆数字测控股份有限公司	http://www.guanglu.com.cn
17	桂林量具刃具有限责任公司	http://www.sinoshan.com
18	哈尔滨第一工具制造有限公司	http://www.chntool.cn
19	哈尔滨量具刃具集团有限责任公司	http://www.links-china.com
20	汉江工具有限责任公司	http://www.htw.diytrade.com
21	汉中市智海精密机械工具有限公司	http://zhjm.cn
22	汉中万目仪电有限责任公司	http://www.wanmu.net
23	杭州杭工工具有限公司	http://www.hztools.cn
24	河南一工钻业有限公司	http://www.hygzt.com
25	河冶住商工模具有限公司	http://www.hsstool.com
26	恒锋工具股份有限公司	http://www.esttools.com
27	衡阳衡量数控刀具制造有限公司	
28	湖南泰嘉新材料科技股份有限公司	http://www.bichamp.com
29	嘉兴精工量具集团有限公司	
30	江苏飞达钻石股份有限公司	http://www.feida-china.net
31	江苏建民工具有限公司	
32	江苏天工工具有限公司	http://www.gaintool.com
33	江西江钨硬质合金有限公司	http://www.jxjtc.com
34	江阴市工具厂	http://ali_jyggc.cctw.cc
35	靖江量具有限公司	http://jmtc.cn/cn
36	牡丹江工具有限责任公司	
37	南昌市恒鑫工具有限责任公司	
38	宁波利浦刃具有限公司	http://www.liputool.com
39	青岛优先出锐工具有限公司	http://www.qnct.cn
40	青海量具刃具有限责任公司	http://www.qlr.com.cn
41	三门峡中原精密有限公司	http://wwwzyjm.com
42	三门峡中原量仪股份有限公司	
43	森泰英格（成都）数控刀具有限公司	http://www.egnc.com.cn

（续）

序号	企业名称	网址
44	厦门金鹭特种合金有限公司	http://www.gesac.com.cn
45	山东工具制造有限公司	http://www.sdtools.cn
46	山东泰丰宝源数控机床附件有限公司	http://www.tfbysk.cn
47	陕西关中工具制造有限公司	http://www.gztool.com.cn
48	陕西航空宏峰精密机械工具有限公司	http://www.hfmtc.com.cn
49	陕西航空硬质合金工具公司	http://www.tools-cn.com
50	陕西渭河精密工模具有限公司	http://www.weihetools.com.cn
51	上海工具厂有限公司	http://www.stwc.cn
52	上海机轫工具有限公司	
53	上海量具刃具厂有限公司	http://www.smctw.com.cn
54	上海刃具厂有限公司	http://www.shrj.net
55	上海山田刀具有限公司	http://www.yamadachina.com
56	上海申利螺纹工具有限公司	http://www.sltt.com.cn
57	上海松德数控刀具制造有限公司	http://www.sunder-tools.com
58	上海自九量具有限公司	http://www.zijiu-tools.com
59	四川天虎工具有限责任公司	http://scthgj.com
60	四平博尔特工艺装备有限公司	http://www.siping.chinatool.net
61	苏州阿诺精密切削技术股份公司	http://www.ahno-tool.com
62	苏州纬正精密工具有限公司	http://www.wztools.com
63	台州赛诺克机械科技有限公司	http://www.snoko.cc
64	太原工具厂	http://www. taiyuantool.com
65	泰安泰山福神齿轮箱有限责任公司	http://www.tsfsclx.cn
66	泰兴工具厂	
67	威海量具厂有限公司	http://www.wmt.com.cn
68	无锡方寸工具有限公司	http://www.fctools.com
69	无锡国宏硬质合金模具刃具有限公司	http://wxgh.com.cn
70	扬州江宇刃具有限公司	http://www.jytaps.com
71	浙江汉纳机械科技有限公司	http://heier-tools.com
72	浙江汤溪工具制造有限公司	http://www.zjtanggong.com
73	浙江欣兴工具有限公司	http://www.alfra.cn
74	浙江易立刀具有限公司	
75	郑州市钻石精密制造有限公司	http://www.zhengzuanchina.com
76	重庆工具厂有限责任公司	http://www.chtgo.com
77	株洲华锐硬质合金工具有限责任公司	http://www.zzhrhj.com
78	株洲钻石切削刀具股份有限公司	http://www.zccct.com

磨料磨具

一、基本情况

2015年，中国机床工具行业年报统计中生产磨料磨具产品的企业共计111家。从磨料磨具产品细分情况看，磨具产值26.7亿元，同比下降2.9%；磨料产值55.5亿元，同比下降0.2%。期间产成品库存均呈现同比大幅下降状态。2015年磨料磨具产品产销存情况见表61。

二、出口情况

根据海关统计数据，2015年磨料磨具出口总额208 481.2万美元，同比下降4.5%。其中，出口额占比前三位的是：其他黏聚磨料制砂轮、石磨、石碾出口额52 452.3万美元，同比增长6.1%；人造刚玉出口额50 880.6万美元，同比下降14.8%；碳化硅出口额30 538.1万美元，同比下降13.8%。2015年磨料磨具出口情况见表62。

表61　2015年磨料磨具产品产销存情况

产品名称	生产				销售				期间产成品库存变化			
	数量(t)	同比增长(%)	金额(亿元)	同比增长(%)	数量(t)	同比增长(%)	金额(亿元)	同比增长(%)	数量(t)	同比增长(%)	金额(亿元)	同比增长(%)
磨料	1 079 045	2.22	55.5	-0.2	1 107 195	8.6	58.8	10.1	-28 150	-177.6	-3.1	-219.0
磨具	222 346	-5.19	26.7	-2.9	218 245	-5. 1	25.6	-5.2	4 101	-10.6	2.6	691.8

表62　2015年磨料磨具出口情况

产品名称	出口额(千美元)	同比增长(%)	占比(%)
合计	2 084 812	-4.5	
天然刚玉	12 055	-1.5	0.6
人造刚玉	508 806	-14.8	24.4
碳化硅	305 381	-13.8	14.6
碳化硼	32 080	-3.2	1.5
碾磨或磨浆用石磨、石碾	1 296	32.7	0.1
合成或天然金刚石制石磨、石碾	167 101	25.7	8.0
其他粘聚磨料制砂轮、石磨、石碾	524 523	6.1	25.2
天然石料制砂轮、石磨、石碾	10 072	-30.9	0.5
手工油石、磨石	43 899	-41.5	2.1
砂布	146 795	-2.8	7.0
砂纸	138 128	7.1	6.6
以其他材料为底的研磨料	51 869	32.1	2.5
经加工的工业钻石	13 324	59.3	0.6
天然、人工合成的钻石粉末	129 484	-7.8	6.2

注：由于四舍五入，表中合计数有微小出入。

在磨料磨具出口去向上，美国排在第一位，出口额同比下降9.2%；日本处于第二位，同比下降11.0%；印度位居第三，同比增长3.8%。2015年磨料磨具出口去向前10位国家（地区）情况见表63。

表63 2015年磨料磨具出口去向前10位国家（地区）情况

序号	国家（地区）	出口额（千美元）	同比增长（%）	占比（%）
1	美国	237 543	-9.2	11.4
2	日本	221 167	-11.0	10.6
3	印度	207 621	3.8	10.0
4	韩国	151 199	-9.6	7.3
5	越南	142 057	-5.7	6.8
6	中国台湾	90 069	-16.9	4.3
7	泰国	75 006	16.4	3.6
8	印度尼西亚	72 913	30.7	3.5
9	德国	60 586	-2.4	2.9
10	中国香港	54 723	18.9	2.6

注：由于四舍五入，表中合计数有微小出入。

磨料磨具出口企业中，按出口额占比排序，私人企业占74.1%，外资企业占14.5%，国有企业占11.4%。在出口企业所在地区中，按出口额占比排序，华东（31.1%）、华南（25.4%）和华中（17.1%）居前三位，同比分别增长2.3%、4.7%和下降7.9%。2015年磨料磨具出口按企业性质分列情况见表64。2015年磨料磨具出口按企业所在地区分列情况见表65。

表64 2015年磨料磨具出口按企业性质分列情况

企业性质	出口额（千美元）	同比增长（%）	占比（%）
合计	2 084 812	-4.5	100.0
私人企业	1 545 214	1.3	74.1
外资企业	302 733	-9.3	14.5
国有企业	236 866	-26.6	11.4

注：由于四舍五入，表中合计数有微小出入。

表65 2015年磨料磨具出口按企业所在地区分列情况

序号	地区	出口额（千美元）	同比增长（%）	占比（%）
	合计	2 084 812	-4.5	100.0
1	华东	647 547	2.3	31.1
2	华南	530 519	4.7	25.4
3	华中	357 381	-7.9	17.1
4	华北	257 565	-12.1	12.4
5	西南	162 830	-11.8	7.8
6	东北	72 087	-29.4	3.5
7	西北	56 884	-24.0	2.7

注：由于四舍五入，表中合计数有微小出入。

三、企业信息

参加2015年磨料磨具产品年度统计的企业（按企业名称拼音的字母排序）有：白鸽磨料磨具有限公司、常熟市巨力砂轮有限公司、成都砂轮有限公司、大连浩发磨具制造有限公司、大连星海砂轮有限公司、丹江口弘源碳化硅有限公司、第三砂轮厂、二砂深联有限公司、峰航邯郸砂轮制品公司、福州双屹砂轮公司、广东创汇实业有限公司、贵阳云雾磨料有限公司、贵州达众第七砂轮有限责任公司、贵州三山研磨有限公司、河北双羊砂轮制造有限公司、河南伊龙高新材料有限公司、湖南金诚新材料科技有限公司、济宁通用砂轮有限公司、江门市双益磨具有限公司、江苏华东砂轮有限公司、江苏乐园新材料集团有限公司、江苏苏北砂轮厂有限公司、江苏苏砂砂轮有限公司、江西奥星砂轮有限公司、江西冠亿砂轮有限公司、焦作市山阳亚白刚玉厂、莒南县金鹏磨料磨具有限公司、宽甸满族彤宽金刚砂厂、兰州河桥硅电资源有限公司、廊坊菊龙五金磨具有限公司、连云港花果山磨料有限公司、辽宁程瑞砂轮有限公司、辽宁黄海砂轮制造公司、临沭县正宇碳化硅厂、临沂市大鹏五金磨具有限公司、临沂市金蒙碳化硅有限公司、洛阳鑫祥刚玉有限公司、宁波大华砂轮有限公司、宁波树脂砂轮厂、青岛四砂泰益研磨有限公司、三门峡明珠电冶有限公司、沙县恒升碳化硅有限公司、山东八三碳化硅热件厂、山东济宁运河金刚砂厂、山东鲁信高技术产业股份有限公司、山东升华磨料磨具公司、山东省博兴华冠磨料磨具公司、山西沁新能源集团公司刚玉事业部、上海树脂砂轮厂、沈阳盛世磨料磨具有限公司、四川乐山天然磨料公司、苏州远东砂轮有限公司、滕州圣诺研磨有限公司、通化宏信研磨材有限责任公司、瓦房店轴承砂轮制造公司、潍坊六合微粉有限公司、武汉熊峰磨具公司、西峡正弘单晶刚玉公司、新疆龙海硅业有限公司、新疆双源新材料有限公司、邢台砂轮有限责任公司、扬州东方砂轮有限公司、伊川锐石投资有限公司、伊川县东风磨料磨具有限公司、伊川县协会（37家）、永康市白马砂轮厂、郓城伟业达磨业有限公司、郑州宏基特耐有限公司、郑州平原磨料有限公司、郑州市永泰磨料磨具有限公司、郑州烨达高新材料有限公司、郑州玉发磨料有限公司、重庆博赛矿业集团有限公司、珠海大象磨料磨具有限公司和淄博晶山刚玉厂。

〔撰稿人：中国机床工具工业协会杜智强、段洁琰、谷金花〕

市场概况

概述中国机床工具消费市场结构，从进出口、主要用户行业运行情况、主要用户行业固定资产投资情况等方面分析机床工具市场需求

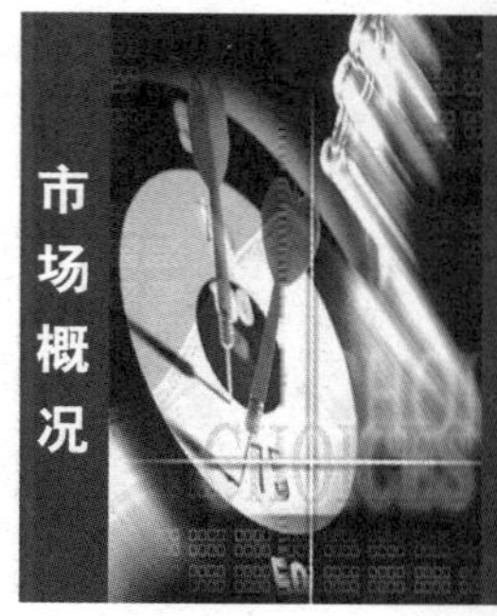

产业概况

产业运行

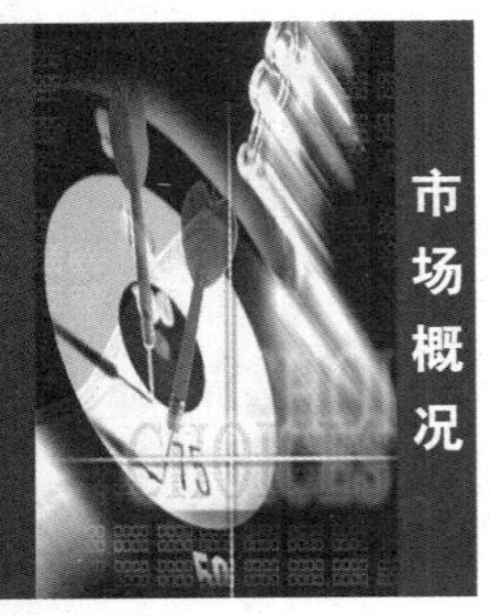

市场概况

产品与技术

特色企业

附录

中国机床工具工业年鉴 2016

市场概况

2015年中国机床工具消费市场综述

2015年是“十二五”的收官之年，也是中国经济进入新常态以来的第二个年头。在国际经济复苏乏力和国内经济动能转换的背景下，中国经济、工业和机床工具消费市场的转型升级步伐正在日益加快。

一、市场仍然处于下行调整区间

自2012年以来，中国机床工具消费市场开始进入下行调整通道。至2015年，市场仍然处于下行调整区间，并且下行调整的范围呈现全面扩展的趋势。

1.市场消费总量的变化情况

自2008年全球金融危机以来，中国机床工具消费市场经历了大起大落，堪称跌宕起伏的过程。下面我们选择4个典型细分行业简要回顾一下这一过程。

第一，金属加工机床消费市场的变化过程分为两个大的阶段，即2010至2011年的迅猛增长阶段，以及2012年开始的增长停滞和持续下行阶段。其中，停滞和下行阶段还明显形成3个台阶（2011—2012年、2013—2014年、2015年至今）。这和我们的市场感受是基本一致的。

第二，是金属切削机床消费市场的变化过程。金属切削机床细分行业是机床工具行业中经济规模最大、地位最显著的行业领域。从变化趋势上看，金属切削机床消费市场的变化过程与金属加工机床整体是基本一致的，只不过其变化幅度更大一些。

第三，金属成形机床消费市场的变化情况。金属成形机床消费市场呈现出与金属加工机床和金属切削机床明显不同的走势。大致表现为3个不同阶段，即2010至2011年的迅猛增长阶段，2012至2014年的平稳增长阶段和2015年开始的明显下降阶段。这一市场变化走势解释了中国金属切削机床和金属成形机床两大主机门类近年来呈现的运行结构明显分化现象。

第四，工量具消费市场的变化过程。工量具消费市场的变化走势与金属加工机床相比又呈现出不同的特点，其走势大致分为3个阶段，即2010至2011年的高速增长阶段，2012至2014年的平稳阶段和2015年的明显下降阶段。

数据显示，2015年中国金属加工机床消费总额同比下降13.5%（其中金属切削机床和金属成形机床分别同比下降14.4%和12.3%）；工量具消费总额同比下降12.1%。值得注意的是，下行调整已经从金属切削机床细分行业扩展到金属成形机床和工量具细分行业。因此说，2015年中国机床工具消费市场仍处于下行调整区间，并且下行调整的范围呈现全面扩展趋势。

2.进口数据反映的市场情况

根据机床工具商品进口数据，可以间接观察中国机床工具消费市场的变化情况。

从近年来中国市场金属加工机床（包括金属切削机床和金属成形机床）进口增速变化情况看，金属切削机床与金属加工机床整体的变化走势基本是一致的，而金属成形机床的进口走势则有所不同。总体看，金属加工机床进口数据反映的情况与前面分析的金属加工机床消费市场走势是基本一致的。

从近年来工量具进口增速变化情况看，尽管切削刀具和量具量仪的变化趋势有所不同，但也和前面分析的工量具消费市场的变化趋势大体一致。

数据显示，2015年中国金属加工机床进口总额同比下降20.4%（其中金属切削机床和金属成形机床分别同比下降20.8%和16.2%），工量具进口总额同比下降6.8%（其中切削刀具和量具量仪分别同比下降8.0%和13.2%）。上述数据同样反映了2015年中国机床工具消费市场仍然处于下行调整区间。

值得注意的是，2016年1—2月，进口数据延续了下行走势。机床工具进口总额同比下降19.2%，比2015年全年降幅扩大了1.9个百分点。其中，金属加工机床进口总额同比下降12.7%，比2015年降幅收窄了7.7个百分点，切削刀具和量具量仪进口总额分别同比下降11.7%和20.0%，比2015年降幅分别扩大了3.7个和6.8个百分点。

进口数据的结构性变化值得我们特别注意，即不同细分领域的同比下降呈现不同的趋势特点。对于市场下行最早的金属切削机床细分领域而言，其1—2月份的进口同比降幅比2015年降幅明显收窄（10.9个百分点）；而对于从2015年才开始明显市场下行的金属成形机床、切削刀具和量具量仪等细分领域而言，其1—2月份的进口同比降幅比2015年降幅则明显扩大（分别扩大了5.3个、3.7个和6.8个百分点）。这也许意味着金属切削机床细分领域的市场将先行触底企稳，而金属成形机床和工量具细分领域的市场还要延续一段时期的下行调整，市场格局分化可能呈现新的表现形式。

最新的行业运行数据也反映了同样的市场变化趋势。2016年1—2月份，中国金属切削机床细分行业新增订单同比增长14.3%，主营业务收入同比下降9.3%，产量同比下降18.7%；与此对应的是，金属成形机床细分行业新增订单同比下降51.1%，主营业务收入同比下降13.1%，产量同比下降30.7%。与前者相比，后者不仅主营业务收入和产量指标的降幅明显大于前者，更具分化意义的指标表现在前者的新增订单呈现同比显著增长（14.3%），而后者则表现为大幅下降（51.1%）。

3. 市场变化的宏观经济背景

中国机床工具消费市场的下行调整是以中国经济增速放缓和结构调整为背景的。数据显示，自2010年开始，与机床工具市场直接相关的固定资产投资增速一直呈连续下降趋势，截至2015年年底，该数据已经由2009年的30.5%下降至10.0%的历史低位。几乎与此同时，自2011年开始，规模以上工业企业工业增加值增速也同样呈连续下降趋势，截至2016年2月份，该数据已经由2010年的15.7%下降至5.4%的历史低位。特别值得注意的是，自2015年开始，该数据已经低于同期国内生产总值（GDP）增速，这是多年不曾有过的情况，这表明中国工业经济乃至整个实体经济正处于深度调整的过程当中。过去两年中国制造业采购经理人指数（PMI）的变化走势同样印证了中国工业经济的上述表现。

上述分析已经说明了中国机床工具消费市场与中国宏观经济环境的高度相关性。毫无疑问，中国机床工具消费市场的未来还将伴随中国经济调整转型的继续深化而不断发生变化。

二、机床消费市场结构分析

2015年，中国机床消费市场的变化可以概括为“机床消费大幅下降，外贸形势不容乐观”，金属切削机床和金属成形机床的消费趋势呈现同步下降。下面通过对机床产品生产和进口情况进行分析以梳理机床消费市场的变化情况。2015年中国机床消费市场情况见表1。

表1 2015年中国机床消费市场情况

指标名称	数额（亿美元）	同比增长（%）	增速提高（百分点）
机床市场消费额	275	-13.5	-13.2
其中：金属切削机床	171	-14.4	-10.8
金属成形机床	104	-12.3	-18.2
机床生产（销售）额	221	-9.4	-8.3
其中：金属切削机床	122	-9.0	-0.8
金属成形机床	99	-10.0	-19.2
机床出口额	32	-5.9	-24.7
其中：金属切削机床	21	-7.5	-28.1
金属成形机床	11	-2.7	-18.0
机床进口额	86	-20.4	-28.0
其中：金属切削机床	70	-20.8	-31.9
金属成形机床	16	-16.2	-10.4

1. 金属加工机床

2015年中国金属加工机床消费额275亿美元，同比下降13.5%。其中，金属切削机床消费额171亿美元，同比下降14.4%；金属成形机床消费额104亿美元，同比下降12.3%。与2014年同期相比，消费额同比增速分别下降了13.2个、10.8个和18.2个百分点。

从消费额变化趋势看，2015年机床消费总量仍然呈现下行趋势，金属切削机床和金属成形机床的消费均呈现显著下行趋势，金属切削机床的消费降幅略大于金属成形机床。另一方面，从年度增速变化上看，金属成形机床的消费下降幅度更大一些。

2. 金属切削机床

2015年中国金属切削机床消费额171亿美元，同比下降14.4%。其中，金属切削机床生产为122亿美元，同比下降9.0%；进口金属切削机床70亿美元，同比下降20.8%；出口金属切削机床21亿美元，同比下降7.5%。从上述数据可以看出，2015年进口的降幅超过国内产出的降幅，国内机床消费的结构性调整仍未走出下行区间。

3. 金属成形机床

2015年中国金属成形机床消费额104亿美元，同比下降12.3%。其中，金属成形机床生产为99亿美元，同比下降10.0%；进口金属成形机床16亿美元，同比下降16.2%；出口金属成形机床11亿美元，同比下降2.7%。从上述数据看出，金属成形机床反映出和金属切削机床同样的情况，整个市场均处于下行状态。

三、工具消费市场结构分析

2015年中国工具消费市场的变化呈现下行的趋势。下面通过对工具产品生产和进口情况进行分析以梳理工具消费市场的变化情况。2015年中国工具消费市场情况见表2。

表2 2015年中国工具消费市场情况

指标名称	数额（亿美元）	同比增长（%）	增速提高（百分点）
工具市场消费额	45	-12.1	-9.7
工具生产（销售）额	56	-11.3	-11.6
工具出口额	26	-7.1	-20.0
工具进口额	15	-6.8	-18.6

从表2可以看出，2015年中国工具消费额45亿美元，同比下降12.1%。其中，工具生产为56亿美元，同比下降11.3%；进口工具15亿美元，同比下降6.8%；出口工具26亿美元，同比下降7.1%。工具消费下降反映用户领域开工率下降，制造业不景气。

四、中国机床消费市场及对外贸易在国际上的定位

美国Gardner商业媒体公司提供的全球机床消费和进出口贸易数据显示，2015年全球机床消费额789.7亿美元，同比下降11.4%。其中，中国机床市场消费额275亿美元，同比下降13.5%，在全球机床消费市场中的排名处于第一位。位列第2至5位的国家分别是：美国（73.6亿美元，同比下降16.5%）、德国（63.6亿美元，同比下降

13.4%）、日本（58.0 亿美元，同比增长 9.4%）和韩国（38.2 亿美元，同比下降 22.4%）。2015 年全球机床消费额前 10 位国家（地区）情况见表 3。

表 3　2015 年全球机床消费额前 10 位国家（地区）情况

序号	国家（地区）	2015 年（亿美元）	同比增长（%）	在全球中的占比（%）	序号	国家（地区）	2015 年（亿美元）	同比增长（%）	在全球中的占比（%）
	全球	789.7	-11.4		6	意大利	31.4	9.4	4.0
1	中国	275.0	-13.5	34.8	7	墨西哥	22.1	8.1	2.8
2	美国	73.6	-16.5	9.3	8	俄罗斯	21.8	-5.5	2.8
3	德国	63.6	-13.4	8.1	9	中国台湾	15.6	-13.8	2.0
4	日本	58.0	9.4	7.3	10	印度	15.4	1.8	2.0
5	韩国	38.2	-22.4	4.8					

2015 年全球机床消费前 10 位的国家（地区）中，同比增长的有日本、意大利、墨西哥和印度，同比下降的有中国、美国、德国、韩国、俄罗斯和和中国台湾。从全球消费的结构性变化中可以看出，2015 年受国际需求下降和经济下行拖累，全球机床消费总体呈现明显下降状态；日本在国内产业政策的支持下，机床消费继续呈现明显增长；美国作为第二大机床消费市场呈现明显回落；墨西哥和印度作为制造业分流的主要去向，机床消费呈现逆势增长。2015 年中国机床消费占全球的份额超过 34.8%，中国机床消费市场在全球仍具有举足轻重的影响力。

全球机床进出口贸易方面，2015 年全球机床进口额 333.5 亿美元，同比下降 12.7%。其中，中国机床进口额 86.0 亿美元，同比下降 20.4%，在全球的排名处于第一位。位列第 2 至 5 位的国家分别是：美国（45.1 亿美元，同比下降 20.0%）、德国（27.3 亿美元，同比下降 11.1%）、墨西哥（21.9 亿美元，同比增长 10.4%）和俄罗斯（17.6 亿美元，同比下降 7.6%）。2015 年全球机床进口额前 10 位国家（地区）情况见表 4。

表 4　2015 年全球机床进口额前 10 位国家（地区）情况

序号	国家（地区）	2015 年（亿美元）	同比增长（%）	在全球中的占比（%）	占消费的比例（%）	序号	国家（地区）	2015 年（亿美元）	同比增长（%）	在全球中的占比（%）	占消费的比例（%）
	全球	333.5	-12.7			6	意大利	14.7	24.5	4.4	46.9
1	中国	86.0	-20.4	25.8	31.3	7	韩国	13.6	-9.0	4.1	34.8
2	美国	45.1	-20.0	13.5	61.2	8	土耳其	10.3	-8.3	3.1	80.7
3	德国	27.3	-11.1	8.2	42.9	9	日本	9.4	5.9	2.8	16.2
4	墨西哥	21.9	10.4	6.6	98.8	10	比利时	9.0	-7.2	2.7	373.4
5	俄罗斯	17.6	-7.6	5.3	80.7						

2015 年全球机床出口额 402.2 亿美元，同比下降 14.1%。其中，中国机床出口额 32 亿美元，同比下降 5.9%，在全球的排名处于第 4 位，较 2014 年上升 1 位。出口前 5 位的其他国家（地区）分别是：德国（87.9 亿美元，同比下降 13.0%）、日本（86.3 亿美元，同比下降 16.6%）、意大利（36.4 亿美元，同比下降 10.8%）和中国台湾（31.9 亿美元，同比下降 15.1%）。2015 年全球机床出口额前 10 位国家（地区）情况见表 5。

表 5　2015 年全球机床出口额前 10 位国家（地区）情况

序号	国家（地区）	2015 年（亿美元）	同比增长（%）	在全球中的占比（%）	占生产的比例（%）	序号	国家（地区）	2015 年（亿美元）	同比增长（%）	在全球中的占比（%）	占生产的比例（%）
	全球	402.2	-14.1			6	瑞士	25.9	-14.5	6.4	84.7
1	德国	87.9	-13.0	21.9	70.8	7	韩国	20.6	-7.7	5.1	44.7
2	日本	86.3	-16.6	21.4	63.9	8	美国	17.5	-25.2	4.3	37.9
3	意大利	36.4	-10.8	9.1	68.6	9	比利时	9.5	-10.6	2.4	325.8
4	中国	32.0	-5.9	8.0	14.5	10	西班牙	8.5	-17.6	2.1	84.8
5	中国台湾	31.9	-15.1	7.9	79.1						

从进出口贸易量看，全球机床贸易整体呈现大幅下降的状态，这与国际经济低迷、复苏乏力有关。

五、变化趋势

根据中国机床工具消费市场各项数据的变化趋势及未来市场需求变化分析，预计未来一段时期内，中国机床消费市场仍处于低迷和下行的状态，消费结构将持续升级；受用户领域开工率和结构升级影响，国内工具消费市场规模将下降，高端工具消费将提升。

〔撰稿人：中国机床工具工业协会杜智强、段洁琰〕

2015 年中国机床工具市场对外贸易分析

一、进出口整体情况

2015 年机床工具类商品进口总额呈现显著下降，进口总额降幅要明显大于出口总额降幅。2015 年 1—12 月，机床工具商品进出口总额 255.2 亿美元，同比下降 13.2%。其中，出口 108.3 亿美元，同比下降 6.9%；进口 146.9 亿美元，同比下降 17.3%；贸易逆差 38.6 亿美元，同比下降 37.2%。

出口方面，2015 年 1—12 月份出口呈现同比小幅下降。其中，金属加工机床出口额 31.6 亿美元，同比下降 5.9%；金属切削机床出口额 20.6 亿美元，同比下降 7.5%；金属成形机床出口额 11 亿美元，同比下降 2.7%。出口去向上，2015 年 1—12 月，美国排在第一位，出口额 16.7 亿美元，同比增长 0.7%；越南第二位，出口额 9.4 亿美元，同比下降 2.4%；日本第三位，出口额 7.1 亿美元，同比下降 37.8%。从出口企业性质上看，私人企业和外资（含港澳台）企业的占比分别为 56.1% 和 32.3%，国有（含集体）企业占比为 11.6%；从出口增速上看，私人企业同比下降 6.0%，外资（含港澳台）企业同比下降 4.4%，国有（含集体）企业同比下降 16.5%。从地域出口活跃度看，华东地区排在第一位（49.0 亿美元，同比下降 2.3%），华南地区排在第二位（21.1 亿美元，同比下降 2.0%），华北地区排在第三位（19 亿美元，同比下降 7.8%）。

进口方面，2015 年 1—12 月进口呈现逐月振荡下行的态势。其中，金属加工机床进口额 86.2 亿美元，同比下降 20.4%；金属切削机床进口额 69.7 亿美元，同比下降 20.8%；金属成形机床进口额 16.5 亿美元，同比下降 16.2%。进口来源中，日本排在第一位，进口额 40.8 亿美元，同比下降 20.9%；德国排在第二位，进口额 37.4 亿美元，同比下降 12.8%；中国台湾排在第三位，进口额 18.1 亿美元，同比下降 21.7%。进口企业性质中，外资（含港澳台）企业 63.3%、私人企业 20.9%、国有（含集体）企业 15.8%；从进口增速看，外资（含港澳台）企业同比下降 17.7%、私人企业同比下降 14.3%、国有（含集体）企业同比下降 19.8%。从进口地域活跃度看，华东地区第一位（72.5 亿美元，同比下降 13.3%）；华北地区第二位（27.6 亿美元，同比下降 19.6%）；华南地区第三位（24.2 亿美元，同比下降 20.8%）。

二、进口贸易

1. 加工中心

根据海关统计数据 ,2015 年 1—12 月，加工中心进口总额 32.9 亿美元，同比下降 24.0%。其中，立式加工中心进口额 17.5 亿美元，同比下降 27.4%；卧式加工中心进口额 11.5 亿美元，同比下降 22.0%；龙门式加工中心进口额 2.7 亿美元，同比下降 14.8%。2015 年加工中心进口情况见表 1。

表 1　2015 年加工中心进口情况

产品名称	进口量（台）	同比增长（%）	占比（%）	进口额（千美元）	同比增长（%）	占比（%）	单价（千美元 / 台）	同比增长（%）
合　计	32 481	-26.9	100.0	3 293 855	-24.0	100.0	101	3.9
立式加工中心	29 129	-29.0	89.7	1 750 527	-27.4	53.1	60	2.2
卧式加工中心	2 520	-3.4	7.8	1 146 796	-22.0	34.8	455	-19.3
龙门式加工中心	511	-9.1	1.6	267 666	-14.8	8.1	524	-6.3
铣车复合加工中心	222	51.0	0.7	86 642	14.1	2.6	390	
未列名加工中心	99	0.0	0.3	42 223	-32.8	1.3	426	-32.8

注：由于四舍五入，表中合计数有微小出入。

从进口量和进口额上看，立式加工中心的占比都居首位。从进口趋势上看，加工中心在数量和金额上呈现大幅下降的状态。进口平均单价呈现小幅增长，但仅有立式加工中心单价小幅增长，其他均呈现单价下降的趋势。

在进口来源上，日本排在第一位，进口额同比下降27.4%；德国处于第二位，进口额同比下降9.9%；中国台湾位居第三位，进口额同比下降23.0%。2015年加工中心进口来源前10位国家（地区）情况见表2。

表2　2015年加工中心进口来源前10位国家（地区）情况

序号	来源国家（地区）	进口量（台）	同比增长（%）	占比（%）	进口额（千美元）	同比增长（%）	占比（%）	单价（千美元/台）
1	日本	25 018	-26.9	77.0	1 665 425	-27.4	50.6	67
2	德国	1 159	11.7	3.6	790 938	-9.9	24.0	682
3	中国台湾	3 219	-34.6	9.9	313 609	-23.0	9.5	97
4	韩国	1 281	-23.6	3.9	165 799	-18.7	5.0	129
5	意大利	154	9.2	0.5	99 834	-35.7	3.0	648
6	美国	1 146	-18.6	3.5	65 406	-36.8	2.0	57
7	瑞士	88	-36.7	0.3	54 262	-20.5	1.6	617
8	法国	81	26.6	0.2	38 190	-28.0	1.2	471
9	西班牙	29	-34.1	0.1	29 178	-51.5	0.9	1 006
10	新加坡	188	4.4	0.6	24 224	-11.4	0.7	129

注：由于四舍五入，表中合计数有微小出入。

加工中心进口企业中，按进口额占比排序为外资企业（58.3%）、私人企业（22.6%）和国有企业（19.1%）。在进口企业所在地区中，按进口额占比排序，华东（43.1%）、华南（24.5%）和华北（15.4%）居前三位，同比分别下降20.7%、25.4%和24.4%。2015年加工中心进口按企业性质分列情况见表3。2015年加工中心进口按企业所在地区分列情况见表4。

表3　2015年加工中心进口按企业性质分列情况

企业性质	进口量（台）	同比增长（%）	占比（%）	进口额（千美元）	同比增长（%）	占比（%）	单价（千美元/台）
合　计	32 481	-26.9		3 293 855	-24.0		101
外资企业	20 677	-36.8	63.7	1 920 149	-29.3	58.3	93
私人企业	8 952	-3.1	27.6	744 709	-10.4	22.6	83
国有企业	2 852	14.4	8.8	628 996	-20.1	19.1	221

注：由于四舍五入，表中合计数有微小出入。

表4　2015年加工中心进口按企业所在地区分列情况

序号	所在地区	进口量（台）	同比增长（%）	占比（%）	进口额（千美元）	同比增长（%）	占比（%）	单价（千美元/台）
	合计	32 481	-26.9		3 293 855	-24.0		101
1	华东	15 139	-12.4	46.6	1 418 014	-20.7	43.1	94
2	华南	11 941	-35.3	36.8	806 074	-25.4	24.5	68
3	华北	2 762	-32.5	8.5	507 634	-24.4	15.4	184
4	东北	712	23.8	2.2	222 952	-31.6	6.8	313
5	西南	1 464	139.2	4.5	209 545	17.0	6.4	143
6	华中	377	-88.7	1.2	101 479	-60.2	3.1	269
7	西北	86	17.8	0.3	28 155	-20.7	0.9	327

注：由于四舍五入，表中合计数有微小出入。

2. 数控车床

根据海关统计数据，2015 年 1—12 月，数控车床进口总额 6.4 亿美元，同比下降 14.5%。其中，数控卧式车床进口额 4.1 亿美元，同比下降 19.3%；数控立式车床进口额 2.2 亿美元，同比下降 4.4%。2015 年数控车床进口情况见表 5。

表 5　2015 年数控车床进口情况

产品名称	进口量（台）	同比增长（%）	占比（%）	进口额（千美元）	同比增长（%）	占比（%）	单价（千美元 / 台）	同比增长（%）
合　计	5 133	-12.5	100.0	642 728	-14.5	100.0	125	-2.3
数控卧式车床	3 948	-15.4	76.9	412 341	-19.3	64.2	104	-4.6
其他数控车床	1 185	-1.1	23.1	230 386	-4.3	35.8	194	-3.2
其中：数控立式车床	1 148	0.0		217 908	-4.4		190	

注：由于四舍五入，表中合计数有微小出入。

从进口量和进口额上看，数控卧式车床的占比都居首位。从进口趋势上看，数控车床在数量和金额上呈现大幅下降的趋势，同时进口平均单价都呈现小幅下降的状态。

在进口来源上，中国台湾小幅下降，排在第一位，进口额同比下降 8.4%；日本大幅下降，处于第二位，同比下降21.0%；德国小幅下降，位居第三，同比下降6.0%。2015 年数控车床进口来源前 10 位国家（地区）情况见表6。

表 6　2015 年数控车床进口来源前 10 位国家（地区）情况

序号	来源国家（地区）	进口量（台）	同比增长（%）	占比（%）	进口额（千美元）	同比增长（%）	占比（%）	单价（千美元 / 台）
1	中国台湾	2 383	-11.2	46.4	201 071	-8.4	31.3	84
2	日本	1 233	-8.5	24.0	164 899	-21.0	25.7	134
3	德国	259	17.2	5.0	128 214	-6.0	19.9	495
4	韩国	730	-17.4	14.2	64 203	-8.3	10.0	88
5	意大利	75	-41.4	1.5	24 618	-43.2	3.8	328
6	美国	173	-34.7	3.4	15 779	-25.4	2.5	91
7	奥地利	18	350.0	0.4	11 493	731.2	1.8	639
8	捷克	7	16.7	0.1	7 507	1.4	1.2	1 072
9	瑞士	22	-37.1	0.4	5 153	-43.6	0.8	234
10	泰国	80	-26.6	1.6	4 961	-23.2	0.8	62

注：由于四舍五入，表中合计数有微小出入。

进口企业中，按进口额占比排序为外资企业（61.1%）、私人企业（21.0%）和国有企业（17.8%）。在进口企业所在地区中，按进口额占比排序，华东（54.0%）、华北（23.1%）和华南（12.7%）居前三位，同比分别下降 18.4%、2.6% 和 17.6%。2015 年数控车床进口按企业性质分列情况见表 7。2015 年数控车床进口按企业所在地区分列情况见表 8。

表 7　2015 年数控车床进口按企业性质分列情况

企业性质	进口量（台）	同比增长（%）	占比（%）	进口额（千美元）	同比增长（%）	占比（%）	单价（千美元 / 台）
合　计	5 133	-12.5		642 728	-14.5		125
外资企业	3 138	-12.2	61.1	392 895	-17.8	61.1	125
私人企业	1 323	-17.4	25.8	135 277	-9.5	21.0	102
国有企业	672	-2.0	13.1	114 555	-7.8	17.8	170

注：由于四舍五入，表中合计数有微小出入。

表 8 2015 年数控车床进口按企业所在地区分列情况

序号	所在地区	进口量（台）	同比增长（%）	占比（%）	进口额（千美元）	同比增长（%）	占比（%）	单价（千美元／台）
	合计	5 133	-12.5		642 728	-14.5		125
1	华东	2 776	-20.3	54.1	346 920	-18.4	54.0	125
2	华北	1 112	11.4	21.7	148 671	-2.6	23.1	134
3	华南	909	-10.4	17.7	81 430	-17.6	12.7	90
4	东北	187	-12.6	3.6	29 639	-36.4	4.6	158
5	西南	60	106.9	1.2	14 899	51.1	2.3	248
6	西北	41	95.2	0.8	11 109	339.8	1.7	271
7	华中	48	-53.4	0.9	10 059	-38.3	1.6	210

注：由于四舍五入，表中合计数有微小出入。

3. 磨床

根据海关统计数据，2015 年 1—12 月，磨床进口总额 10.0 亿美元，同比下降 14.0%。其中，外圆磨床进口额 2.3 亿美元，同比下降 11.3%；工具磨床进口额 2.2 亿美元，同比增长 25.1%；其他磨床进口额 2.1 亿美元，同比下降 19.8%。2015 年磨床进口情况见表 9。

表 9 2015 年磨床进口情况

产品名称	进口量（台）	同比增长（%）	占比（%）	进口额（千美元）	同比增长（%）	占比（%）	单价（千美元／台）	同比增长（%）
合 计	6 847	12.6		1 003 644	-14.0		147	-23.6
平面磨床	1 132	7.4	16.5	71 250	-4.8	7.1	63	-11.3
曲轴磨床	82	-26.1	1.2	51 075	-58.9	5.1	623	-44.4
外圆磨床	789	2.5	11.5	228 863	-11.3	22.8	290	-13.5
内圆磨床	316	35.6	4.6	73 360	22.1	7.3	232	-10.0
轧辊磨床	4	-42.9	0.1	118	-53.1	0.0	30	-17.9
工具磨床	1 619	21.0	23.6	219 879	25.1	21.9	136	-42.6
珩磨、研磨机	2 336	23.4	34.1	151 556	-29.6	15.1	65	-89.4
其他磨床	569	-16.0	8.3	207 542	-19.8	20.7	365	-4.6

注：由于四舍五入，表中合计数有微小出入。

从进口额上看，外圆磨床和工具磨床的占比居前列。从进口趋势上看，磨床整体呈现大幅下降的趋势，进口平均单价也呈现大幅下降的趋势。

在进口来源上，德国大幅下降，排在第一位，进口额同比下降 19.9%；日本小幅下降，处于第二位，同比下降 7.5%；瑞士大幅增长，位居第三，同比增长 59.4%。2015 年磨床进口来源前 10 位国家（地区）情况见表 10。

表 10 2015 年磨床进口来源前 10 位国家（地区）情况

序号	来源国家（地区）	进口量（台）	同比增长（%）	占比（%）	进口额（千美元）	同比增长（%）	占比（%）	单价（千美元／台）
1	德国	740	-15.9	10.8	278 476	-19.9	27.7	376
2	日本	1 256	8.8	18.3	211 692	-7.5	21.1	169
3	瑞士	316	33.3	4.6	125 394	59.4	12.5	397
4	中国台湾	2 635	32.9	38.5	72 570	-13.9	7.2	28
5	意大利	114	-34.9	1.7	63 305	-42.2	6.3	555
6	捷克	175	17.5	2.6	59 613	-1.4	5.9	341

（续）

序号	来源国家（地区）	进口量（台）	同比增长（%）	占比（%）	进口额（千美元）	同比增长（%）	占比（%）	单价（千美元／台）
7	美国	236	-29.8	3.4	48 489	-37.2	4.8	205
8	泰国	457	36.4	6.7	47 303	35.9	4.7	104
9	英国	57	-23.0	0.8	30 213	-47.2	3.0	530
10	韩国	335	0.6	4.9	25 794	-10.9	2.6	77

注：由于四舍五入，表中合计数有微小出入。

进口企业中，按进口额占比排序为外资企业（53.3%）、国有企业（30.4%）和私人企业（16.3%）。在进口企业所在地区中，按进口额占比排序，华东（48.5%）、华南（18.1%）和华北（14.1%）居前三位，同比分别增长 1.3%、1.4% 和下降 42.8%。2015 年磨床进口按企业性质分列情况见表 11。2015 年磨床进口按企业所在地区分列情况见表 12。

表 11　2015 年磨床进口按企业性质分列情况

企业性质	进口量（台）	同比增长（%）	占比（%）	进口额（千美元）	同比增长（%）	占比（%）	单价（千美元／台）
合计	6 847	12.6		1 003 644	-14.0		147
外资企业	3 521	3.9	51.4	534 841	-11.7	53.3	152
国有企业	885	8.3	12.9	305 396	-14.4	30.4	345
私人企业	2 441	30.1	35.7	163 407	-20.5	16.3	67

注：由于四舍五入，表中合计数有微小出入。

表 12　2015 年磨床进口按企业所在地区分列情况

序号	所在地区	进口量（台）	同比增长（%）	占比（%）	进口额（千美元）	同比增长（%）	占比（%）	单价（千美元／台）
	合计	6 847	12.6		1 003 644	-14.0		147
1	华东	3 569	13.7	52.1	486 924	1.3	48.5	136
2	华南	1 893	34.4	27.6	181 855	1.4	18.1	96
3	华北	803	-1.7	11.7	141 451	-42.8	14.1	176
4	东北	226	-22.3	3.3	72 613	-31.1	7.2	321
5	华中	159	-24.3	2.3	55 995	-34.9	5.6	352
6	西南	163	-6.9	2.4	54 664	-6.5	5.4	335
7	西北	34	-19.1	0.5	10 141	-2.7	1.0	298

注：由于四舍五入，表中合计数有微小出入。

4. 齿轮加工机床

根据海关统计数据，2015 年 1—12 月，齿轮加工机床进口总额 2.4 亿美元，同比下降 11.5%。2015 年齿轮加工机床进口情况见表 13。从进口趋势上看，齿轮加工机床呈现大幅下降趋势，但进口平均单价呈现小幅回升的状态。

表 13　2015 年齿轮加工机床进口情况

产品名称	进口量（台）	同比增长（%）	进口额（千美元）	同比增长（%）	单价（千美元／台）	同比增长（%）
齿轮加工机床	581	-12.6	235 942	-11.5	406	1.2

在进口来源上，德国大幅下降，排在第一位，进口额同比下降 17.7%；瑞士大幅增长，处于第二位，同比增长 30.0%；日本大幅下降，位居第三，同比下降 38.2%。2015 年齿轮加工机床进口来源前 10 位国家（地区）情况见表 14。

表 14　2015 年齿轮加工机床进口来源前 10 位国家（地区）情况

序号	来源国家（地区）	进口量（台）	同比增长（%）	占比（%）	进口额（千美元）	同比增长（%）	占比（%）	单价（千美元 / 台）
1	德国	153	2.0	26.3	109 275	-17.7	46.3	714
2	瑞士	117	-32.8	20.1	69 736	30.0	29.6	596
3	日本	110	-19.7	18.9	26 805	-38.2	11.4	244
4	美国	61	-33.7	10.5	15 384	-39.3	6.5	252
5	韩国	28	100.0	4.8	4 433	124.3	1.9	158
6	中国台湾	79	154.8	13.6	4 283	19.1	1.8	54
7	意大利	5	-37.5	0.9	3 759	-24.6	1.6	752
8	比利时	1	0.0	0.2	1 583	260.1	0.7	1 583
9	英国	4		0.7	345		0.1	86
10	俄罗斯	20	-63.0	3.4	306	-47.0	0.1	15

注：由于四舍五入，表中合计数有微小出入。

进口企业中，按进口额占比排序为外资企业（54.1%）、私人企业（23.1%）和国有企业（22.8%）。在进口企业所在地区中，按进口额占比排序，华东（40.9%）、华北（28.6%）和西南（14.3%）居前三位，同比分别增长 5.0%、下降 21.6% 和增长 60.9%。2015 年齿轮加工机床进口按企业性质分列情况见表 15。2015 年齿轮加工机床进口按企业所在地区分列情况见表 16。

表 15　2015 年齿轮加工机床进口按企业性质分列情况

企业性质	进口量（台）	同比增长（%）	占比（%）	进口额（千美元）	同比增长（%）	占比（%）	单价（千美元 / 台）
合计	581	-12.6		235 942	-11.5		406
外资企业	231	-25.2	39.8	127 593	-19.6	54.1	552
国有企业	98	6.5	16.9	54 522	4.5	23.1	556
私人企业	252	-4.6	43.4	53 828	-3.8	22.8	214

注：由于四舍五入，表中合计数有微小出入。

表 16　2015 年齿轮加工机床进口按企业所在地区分列情况

序号	所在地区	进口量（台）	同比增长（%）	占比（%）	进口额（千美元）	同比增长（%）	占比（%）	单价（千美元 / 台）
	合计	581	-12.6		235 942	-11.5		406
1	华东	205	10.2	35.3	96 445	5.0	40.9	470
2	华北	93	-8.8	16.0	67 450	-21.6	28.6	725
3	西南	32	6.7	5.5	33 791	60.9	14.3	1 056
4	华南	158	35.0	27.2	16 016	-32.5	6.8	101
5	华中	22	-29.0	3.8	12 851	-38.7	5.4	584
6	东北	67	-65.1	11.5	7 607	-65.2	3.2	114
7	西北	4	-42.9	0.7	1 781	40.7	0.8	445

注：由于四舍五入，表中合计数有微小出入。

5. 重型机床

根据海关统计数据，2015 年 1—12 月，重型机床进口总额 5.1 亿美元，同比下降 12.4%。其中，进口量占比最大的是龙门式加工中心进口额 2.7 亿美元，同比下降 14.8%；数控立式车床进口额 2.2 亿美元，同比下降 4.4%。2015 年重型机床进口情况见表 17。

表 17　2015 年重型机床进口情况

产品名称	进口量（台）	同比增长（%）	占比（%）	进口额（千美元）	同比增长（%）	占比（%）	单价（千美元 / 台）	同比增长（%）
合计	1 749	−5.2	100.0	512 260	−12.4	100.0	293	−7.7
龙门式加工中心	511	−9.1	29.2	267 666	−14.8	52.3	524	−6.3
数控立式车床	1 148	0.0	65.6	217 908	−4.4	42.5	190	−2.5
数控镗铣床	62	−12.7	3.5	25 165	−37.7	4.9	406	−28.7
其他镗铣床	24	−27.3	1.4	1 404	−37.1	0.3	58	−13.5
轧辊磨床	4	−42.9	0.2	118	−53.1	0.0	30	−17.9

注：由于四舍五入，表中合计数有微小出入。

从进口趋势上看，重型机床在数量和金额上继续呈现大幅下降趋势，同时进口平均单价也继续呈现大幅下降的趋势。

在进口来源上，中国台湾小幅下降，排在第一位，进口额同比下降 3.4%；日本小幅下降，处于第二位，同比下降 8.2%；德国大幅增长，位居第三，同比增长 18.7%。2015 年重型机床进口来源前 10 位国家（地区）情况见表 18。

表 18　2015 年重型机床进口来源前 10 位国家（地区）情况

序号	来源国家（地区）	进口量（台）	同比增长（%）	占比（%）	进口额（千美元）	同比增长（%）	占比（%）	单价（千美元 / 台）
1	中国台湾	1 001	−1.1	57.2	180 593	−3.4	35.3	180
2	日本	272	−4.2	15.6	121 335	−8.2	23.7	446
3	德国	170	25.0	9.7	119 542	18.7	23.3	703
4	意大利	71	−39.8	4.1	46 734	−43.6	9.1	658
5	韩国	165	−13.2	9.4	22 820	−7.1	4.5	138
6	瑞士	6	−25.0	0.3	5 622	71.2	1.1	937
7	捷克	7	−36.4	0.4	4 978	−61.1	1.0	711
8	比利时	3	200.0	0.2	3 937	121.0	0.8	1 312
9	西班牙	2	−77.8	0.1	2 680	−82.7	0.5	1 340
10	美国	13	−13.3	0.7	1 775	36.9	0.3	137

注：由于四舍五入，表中合计数有微小出入。

进口企业中，按进口额占比排序为外资企业（44.2%）、国有企业（32.1%）和私人企业（23.7%）。在进口企业所在地区中，按进口额占比排序，华东（46.7%）、华北（24.4%）和华南（11.2%）居前三位，同比分别下降 12.9%、增长 1.9% 和下降 20.5%。2015 年重型机床进口按企业性质分列情况见表 19。2015 年重型机床进口按企业所在地区分列情况见表 20。

表 19　2015 年重型机床进口按企业性质分列情况

企业性质	进口量（台）	同比增长（%）	占比（%）	进口额（千美元）	同比增长（%）	占比（%）	单价（千美元 / 台）
合计	1 749	−5.2		512 260	−12.4		293
外资企业	930	−6.8	53.2	226 465	−9.1	44.2	244
国有企业	405	10.7	23.2	164 240	−9.0	32.1	406
私人企业	414	−13.8	23.7	121 554	−21.7	23.7	294

注：由于四舍五入，表中合计数有微小出入。

表 20　2015 年重型机床进口按企业所在地区分列情况

序号	所在地区	进口量（台）	同比增长（%）	占比（%）	进口额（千美元）	同比增长（%）	占比（%）	单价（千美元 / 台）
	合计	1 749	-5.2		512 260	-12.4		293
1	华东	861	-6.7	49.2	239 220	-12.9	46.7	278
2	华北	532	0.4	30.4	125 072	1.9	24.4	235
3	华南	212	-3.2	12.1	57 372	-20.5	11.2	271
4	东北	61	-28.2	3.5	37 344	-31.3	7.3	612
5	西南	41	51.9	2.3	34 726	13.4	6.8	847
6	华中	33	-34.0	1.9	9 737	-45.0	1.9	295
7	西北	9	-10.0	0.5	8 789	-31.4	1.7	977

注：由于四舍五入，表中合计数有微小出入。

6. 特种加工机床

根据海关统计数据，2015 年 1—12 月，特种加工机床进口总额 9.6 亿美元，同比下降 17.9%。其中，用激光、其他光或光子束处理材料的加工机床进口额 7.2 亿美元，同比下降 20.4%；用放电处理各种材料的加工机床进口额 1.8 亿美元，同比下降 7.2%。2015 年特种加工机床进口情况见表 21。

表 21　2015 年特种加工机床进口情况

产品名称	进口量（台）	同比增长（%）	占比（%）	进口额（千美元）	同比增长（%）	占比（%）	单价（千美元 / 台）	同比增长（%）
合计	10 860	-8.0	100.0	961 427	-17.9	100.0	89	-10.7
用激光、其他光或光子束处理材料的加工机床	5 570	4.5	51.3	724 488	-20.4	75.4	130	-23.9
用超声波处理材料的加工机床	249	-5.7	2.3	4 579	16.9	0.5	18	24.0
用放电处理各种材料的加工机床	1 647	-12.0	15.2	179 384	-7.2	18.7	109	5.4
等离子切割机、水射流切割机	3 326	-22.1	30.6	35 712	-21.7	3.7	11	0.4
其他化学、电子、离子束或等离子弧加工机床	68	-9.3	0.6	17 264	1.0	1.8	254	11.4

注：由于四舍五入，表中合计数有微小出入。

从进口量和进口额上看，用激光、其他光或光子束处理材料的加工机床的占比都居首位。从进口趋势上看，特种加工机床呈现大幅下降状态，同时进口平均单价总体上也呈现大幅下降的状态。

在进口来源上，德国大幅下降，排在第一位，进口额同比下降 29.0%；日本大幅下降，处于第二位，同比下降 14.0%；韩国大幅增长，位居第三，同比增长 100.8%。2015 年特种加工机床进口来源前 10 位国家（地区）情况见表 22。

表 22　2015 年特种加工机床进口来源前 10 位国家（地区）情况

序号	来源国家（地区）	进口量（台）	同比增长（%）	占比（%）	进口额（千美元）	同比增长（%）	占比（%）	单价（千美元 / 台）
1	德国	1 714	-3.2	15.8	264 967	-29.0	27.6	155
2	日本	1 836	25.1	16.9	208 151	-14.0	21.7	113
3	韩国	500	65.0	4.6	102 193	100.8	10.6	204
4	瑞士	329	-11.1	3.0	91 596	-7.9	9.5	278
5	中国台湾	941	-21.3	8.7	59 389	-34.0	6.2	63
6	美国	3 378	-23.6	31.1	58 880	-6.3	6.1	17
7	意大利	254	1.2	2.3	42745	-10.6	4.4	168
8	新加坡	234	-29.7	2.2	39 962	-26.3	4.2	171
9	中国	539	117.3	5.0	29 433	-20.6	3.1	55
10	泰国	228	-34.7	2.1	17 461	-44.3	1.8	77

注：由于四舍五入，表中合计数有微小出入。

进口企业中，按进口额占比排序为外资企业（64.0%）、私人企业（18.7%）和国有企业（17.3%）。在进口企业所在地区中，按进口额占比排序，华东（55.0%）、华南（22.0%）和华北（13.0%）居前三位，同比分别下降 8.1%、下降 30.5% 和增长 9.5%。2015 年特种加工机床进口按企业性质分列情况见表 23。2015 年特种加工机床进口按企业所在地区分列情况见表 24。

表 23　2015 年特种加工机床进口按企业性质分列情况

企业性质	进口量（台）	同比增长（%）	占比（%）	进口额（千美元）	同比增长（%）	占比（%）	单价（千美元 / 台）
合计	10 860	-8.0		961 427	-17.9		89
外资企业	5 483	2.5	50.5	615 193	-20.4	64.0	112
私人企业	1 726	-35.4	15.9	179 831	-26.7	18.7	104
国有企业	3 651	-3.6	33.6	166 403	9.3	17.3	46

注：由于四舍五入，表中合计数有微小出入。

表 24　2015 年特种加工机床进口按企业所在地区分列情况

序号	所在地区	进口量（台）	同比增长（%）	占比（%）	进口额（千美元）	同比增长（%）	占比（%）	单价（千美元 / 台）
	合计	10 860	-8.0		961 427	-17.9		89
1	华东	7 150	-12.9	65.8	528 873	-8.1	55.0	74
2	华南	2 690	7.2	24.8	211 751	-30.5	22.0	79
3	华北	653	24.1	6.0	124 838	9.5	13.0	191
4	华中	138	-50.4	1.3	32 516	-69.9	3.4	236
5	东北	99	-27.2	0.9	32 109	-12.0	3.3	324
6	西南	108	-6.1	1.0	26 018	9.8	2.7	241
7	西北	22	-24.1	0.2	5 321	-33.0	0.6	242

注：由于四舍五入，表中合计数有微小出入。

7. 金属成形机床

根据海关统计数据，2015 年 1—12 月，金属成形机床进口总额 16.5 亿美元，同比下降 17.0%。其中，锻造和冲压机床进口额 4.5 亿美元，同比下降 19.1%；成形折弯机进口额 3.0 亿美元，同比下降 18.6%；冲床进口额 2.4 亿美元，同比下降 27.6%。2015 年金属成形机床进口情况见表 25。

表 25　2015 年金属成形机床进口情况

产品名称	进口量（台）	同比增长（%）	占比（%）	进口额（千美元）	同比增长（%）	占比（%）	单价（千美元 / 台）	同比增长（%）
合计	13 670	-4.7	100.0	1 650 655	-17.0	100.0	121	-13.0
锻造和冲压机床	2 269	3.8	16.6	452 193	-19.1	27.4	199	-22.1
成形折弯机	2 658	-10.1	19.4	296 123	-18.6	17.9	111	-9.5
剪切机床	636	-4.9	4.7	166 521	3.0	10.1	262	8.4
冲床	1 741	-17.5	12.7	237 012	-27.6	14.4	136	-12.3
液压压力机	1 049	-27.6	7.7	137 337	-23.0	8.3	131	6.4
机械压力机	1 851	-4.3	13.5	135 302	18.9	8.2	73	24.3
其他成形机床	3 466	14.2	25.4	226 167	-20.9	13.7	65	-30.7

注：由于四舍五入，表中合计数有微小出入。

从进口额上看，锻造和冲压机床的占比居首位。从进口趋势上看，金属成形机床整体呈现大幅下降趋势，同时进口平均单价也呈现大幅下降的趋势。

在进口来源上，德国大幅下降，排在第一位，进口额同比下降 19.1%；日本小幅下降，处于第二位，同比下降 4.9%；韩国大幅增长，位居第三，同比下降 9.3%。

2015 年金属成形机床进口来源前 10 位国家（地区）情况见表 26。

表 26　2015 年金属成形机床进口来源前 10 位国家（地区）情况

序号	来源国家（地区）	进口量（台）	同比增长（%）	占比（%）	进口额（千美元）	同比增长（%）	占比（%）	单价（千美元 / 台）
1	德国	1 654	-23.3	12.1	361 406	-19.1	21.9	219
2	日本	2 469	4.2	18.1	334 890	-4.9	21.9	136
3	韩国	2 383	10.2	17.4	222 537	-9.3	61.6	93
4	中国台湾	3 631	-12.5	26.6	184 012	-16.7	54.9	51
5	意大利	694	4.8	5.1	146 260	-3.3	65.7	211
6	美国	957	-0.1	7.0	113 091	-32.8	61.5	118
7	瑞士	239	11.2	1.7	62 489	31.4	42.7	261
8	瑞典	45	-16.7	0.3	45 780	24.3	40.5	1 017
9	英国	499	181.9	3.7	34 925	192.2	55.9	70
10	奥地利	86	6.2	0.6	25 990	-68.9	56.8	302

注：由于四舍五入，表中合计数有微小出入。

进口企业中，按进口额占比排序为外资企业（57.7%）、私人企业（22.6%）和国有企业（19.7%）。在进口企业所在地区中，按进口额占比排序，华东（46.1%）、华北（23.3%）和华南（13.8%）居前三位，同比分别下降 9.7%、31.2% 和 10.7%。2015 年金属成形机床进口按企业性质分列情况见表 27。2015 年金属成形机床进口按企业所在地区分列情况见表 28。

表 27　2015 年金属成形机床进口按企业性质分列情况

企业性质	进口量（台）	同比增长（%）	占比（%）	进口额（千美元）	同比增长（%）	占比（%）	单价（千美元 / 台）
合计	13 670	-4.7		1 650 655	-17.0		121
外资企业	8 582	-7.1	62.8	952 350	-11.5	57.7	111
私人企业	3 873	-5.7	28.3	372 345	-23.8	22.6	96
国有企业	1 215	21.7	8.9	325 961	-23.4	19.7	268

注：由于四舍五入，表中合计数有微小出入。

表 28　2015 年金属成形机床进口按企业所在地区分列情况

序号	所在地区	进口量（台）	同比增长（%）	占比（%）	进口额（千美元）	同比增长（%）	占比（%）	单价（千美元 / 台）
	合计	13 670	-4.7		1 650 655	-17.0		121
1	华东	6 448	-10.4	47.2	761 659	-9.7	46.1	118
2	华北	3 120	9.5	22.8	384 079	-31.2	23.3	123
3	华南	2 842	-9.4	20.8	227 662	-10.7	13.8	80
4	东北	739	11.6	5.4	112 460	-24.2	6.8	152
5	华中	269	10.7	2.0	83 249	-19.2	5.0	309
6	西南	215	-5.3	1.6	65 128	-14.2	3.9	303
7	西北	37	68.2	0.3	16 418	186.4	1.0	444

注：由于四舍五入，表中合计数有微小出入。

8. 数控装置

根据海关统计数据，2015 年 1—12 月，数控装置进口总额 14.8 亿美元，同比下降 10.2%。从进口趋势上看，总体呈现大幅下降的状态，但进口平均单价呈现小幅增长的趋势。2015 年数控装置进口情况见表 29。

表 29 2015 年数控装置进口情况

产品名称	进口量（件）	同比增长（%）	占比（%）	进口额（千美元）	同比增长（%）	占比（%）	单价（千美元 / 件）	同比增长（%）
数控装置	5 742 228	-15.7	100.0	1 480 587	-10.2	100.0	0.3	6.5

在进口来源上，德国小幅下降，排在第一位，进口额同比下降 6.5%；日本大幅下降，处于第二位，同比下降 19.6%；韩国大幅增长，位居第三，同比增长 77.1%。2015 年数控装置进口来源前 10 位国家（地区）情况见表 30。

表 30 2015 年数控装置进口来源前 10 位国家（地区）情况

序号	来源国家（地区）	进口量（件）	同比增长（%）	占比（%）	进口额（千美元）	同比增长（%）	占比（%）	单价（千美元 / 件）
1	德国	573 650	-7.0	10.0	388 291	-6.5	26.2	0.7
2	日本	1 115 492	-34.2	19.4	285 403	-19.6	19.3	0.3
3	韩国	85 810	-29.0	1.5	108 390	77.1	7.3	1.3
4	美国	456 634	30.9	8.0	98 118	-1.0	6.6	0.2
5	中国台湾	758 533	-28.8	13.2	80 100	-17.6	5.4	0.1
6	瑞典	16 601	52.0	0.3	75 803	-7.2	5.1	4.6
7	荷兰	10 966	-18.5	0.2	58 434	-6.9	3.9	5.3
8	奥地利	302 362	-13.7	5.3	55 497	-22.3	3.7	0.2
9	挪威	2 915	-9.4	0.1	41 172	26.8	2.8	14.1
10	法国	44 101	-73.5	0.8	39 288	-16.0	2.7	0.9

注：由于四舍五入，表中合计数有微小出入。

进口企业中，按进口额占比排序为外资企业（76.8%）、私人企业（15.5%）和国有企业（7.6%）。在进口企业所在地区中，按进口额占比排序，华东（50.9%）、华北（26.0%）和华南（9.5%）居前三位，同比分别下降 9.2%、10.4% 和 17.5%。2015 年数控装置进口按企业性质分列情况见表 31。2015 年数控装置进口按企业所在地区分列情况见表 32。

表 31 2015 年数控装置进口按企业性质分列情况

企业性质	进口量（件）	同比增长（%）	占比（%）	进口额（千美元）	同比增长（%）	占比（%）	单价（千美元 / 件）
合计	5 742 228	-15.7		1 480 587	-10.2		0.3
外资企业	4 636 580	-10.5	80.7	1 137 739	-8.0	76.8	0.2
私人企业	1 038 701	-31.2	18.1	229 971	-4.6	15.5	0.2
国有企业	66 929	-45.1	1.2	112 802	-33.9	7.6	1.7

注：由于四舍五入，表中合计数有微小出入。

表 32 2015 年数控装置进口按企业所在地区分列情况

序号	所在地区	进口量（件）	同比增长（%）	占比（%）	进口额（千美元）	同比增长（%）	占比（%）	单价（千美元 / 件）
	合计	5 742 228	-15.7		1 480 587	-10.2		0.3
1	华东	1 994 524	-33.3	34.7	753 295	-9.2	50.9	0.4

（续）

序号	所在地区	进口量（件）	同比增长（%）	占比（%）	进口额（千美元）	同比增长（%）	占比（%）	单价（千美元 / 件）
2	华北	1 942 909	57.3	33.8	384 978	-10.4	26.0	0.2
3	华南	893 869	-29.5	15.6	140 395	-17.5	9.5	0.2
4	东北	718 452	-35.8	12.5	115 935	-21.2	7.8	0.2
5	西北	6 186	17.7	0.1	37 397	68.7	2.5	6.0
6	华中	55 997	135.4	1.0	30 934	26.4	2.1	0.6
7	西南	130 291	-23.3	2.3	17 652	-30.6	1.2	0.1

注：由于四舍五入，表中合计数有微小出入。

9. 功能部件

根据海关统计数据，2015 年 1—12 月，功能部件进口总额 18.5 亿美元，同比下降 15.2%。其中，机床夹具、附件进口额 7.5 亿美元，同比下降 18.2%；机床零件、部件进口额 11.0 亿美元，同比下降 13.1%。2015 年功能部件进口情况见表 33。

表 33　2015 年功能部件进口情况

产品名称	进口量（件）	同比增长（%）	占比（%）	进口额（千美元）	同比增长（%）	占比（%）	单价（千美元/件）	同比（%）
合计	67 348 540	-20.2	100.0	1 851 089	-15.2	100.0	0.03	6.3
机床夹具、附件	13 155 601	-11.1	19.5	749 935	-18.2	40.5	0.06	-7.9
机床零件、部件	54 192 939	-22.2	80.5	1 101 154	-13.1	59.5	0.02	11.7

注：由于四舍五入，表中合计数有微小出入。

从进口量和进口额上看，机床零件、部件的占比都居首位。从进口趋势上看，功能部件整体呈现大幅下降趋势，进口平均单价呈现小幅上升的状态。

在进口来源上，德国小幅下降，排在第一位，进口额同比下降 7.9%；中国台湾大幅下降，处于第二位，同比下降 19.4%；日本大幅下降，位居第三，同比下降 24.1%。2015 年功能部件进口来源前 10 位国家（地区）情况见表 34。

表 34　2015 年功能部件进口来源前 10 位国家（地区）情况

序号	来源国家（地区）	进口量（件）	同比增长（%）	占比（%）	进口额（千美元）	同比增长（%）	占比（%）	单价（千美元 / 件）
1	德国	17 590 236	-9.0	26.1	590 981	-7.9	31.9	0.03
2	中国台湾	34 105 164	-27.3	50.6	454 882	-19.4	24.6	0.01
3	日本	5 959 993	-18.0	8.8	330 468	-24.1	17.9	0.06
4	韩国	2 914 119	-12.6	4.3	113 092	-23.3	6.1	0.04
5	美国	658 943	-27.9	1.0	88 506	-13.8	4.8	0.13
6	意大利	1 643 124	29.9	2.4	79 537	33.5	4.3	0.05
7	瑞典	496 667	38.9	0.7	43 182	-22.8	2.3	0.09
8	瑞士	216 287	-2.0	0.3	37 096	-3.0	2.0	0.17
9	巴西	1 616 919	381.5	2.4	20 121	241.5	1.1	0.01
10	英国	53 201	-34.5	0.1	17 840	-19.7	1.0	0.34

注：由于四舍五入，表中合计数有微小出入。

在进口企业中，按进口额占比排序为外资企业（61.5%）、私人企业（27.5%）和国有企业（11.0%）。在进口企业所在地区中，按进口额占比排序，华东（49.1%）、华北（19.7%）和东北（14.1%）居前三位，同比分别下降 17.4%、下降 11.1% 和增长 22.4%。2015 年功能部件进口按企业性质分列情况见表 35。2015 年功能部件进口按企业所在地区分列情况见表 36。

表35　2015年功能部件进口按企业性质分列情况

企业性质	进口量（件）	同比增长（%）	占比（%）	进口额（千美元）	同比增长（%）	占比（%）	单价（千美元/件）
合计	67 348 540	-20.2		1 851 089	-15.2		0.03
外资企业	39 864 300	1.3	59.2	1 138 498	-10.5	61.5	0.03
私人企业	21 852 645	-25.4	32.4	508 929	-15.8	27.5	0.02
国有企业	5 631 595	-64.3	8.4	203 661	-33.7	11.0	0.04

注：由于四舍五入，表中合计数有微小出入。

表36　2015年功能部件进口按企业所在地区分列情况

序号	所在地区	进口量（件）	同比增长（%）	占比（%）	进口额（千美元）	同比增长（%）	占比（%）	单价（千美元/件）
	合计	67 348 540	-20.2		1 851 089	-15.2		0.03
1	华东	33 059 219	-13.7	49.1	909 802	-17.4	49.1	0.03
2	华北	13 936 688	-37.0	20.7	365 222	-11.1	19.7	0.03
3	东北	9 619 791	129.7	14.3	261 710	22.4	14.1	0.03
4	华南	8 006 476	-44.4	11.9	222 230	-15.9	12.0	0.03
5	西北	1 485 535	-31.6	2.2	36 353	-27.4	2.0	0.02
6	华中	662 104	-66.7	1.0	35 836	-67.9	1.9	0.05
7	西南	578 727	-54.5	0.9	19 935	-34.9	1.1	0.03

注：由于四舍五入，表中合计数有微小出入。

10. 工具和量具量仪

根据海关统计数据，2015年1—12月，工具和量具量仪进口总额14.7亿美元，同比下降8.6%。其中，切削刀具进口额13.1亿美元，同比下降8.0%；量仪进口额1.3亿美元，同比下降13.2%；量具进口额0.3亿美元，同比下降12.9%。2015年工具和量具量仪进口情况见表37。

表37　2015年工具和量具量仪进口情况

产品名称	进口额（千美元）	同比增长（%）	占比（%）
合计	1 470 779	-8.6	100.0
切削刀具	1 305 177	-8.0	88.7
量具	34 279	-12.9	2.3
量仪	131 323	-13.2	8.9

注：由于四舍五入，表中合计数有微小出入。

从进口额上看，切削刀具的占比居首位。从进口趋势上看，工具和量具量仪均呈现明显下降的趋势。

在进口来源上，日本小幅下降，排在第一位，进口额同比下降4.3%；德国大幅下降，处于第二位，同比下降15.0%；中国台湾小幅下降，位居第三，同比下降2.6%。2015年工具和量具量仪进口来源前10位国家（地区）情况见表38。

表38　2015年工具和量具量仪进口来源前10位国家（地区）情况

序号	来源国家（地区）	进口额（百万美元）	同比增长（%）	占比（%）
1	日本	450	-4.3	30.6
2	德国	330	-15.0	22.4
3	中国台湾	133	-2.6	9.0
4	瑞典	105	-4.2	7.1
5	韩国	95	-14.6	6.5
6	美国	105	-15.8	7.1
7	以色列	49	-1.5	3.3
8	意大利	47	-14.4	3.2
9	瑞士	18	-2.9	1.2
10	法国	17	0.4	1.1

注：由于四舍五入，表中合计数有微小出入。

在进口企业中，按进口额占比排序为外资企业（81.6%）、私人企业（13.4%）和国有企业（4.9%）。在进口企业所在地区中，按进口额占比排序，华东（68.6%）、华北（16.2%）和华南（8.5%）居前三位，同比分别下降9.4%、12.1%和1.9%。2015年工具和量具量仪进口按企业性质分列情况见表39。2015年工具和量具量仪进口按企业所在地区分列情况见表40。

表39　2015年工具和量具量仪进口按企业性质分列情况

企业性质	进口额（千美元）	同比增长（%）	占比（%）
合计	1 470 779	-8.6	
外资企业	1 200 424	-8.1	81.6
私人企业	197 629	-9.7	13.4
国有企业	72 705	-14.5	4.9

注：由于四舍五入，表中合计数有微小出入。

表40　2015年工具和量具量仪进口按企业所在地区分列情况

序号	所在地区	进口额（千美元）	同比增长（%）	占比（%）
	合计	1 470 779	-8.6	
1	华东	1 009 003	-9.4	68.6
2	华北	238 790	-12.1	16.2
3	华南	124 950	-1.9	8.5
4	东北	38 446	-8.8	2.6
5	西南	28 874	8.2	2.0
6	华中	20 106	4.6	1.4
7	西北	10 609	15.9	0.7

注：由于四舍五入，表中合计数有微小出入。

11. 磨料磨具

根据海关统计数据，2015年1—12月，磨料磨具进口总额6.0亿美元，同比下降16.6%。从进口趋势上看，磨料磨具总体呈现大幅下降的趋势。2015年磨料磨具进口情况见表41。

表41　2015年磨料磨具进口情况

产品名称	进口额（千美元）	同比增长（%）	占比（%）
合计	597 585	-16.6	5.2
天然刚玉	3 728	-25.3	0.6
人造刚玉	24 248	-49.6	4.1
碳化硅	10 193	4.0	1.7
碳化硼	116	-72.4	0.0
碾磨或磨浆用石磨、石碾	937	14.0	0.2
合成或天然金刚石制石磨、石碾	115 735	-8.8	19.4
其他黏聚磨料制砂轮、石磨、石碾	158 369	-29.4	26.5
天然石料制砂轮、石磨、石碾	11 876	-15.1	2.0
手工油石、磨石	5 853	-18.9	1.0
砂布	52 683	-14.3	8.8
砂纸	63 284	-17.5	10.6
以其他材料为底的研磨料	119 410	10.9	20.0
经加工的工业钻石	7 409	-9.1	1.2
天然、人工合成的钻石粉末	23 744	-10.1	4.0

注：由于四舍五入，表中合计数有微小出入。

在进口来源上，日本大幅下降，排在第一位，进口额同比下降10.2%；韩国微弱增长，处于第二位，同比增长0.5%；中国台湾大幅下降，位居第三，同比下降46.7%。2015年磨料磨具进口来源前10位国家（地区）情况见表42。

表42　2015年磨料磨具进口来源前10位国家（地区）情况

序号	来源国家（地区）	进口额（千美元）	同比增长（%）	占比（%）
1	日本	157 622	-10.2	26.4
2	韩国	77 651	0.5	13.0
3	中国台湾	67 404	-46.7	11.3
4	美国	64 343	-0.6	10.8
5	德国	57 437	-22.5	9.6
6	中国	24 299	24.6	4.1
7	奥地利	22 273	-18.1	3.7
8	瑞士	16 860	-22.0	2.8
9	英国	15 238	-0.5	2.5
10	意大利	12 396	13.4	2.1

注：由于四舍五入，表中合计数有微小出入。

进口企业中，按进口额占比排序为外资企业（72.3%）、私人企业（21.0%）和国有企业（6.8%）。在进口企业所在地区中，按进口额占比排序，华东（54.3%）、华南（23.2%）和华北（10.6%）居前三位，同比分别下降10.5%、15.0%和22.7%。2015年磨料磨具进口按企业性质分列情况见表43。2015年磨料磨具进口按企业所在地区分列情况见表44。

表43　2015年磨料磨具进口按企业性质分列情况

企业性质	进口额（千美元）	同比增长（%）	占比（%）
合计	597 585	-16.6	
外资企业	431 774	-19.8	72.3
私人企业	125 441	-3.8	21.0
国有企业	40 370	-15.8	6.8

注：由于四舍五入，表中合计数有微小出入。

表44　2015年磨料磨具进口按企业所在地区分列情况

序号	所在地区	进口额（千美元）	同比增长（%）	占比（%）
	合计	597 585	-16.6	
1	华东	324 292	-10.5	54.3
2	华南	138 602	-15.0	23.2
3	华北	63 577	-22.7	10.6
4	华中	39 471	-44.3	6.6
5	东北	2 4492	-25.3	4.1
6	西北	3 658	75.6	0.6
7	西南	3 493	-1.4	0.6

注：由于四舍五入，表中合计数有微小出入。

三、贸易变化趋势

综合上述产品进出口贸易情况，2015 年中国机床工具类产品进出口贸易状况继续呈现逆差状态，贸易逆差达到 38.6 亿美元，同比下降 37.1%。其中，金属加工机床呈现逆差，工具、量具量仪和磨料磨具呈现顺差。2015 年中国机床工具产品进出口贸易情况见表 45。

表 45　2015 年中国机床工具产品进出口贸易情况

序号	产品名称	进口额（亿美元）	出口额（亿美元）	贸易顺差（亿美元）	序号	产品名称	进口额（亿美元）	出口额（亿美元）	贸易顺差（亿美元）
	机床工具	146.9	108.3	−38.6	6	特种加工机床	9.6	6.0	−3.6
1	加工中心	32.9	2.0	−30.9	7	金属成形机床	16.5	11.0	−5.5
2	数控车床	6.4	3.3	−3.1	8	数控装置	14.8	6.2	−8.6
3	磨床	10.8	0.7	−10.1	9	功能部件	18.5	9.9	−8.6
4	齿轮加工机床	2.4	0.1	−2.3	10	工具和量具量仪	14.7	26.2	11.5
5	重型机床	5.1	1.2	−3.9	11	磨料磨具	6.0	20.8	14.8

注：产品统计口径上有交叉，所以各产品贸易顺差的合计值大于机床工具全口径。

〔撰稿人：中国机床工具工业协会杜智强、段洁琰〕

2015 年机床工具主要用户行业运行情况分析

一、主要用户行业的总体情况

根据国家统计局数据，2015 年机床工具行业的主要用户行业总体呈现中低速运行的状态，较上一年呈现下降趋势。其中，汽车制造行业主营业务收入最高，达到 7.3 万亿元，同比增长 4.7%；电工电器行业排在第二位，主营业务收入达到 5.6 万亿元，同比增长 5.7%；石化通用行业位居第三，主营业务收入达到 2.2 万亿元，同比增长 0.2%。2015 年主要用户行业经济运行情况见表 1。

表 1　2015 年主要用户行业经济运行情况

序号	用户行业名称	主营业务收入（亿元）	主营业务收入增速（%）	主营业务利润率（%）	资产负债率（%）
1	汽车制造	73 382	4.7	8.6	56.8
2	电工电器	55 991	5.7	6.2	55.4
3	石化通用	21 809	0.2	6.3	50.7
4	通用基础件	19 683	2.9	6.1	48.4
5	铁路、船舶、航空航天和其他运输设备制造	19 088	5.1	13.7	63.6
6	重型矿山机械	12 435	0.8	6.2	58.0
7	仪器仪表	8 598	5.7	8.5	44.0
8	工程机械	5 253	−8.1	4.0	56.3
9	农业机械	4 524	7.3	5.7	49.6
10	内燃机	2 292	−3.3	7.6	47.7

主营业务收入增速前三位分别是农业机械（7.3%）、电工电器（5.7%）及仪器仪表（5.7%）；主营业务利润率前三位分别是铁路、船舶、航空航天和其他运输设备制造（13.7%），汽车制造（8.6%），仪器仪表（8.5%）。

二、运行特征和趋势

通过对机床工具主要用户行业2015年经济指标的归类分析，从行业成长性、获利能力和负债水平几个方面可以得到以下几点宏观的运行特征和趋势。

1.受结构升级和产能过剩影响，总体运行进入中低速区间

从上述主要用户行业近期的经济指标情况看，用户行业的运行正在由中高速区间向中低速区间变化。2015年上述用户行业的主营业务收入增速均已进入个位数，较2014年两位数的增速已发生显著下降。未来用户行业运行增速下降将成为大概率事件。在中国经济进入“新常态”的背景下，用户行业产能过剩、结构调整和升级将导致未来运行指标处于低位区间。

2.获利能力持续下降，负债水平高企

从用户行业的主营业务利润率看，总体上主营业务利润率处于较低水平，反映用户行业在增速放缓的同时，其获利能力也呈现下降。另一方面，用户行业的资产负债率保持较高水平，总体处于50%以上，个别行业甚至超过60%。负债水平高企增加了用户行业的杠杆率，降低了经济运行质量。综合上述两点看，目前用户行业新购置设备的意愿和能力或将走低。

3.追求效率和质量将是发展模式转变的方向

由于用户行业运行压力不断增加，结构性调整日益急迫，产能过剩侵蚀企业竞争力等，再加上国内固定资产投资增速不断下降，货币金融政策日趋精准和完善的综合影响，用户行业投资意愿将进一步趋于理性，新增需求将主要集中在补齐短板、盘活存量和提高资源使用效率上，在总体需求规模上将会趋于收缩。

〔撰稿人：中国机床工具工业协会杜智强、段洁琰〕

2015年机床工具主要用户行业固定资产投资分析

一、全国固定资产投资情况

根据国家统计局数据，2015年1—12月全国固定资产投资额为55.2万亿元，同比增长10.0%。其中，第二产业固定资产投资额22.4万亿元，同比增长8.0%，占全部投资的40.6%；制造业固定资产投资额18.8万亿元，同比增长4.2%，占全部投资的34.1%；用于购置设备工器具的投资额11.0万亿元，同比增长10.2%，占全部投资的19.9%；新建固定资产投资31.9万亿元，同比增长11.8%，占全部投资的57.8%。2015年全国固定资产投资情况见表1。

表1　2015年全国固定资产投资情况

分类名称	投资额（亿元）	同比增长（%）	占比（%）
全国	551 590	10.0	
其中：第二产业	224 090	8.0	40.6
制造业	187 836	4.2	34.1
设备工器具购置	109 523	10.2	19.9
新建固定资产	318 580	11.8	57.8

从上述数据可以看出，属于机床工具用户市场的制造业投资增速要低于全国固定资产投资增速，第二产业低于全国水平2.0个百分点，制造业低于全国水平5.8个百分点。

对比近十年全国固定资产投资情况看，2015年仍处于投资增速不断回落的过程中，这将进一步影响机床工具消费市场的需求。从长期看，预计未来仍然会呈现持续回落的走势。

二、主要用户行业固定资产投资情况

根据国家统计局数据，2015年机床工具主要用户行业的固定资产投资情况见表2。机床工具主要用户行业涉及汽车、电工电器、石化通用机械等12个行业，计划总投资达到88 831亿元，同比下降0.4%。投资完成额49 293亿元，同比增长9.7%；新增固定资产39 084亿元，同比增长14.8%；用于购置设备工具20 626亿元，同比增长11.7%。将上述数据与全国情况比较可以发现，机床工具主要用户的固定资产投资情况还要更低于全国水平，且计划总投资呈现微弱下降的状态。

表 2 2015 年机床工具主要用户行业的固定资产投资情况

序号	行业类别	计划总投资		固定资产完成额		固定资产中设备工具购置额		新增固定资产	
		金额（亿元）	同比增长（%）	金额（亿元）	同比增长（%）	金额（亿元）	同比增长（%）	金额（亿元）	同比增长（%）
	合计	88 831	−0.4	49 293	9.7	20 626	11.7	39 084	14.8
1	汽车	24 360	2.4	11 924	13.8	5 139	13.0	8 713	13.7
2	电工电器	18 313	−2.9	9 972	9.4	4 203	11.5	7 673	15.3
3	石化通用机械	10 584	5.7	6 433	12.9	2 594	15.7	5 286	26.2
4	机械基础件	8 410	2.6	5 600	12.0	2 516	19.2	4 671	15.3
5	机床工具	8 247	3.5	4 767	9.8	1 888	10.1	4 017	11.6
6	重型矿山机械	5 682	−10.9	3 038	−3.3	1 268	0.3	2 549	8.0
7	其他民用机械	3 870	−5.8	2 246	0.2	956	1.0	1 913	3.0
8	仪器仪表	3 070	−0.3	1 656	13.2	653	21.0	1 336	24.6
9	农业机械	2 648	−5.0	1 609	9.3	590	10.4	1 281	14.5
10	工程机械	1 756	−15.6	961	−0.3	395	8.1	771	18.1
11	内燃机	543	−22.9	332	−1.8	152	−15.6	261	−12.3
12	机械和设备修理	447	−8.9	249	−4.7	73	−6.2	211	−5.3

从固定资产投资结构上看，设备购置占总完成额的41.8%。设备工具购置额排序前三位的是汽车（5 139 亿元，同比增长 13.0%）、电工电器（4 203 亿元，同比增长 11.5%）和石化通用机械（2 594 亿元，同比增长 15.7%）。

三、特征和趋势分析

综合上述分析可以发现，2015 年机床工具主要用户行业的固定资产投资具有以下几个方面的特征和趋势。

1. 投资增速持续下降

2015 年全社会固定资产投资增速与 2014 年相比下降了 5.7 个百分点，较 2014 年的增速下降幅度更大。其中，用于设备购置部分的投资增速与 2014 年同期相比下降了 2.0 个百分点。这反映出制造业和机床工具的用户领域呈现投资热度持续减退的趋势。

2. 投资新方向还不明确

从计划投资增速上看，投资方向还不明确，新的支柱产业还未形成。机床工具用户领域的计划总投资前三位的行业分别是汽车（同比增长 2.4%）、电工电器（同比下降 2.9）和石化通用机械（同比增长 5.7）。与 2014 年同期比较，前三位的增速都有较大下降，石化通用机械增速和投资额位次双下降，农业机械和重型矿山机械计划投资负增长，并被汽车和电工电器行业所取代。

设备工具购置投资前三位的行业分别是汽车（5 139 亿元，同比增长 13.0%）、电工电器（4 203 亿元，同比增长 11.5%）和石化通用机械（2 594 亿元，同比增长 15.7%）。与 2014 年同期比较存在较大变化，石化通用机械增速和位次双下降，电工电器增速下降、位次不变，机床工具被汽车取代。

〔撰稿人：中国机床工具工业协会杜智强、段洁琰〕

分析机床工具行业典型产品技术进步和发展情况、“中国机械工业科学技术奖”获奖情况，总结行业标准化工作

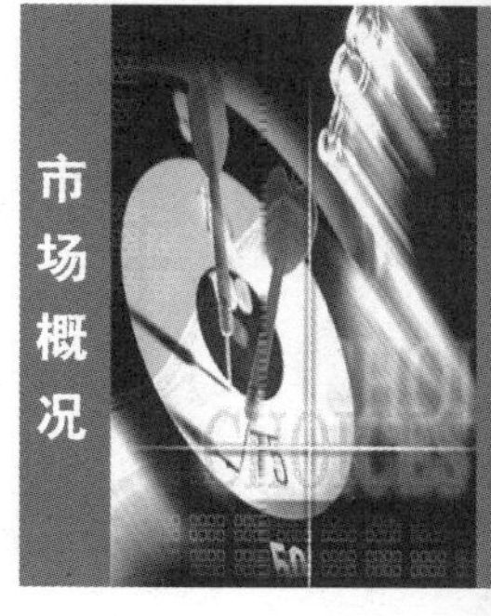

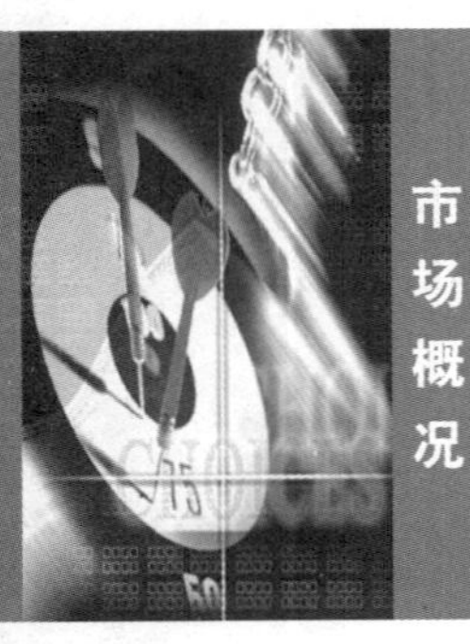

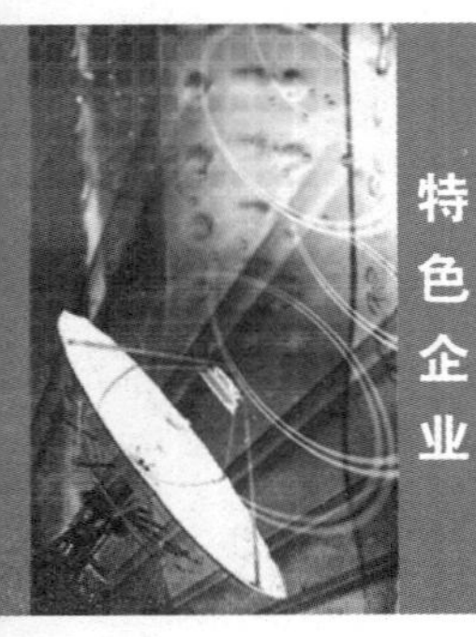

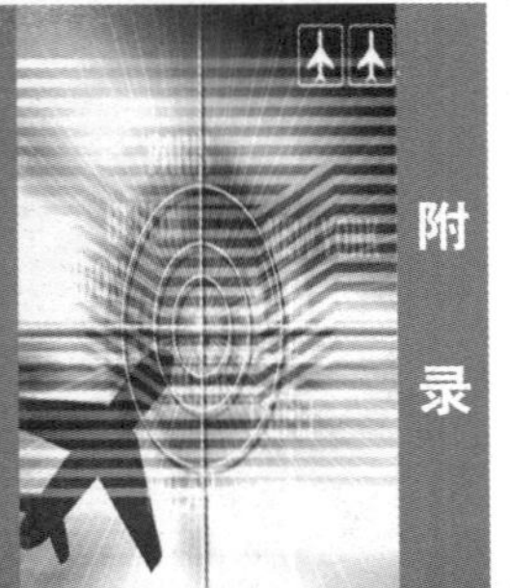

产品与技术

机床工具行业典型产品技术进步和发展情况

加工中心

“十二五”期间，我国经济发展步入新常态，国内投资需求趋缓，国际市场需求低迷，产能过剩矛盾凸显，企业经营压力加大。企业发展的重点转向调整产品结构，实现经济增长方式的转变。加工中心以其高效率和高精度，成为各类数控机床产品中发展最快的产品之一。产品发展主要体现在高精、成线与多轴、高可靠性、高动态性能等几个方面。企业面向汽车零部件制造行业，开发和生产适合成线的高精度、高可靠性的卧式加工中心；面向航空航天、风电、机车等行业，开发高精度、多轴联动、高动态性能的龙门加工中心及龙门镗铣加工中心。

一、高精度、高效率加工等技术不断完善

机床行业始终对机床的高精度、高效率等课题不断进行探索，提出解决办法，尤其在当下转型调整期，这是一个没有终点的目标。“精密”作为机床区别于其他机械的主要特征之一，一直是全球机床业不懈追求的目标。在这条道路上，人类付出了艰辛的努力，使用了一切可以应用的现代科技最高成果，纳米级数控系统与伺服驱动、纳米级测量与反馈补偿、高速高精度轨迹控制、高刚性高动态驱动、高刚性低惯量结构设计、高精度主轴、抑振及温控等先进技术，将现代机床推进到微纳时代。国产的加工中心在高精度加工方面正在不断提高，并逐步缩短与国外先进技术的差距。

成都普瑞斯数控机床有限公司生产的PDX500五轴叶片加工中心，机床采用了新型轴系分配布局，A 轴、Z 轴双驱技术，A 轴采用有预压的滚子包络蜗轮蜗杆技术，实现机械的无间隙高速高精度回转传动；利用 Z 轴双驱技术，结构上采取两个立柱的形式，减少了结构层叠面，垂直面平行布置应用同一个电动机的 X 轴、U 轴，使两个立柱方便进行进给运动和位置调整，且切屑防护有利；比较突出的是 B 轴结构创新设计，根据摆动原理，应用传统的机械传动方式，B 轴达到大转矩输出和无间隙回转摆动，动态性能更好；而高功率大转矩精密电主轴设计也是一个亮点，采用主运动可变预压的主轴设计，实现从粗加工到精加工的全过程高性能、高效、高精度加工。

科德数控股份有限公司生产的KMC400 U高速高精度五轴立式加工中心，其结构属于立式工作台摆动及回转类型，采用改良的龙门框架设计，床身采用矿物铸石材料，其阻尼系数是铸铁的6～10倍，线膨胀系数是铸铁的1/20，用矿物铸石材料浇铸的高刚性龙门结构床身有着极佳的抑振性和抗热变形能力，同时三轴移动速度高达60m/min，加速度达1g，相比传统机型具有更高的材料去除率（约提高83%），故该机床具有更强的切削刚度、更高的精度和速度，平均加工效率明显高于其他结构的五轴立式加工中心。Y 轴采用四导轨支撑和位于中心的主驱动，刀具在三个直线轴上，工件在两个回转轴上，具有最优的主轴支撑。数控回转摆动工作台实现双壁支撑和双驱动，A 轴摆动角度为±130°，C 轴连续360°旋转。环形刀库嵌于机床床身内与其融为一体，结构简单、可靠性高，故该机床具有更大的作业空间、更小的干涉。KMC400 U采用的GNC61数控系统、智能电源及伺服驱动器、伺服电动机、力矩电动机、主轴电动机以及电主轴和双回转工作台全部由其母公司大连光洋科技工程有限公司提供。KMC400 U高速高精度五轴立式加工中心的 A 轴和 C 轴均采用力矩电动机驱动，其 A 轴、C 轴转速均达到30r/min，三轴可选半闭环或全闭环控制，对机床精度要求特别高的用户，还可以提供激光测量与反馈超高精度包。该机床适用于通用机械、模具、汽车、航空航天、船舶、石油化工、通信、半导体及医疗器械等行业。

二、可靠、稳定等性能成为国内机床的制胜法宝

随着机床技术向高端迈进，设计生产销售向个性化深入，可靠、质量稳定的机床越发受到市场青睐。机床生产企业要立足市场，参与竞争，机床的可靠性与稳定性显得非常关键。

近几年，从国家到企业个体，把机床可靠性提升作为赶超进口机床的重要方向之一，可靠性研究受到行业普遍重视。几年来，04国家重大专项相继立项机床可靠性研究课题，在吉林大学、重庆大学、清华大学、电子科技大学、北京机床研究所等科研院所相继成立可靠性研究团队，借助专项课题，与国内重点机床企业（北京北一机床股份有限公司、齐齐哈尔二机床（集团）有限责任公司、武汉重型机床集团有限公司、四川普什宁江机床有限公司等）联

合，投入大量人力物力，使可靠性理论研究和应用验证体系逐渐完善，更重要的是帮助主机厂企业实现机床可靠性的稳步提升。

四川普什宁江机床有限公司研发的 THM6363A 精密卧式加工中心，以精密、高效、可靠、环保、合理的价格和维护费用展示于机床市场。该加工中心采用 T 型整体床身设计：左右对称，结构热平衡；床身后部承载动柱式立柱的布置，呈阶梯状结构，与框架式立柱通过线性导轨连接，故工作台移向静止的主轴，能最大限度地保证主轴的刚性与零件加工的直线度。机床运动采用双驱技术，实现重心驱动，整机结构布置左右对称，热源左右对置热平衡，因此整机产生的热变形得到有效控制，确保高精度加工。需要特别指出的是，四川普什宁江机床有限公司是以生产柔性制造系统为特色的厂家， THM6363A 卧式加工中心是该公司 FMS 配线中用的最多产品，是可靠性、稳定性最好的单机，出厂精度保证 5 年。公司生产的加工中心单机的平均无故障时间超过 1 500h。THM6363A 卧式加工中心是经过 20 多年的技术沉淀而逐步完善的机床，该机床的所有部件除了刀库外购外，都是单元化的生产检验制造，外购刀库必须经过该厂的试验平台进行可靠性检测。

山东永华机械有限公司生产的 VB63F5 五轴联动立式加工中心两个回转轴为工作台回转式（摇篮式），A 轴双耳双直驱，摆角 ±135°，C 轴直驱连续分度，工作台规格 ϕ600mm。机床设计利用有限元法和多体动力学仿真技术，对结构进行力学建模，为每一处结构提供精确的分析数据。该机特色是与同规格类型的五轴机比较，C 轴工作台面低于 A 轴双耳轴线 100mm，工件安装后运动惯量比较小，又 A 轴双耳开档距离也比较大，可以放置更长的工件。由于该机所采取的一系列措施，其平均无故障时间在 2 000h 以上。

三、自动化、智能化搏击市场，参与竞争

机床产品向自动化、智能化发展，得益于国内需求结构快速变化，得益于人们对产品功能、品质提出更高的要求，对机械装备提出了多样性的要求。而随着数字控制技术和机械制造技术的结合，形成的先进制造技术已经达到很高的水平。渐成气候的 FMS 制造技术是由工业机器人演绎而来的。组线产品发展是以自动化技术与装备为支撑，更深一步是以人工智能作为自动化技术的高级形态，它往往伴随着与信息、网络的深度融合。“十二五”以来，在以国家重大专项支持、用户市场需求和企业转型升级等诸多因素驱动下，大连机床集团有限责任公司、四川普什宁江机床有限公司、北京北一机床股份有限公司、嘉泰数控科技股份公司、北京精雕科技集团有限公司等企业走在了国内机床企业的前列。

北京北一机床股份有限公司先后研制开发了发动机缸体缸盖柔性加工系统和汽车制动盘自动加工生产线，在用户成功应用。2016 年更是全力诠释了打造“数字化工厂”的理念与实力，共推出了两套柔性制造单元：一套是由 XHAE788 精密立式加工和抓取中心与 MXR-460V 立式加工中心组成的立式加工中心组，凭借机器人智能 AGV 小车自动巡航运输，完成机床与工装库、刀具库、工件库间的自动化智能交互；另一套是由 LBR-370 数控车床与北京第二机床厂有限公司生产的 B2-K1026 型随动式数控偏心轴磨床组成的 RV 减速器偏心轴试件加工机床组，通过机床与机器人对接，连贯完成偏心轴零件的自动转换工序和车、磨加工，实现由计算机控制的自动化生产。北京北一机床股份有限公司还利用 MES 管理技术将柔性制造单元、数控机床、机器人、AGV 小车均实现信息集成，同时通过网络实现机床加工、上下料及物料运输的自动化管理与调度。

由嘉泰数控科技股份公司自主研发制造的智能制造线示范工程已经投入生产半年多，在这条线上实现了全自动上下料、智能检测、数字化监控和数据上传云端，并在 3 家跨地域的企业共计 2 000 多台加工设备中实现了全部设备的远程智能监控、数据分析和品质管理，实现了上、下游从云端分享数据，并与其他城市的工业数据中心实现数据共享。

北京精雕科技集团有限公司面向铝合金小件加工领域推出了精雕 FMC 柔性加工单元，它由 2 台 JDVT600_A12S 机床和 1 台机器人共同组成，集自动上下料、产品自动识别、零点快换、在机测量等先进技术于一体，可实现多种目标产品的自动化加工，使用户更加灵活地配置生产设备，快速响应多种类、小批量、高质量的加工需求。其中，JDVT600_A12S 五轴雕刻中心配置精雕自主研发的 JD50 数控系统和接触式测头，通过在机测量技术，不仅可以实现产品的来料检测和自适应补偿功能，大大提高了产品的加工精度和优良率，而且具有防呆设计，有效管控企业的生产过程。该柔性制造单元通过对手机外壳、中框的加工过程展示对 3C 行业中有高光要求的五金件加工的适用性，高光产品的表面粗糙度达 0.02μm。

宁波海天精工股份有限公司推出的 HUP63e-FMS 柔性制造系统，由 1 台 VMU600 高速立式加工中心、2 台 TC200 盘式车床、XTH0151S-1L 桁架机械手、三层立体库、全新自主研发的伺服堆垛机以及信息处理和控制系统组成，主机数量与库位可以根据客户需求拓展。该柔性制造系统主要用于齿轮坯、制动盘、轮毂、法兰、端盖等盘式零件的加工。无论小批量还是大批量生产，其模块化的柔性生产单元和系统均可按特定的生产需求量身定制，实现少人化、无人化高效率生产。该产品获得“CCMT2016 春燕奖”。

四、国产五轴加工中心大量涌现，技术日趋成熟

五轴联动加工中心是一种科技含量高、精密度高、专门用于加工复杂曲面的机床，这种机床对一个国家的航空、航天、军事、科研、精密器械、高精医疗设备等行业有着

举足轻重的影响。五轴联动加工中心的发展方向是高速、高效、高可靠性、高精度、复合化、智能化和绿色化。

近年来，国内的五轴技术已经得到普遍应用，行业对五轴加工技术的研究已经有长足的进步，尤其对用户工艺的研究愈加贴近，对复杂曲面加工的原理逐渐深入理解，甚至许多公司推出了具有自主知识产权的五轴数控系统和五轴加工工艺软件，形成企业核心竞争力。如大连光洋科技集团有限公司自主研发的系统和五轴转台，济南二机床集团有限公司自主研发的五轴头，说明我国的企业已经从研发简单的三轴立式、卧式加工中心中脱离出来，并跨越到复杂五轴联动立式、卧式加工中心的研发和制造，标志着我国在机床设计和制造上迈进了一大步。

北京机电院机床有限公司是国内研发和生产五轴加工中心最早的企业之一。近年来，该公司先后推出XKH系列、XKR系列、BF系列等多个系列十余个品种的五轴联动加工中心。其中，XKH400A五轴联动叶片加工中心面向航空发动机叶片的高精高效加工，以其可靠的性能获得多个航空发动机生产企业的青睐，并得到了用户的高度认可，2016年成功纳入《军工领域国产高档数控机床供应目录（第一批）》，成为替代进口的典型高端产品。该公司2015年推出的新品BF160高速高精五轴叶片联动加工中心，是与意大利CB法拉利公司合作开发设计的全新结构产品，结构独特新颖，拥有良好的刚性，而且设计灵活，能够适用于汽轮机叶片、蒸汽机叶片和航空涡轮叶片等复杂零件的加工。该机床吸取了国内外叶片五轴机床的优点，其特点是旋转轴A、B均采用了力矩电动机驱动，实现高刚性和高动态特性；直线轴Y轴同步双驱，保证了机床刚性和动态特性；直线轴采用陶瓷珠的丝杠配置，解决了普通丝杠传动速度受限问题；配备专门用于叶片加工的高速电主轴，配置法拉利新型自主开发的伺服刀库。该机床主要参数：三轴（X、Y、Z轴）行程：1 915mm、450 mm、450mm，U轴行程：800 mm，A轴端面距顶尖最大距离：1 640mm，B轴摆角：±90°，A轴最大回转半径：245mm，主轴最高转速：16 000r/min，A轴最高转速：160r/min，B轴最高转速：40 r/min。定位精度：0.012mm/0.006 mm /0.006mm，重复定位精度：0.009mm/0.004 mm /0.004 mm。此类机床在叶片五轴加工专用后置处理软件方面有很多技术关键点。

上海拓璞数控科技有限公司在五轴联动加工技术方面很有特色，具有一定的代表性。该公司推出VMC-C20五轴联动教学机、VMC-C30H高速五轴联动加工中心、VMC-C50五轴联动加工中心、HMC80P卧立互换五轴联动加工中心，分别针对不同行业、不同零件的加工需求推出了专机和通用机床。其中，VMC-C30H高速五轴联动加工中心的工作台面直径为210mm。最大直径为65mm的铝合金叶轮，在VMC-C30H机床上加工，仅需8min即可完成，且叶片厚度公差为0.10mm。为追求高速、高效、高精度加工，该机床主机实现1g加速度；五轴采用全闭环控制；特别是精密转台，采用滚子包络蜗轮蜗杆传动，最高转速60r/min，有预压的滚子包络滚动传动，实现了无间隙的高速高精度回转；高性能主轴转速18 000r/min。采用有特色的高速高精度数控系统，实现刀具长度补偿，运动平稳。配备整套工艺与软件，特别是拓璞3项专利技术：轨迹优化减少刀具磨损、曲面直纹面拟合、五轴侧铣加工。这些特色成就了高质量叶轮的加工。

五、个性化、专用化占得先机，开拓市场

随着社会的发展和市场的变化，对机床产业的需求结构、产品的细分有了更多要求，机床产品具有更多个性化、专用化的特征。专用机床往往根据用户特殊加工需要，可在通用机床基础上进行结构改进或增加特殊工装，也可采用特殊结构的机床。例如，北京北一机床股份有限公司和广州市敏嘉制造技术有限公司均开发出针对弧面凸轮加工的专用铣削、磨削组合加工中心。面向航空航天领域，针对异形零件、特殊装配、高效加工等加工需求，近年来屡有专机问世。

浙江日发精密机械股份有限公司研制的BFMP2060 GM-5X蜂窝零件高速加工中心是一款龙门型五轴联动加工中心。作为世界上第一台使用磁场和摩擦吸附夹持技术的蜂窝加工中心（该技术被集成应用在机床上），其对蜂窝产品的加工，带来了革命性的变化。该机床采用工作台（2 000mm×4 000 mm）固定、高架桥上横梁移动的布局，具有承载能力大、机床占地面积小的特点。机床五轴（即X、Y、Z、A、C轴）运动也都由刀具运动完成。与其他结构比较，运动惯量较小，改善了机床动态性能，提高了加工速度。此外，机床三向运动承载，采用滚柱直线导轨，且X轴运动采用直线电动机双驱同步技术，故即便在大行程下，也能保持很好的动态响应特性，适宜高速加工。而Z轴丝杠设计在滑枕正后方，与主轴同一中心，A、C双摆联动头与电主轴安装在Z向导轨底部，达到重心驱动。

济南二机床集团有限公司的APM2040翻板卧式加工中心是针对大型铝合金结构件的高速高效加工特性而研制的一款特色机床。该机床的优点：工件处于水平状态时，装夹方便；工作台翻转90°后，变为卧式加工状态，落屑、排屑顺畅。这种结构可满足大型铝合金结构件加工工艺要求，有效降低切削热对加工零件精度的影响，延长刀具使用寿命，提高零件表面质量。该机床采用立柱移动式的主机结构布局，工作台固定，三向承载均采用直线滚柱导轨，带光栅尺控制。立柱左右移动构成X轴，采用齿条双电动机双齿轮消隙驱动；主轴箱沿立柱上下运动构成Y轴，采用双丝杠重心驱动，Y向配两套光栅尺；滑枕采用丝杠驱动沿Z轴前后移动。大型工作台结构设计，采用两对液压油缸实现90°翻转，到位后采用楔块定位、液压夹紧，并设有安全防松钩锁。

江苏新瑞重工科技有限公司针对3C行业开发出的

TC40A 立式加工中心，特别适用于 3C 产品的高效、精密加工，并且对产品的刀仪、油雾收集器、机床振动速度控制等均针对 3C 行业做了相应的调整和优化。公司研制的 V55 立式加工中心是针对中小型零件或模具行业生产的一款具有精密、高可靠性的产品，Ha63 卧式加工中心是针对大中型零件或模具行业生产的，XH2420 龙门加工中心应用于模具和大中型零件行业，产品质量符合国家与行业标准。为了适应细分市场特点，采用随动式长丝杠的辅助支撑、自制内外齿式联轴器等新技术，提高了产品精度和生产效率，得到了市场的认可，并取得了很好的经济效益。

沈阳机床股份有限公司航空航天事业部针对钛合金、有色金属行业研发出了 VMC u 系列立式五轴加工中心，具有高刚性、高精度、高效率的特点。尤其是配置 *A*、*B* 轴双摆角铣头后，可实现五轴联动，完成各种复杂平面、曲面零件的高效率、高质量加工。在加工过程中，可随时调整以避免刀具、工件的干涉，能一次装夹完成多种空间方向的加工，提高空间自由曲面的加工精度、质量和效率。床身、工作台为铸造结构，吸振性好，抗压强度高，刚性好。导轨采用镶钢导轨，镶钢导轨采用整体淬火，硬度为 60HRC，刚性强，移动平稳，精度高，并安装直线光栅尺，确保机床的定位精度和精度的稳定性。

六、增减材复合加工机床初露头角

复合机床作为个性化市场制造的需求，发展趋势方兴未艾，不断有新企业、新产品加入与推出，尤其是 3D 打印与铣削复合的机床，作为一种对传统制造技术的颠覆性创新，仍备受关注。相比传统金属切削机床的减材制造方式，3D 打印技术一经推出，得到极高的社会关注度。《中国制造 2025》中，3D 打印和高端数控机床被放在相当重要的位置，成为中国制造大主题中值得重点关注的又一子主题。

2015 年，国内企业首次推出了 3D 打印与铣削复合的增材减材复合加工的机床。该机床体现了铺粉激光烧结与喷粉激光熔融，是当前金属 3D 打印技术的两种工艺方式，引人注目。金属零件 3D 打印技术作为整个 3D 打印体系中最为前沿和最有潜力的技术，是先进制造技术的重要发展方向。开发高效率、高性价比、大范围和结合传统机加工方法的增减材复合设备，是未来金属 3D 打印的发展方向。

大连三垒机器股份有限公司生产的一款先进的 SVW80C-3D 五轴联动增减复合加工中心是将激光技术与公司研制的五轴高端机床相结合，首先通过激光发生器，按照设定的程序打印出客户所需要的零部件机构，然后自动切换到加工中心刀具头进行进一步的精细加工。增减材复合五轴数控机床实现了基于激光技术的金属 3D 增材制造与减材加工的同步进行。该设备属金属喷粉激光熔融与立式加工中心复合机床，主要技术参数：工件最大回转直径：1 000mm，工作台最大承载：850kg，主电动机最大功率：36kW，主轴最高转速：12 000r/min，*X*/*Y*/*Z* 轴行程：800mm/800mm/600mm，*X*/*Y*/*Z* 轴快速移动速度：48m/min，*A*/*C* 轴转动范围：±120° /360° 。配一个 2 kW 的光纤激光器进行激光堆焊，同时还能通过全功能的高速度、高精度的五轴联动铣削加工中心执行高精度的铣削加工，可打印工件尺寸 ϕ800mm×400m，适合中大型零件的直接净成形混合制造，可以任意角度倾斜打印，无须打印辅助支撑，从而节省时间和材料，有效地改善零件的表面质量，也可用于零件的修复再制造。

青海华鼎旗下的苏州江源精密机械有限公司推出的 XF1200 激光增减材五轴复合加工中心，是依托于上海市科技创新高端智能装备专项，与上海新立机器厂合作开展金属材料增材制造技术即所谓的 3D 打印技术、激光快速成形技术等关键技术攻关，研发的一款将五轴数控加工中心与激光增材成形设备高度集成的复合加工设备。该机床的激光熔覆喷头固定在外置的机械手刀座上，采用气动系统驱动，机床切削刀具内藏于床身内部。整个系统由程序控制，在进行增减材加工时，机床主轴送还切削刀具到指定位置，抓取由气缸驱动过来的熔覆喷头，同时系统获取感应信号将主轴旋转锁定，可进行三维增材加工。反之，由熔覆喷头切换到切削工具，在增材实体上根据需要进行减材切削加工。此设备可解决增材制造中表面粗糙度、物件最终精度等问题，也可实现边生长边加工零件成形的终极要求，彻底改变了传统金属零件，特别是高性能加工、构型复杂等金属零件的加工模式。

〔撰稿人：中国机床工具工业协会铣床分会闫磊、中国机床工具工业协会钻镗床分会李军〕

车　床

2015 年是“十二五”规划的收官之年，是全面深化改革的关键之年。对于机床工具行业来说，“十二五”是非常关键的五年，因为“十一五”期间经济的快速增长，导致机床行业的急速扩张，也埋下了产能过剩的隐患。可以说，“十二五”是增长速度换挡期、结构调整阵痛期和前期刺激政策的消化期。在这个时期，各企业通过结构调整和转型升级，推动了行业发展和技术进步，利用核心技术进行研发和产品创新，夯实了行业基础，为行业的可持续性发展奠定了稳定的基础。

一、车床行业总体情况

根据中国机床工具工业协会车床分会重点联系企业统计数据，2015 年，车床产量 8.1 万台，同比下降 17%，产值 140 亿元，同比下降 12%，平均单价 17.3 万元。其中，普及型数控车床产量 1.84 万台，同比下降 8%，产值 45 亿元，同比下降 18%，平均单价 24.5 万元；经济型数控车床产量 3.8 万台，同比下降 24%，产值 50 亿元，同比下降 15%，平均单价 13.2 万元。产量数控化率 67%，产值数控化率 78%，同比分别上升 2 个百分点和 4 个百分点。2015 年，统计库存少于 10 000 台，同比下降 25%；从业人数 4 万人，同比下降 12%。

2010 年，车床分会统计数据显示，车床产量 18 万台，产值 180 亿元，平均单价 10 万元；普及型数控车床产量 2 万台，产值 40 亿元，平均单价 20 万元；经济型数控车床产量 5 万台，产值 45 亿元，平均单价 9 万元。产量数控化率 41%，产值数控化率 57%，库存 1.8 万台，从业人数 4.5 万人。

从统计数据可以看出，“十二五”末期与“十一五”末期相比，虽然产量、产值大幅下降，但是各类产品的平均单价都在上升，数控化率也在提高，显示出各企业生产的产品档次在提升，说明车床行业较好地完成了“十二五”的预定目标，在转型升级和结构调整上取得了非常大的成绩，在技术方面取得了很大的进步。

二、产品进步情况

“十二五”期间，在整个市场明显萎缩的形势下，长期占据行业主导地位的老牌企业受冲击最大。与此同时，部分优秀的民营企业却在逆势上扬。综合来说，在市场萎缩、行业下行的压力下，在工业 4.0 的互联网、物联网时代下，在严峻的市场经济的竞争环境下，为实现“中国制造 2025”的目标，车床行业企业在夯实自身基础的同时，各自通过不同的方式，在改革的道路上不断推陈出新，也在不停地探索和进步着。

1. 转变经营模式，智能机床诞生，推动企业技术进步

“十二五”期间，随着互联网的高速发展和工业 4.0 时代的来临，作为机床工具行业的龙头企业，沈阳机床股份有限公司走上了以客户为中心、以市场为核心的转型之路，即从传统的生产制造商转型成为工业服务商，进行商业模式的创新，其代表产品为 i5 系列智能机床。几年来，公司的 i5 智能机床共推出了两大类、6 个系列的产品，两大类为 i5T 系列和 i5M 系列，细分为 i5T1、i5T3、i5T5、i5M1、i5M4、i5M8 等 6 个小系列。

i5T1 是搭载 i5 智能系统并以极简设计理念形成的一款全新智能车床，主要针对盘类零件及轴类零件的加工，涵盖轴承、齿轮毛坯、汽车零部件、传动轴等诸多产业，作为通用型的工具集，具有非常广泛的适用性。

i5T3 作为通用型智能车床，应用广泛，可根据行业加工典型零件优化加工路径，提高加工效率。基于零部件极简与数量极少原则全新打造，可用于行业模块扩展的机床平台架构、关键部件的国际战略合作，可极大地提升产品品质，性价比极佳。

i5T5 是以世界领先车床理念研发的世界品质机床，主要性能指标达到国际先进水平，具有超高的精度、稳定性，极致优化的主机结构，刚性高，扩展性强，可提供个性化重组单元。

i5M1 是针对消费电子行业开放的智能高速钻攻中心，主要用于加工手机、平板电脑等消费电子类产品的外壳、中框、按键等小型金属零部件。该系列机床结构紧凑，身材小巧，占用空间小，同时提升了加工效率和精度。

i5M4 智能立式加工中心主要应用于汽车、摩托车零部件及通用型零件的加工，性价比高，性能稳定。同时，机床标配智能误差补偿功能，精加工精确无比。

i5M8 智能多轴立式加工中心以门式结构为基本布局，五轴五面，建构 i-box 极简智造技术。针对不同加工需求，配置不同的技术模块，衍生出不同系列的机床。以多端变化，化繁为简，带来超强智能的制造力。

相较于以前的传统机床产品，i5 系列机床称为智能机床，其作为智能终端，依托于互联网，能够实现智能功能和在线服务，提高全社会的设备利用率。可以说，沈阳机床股份有限公司的 i5 模式并非单纯的、机床本身的技术进步，而是一种适应当前互联网时代的一种整体性的商业模式的创新。

2. 坚持高端引领，利用转型升级，推动企业技术进步

在车床行业中，以高速、高精、高效、自动化的“三高一化”助推发展，从而实现企业进步的，宝鸡机床集团可以说名列前茅。

面对“十二五”期间需求减少、产能过剩、成本上升、效益下滑的局面，宝鸡机床集团加快推进产品结构调整和生产工艺优化，不断攻克难关，从低端产品转向高端产品，从“千篇一律”的生产转向个性化的“私人定制”，从单机产品转向提供全程柔性服务，利用国家高档数控机床重大专项课题任务，研发了多台具有自主知识产权的精密数控机床，其性能指标和技术水平达到国内领先、国际先进水平。

宝鸡机床集团自主研发的 2MK2218 数控珩磨机，主要用于发动机缸体、缸套等零件精密孔的珩磨加工，打破了国外公司的垄断，自投入市场以来深受用户欢迎。另外，TECH-HVG5 钻削加工中心、CX25Y 数控车铣中心、CK30F 高速超精密数控排刀车床等，以其高速、高精、高效，受到众多国内外客商的青睐。

我国的科技重大专项中，宝鸡机床集团负责的项目 CK7516GS 高速数控车床和 CH7516GS 高速车削中心获得验收通过，标志着宝鸡机床集团在技术上又向前迈进了一大步。

CK7516GS 高速数控车床主要技术参数：最大回转直径：400mm，车削直径：280mm，车削长度：420mm，行程（X/Z）：165mm/460mm，快速移动速度（X/Z）：（42m/min）/（42m/min），卡盘尺寸：ϕ175mm，主轴转速：

60 ～ 8 000r/min，主电动机功率：15kW，刀架刀位数：12，定位精度：0.014mm（GB/T 16462.4—2007），重复定位精度：0.004mm。

CH7516GS 高速车削中心主要技术参数：最大回转直径：400mm，车削直径：280mm，车削长度：370mm，行程（*X/Z*）：165mm/410mm，快速移动速度（*X/Z*）：（42 m/min）/（42m/min），卡盘尺寸：ϕ175mm，主轴转速：60 ～ 8 000r/min，主电动机功率：15kW，刀架刀位数 / 可带动力刀具：12/6，动力刀具电动机功率：4.1 kW，动力刀具速度：6 000r/min，定位精度：0.014mm（GB/T 16462.4—2007），重复定位精度：0.004mm。

这两款产品适用于汽车、航空等领域，能够进行高速、高效加工，在国内和国际同类产品中，技术水平较高，具有较强的竞争力。

3. 立足自身优势，发挥自身特长，推动企业技术进步

在市场经济的形势下，车床行业很多老牌企业充分利用品牌优势，利用自身特点和优点，在逆境中不断创新、前进，其中最具代表性的企业就是天水星火机床有限责任公司。

天水星火机床有限责任公司是国家布局定点西北的专业生产大型卧式回转车床的摇篮企业，已有 40 多年的经营历史。当前已发展成为我国生产大型回转类机床的重点骨干企业，是我国大型数控车床、精密轧辊磨床主导生产企业，是国家自动低压铸造机工业性试验基地。在“十二五”期间，公司立足自身优势，研发了多款重大型机床，在企业技术进步的同时，开拓了新的市场，其中，最具代表性的产品就是 CK6163/3000mm 数控卧式车床和 CXH61160/6000mm 车削中心。

CK6163/3000mm 数控卧式车床是天水星火机床有限责任公司最新设计研发的智能化数控加工设备。通过数控编程，能够自动完成内圆柱面、内圆锥面、台阶的粗、精车削加工以及各种形式内螺纹、锥形螺纹、多头螺纹，公英制螺纹的粗、精加工。相比以往同类产品，CK6163/3000mm 从产品的布局、结构、参数、细节这四方面都进行了创新与调整。其最显著的特点：

（1）主传动采用分离式传动，用主电动机直接驱动双速减速机，经同步带轮直接驱动主轴旋转，大大简化了主轴的传动方式。

（2）全新的床身结构，床身采用前、后排屑方式，增加辅助导轨及其全防护辅助设计；维修非常方便，只需维修减速机与主轴箱。

（3）横向丝杠采用单支撑设计，安装、调试方便；

（4）床身上增加辅助导轨，便于重型工件切削，增加机床稳定性和可靠性，降低机床成本，更加具有市场竞争力。

该机床主要技术参数：床身上回转直径：650mm，车削直径：340mm，车削长度：3 000mm，行程（*X/Z*）：400mm/3 000mm，主轴通孔直径：85mm，卡盘尺寸：ϕ325mm，快速移动速度（*X/Z*）：（4 000mm/min）/（6 000mm/min），主电动机功率：15kW，主轴转速：5 ～ 1 000r/min，刀位数量：4，加工精度：IT6，定位精度（*X/Z*）：0.01mm/0.02mm，重复定位精度（*X/Z*）：0.008mm/0.015mm。

CXH61160/6000mm 车削中心是天水星火机床有限责任公司根据石油钻井行业的特殊需求而研发的一款新的专用机床，适用于各种轴类、盘类、壳体类零件的外圆、外圆曲面、内孔、端面、直面、深孔及螺纹加工等。其最显著的特点：

（1）克服了现有机床中 *C* 轴结构刚度不足的缺陷，提高机床的内在品质，并使 *C* 轴传动结构更加简单、实用，又不降低主轴传动的性能。*C* 轴是通过蜗杆轴上的伺服电动机通过联轴器直接驱动，并采用进口英国 RENOLD 公司高精度双导程蜗轮 - 蜗杆传动，有效消除了大转矩拖动间隙问题，并且主轴传动与 *C* 轴传动采用液压控制端齿盘，使主传动与 *C* 轴进给达到平滑接合和脱开技术。

（2）在以往机床的基础上首次实现了刚性攻丝功能，配置了液压卧式八工位动力刀架，动力头由 SIEMENS1 PH7133 伺服电动机提供动力。

（3）采用世界知名品牌 VDI 刀塔，实现多刀具工件加工，缩短换刀时间，提高加工效率。

（4）*C* 轴驱动和主轴驱动采用一体化电主轴结构，采用具有自主知识产权的 *C* 轴柔性阻尼专利技术，实现 *C* 轴的高稳定性。

（5）具有车削、铣削、镗孔、钻孔、攻丝等功能，车铣复合加工软件满足复杂高精度零件的加工要求。

该机床主要技术参数：床身上最大回转直径：1 600mm，滑板上最大回转直径：1 250mm，最大切削外圆直径：1 000mm，最大孔加工直径：860mm，顶尖间最大工件长度：6 000mm，顶尖间最大工作重量：12 000kg，床身宽度：1 100mm，单动卡盘直径：1 250mm，主轴通孔直径：100mm，主轴转速（四挡自动无级变速）：2 ～ 200r/min，刀盘尺寸：ϕ520mm，刀具定位孔直径：85mm，动力头最大钻孔直径：55mm，动力头最大铣槽宽度：54mm，*Y* 轴行程：100mm，*X* 轴行程：870mm，*Z* 轴行程：5 700mm，尾座套筒直径：240mm。

这两款机床充分体现出了天水星火机床有限责任公司的特色，说明了该企业在自身的优势领域内，即大型、重型机床方面的技术在不断发展进步。

4. 找准市场，通用机床专用化，推动企业技术进步

在很多情况下，通用机床能够满足机床用户的加工需求，但是生产效率不如专用的机床。那么，将通用类机床进行一定的改进和升级，使其更加契合用户，就成了市场的一个切入点。在车床行业中，实现“通用机床专用化”的代表企业就是山东普鲁特机床有限公司。

山东普鲁特机床有限公司成立于2008年，位于山东省滕州市，是集产品设计、研发、制造与销售于一体的高新技术企业。该公司主要生产经营数控车床、龙门铣床、龙门加工中心、卧式加工中心、立式加工中心、雕铣机等十几个系列产品。该公司利用三维CAD先进手段对零部件进行有限元分析，使机床结构更为合理，对设计结果进行运动仿真，分析预期结果，缩短产品开发制造周期，提高资源利用率。ERP信息管理软件的实施，使公司管理日趋规范化、网络化、精致化。公司秉承“用户至上，锐意进取”的经营理念，坚持“不断创新，客户满意”的质量方针，为广大客户提供优质的服务。

山东普鲁特机床有限公司自成立以来，致力于用户工艺研究，对市场原有机床仔细考察并进行改进，形成一系列的通用类专用机床，使得产品更加适用于用户，其最具代表性的产品有CK6150硬轨数控车床和TCK6336线轨数控车床。

CK6150硬轨数控车床是山东普鲁特机床有限公司主要的出口产品。该机床与传统的通用类机床相比，采用整体床身、导轨加宽的结构，使得整机结构紧凑、外形美观宜人，主轴大转矩、高刚性，性能稳定可靠，具有优良的精度保持性。该机床主要技术参数：床身上最大回转直径：500mm，滑板上最大切削直径：250mm，最大工件长度：850mm，主轴通孔直径：82mm，主轴转速：50～1 800r/min，卡盘直径：250mm，最大快速移动速度（*X*/*Z*）：（8m/min）/（10m/min）。

TCK6336线轨数控车床采用高刚性整体床身、高精密主轴单元和台湾线轨。与同类机床相比，移动速度更快，稳定性更好，可靠性更高。该机床适用于汽车、摩托车、电子、航天、军工、石油等行业，用于回转零件的圆锥面、圆弧面、端面及各种公英制螺纹等批量生产，实现高效、高精的自动加工。该机床主要技术参数：床身上最大回转直径：390mm，滑板上最大切削直径：130mm，最大工件长度：200mm，主轴通孔直径：48mm，主轴最高转速：3 500r/min，最大快速移动速度（*X*/*Z*）：（20m/min）/（20m/min）。

5. 专注于小型、专用、精密机床，推动企业技术进步

关于行业的发展趋势，很多人都会说“专、精、特”是必然趋势，很多企业也在这方面有所建树。在车床行业中，宝鸡西力精密机械有限公司就是一个专注于小型、专用、精密机床的企业，并将其真正做强。

宝鸡西力精密机械有限公司成立于2004年，地处宝鸡市高新技术产业开发区，是陕西省高新技术企业。公司主要从事中/小型精密数控车床、小型精密排刀车床、精密纵切机床、专用机床的研发、生产、销售及技术支持、培训等，产品多用于出口。公司最主要的产品是XKC-20F系列和XKC-20H系列精密数控车床。公司的产品以其高精度、高转速、高刚性和高可靠性的特点，在国内市场占据技术和性能领先地位。产品主要用于核工业、航空、航天、仪器仪表、医疗器械、气动工程、特种电机、通信、电子、制冷、汽车、摩托车、钟表业中的小型精密零件加工，例如，航空航天行业的标准件、电子行业中的光纤连接器、医疗器械行业中的骨钉、钟表行业中的表针等。机床的主要性能指标已达到或超过国外同类数控机床的水平。公司的XKC品牌在国际市场中的小型、精密设备领域拥有非常强的竞争力。

车床行业中的其他企业，如安阳鑫盛机床股份有限公司、浙江凯达机床股份有限公司、山东鲁南机床有限公司、苏州迈星机床有限公司、滨州博海精工机械有限公司等多家老牌企业和新兴企业，面对复杂多变的市场环境，立足于企业自身优势和特点，在企业转型升级、产品改进研发、市场布局推广等方面也都有不俗的表现，利用企业的技术进步，推动着行业的发展。

〔撰稿人：中国机床工具工业协会车床分会陈洪军〕

磨　床

“十二五”期间，磨床行业和机床工具行业市场的总体情况一样，在下行通道中前进了五年，进入新常态阶段。在外部经济环境和机床消费市场形势愈加严峻的背景下，行业企业努力在新环境下探索转型发展的新格局。磨床作为金属切削机床中的末端精加工机床，具有多品种、小批量的产业特点以及高精、高效加工的特点。结合磨床行业企业2015年的发展来看，其技术进步主要体现在企业积极开展产品结构调整，重点针对细分市场及用户行业工艺有针对性地研制新产品，在外圆（含端面外圆）磨床、随动（切点跟踪）磨床、工具磨床、轴承专用磨床、内圆磨床、研磨机、数控复合磨床及专用磨床等产品上取得了一些成果。

一、外圆（含端面外圆）磨床

数控外圆磨床已非传统概念中的外圆磨床，而是行业企业针对细分市场有针对性地研制的外圆类、针对用户特定工艺配置的专机类产品。

上海机床厂有限公司开发的高效磨削智能加工单元以MK1620为基础，将高精度数控磨床、自主研发设计的轴类零件测量仪、自动上下料机械手进行了智能化的系统集成，形成一套新型智能化生产线用的轴类零件磨削加工检测一体化单元，从不同方面彰显了磨削发展的新动向。

济南四机数控机床有限公司开发的J4K-073全自动数

控油针尾杆专用磨床，主要适用于军工、航天航空、量具、油嘴油泵等小型精密零件的加工领域。该机床配置机械手实现自动上下料，其主要特点有：采用进口五轴数控系统，内装 PLC 液晶显示。砂轮架进给和工作台移动均采用交流伺服电动机通过滚珠丝杠驱动，砂轮架进给均采用进口直线导轨，工作台采用液压油强制润滑平 -V 导轨，保证进给精确、灵敏。机床采用桁架式机械手为机床上下料，实现工件的全自动磨削。

二、随动（切点跟踪）磨床

随着工业化和信息化相融合的发展，我国汽车、能源、船舶、航空航天等行业对机械零件的加工精度要求越来越高，对专用高档数控磨床的需求日益提高。一批制作精良、专用性强的针对凸轮轴、凹面的随动高精度偏心轴磨床，在机床磨削性能、精度、智能化方面都有大幅提高。

北京第二机床厂有限公司研发的 B2-K1026 磨床是集复合加工技术、数控多轴联动控制技术以及精密磨削技术于一体的专用设备，能在一次装夹工件的情况下，完成轴承挡和偏心挡的自动循环磨削，主要用于 RV 减速器的精密偏心轴零件大批量加工。该机床采用工作台固定、砂轮架后移动的形式，更节省空间。机床采用随动式（切点跟踪）磨削技术，对比传统采用偏心夹具的磨削方式，其加工柔性化好、调整简单，又提高了加工精度和工作效率。

上海机床厂有限公司开发的 H367 数控随动高精度偏心轴磨床，与北京第二机床厂有限公司的 B2-K1026 磨床有异曲同工之妙。通过砂轮架（*X* 轴）与工件回转轴（*C* 轴）进行数控联动的全闭环控制，可以实现一次装夹，完成对偏心径和主轴径的一次性磨削。机床最大磨削直径为 200mm，磨削线速度为 80m/s，头架转速为 0 ～ 200 r/min，圆度为 0.001mm（非偏心圆挡）、0.002mm（偏心圆挡），直径纵截面一致性（偏心圆挡）为 ±0.002mm，偏心距误差为 ±0.002mm，表面粗糙度为 0.32 μm。

这些研发成果充分体现了国产磨床制造企业在自主创新、开发新品方面的实力，同时代表了国内高精度随动偏心轴磨床的先进水平和领先地位。

三、工具磨床

工具磨床品种规格居多，其中在四轴、五轴的数控专用工具磨床上取得了进展。

台州北平机床有限公司推出的 BPX5 型五轴数控工具磨床是基于同一个结构平台，为不同使用功能而开发的经济、高效、高精度、高数字化的工具磨床。该机床使用自主研发的刀具磨削软件，无论是简单的普通刀或复杂的成形刀、不规则刀，都可以使用软件编辑磨削出来，达到了较高的智能化水平。且 BPX5 型五轴数控工具磨床还可以配备机械臂，适用于磨削医疗刀具、铣刀、铰刀、钻头、阶梯钻头、成形木工刀等各种非标成形刀具自动高效磨削。

武汉机床厂的五轴数控工具磨床具有极大的柔性，可以用来加工立铣刀、球头铣刀、丝锥、阶梯钻、铰刀、成形铣刀、深孔钻、旋转锉、插齿刀及各种刀片。标准型机床可以灵活应用 MTS 软件，可供 3D 模拟软件。该机床配备了一个移动式工件头架，用于磨削加长工件。此外，还配备了工件和砂轮自动测量系统；可选配备工业机器人，可以迅速灵活地完成自动上下料，提高了加工效率。

近年来，我国不少数控工具磨床产品的技术性能指标已接近或达到国际先进水平，而且在机床宜人性设计方面也有了长足的进步。

四、轴承专用磨床

新乡日升数控轴承装备股份有限公司研制的直径 1 000mm 的双端面研磨机，采用机床特有偏心研磨机构和该公司自己的技术和工艺，为欧洲客户生产内径 850mm 特别要求的高精度推力滚子轴承。该机床满足了客户对轴承座圈、轴圈的两个端面精度、表面粗糙度一样的要求，当轴承长期运转，座圈、轴圈工作面的精度丧失后，转换座圈、轴圈的另一面后即可恢复轴承出厂精度，一套轴承当两套使用。

五、内圆磨床

无锡机床股份有限公司推出的 MK2110 数控内圆磨床针对内孔磨削中一个重要产品领域齿轮零件的内孔磨削加工，有针对性地采用了内置机器人式自动上下料结构。齿轮零件不同于其他圆柱形零件，由于加工后的齿轮内孔对齿轮节圆有同轴度要求，所以机床的夹具必须夹持齿轮节圆而不是外圆，齿轮在装夹前必须有确定的角度定位且唯一。每次机器人将传送带上的齿轮送到夹具中心的路线要一致，并且床头箱由伺服控制确保节圆夹具上的节圆柱每次停在相同的位置上，在自动上下料过程中，为确保工件正确可靠定位，还要增加气检装置，这样才能确保齿轮能正确夹持而不发生碰撞。

六、研磨机

宇环数控机床股份有限公司研制的高精度立式双面研磨（抛光）机床，是针对蓝宝石等硬脆材料的研磨抛光要求而设计的硬脆材料磨削减薄、抛光解决方案。经过多年对双端面磨床的金刚石砂轮和磨削垫、双面磨削玻璃工艺参数等的研究，研发的双面磨削薄片玻璃（0.8mm）设备，磨削 0.8mm K9 玻璃，一次磨削余量为 0.24mm，班产量为 10 000 片，合格率为 98.5%。通过 100 多台机床在客户现场使用验证，达到国际先进水平，关键技术指标处于国际领先水平。

七、数控复合磨床

无锡明鑫机床有限公司开发的 MX-1000 立式数控磨床，采用单磨架结构，磨架上配备了德国 PEISELER 的数控转塔，可实现磨架 ±40° 回转，磨架可自动回转、自动压紧，回转工作台采用带反馈的闭式静压轴承，静压工作台的径向、轴向圆跳动＜ 0.001mm，回转工作台由西门子力矩电动机驱动，并由海德汉角度编码器实现闭环控制，从而完成工件的非圆、分段圆弧面、坐标孔、椭圆等异形曲线的磨削。进给及往复导轨采用高精度、高抗振性的滚柱导轨，并且可选配减振阻尼装置，有效地减少了磨削振纹。机床配有6个工位的砂轮库，再配以可自动换砂轮的进口电主轴，这样对于不同的磨削面可以采用合适的砂轮进行磨削，大大提高了效率。

北京广宇大成数控机床有限公司研制的MGK2860高精度数控立式万能磨床，虽然机床规格相对较小，但是采用了双磨架，布置两个立式内圆砂轮轴，一次装夹实现内外圆表面、内外台阶面等精密加工，内圆砂轮轴为动静压主轴，主轴径向、轴向圆跳动＜0.001mm。回转工作台也采用动静压结构，主轴径向、轴向圆跳动＜0.001mm，因此可以保证高精度的磨削加工。并且主轴的回转是通过直驱式大功率力矩电动机驱动，再配以海德汉的精密圆光栅实行角度闭环控制，使得非圆异形零件可以磨削。

八、专用磨床

杭州杭机股份有限公司研制的叶片榫齿数控强力成形磨床，采用立柱中腰移动式布局，成形砂轮、缓进给强力磨削技术，可由毛坯直接磨削成形，工艺先进，成形精度高，生产效率高，自动化程度高。该机床主要用于军工行业磨削航空发动机和汽轮机叶片榫齿，也可用于汽车、机车、液压件、模具等行业机车连杆和柴油机气门摇臂接合齿、汽车转向泵、液压泵和压缩机转子槽、齿条、摆线轮、花键轴及其拉刀、推剪刀片、卡盘卡爪、鼠牙盘、游标卡尺、搓丝板、直线导轨等型面的加工。

威海华东数控股份有限公司开发的SG4080NC2数控平磨磨床，可磨削钢、铸铁、有色金属等材料制成的工件，也可用于陶瓷、玻璃、石材等非金属材料的加工。机床磨头主轴选用精密角接触滚动轴承，采用高刚性主轴套筒结构，回转精度高，使用维修方便；机床采用十字拖板布局形式；机床防护采用全封闭护罩。机床左右为液压驱动，上下、前后轴进给采用精密滚珠丝杠，交流伺服电动机与数控系统控制，也可使用电子手轮手动操作；进刀灵敏度高，可实现平面、成形面（两轴联动可实现异形砂轮修整，从而实现成形面磨削）以及不等距、不等深、不等宽沟槽或阶梯自动研磨，操作方便且效率高。

桂林桂北机器有限责任公司研发的MMK7163×12/L数控立柱移动平面磨床，采用立柱移动式结构，前后运行平稳；磨头主轴采用动静压主轴，轴承刚性好，回转精度高；采用西门子808D数控系统，实现横向和垂直轴自动进给控制，对当前坐标、磨削过程和故障报警等工艺状态进行监视；机床横向和垂直采用两轴联动控制，可实现自动磨削循环，也可使用电子手轮手动操作；工作台纵向移动由外置液压站驱动，工作台导轨粘贴四氟乙烯导轨软带，耐磨性好。该机床最大磨削尺寸（长×宽×高）为1 250mm×630mm×500mm，磨头主轴中心到台面的距离为700mm，工作台纵向移动速度（液压）为3～25m/min，横向移动距离和最小进给量分别为650mm、0.01mm，垂直移动距离和最小进给量分别为500mm、0.002mm，表面粗糙度≤0.16μm。

陕西汉江机床有限公司研发的2MK7130数控周边磨床，优化了机床功能，以高精度和较为经济的价格推向用户。该机床主要用于磨削典型可转位刀片周边曲线的精密加工，可磨削三角形、四方形、正方形、长菱形、多边形及圆形等符合国家标准GB/T 2078—2007《带圆角圆孔硬质合金可转位刀片》、GB/T 2079—2007《无孔硬质合金可转位刀片》、GB/T 2080—2007《带圆角沉孔硬质合金可转位刀片》规定的硬质合金可转位刀片，也可用于磨削陶瓷可转位刀片及形状复杂的非标准刀片的周边磨削加工。非标刀片周边磨削时，可根据需要配备特殊夹具。

〔撰稿人：中国机床工具工业协会磨床分会王宇〕

齿轮加工机床

齿轮加工机床是机床行业中结构最复杂、制造难度最大的产品之一，也是装备制造业中的重要基础装备。国内齿轮加工机床制造商为满足齿轮加工行业的需要，不断开发技术先进、性能可靠的新产品，缩短了与世界先进水平间的差距，个别产品在技术上已达到国际先进水平，基本满足了国内大多数齿轮加工企业的要求。齿轮加工机床主要有滚齿机、插齿机、铣齿机、磨齿机、剃齿机，其主要技术进步与发展表现在以下几个方面。

1.高速、高效加工

秦川机床工具集团研制的YKS7225数控蜗杆砂轮磨齿机，是具有自主知识产权的新一代双工位数控蜗杆砂轮磨齿机，采用连续展成法磨削原理，可实现工件自动装夹、自动对刀、自动磨削及自动修整、补偿过程的全自动大循环控制，适用于汽车、减速器等行业中大批量渐开线圆柱齿轮的精密高效磨削。机床磨削工件最大直径260mm，模数1～4mm，磨削精度稳定在GB 10095.1（2）—2001标准4级，砂轮磨削线速度最高达80m/s，工件主轴的转速高达1 700r/min。机床集成了双工件主轴技术、自动上下料技术、多头蜗杆砂轮修整与磨削技术、高速磨削技术和自动对刀技术等，其磨削效率、加工精度和稳定性接近国际先进水平，可在1min内完成汽车齿轮零件的精密磨削，满足了航空航天、汽车、减速器、军工等重点领域对高效精密磨齿装备的需求。机床采用双工件主轴结构，工件架可旋转，工件架上有3个工位，其中，0°和180°位置为两个工件主轴，90° 位置为数控修整装置。采用这种结构布局，一方面可减少辅助时间，大幅提高加工效率，在 0° 位置磨削时，180° 位置开始装夹工件并进行对刀。另外，采用数控修整装置自动借正压力角，解决了手动借正压力角的准确性问题，并减轻了工人的劳动强度，同时提高了机床的自动化程度。YKS7225 磨齿机的砂轮主轴最高线速度达 80m/s，利用多头蜗杆砂轮和连续位移磨削功能，加上秦川机床多年来在磨削方面的工艺积淀，可实现工件大进给量高速磨削，成倍提高磨削效率。

天津第一机床厂研制的 YKH5132 数控插齿机，最大加工直径为 320mm（外齿），最大模数为 10mm，刀架整体垂直移动距离为 260mm，可一次装卡加工出内、外均有齿的零件，提高了加工精度和效率，还可节省接刀套及夹具的套数，特别适合深孔内齿及多联轴齿轮的加工。

南京第二机床厂有限公司研制的 YW7232CNC 系列精密高效磨齿机，采用移位磨削（一种蠕动进给磨削技术）方法，砂轮主轴最高转速达到 7 000r/min，磨削速度可达 63m/s。修整滚轮转速达到 3 000 ～ 6 000r/min，可以实现高速高效磨削，生产效率大幅提高。

南京工大数控科技有限公司研究了铣齿断续切屑生成机理，采用多体动力学优化、轴向闭式静压恒流技术、径向主动阻尼技术、力矩均衡和主动消隙传动机构、滚滑复合导轨结构等多项集成技术，开发了铣内外齿复合加工软件、误差补偿软件，解决了强力铣齿的颤振问题，并完成工艺参数优化及整机动态性能实验，在加工工艺上实现了创新，并形成了专利群；开发了成套加工及控制软件，满足大模数、大直径软齿面和中硬齿面一次成形铣齿和展成滚齿、淬硬齿轮的高效成形铣削要求，切削效率提高 3 ～ 6 倍。

2. 自动化水平

重庆机床集团研制的 YDZ3126CNC、YDE3120CNC 数控干切滚齿机，机床各运动轴均由独立交流伺服电动机或内置电动机驱动，用“电子齿轮箱”实现分度运动、差动补偿来完成用展成法加工各种齿类零件。对模数 4mm 以内的齿轮能够一次走刀加工，其加工齿轮精度能稳定达到 GB/T 10095.1—2008 的 6 级。与传统的数控滚齿机相比，传动链更短、传动误差更小、切削速度更快，因此具有更高的加工精度和更快的加工效率。可以配置自动上下料和料仓机构，或进行自动联线，实现工件的自动连续加工，适合摩托车、汽车行业变速箱齿轮的批量加工。

重庆机床集团研制的 YW7232CNC 系列精密高效万能磨齿机，主要应用于航空航天、汽车、机器人等领域中等模数及中小模数齿轮精密磨削加工。对齿轮按展成法原理加工，可实现圆柱直齿轮、斜齿轮（轴齿轮、盘齿轮）、扇形齿及各种齿形修形、齿向修形齿轮等齿类零件加工，精加工精度可达 GB/T 10095.1—2008 的 2 ～ 4 级。通过控制系统的多通道控制平台，可实现工件自动装夹、自动砂轮修整、高速自动对刀、AE 自动磨削工艺监控、自动分配磨削余量、自动磨削等整个加工过程的全自动控制。

秦川机床工具集团研制的 YKS7225 数控蜗杆砂轮磨齿机，利用非接触式电感式传感器来实现自动对刀，当工件的一个齿进入到传感器的感应面时，感应面的磁场就会被减弱，磁场的变化被传感器内置的电子装置处理并转换成开关信号，利用该信号就可以计算出齿槽的位置，从而实现工件的自动对刀。另外，还实现了压力角自动借正技术，由伺服电动机经过一级谐波减速器驱动金刚滚轮来实现，不仅压力角借正准确，而且减轻了工人的劳动强度，提高了机床的自动化程度。此外，该机床还可以配置自动上下料、机械手，来提高机床的自动化程度。

3. 直驱技术的应用

为了实现齿轮加工的高速和高效，减少运动环节，提高加工精度，企业开始在齿轮加工机床上应用直接驱动技术。

秦川机床工具集团研制的 YKS7225 数控蜗杆砂轮磨齿机，主轴电动机应用了直接驱动技术，减少了误差来源，有利于提高主轴的驱动刚度和动态响应速度，提高机床的磨削精度和稳定性。

重庆机床集团研制的 YDZ3126CNC、YDE3120CNC 数控干切滚齿机，*B* 轴采用内置电动机、*C* 轴采用内置力矩电动机驱动。YW7232CNC 系列精密高效万能磨齿机的砂轮主轴采用电主轴直驱，砂轮主轴转速可达 10 000r/min，工件主轴采用内装主轴电动机定子、转子直驱。YDZ3126CNC-CDR 数控复合干切滚齿机的高速滚刀箱和工作台应用直驱技术，可使用更先进的滚刀。

4. 节能、环保技术

着重研究了高速干切工艺等核心技术。重庆机床集团研制的 YDZ3126CNC、YDE3120CNC 数控干切滚齿机，不使用切削油进行加工，杜绝切削油雾及滴漏废油导致车间环境污染和危害操作者的健康。可减少切削油及切削油附加装置的费用，约占加工成本的 20% 左右。该系列机床代表世界制造业环保、自动化、柔性化、高速、高效的发展趋势，体现了以人为本、绿色制造的设计理念。

南京第二机床厂有限公司研制的 AN4232CNC 型数控剃齿机，床身和立柱为整体设计，增加整体刚性，刀具主轴采用高精度、高刚性滚动轴承，无辅助支架，主轴刚性好，回转精度高，装拆剃齿刀方便，改进了传统的主运动传动链，提高了传动刚性，运转噪声明显降低。

5. 齿轮加工成套工艺解决方案

重庆机床集团研制的 YDZ3126CNC-CDR 数控复合干切滚齿机，在一台机床上可完成齿轮的滚齿 - 倒棱 - 去毛刺加工，适合摩托车、汽车行业的变速器齿轮的批量加工，以及配置自动上下料和料仓机构或进行自动联线，实现工件的自动连续加工。

重庆机床集团开发的智能化齿轮加工自动生产线得到

产业化推广应用，且整体技术水平达到国际先进水平，填补了国内空白。通过用户实际使用，与传统生产模式相比，智能化自动线生产模式可有效减少人数，降低成本，提高生产和管理效率，便于实施精益生产。同时，可减少人为因素的影响，保证了齿轮加工精度与质量的稳定性。齿轮加工自动生产线可根据用户工件工艺路线（精车－滚齿－倒棱－剃齿等），选取主机、物流系统、料仓、工装夹具等组成模块，为用户提供齿轮加工成套工艺解决方案，构成贴合用户要求的齿轮加工自动线。在控制技术方面更加智能化、人性化，更注重操作体验（操作一个操作盒便可启动整条线设备，同时具备高度人性化人机界面，仅需主界面输入工件参数，自动线上所有设备均可自动生成加工程序），更多融入工业 4.0 概念；可快速换型（包括各种快换夹具、机械手手指、工件托盘、料仓、送料机构等），无须工人花费大量时间对工件进行装夹与送料调整；自动生产线上各种工装夹具的装夹到位检测技术，将从定期人工检测逐步转向在线智能检测；自动生产线上配备齿轮工件表面切削液清理与回收装置，使得湿切机床齿轮工件加工完成后均可自动进行切削液清理与回收；集成与优化了自动生产线上各种工装夹具的安装细节，为工装夹具安装的可靠性与稳定性提供了保障措施。

〔撰稿人：中国机床工具工业协会齿轮机床分会刘欢〕

重型机床

重型机床行业经过近几年的技术创新与发展，新产品和新技术得到了较快发展。行业内企业以用户为中心，以市场为导向，以致力于为重点行业领域客户提供所需的高端装备和提升为用户提供全面解决方案的能力为切入点，新产品和创新技术向高端化、定制化、差异化方向发展，向超大重型、高速、高精、复合化、智能化、环保方向发展。重型机床行业企业已从过去单纯提供主机产品转向提供产品与服务，做好用户工艺师，致力于提升为用户提供全面解决方案的能力。在中低端重型机床的国内市场需求大幅萎缩和高端机床的需求较大幅度上升的情况下，对于重型机床行业和企业来说，调整产品结构、转型升级已是迫在眉睫。行业内各主要企业充分认识到，必须以企业为主体，发挥企业在研发、人才、资金方面的优势，瞄准国际一流企业的高端产品和技术发展趋势，紧密结合我国重点行业发展领域的市场需求和发展规划，积极主动开展技术创新，以创新驱动满足用户对高端装备的个性化需求，实现定制化，走“专、精、特”差异化的发展道路。同时，加强新产品研发、先进制造工艺控制技术应用与用户市场的有机融合，加快并注重科研成果向生产力的转化与实效。通过近几年的努力，重型机床行业的典型产品在产品的品质、精度、高速、复合化、可靠性以及专利、新技术的推广与应用等方面均取得了长足进步，攻克并掌握了一批关键核心技术和基础共性技术，推出了一批高端产品，打破了西方发达国家对我国重大技术装备长期的技术封锁和垄断，填补了国内空白，实现了替代进口。

一、极限制造取得重大突破

随着国家重点发展行业领域的不断升级，加工零部件的规格快速扩大，要求数控重型机床的规格增大并趋于极限，同时要求机床操作智能化、执行精密化、高精高速和功能复合化。当前，国内重型机床在产品规格上已达到了世界领先水平，重型机床产品的最大加工直径超过了国外制造水平，超重型数控机床研发取得了实质性的重大突破。

武汉重型机床集团有限公司生产的数控单柱移动立式车、铣、镗、磨复合加工机床，最大加工直径为 28m，加工高度达 13m，承重为 800t，可加工完成一般重型机床无法加工的零件 —— 百万千瓦级压水堆核电核反应堆压力壳（核电关键零件）。该机床还可满足我国重点行业其他超大、超高回转类关键零件的车、铣、镗、磨复合加工要求，如，百万千瓦级压水堆核电的堆心吊篮、蒸汽发生器、水轮机转轮体及超大吨位全旋转起重船的旋转支承等典型零部件的加工。齐重数控装备股份有限公司生产的数控双柱立式车床在产品的规格上已达到世界领先水平，最大加工直径为 25m，超过了国外的制造水平（国外数控单柱移动立式车床最大加工直径为 25m，数控双柱立式车床最大加工直径为 22m）。武汉重型机床集团有限公司为天津赛瑞公司提供的 FB320 和 TDV600 创造了数控落地铣镗床和重型数控回转工作台新的极限制造纪录，其主机滑枕行程达到 2 500mm，主轴箱行程达到 12 000mm，工作台最大承重能力为 600t，工作台面尺寸为 6 000mm×12 000mm。XKU2680 型超重型数控双龙门移动式镗铣床采用超重型、大跨距、长行程、高速移动双龙门，龙门间距为 10m，工作平台长为 64m，龙门移动部件重为 300t，在此基础上实现了高速度、高刚性、无间隙、快速动态响应的平稳运行。而此种规格的数控龙门镗铣床在我国尚属首例，在世界上也较为罕见。2013 年，CKX53280 型重型数控单柱移动式立式铣车床、FB320 型数控落地铣镗床、DL250 型超重型数控卧式镗车床、XKU2680 型超重型数控双龙门移动式镗铣床等产品构成的“刷新多品种重型机床极限制造”的新闻，被评选为“国防科技工业十大新闻”。此外，齐齐哈尔二机床（集团）有限责任公司生产出镗轴直径达 320mm 的超重型数控落地铣镗床；武汉重型机床集团有限公司为中国第二重型机械集团公司及天津赛瑞公司定制的加工最大直径为 5m 和 6.3m 的超重型卧式镗车复合加工机床，两顶尖最大承重为500t，主轴轴向圆跳动达到10μm，主轴径向圆跳动为6μm，产品水平达到国际先进水平；齐重数控装备股份有限公司为中国有色（沈阳）冶金机械有限公司生产出国内首台12.5m数控滚齿机。

二、攻克并掌握一批关键核心技术和基础共性技术

从近几年行业内各企业推出的数控新产品和申请并已授权的专利成果来看，攻克并掌握了一批关键核心技术和基础共性技术，如，超重型高精度静压主轴箱的设计技术、超长超重悬臂横梁的升降技术与精度保持技术、超大工作台铣削分度传动的多电机预载驱动消除传动间隙技术、车铣复合刀架超长滑枕内置铣主轴电机及减速箱传动技术、超大重载工作台油膜厚度的自动精确控制、面向重型机床动态特性和加工性能的数字化设计技术、车铣复合机床设计技术、车铣复合加工工艺与编程技术、车铣复合刀架内置大转矩 C_1 轴回转进给技术、超大重载工作台的铸造与制造技术、超重/超大高精度工作台静压滚动导轨技术及闭环反馈技术、超重型大跨距高精度龙门架同步控制技术、高精度超长传动车铣复合刀架的加工装配技术、超重型高精度静压主轴箱的设计技术、超长床身制造工艺新技术、双工作组三通道数控技术及三轴同步技术、超重型数控卧车多功能复合技术、高精度静压床头箱设计技术、高速移动导轨副技术、双电动机－双齿轮双齿条电子预载消隙技术、高速高精机床大件（立柱、横梁、工作台）的优化设计技术、横梁导轨卸荷技术、高速高精度静压回转工作台的设计与制造技术、大功率机械式数控摆角铣头技术、电主轴技术、多轴多通道控制技术、双轴同步技术、多轴钻削自适应控制技术、多轴钻床的数字化设计与分析技术、主轴热平衡及补偿技术、滚滑复合结构技术、高速机械式主轴技术、双电动机双丝杆双光栅尺同步位移的补偿技术、大件及整机结构设计的动静态刚度分析技术及重型机床大型零部件有限元分析技术等，并得到了广泛推广和应用，极大地促进了重型机床产品技术升级。

三、重型复合加工机床

“十一五”末期，在国产重型机床行业领域的产品中，中高档的复合加工机床尚不多见。近几年，重型复合加工机床得到了快速发展，如今重型机床行业领域中的各主要企业均可根据用户的需求，自行研制出不同的中高档重型复合加工机床，个别企业可研制出超重型复合加工机床，产品性能、主要技术指标、精度指标达到或接近国外先进水平。

齐重数控装备股份有限公司研制了DVTM1600×55/400L-NC型16m数控双立柱立式铣车复合加工机床、DMVTM2500×60/550L-NC型25m数控龙门移动式双柱立式车铣复合加工机床及数控重型曲轴铣车复合加工机床。武汉重型机床集团有限公司研制的CKX53280型28m超重型数控单柱移动立式车铣镗磨复合加工机床，DL250型6.3m超重型数控卧式镗铣车复合加工机床，机床集车、磨、大直径深孔镗及小直径深孔钻、镗、珩磨等多种功能于一体，主轴轴向圆跳动达到10μm，主轴径向圆跳动为6μm。经过5年的实际应用，机床运行稳定，加工精度高，精度保持性较好。该项目的研制成功，填补了国内空白，有效解决了我国重大装备核电关键零部件国产化加工的难题，对我国掌握高档数控重型卧式复合加工机床关键核心技术、缩短与国际先进水平的差距，具有重要意义。青海华鼎重型机床有限责任公司研制的多种高精度卧式车铣复合加工机床及数控轴颈车磨复合加工机床、南京中传重型机床有限公司研制的七轴六联动大型螺旋桨加工用复合机床、上海重型机床厂研制的CKX61350T4/L900型数控重型油缸卧式车镗复合加工机床、齐齐哈尔二机床（集团）有限责任公司研制的高速高精多功能复合铣镗加工中心及XK12427型龙门高速铝锭复合加工生产线、电梯导轨端面安装面加工专用立卧式复合式机床等均有一定的代表性，较好地满足了国内重点行业领域用户对中高档复合加工机床的需要。

四、客户化定制、个性化专用机床

“十一五”后，国内重点行业领域对装备的需求加速升级，客户个性化的需求、普遍换挡升级的新特征日益显现。针对这些变化和需求，重型机床行业内企业在分化中加快了转型升级的调整步伐，主要主机生产企业主动适应市场，贴近客户，积极调整产品结构，加大改革力度，重新布局调整战略，在转型的道路上取得了可喜的成果。

武汉重型机床集团有限公司为天津赛瑞公司研制出的世界首台28m超重型数控单柱移动立式车、铣、镗、磨复合加工机床，是根据客户的需要，专为解决百万千瓦级压水堆核电核反应堆压力壳及核电的堆心吊篮、蒸汽发生器、水轮机转轮体及超大吨位全旋转起重船的旋转支承等超高超重回转类零件的加工问题而研制的高端极限制造装备。该机床应用了多种创新技术，如12.5m直径超大重载工作台的铸造与制造技术、超长超重悬臂横梁的升降技术与精度保持技术、超大工作台铣削分度传动的多电机预载驱动消除传动间隙技术、车铣复合刀架超长滑枕内置铣主轴电机及减速箱的传动技术、超大重载工作台油膜厚度的自动精确控制技术、面向重型机床动态特性和加工性能的数字化设计技术以及铣车复合加工工艺技术扩编程。该机床主要技术参数：最大加工直径：28 000mm，最大加工高度：13 000mm，过中心最大加工直径：14 000mm，工作台最大承载：800t，工作台最大转矩：1 000kN·m，垂直刀架的滑枕垂直移动行程：5 000mm，垂直刀架最大切削力：160kN，侧刀架的滑枕水平移动行程：4 000mm，侧刀架最大切削力：160kN。主要精度指标：工作台的径向圆跳动：0.02mm，工作台任意分度精度：±3″，垂直刀架滑枕移动对工作台面的垂直度：0.02mm/1 000mm。经行业内专家鉴定，该机床规格为世界最大，可靠性与精度稳定性达到同类产品的国际先进水平，填补国际空白。

齐重数控装备股份有限公司为中国有色（沈阳）冶金机械有限公司定制的DVTM1600×55/400L-NC型数控双立柱立式铣车床，专用于加工大型盾构机、矿山机械等大型回转类零件，通过一次装卡可完成工件外圆、内孔、锥面、端面、钻孔、攻丝等粗精加工，特点是无须龙门移动，最大车削直径可达16 000mm，机床最大加工高度为5 500mm，最大承重为400t，*C*轴定位精度为5″。该机床应用了超重型大跨距横梁上凸曲线有限元分析、超重型大跨距横梁加工制造技术、超长高精度横梁调平技术等创新技术。研制出超重、超大双驱10米工作台、双伺服驱动水平进给刀架、重载型工作台底座、双圈静压导轨等先进关键部件。产品经专家鉴定达到国际先进水平，填补国内空白。

武汉重型机床集团有限公司为东方电气（广州）重型机器有限公司定制生产的ZK5540型数控龙门移动式多主轴钻床，是针对核电、热电站高压加热器，化工设备的热交换器，核军工设备（如核动力航母、潜艇等）中的孔板加工要求而专门研发的专用高端装备。该产品研发期间，攻克并应用了抗多轴同时钻孔合力的高刚度和高抗振性机床系统的结构设计技术、八钻轴垂直布置分离驱动技术、距离最小并可调的钻头传动箱的开发设计技术、保证多主轴同时钻削时多孔加工位置精度一致性的加工调试工艺方法、八主轴机床控制系统的设计、多轴多通道控制技术、双轴同步控制技术、电主轴的开发及试制、多轴钻削自适应控制技术、自适应控制在HNC8数控系统中集成、多轴钻床的数字化设计与分析技术等创新技术，多轴钻床的数字化设计与分析技术也取得了一定的突破。该机床主要技术参数：加工孔精度：IT7，加工孔表面粗糙度：1.6μm，钻轴数目：8个，钻孔工作范围：9 000mm×4 500mm，钻轴轴向行程：750mm，钻孔直径：10～50mm，*X*、*Y*轴定位精度（P1000）：0.025mm，*X*、*Y*轴重复定位精度（Ps）：0.015mm，*X*、*Y*轴方向最大间隙：0.01mm，*Z*轴定位精度（P1000）：0.045mm，*Z*轴重复定位精度（Ps）：0.025mm，*Z*轴最大反向间隙：0.02mm，*X*、*Y*、*Z*轴的最小分辨率：0.001mm。经湖北省科技厅组织的行业专家鉴定，产品达到国际先进水平，居国内领先水平，填补国内空白。

青海华鼎重型机床有限责任公司针对轨道交通行业研制了MCK8010/H型门式摩擦传动车轮车床、SLC-25GA型动车耦合轮对加工专用机床。SLC-25GA型动车耦合轮对加工专用机床使轴负重30t电力机车、CRH系列动车组的轮对无须作任何解体（包括油箱端盖），可同时完成整个转向架的四个轮对轮缘和踏面的修理加工，相当于2台以前的不落轮对车床。机床也可切换为两个各自独立的不落轮对车床进行操作，用于带轴箱的单个轮对轮缘和踏面的修理加工，还可满足各种轮对型面和制动盘的加工。主要参数：加工轨距：1 435mm，轮对直径：600～1 400mm，轴长：1 600～2 600mm，轮箍宽度：120～155mm，切削力：26kN。MCK8010/H型门式摩擦传动车轮车床是用于铁路货车车辆段轨距为1 435mm的货车单个带轴承（无须开端盖）的RT、RE、RF型货车轮对轮缘和踏面的修理加工。机床主轴采用浮动摩擦传动系统，摩擦滚轮由变频电动机经减速箱驱动，主轴转速最高达125r/min，最大切削深度为8mm，可实现滚筒式上下料。这两台专用数控机床的加工效率较其他形式的机床均有很大幅度的提高。

南京中传重型机床有限公司针对船舶工业大型螺旋桨加工问题，为某船舶企业研制出VTM11000型重型七轴六联动螺旋桨加工用车铣复合机床。该机床集车、铣、镗、钻功能于一身，通过增加刀架摆动轴（*A*轴）参与联动，达到七轴六联动加工，满足螺旋桨叶片空间重叠部位的独特加工需求，可实现对叶片的整体完整加工。该机床在研制过程中运用了大量的世界先进技术和创新技术，如CAM前置仿真加工、转化成G代码完场后置加工方法，三维立体建模，CAD优化设计，以及有限元分析等方法，确保机床获得最佳的动静态刚度。模拟仿真，避免过切超程与碰撞，最终实现大型螺旋桨的浆叶空间曲面铣削，改变传统的螺旋桨空间曲面仅仅依靠人力打磨的加工方式，极大地减小了工件表面的形位公差和表面粗糙度，从而降低螺旋桨在工作时的噪声。机床工作台精度为0.006mm，*C*轴定位精度为0.001°，如此大规格机床能达到如此高的精度，这在国际高档重型机床中也很少见。机床主要技术参数：工作台面直径：6 300mm；最大承重：150t；最大加工直径：11 000mm；工作台铣削转速：0～2r/min；工作台车削转速：0～20r/min；1号铣头功率：44kW，转速：0～6 000r/min；2号铣头功率：35kW，转速：0～3 000r/min；横梁进给速度：12m/min。机床由于增加了一个冗余轴的自由度，大大增强了机床防干涉能力，具有很好的灵活性，重叠叶面、叶根、轮毂的加工工艺性和效率得到极大提高，有效地解决了我国大型、高精度螺旋桨加工的技术难题，对提高我国大型高档船舶的制造水平起到了积极的推动作用。

五、产品品质、质量、水平档次、可靠性得到显著提高

伴随着一大批数控重型机床的关键核心技术、基础共性技术得到攻克和掌握，国产数控重型机床产品的品质、质量、可靠性得到了显著提高。

当前行业内各主要厂家为满足用户的各类需求，已打破了传统通用型产品研发生产模式，努力研制中高档的复合加工机床，产品的多功能复合化已成常态；数控高速小型立式车床产品工作台转速由“十一五”末不到200r/min，普遍达到310r/min以上，最高可达到400r/min以上，实现以车代磨，达到镜面效果；4m双柱数控立式铣车复合加工机床工作台转速已达到160r/min（国外为120r/min），居国际领先水平，主要精度指标已达到国际先进水平，*X*、*Z*、*W*轴定位精度为0.012mm/1 000mm、重复定位精度为 0.007mm，C 轴定位精度为 ±3″、重复定位精度为 ±2″，工作台轴向圆跳动为 0.007mm，工作台径向圆跳动为 0.005mm。数控落地铣镗床主轴转速（ϕ200mm）由“十一五”末的 1 500r/min 左右提高到 2 000r/min 及以上，快速移动速度由过去的 10m/min 提高到 20m/min 以上，主要精度指标均提升了一个数量级。数控龙门镗铣床主轴转速也由“十一五”末的 2 000r/min 左右提高到 3 000r/min 及以上，产品的定位精度、重复定位精度和快速移动速度均有所提高，配置两坐标数控摆角铣头，均可实现五轴联动与五面体加工。

青海华鼎重型机床有限责任公司研制出 HMC100S/HMC80/HMC 系列高速卧式加工中心产品。该系列产品攻克并应用了一批当代国际先进新技术、高速主轴单元结构设计技术优化及润滑技术、整机结构动静刚度及优化设计技术、加工中心高速电主轴的设计技术、主轴单元中心内冷却功能结构和高速回转密封与油气润滑结构设计技术、高速加工中心进给系统动态特性分析技术及可靠性技术等。通过以上先进技术的运用，该系列产品成为高精、高速、高效、高性能中高档数控机床。该系列产品主轴转速达到 35 ～ 15 000r/min，X、Y、Z 轴定位精度达到 0.007mm，重复定位精度为 0.005mm，切削进给速度为 30m/min，换刀速度≤ 2.3s。机床平均无故障时间（MTBF）达到 900h 以上，可靠性较“十一五”末（仅为 300 ～ 500h）有了大幅提高，产品各项技术指标、精度稳定性、机床可靠性均居国内领先水平，接近当代国际先进水平。

近年来，行业内主要企业还相继开发了各类高速高精重型数控落地镗铣加工中心。该类机床主轴应用液压缸平衡技术，主轴轴承采用恒流静压支撑或油气润滑，具有承载力大、发热小、精度保持性持久的特点，主轴转速达到 2 500r/min，一改过去低转速、大切削、大转矩的设计，向高速、高精、快速进给、高表面质量的设计方向发展；采用滑枕移动式主轴箱结构，Y 轴快速移动速度达到 25m/min，立柱快速移动速度为 20m/min，X、Y、Z 轴采用一腔一泵恒流闭式静压导轨，X 轴采用双电动机 - 双齿轮双齿条预载消隙技术，Y 轴采用双丝杆同步传动技术，开始设计使用直线导轨，借助直线导轨的高精度，提升机床的加工精度。应用双电动机、双丝杆、双光栅尺同步位移技术实现对主轴箱倾斜进行补偿等先进或创新技术。重型数控落地铣镗床产品在新技术的推动下取得了可喜进步。

同时，电主轴、机器人在重型机床中开始逐步得到应用与推广。国产数控重型机床产品的水平档次、品质、可靠性正逐年稳步提高，用户认可度在上升。重型机床行业的转型升级和发展取得了初步效果。

〔撰稿人：中国机床工具工业协会重型机床分会 徐宁安〕

特种加工机床

电加工技术及装备自 20 世纪中叶开始工业应用以来，历经几十年的发展，已成为先进制造技术不可或缺的重要组成部分，广泛应用于制造业的各个领域，特别是航空航天、汽车、能源动力装备、微电子、微机电系统、生物医疗、精密模具等高端制造领域，解决了大量传统加工方法难以解决或无法解决的加工难题，发挥了不可替代的重要作用。

脉冲电源是电加工的关键核心技术，国内外在微精、高效、节能、数字化及智能化等方面的研究不断取得突破。在电火花成形加工中，为了提升脉冲电源的高精度和一致性，采用 PWM 开关电源替代工频变压器作为电火花脉冲电源的供电系统，采用储能元件电感代替耗能元件电阻，做到能量利用率 60% 以上。在电火花线切割加工中，单向走丝电火花线切割脉冲电源已从单极性有电阻结构发展为双极性无电阻、防电解结构，该类电源的脉冲峰值电流达到千安培以上，脉冲宽度可控制在数十纳秒。我国往复走丝电火花线切割脉冲电源实现了数字化控制，研发了无电阻型脉冲电源，通过对电流上升沿的控制，实现电极丝的更低损耗，并获得了更高的加工效率。在电火花高速小孔加工中，广泛采用独立式控制、高峰值电流、窄脉宽脉冲电源，明显提高了小孔加工的效率和表面质量。微细电火花加工中的脉冲电源提高了 RC 式电源能量的可控性，减小独立式脉冲电源的脉宽，降低单次脉冲能量，提高了脉冲电源的能量利用率。

由于电加工不仅仅是在加工过程中对轴的运动轨迹进行控制，更重要的是在时间、空间维度上对加工状态精准快速感知判别，对加工能量、轴运动状态、工具电极运动状态、工作介质等诸多工艺参数进行智能决策控制，以达到最佳的加工效果。通过对单脉冲放电波形的快速、精准检测，明显提高了电火花加工放电状态的感知水平，为加工过程的优化控制创造了更好的条件，脉冲电源的各类波形、能量智能控制达到了新的水平。电火花线切割加工过程中切入切出、拐角控制技术，电火花成形加工过程的智能高速抬刀、轨迹摇动技术，基于零件三维数字模型的加工过程面积、切割厚度的随形控制，高速小孔加工过程中的进出口适应控制、孔口击穿检测及深度控制，加工过程中单轴乃至多轴联动的伺服控制等都取得进展，使得放电加工效率、精度、表面质量、电极损耗等各项性能得到了有效提升。

当前，我国电加工的数控系统已建立了采用工控机、配以专用的接口卡/功能卡形成的硬件平台，软件平台主要基于Windows操作系统开发相关的底层及应用模块构成，也有基于Linux操作系统开发的电加工数控系统，已能自主开发三轴以上、五轴及六轴联动的各类放电加工机床数控系统，有的数控系统数控轴数在九轴以上。用于量大面广的往复走丝电火花线切割机床的数控系统，硬件平台已完成从单板机（单片机）到工控机的升级，形成了商业化配套的能力。当前电加工数控系统不仅具有多轴联动的轨迹控制功能，而且具有较高水平的单轴乃至多轴联动伺服控制、高速抬刀、轨迹摇动以及对脉冲电源及各工艺参数的适应控制、初步的智能控制功能。基于国产数控系统硬件平台的开放式、可二次开发的电加工专用数控系统开发正在实施之中。与国际先进水平相比，我国电加工的专用数控系统在功能、性能上还有明显差距，特别是在智能化控制、系统的可靠性方面还需发力提升。同时，我国的电加工数控系统大多是各研究机构、企业自行分散研发，水平性能参差不齐、兼容性较差，在一定程度上制约了我国电加工技术的发展。

在电加工装备方面，我国已能研发生产五轴联动数控电火花成形机床，用于航空航天发动机的整体叶盘加工，突破了西方国家对我国的技术封锁。该机床实现了五轴全闭环控制，直线轴定位精度≤ 0.005mm，重复定位精度≤ 0.002mm，回转轴定位精度≤ 15″，最佳表面粗糙度为 0.08μm，钛合金加工效率为 829mm^3/min，达到了国际先进水平。单向走丝电火花线切割机床已能向用户提供四轴联动、切割精度 ±0.004mm、加工表面粗糙度为 0.4μm、第一次切割效率为 150mm^2/min 的产品。该类机床具有自动穿丝功能，能利用 A 轴与其他轴联动进行复杂零件的加工，能部分满足航空航天、精密模具制造中精密复杂零件的加工需求。但此类产品在加工精度、表面质量、切割效率以及细丝切割方面与国外先进水平相比还有明显差距。我国独创的往复走丝电火花线切割机床在“十二五”期间通过对脉冲电源、主机精度、数控系统等技术的综合提升，实施多次切割技术，使加工性能得到了明显提高，切割精度已能达到 ±0.008mm，表面粗糙度为 0.8μm，最大切割效率为 150 ～ 200mm^2/min，更好地满足了用户的要求，但该类机床加工指标的稳定性还有待进一步提高。我国已能生产七轴数控高速电火花小孔加工机床，并可配置电极自动交换系统，可以加工各种难加工材料、空间位置复杂的深小孔，加工孔径≤ 0.3mm，表面重熔层≤ 0.02mm，穿透检测深度控制技术也取得了突破，在航空航天发动机零件气膜孔加工中得到了广泛应用。但在加工表面质量、零件的在线检测纠偏、畚箕孔的铣削方面与国际先进水平相比仍存在一定的差距。我国在电火花精密微孔加工设备方面具有较高水平，已突破了具有倒锥的精密微孔加工技术，用于发动机喷油嘴的精密微孔加工，满足了国Ⅳ排放标准的要求，可以替代进口，也可用于航空航天发动机精密燃油喷油孔的加工。用于化纤喷丝板微精异形喷丝孔加工的电火花微孔加工机床，可加工槽宽为 0.05mm、精度为 ±0.003mm 的精密微孔，孔的组合精度也达到了较高水平，满足了新型化纤的生产要求。

当前，我国研制的电加工专用设备在世界上是种类最多的。除了上述提及的数控电火花高速小孔、微孔加工专用机床外，还研制了数控高效放电铣床、数控电火花蜂窝磨机床、数控电火花环件切割机床、数控电火花微小孔精密磨床、高效阳极机械切割机床、电弧取折断工具机床、数控聚晶金刚石刀具电火花磨床、数控电熔爆及短电弧加工机床、数控金刚石砂轮修整机床、高速电弧放电加工机床等，在放电加工的应用领域，特别是航空航天、汽车发动机制造领域发挥了不可替代的作用。

电加工用的一些功能部件也取得了较好的进展。当前已能研发生产用于各类放电加工机床的精密 A、B、C 轴（或它们的组合），全密封浸泡或冲液式转台可在水、油、乳化液等各种介质中使用，重复分度精度和分度精度分别可达 ±5″ 和 ±8″。用于单向走丝电火花线切割机床的自动穿丝系统穿丝成功率达 99% 以上。研制了具有电极丝微进给、高频振动、精密导向和锥摆功能的，用于电火花精密微孔加工的多功能头；用于往复走丝电火花线切割机床的直线式和摇摆式锥度切割机构及数字化贮丝运丝筒技术得到进一步完善、成熟；高速电火花小孔加工机床旋转头的高压旋转密封及旋转馈电功能更加可靠，结构进一步优化。这些功能部件的发展和进步，有力地支持了我国放电加工装备的发展，但与国际先进水平相比，在功能、性能、质量等方面还存在不同程度的差距。

与此同时，我国电加工领域“十二五”期间也出现了一批拥有自主知识产权的技术发明。在高效放电及电弧蚀除加工方面，苏州电加工机床研究所的高效放电铣削技术，在加工高温合金材料时可实现 3 000mm^3/min 的材料去除率，且已应用于航空发动机高温合金机匣和叶盘的高效加工；南京航空航天大学发明的放电诱导可控烧蚀技术，利用放电引发剧烈氧化反应，具有很高的材料去除率；上海交通大学基于高速流体与放电等离子体通道的相互作用，发明了高速电弧放电加工方法，其加工高温合金的材料去除率可达 14 000mm^3/min；中国石油大学将电弧放电加工与电火花加工相结合，通过铣削方式可以在获得高的材料去除率的同时，大大改善加工表面粗糙度；装甲兵工程学院发明的引弧微爆炸加工技术，利用高频脉冲性电弧诱发剧烈的爆炸作用，来实现陶瓷等非导电材料的高效去除。在电火花加工方面，苏州电加工机床研究所发明的纵横走丝电火花线切割加工技术，利用同一根电极丝形成纵向和横向切割段，不用翻转工件就能实现工件两个方向直纹复杂形面的切割。清华大学、苏州电加工机床研究所、北京市电加工研究所等分别发明了各具特色的倒锥微孔多功能加工头，实现了倒锥精密微孔的电火花加工。针对航空航天发动机闭式叶盘的六轴联动数控电火花加工，研制出独特的三维形面电极 CAD 及空间轨迹位姿规划 CAM 软件，采用广义单位弧长增量法突破了曲面电极复杂空间轨迹位姿的六轴联动直接插补技术，创新的工艺技术使得整体叶盘加工效率成倍提升。这些技术发明对于我国电加工领域的发展有着很好的引领作用，推动着我国电加工技术的自主创新。

〔撰稿人：中国机床工具工业协会特种加工机床分会 王晓娟〕

组合机床

组合机床及柔性自动线是集机电仪于一体和技术综合程度很高的高效自动化技术装备，非常契合我国现阶段提出的柔性制造和智能制造，在高端装备制造领域占有重要地位。

为适应市场需求的变化，组合机床行业企业坚持技术创新，积极组织力量，加快新产品研发，提高了行业的整体竞争实力，产品开发取得了丰硕成果，逐步形成企业自己的核心技术、核心产品、核心品牌，大力发展柔性自动线，重点发展柔性制造、智能制造，使得行业技术进步迈上一个新台阶。

组合机床行业企业在产品开发上，充分发挥组合机床行业多年从事非标设备生产的特点，根据不同行业和不同被加工零件的个性化要求，开发针对性非常强的新产品。新产品的开发设计采用模块化、通用化、标准化，产品开发体现出高精、高效、复合、成套、集成、安全、环保的特点，而且快速设计、快速制造、快速实验、快速投放市场，抢得先机。组合机床生产企业建立和完善质量程控体系和考核评价体系，形成质量程控的长效机制；进一步强化质量意识、责任意识，严格执行检测标准。东风汽车公司设备制造厂、大连机床集团有限责任公司、亿达日平机床有限公司、大连豪森设备制造有限公司等厂家自主研发的柔性、高效、高精度系列加工单元及柔性自动线已被多家发动机厂采用，标志着国产柔性加工自动线开始进入发动机制造装备的主流市场。

柔性自动线在发动机关键零部件加工中被人们广泛关注，各生产厂家纷纷量身打造适合自己的生产线。按照高效、高精、高可靠性、柔性、环保等原则制定发动机关键零部件的加工工艺方法和自动线加工流程，以缩短新型发动机研发周期，满足全球汽车行业的飞速发展需求。

大连机床集团有限责任公司积极开发面向汽车零部件加工的柔性智能制造系统，设计开发了高速加工中心、立式加工中心和桁架机器人组成的柔性自线。

该生产线是加工汽车转向节的智能柔性生产线，由 4 台 TD700 立式钻削中心机床、3 台 DL-20M/600 数控车床、输送桁架、3 台机器人、二维视觉识别装置以及随行缓存台、过渡台、上料台、下料台等部件组成，通过 7 道工序，实现汽车转向节从毛坯上料到成品下料的全自动智能生产。为降低劳动成本，提高生产率，保证产品质量，该生产线针对不同的加工工序选用了合理的金属切削设备，具有较高的生产加工稳定性和可靠性。具体设备使用情况如下：

OP10 工序：使用 DL-20M/600 数控车床，通过机床单动卡盘自动夹持转向节 φ40mm 外圆，将转向节右侧端面，φ46mm、φ47mm 外圆及 φ42mm、φ29mm 内孔在一次装夹下加工成品。

OP20 工序：使用 DL-20M/600 数控车床，一次装夹完成转向节的左侧端面、φ41mm 外圆、3×15° 倒角及 4.8mm 宽空刀及 φ37mm 内孔的加工。

OP30 工序：使用 TD700 立式钻削中心机床，分两个工位，在一次装夹下分别完成转向节 φ42mm 端面、φ30H8mm 孔、M32×1.5-6H 螺纹及 1×45° 螺纹孔口倒角加工，以及转向节 φ42mm 端面，φ26H9mm、φ28M7mm 孔，M30×1.5-6H 螺纹及 1×45° 螺纹孔口倒角的加工。

OP40 工序：使用 DL-20M/600 数控车床。一次装夹完成转向节的 φ44mm 圆柱内在 84.7mm 长度上的各孔及空刀的加工。

OP50 工序：使用 TD700 立式钻削中心机床，一次装夹完成转向节的 φ45mm 凸台、φ26mm 孔、1×45° 及 6×20° 倒角的加工。

OP60 工序：使用 TD700 立式钻削中心机床，分两个工位，一次装夹分别完成转向节 42mm 高凸台、凸台上 M17×1.5-6H 和 M16×1.5-6H 螺纹孔、2-φ10mm 孔、φ5mm 孔、φ4mm 孔及两处锥面，转向节 37mm 高凸台、凸台上 2-M12×1-6H 螺纹孔、2-φ5.7mm 孔、2-φ4mm 孔以及两处锥面的加工。

OP70 工序：使用 TD700 立式钻削中心机床。分两个工位，一次装夹分别完成转向节 φ41mm 外圆上的 φ10mm 孔，以及转向节的 φ45mm 凸台、1×45° 及 6×20° 倒角的加工。

3 台机器人采用桁架侧装方式，实现工件的上下料。其中，1# 机器人采用双手爪形式，承担 OP10 与 OP20 工序数控车床的上下料。2# 机器人采用单手爪形式，负责 OP30、OP40、OP50 机床中的工件装夹姿态。每道工序间工件姿态通过随行缓存台以及过渡台 2 来实现转换。3# 机器人采用单手爪形式，两种抓取姿态，满足 OP60、OP70 机床中的工件装夹姿态。每道工序间工件姿态通过随行缓存台来实现转换。输送桁架支撑 3 台机器人及随行 2D 视觉装置、随行缓存台对转向节进行姿态转换及输送。

东风汽车有限公司设备制造厂产品主要面向国内汽车

与发动机生产装备高端市场。借助长期为汽车产业提供优质服务获取的丰富积累，持续跟踪国外同行业发展动向，积极采用国际上先进的行业标准，在消化吸收引进技术的基础上，努力开发符合国情的专有技术，倾心打造国产精品并取得巨大成功。针对国产装备高端市场开发了多条柔性制造生产线，获得了国内外用户的一致赞誉。

东风汽车有限公司设备制造厂根据用户需求开发了一种柔性制造系统，该系统由3台新型加工中心和行走式机器人组成。新型加工中心秉持了东风汽车有限公司设备制造厂一贯坚持的高效、高精度、高可靠性的设计理念，同时又添加了低能耗、结构紧凑、维修方便等新元素。3台加工中心分别是最新研发的DZ30、DZ40卧式加工中心和DL500立式加工中心。DZ30和DZ40卧式加工中心的主要性能指标及特点：快速进给速度：50m/min，加速度：1g，定位精度及重复定位精度：0.008mm/0.004mm。机床具有高速、高精度、高可靠性、结构紧凑、占地面积小、便于维修等特点，主轴接口为BT30/BT40或HSK50/HSK63。DL500立式加工中心的主要性能指标及特点：快速进给速度：50m/min，加速度：1g，定位精度及重复定位精度：0.01mm/0.005mm。Y轴采用龙门式结构，主轴接口为BT30/BT40或HSK50/HSK63。机床具有高效、高精度、高可靠性、结构紧凑、占地面积小、便于维修等特点，除满足传统的湿式加工外，还适用于干式加工和MQL加工。

东风汽车有限公司设备制造厂的发动机缸体、缸盖生产线集成化交钥匙工程赢得了国内中高端用户，特别是国内柴油机制造商的普遍美誉与高度信赖。

亿达日平机床有限公司抓住市场机遇，先后开发了柔性、高效、高精度系列加工单元及柔性自动线。产品的加工精度、稳定性均达到国际同类产品水平，完全可以替代同类进口产品，以实现多品种、多工序加工。

随着我国汽车工业的飞速发展，汽车发动机产量迅速提升，产品升级周期极大缩短，多机种混线加工成为趋势。亿达日平机床有限公司为满足汽车发动机行业发展需求，研发出AHC-45H可换箱机床。这是亿达日平机床有限公司多轴箱转塔机床及水平或垂直换箱机床最新机型。

AHC-45H机床具有高效率、高柔性、低能耗等优点，适用于汽车发动机缸体、缸盖，变速器壳体、曲轴、连杆等部件的加工，可一次性完成工件多个面的钻孔、攻螺纹、镗孔、瓦档面侧铣等加工工序。AHC-45H机床不仅具有多轴箱转塔机床及水平或垂直换箱机床的共同特点，相比传统换箱机床，还具备以下优势：

（1）加工更高效：机床采用高刚性、高精度的导轨和丝杠，快速进给速度最高可达50m/min，换箱辅助时间最快仅为6.0s，在保证机床高精度的同时提高了生产效率。

（2）占地面积更小：机床的长和宽分别为5 200mm和2 200mm，占地面积小，更有利于生产线的排布。

（3）能耗更低：机床在换箱过程中最多仅两个主轴箱移动，在加工过程中仅一个主轴箱工进，能耗低，相比其他同类机床更节能，节省加工成本。

（4）功能更完备：可根据用户需求选配刀具内冷、刀具折断检测、光栅尺等功能，以适应不同的生产需要。

（5）维护更轻松：机床最多可安装4个主轴箱，在安装3个主轴箱的情况下，可实现同一位置更换主轴箱和刀具，提高操作的便利性。

（6）机床更柔性：机床主机部分标准化生产，当产品升级时，仅需变更夹具和主轴箱即可对应不同品种的工件，缩短改造周期，降低改造成本，提高改造的可靠性。

（7）换型更快捷：机床配有换箱小车，可用来进行手动更换主轴箱，换箱动作简单，便于操作。

开发柔性组合机床及柔性自动线是组合机床行业大势所趋。组合机床行业已经开发生产具有国内先进水平的柔性组合机床及柔性自动线，取得了一些经验。国产的柔性自动线不断被我国各大汽车厂采用，并已经取得了可观的经济效益。

多年来，虽然我国组合机床技术有较大进步，但在设备的技术性能等方面还远远满足不了我国机械工业特别是汽车工业发展的需要，与工业发达国家相比，仍有很大差距。在我国高端的柔性自动线市场中，国外的品牌占比较高。我国组合机床行业只有5～8家企业能开发出成套的高端柔性自动线。

我国虽然在发动机关键零件加工装备的关键技术方面取得了明显进步，部分加工技术指标达到当前国际先进水平，为我国高档数控机床产业的发展奠定了基础，但总体技术水平仍然落后。我国汽车发动机关键零部件加工装备的设计和制造技术落后的根本原因是研发力量分散，创新能力不足，核心的关键技术和共性技术仍然没有取得根本性的突破。

随着我国汽车工业的迅猛发展，汽车的换代越来越快。柔性加工生产线是今后发动机缸体、缸盖以及其他汽车零件加工的主要技术装备。进一步加快高速加工中心的发展，加快智能化物流系统研发，提供高质量的柔性加工生产线，是组合机床行业迫切需要解决的问题。

〔撰稿人：中国机床工具工业协会组合机床分会刘庆乐〕

锯　床

我国锯床行业主要承担黑色金属和有色金属的锯削加工装备的研究开发和生产制造，主要产品有金属带锯床、金属圆锯床、锯切中心和双金属带锯条。

“十二五”期间，我国经济发展全面进入了创新驱动、转型升级的新的发展阶段，重点是实现经济增长方式的转变。为适应行业转变经济发展方式的两个“加快”的战略目标，锯床行业主要企业启动了一批高起点和高水平的技术改造项目和科技研究项目，实现了由粗放型向集约型经营模式的转变，跟踪国外先进工业化国家同行业领域的技术发展，瞄准国内外的市场需求，促进产品研发制造的数字化、信息化，构建“主机－刀具－配套－服务”完整的产业链。各类金属锯床和配套刀具的典型产品在技术水平、性能品质、节能环保、可靠性、知识产权及新技术、新工艺应用等各方面都取得了重大的发展和进步。

一、金属圆锯床

金属圆锯床是一种高效率、高精度的锯切机床，主要有卧式、立式和摆式三种结构，它是以圆锯片的进给运动方向来分类的。

湖南湖机国际机床制造有限公司研发制造的 GKT6015 数控硬质合金龙门圆锯床具有自主知识产权和多项国家专利技术，应用了先进的数控、保护监控与显示系统、变频调速系统和伺服驱动系统、锯刀箱齿侧间隙消除机构、预紧力自动补偿导轨机构、涡流管空气冷却技术等多项现代科技成果。该锯床采用 ϕ1 600mm 硬质合金镶齿切削刃圆锯片，最大锯削规格为 ϕ520mm，能够适应高强度、高硬度的金属材料（强度 $\delta_b \leq$ 1 400N/mm^2）的重载锯切。锯切生产率（45 钢）可达 500cm^2/min，是普通带锯床效率的 8 ～ 10 倍，是普通高速钢（HSS）锯片圆锯床锯效率的 5 倍。锯削端面粗糙度≤ 25μm，工件端表面垂直度偏差≤ 1°且端面无飞边。该产品广泛应用于钢铁、冶金、矿山、桥梁、机械、化工、机车及船舶等制造业的连铸连轧、大重型钢坯钢管、回转支撑、火车轮毂、大型曲轴的自动工艺生产线上，通过工业控制计算机实现对二、三网络的集成联络与控制，充分体现了高端数控锯切装备的“柔性”和“智能”化特征。

湖南湖机国际机床制造有限公司研究开发的新产品 GTK624 数控硬质合金圆锯床是一种高精度、高效率，用于切割黑色金属和有色金属的强力锯削机床。机床锯削规格为 ϕ20 ～ 100mm/ϕ150mm，圆锯片规格为 ϕ460×2.7mm，锯片转率为 14 ～ 86r/min。工作切削精度：垂直度≤ 0.10mm/100mm，粗糙度 R_a=3.2μm；送料精度 ±0.02mm；锯切效率：如锯切 ϕ130mm 的 45 钢用时 25s（锯切生产率 320cm^2/min）、辅助时间 6s，送料速度为 1.5 ～ 2m/min。和传统采用 HSS（高速钢）圆锯片的圆锯床比较，效率提高 3 ～ 4 倍，精度高 2 ～ 3 个等级，工作时的噪声降低 5 ～ 8dB。机床采用的切割刀具为超薄型硬质合金圆锯片，具有切口窄、精度高、切削速度快等特点。采用摆式进给方式，由伺服系统控制锯刀箱绕固定支点旋转来实现进给。该机从储料架取料到锯切完成，从工件的定长、记数、检测和包括料头、料尾、工件的分类处理全过程数控自动运行，机床采用润滑系统和准干切削工艺，不需要处理大量的切削液，防止环境污染，提高生产效率，降低生产成本。机床采用可调节高刚性新型锯片稳定器，防止锯片发生偏离及窜动，保证锯切精度，适用于轴承、齿轮、汽车部件及锻造等行业的大批量锯切下料。

二、金属带锯床

带锯床金属切割是一种节能、节材新技术和新型锯削加工工艺，锯切材料的规格不受刀具条件的限制，当前带锯床已经能够锯切直径 2 000 ～ 3 000mm 的大规格金属材料，可以锯切几乎所有常用的金属材料，这是其他切割方式无法达到的。

金属带锯床通过两个或多个滚动轮（包括驱动轮与从动轮）牵引带连续切削刃的环状带锯条做旋转运动，与机床的进给运动的合成运动完成工件的锯切过程。金属带锯床按机床结构分为卧式带锯床和立式带锯床两大类。

上海斯汇明机械有限公司生产的 GZK5350/150T-1 型锯切铝锭专用高速立式带锯床是各种大中型铝合金及坯料、板材加工生产线上的成套设备。锯切最大铝锭规格：500mm×1 500mm×（10 ～ 6 500）mm，主电动机总功率：98kW，锯削速度：750 ～ 3 000mm/min 变频调速，进给速度：10 ～ 1 000mm/min 伺服调速，锯架快进、快退速度：2 000 ～ 8 000mm/min 伺服调速，滚道送料、出料速度：2 000 ～ 20 000mm/min 伺服调速，其结构性能和生产效率已达到当前国外同类产品的先进水平。机床额定最大负荷生产效率试验≥ 2 000cm^2/min，锯切工件端面垂直度≤ 0.20mm/100mm，锯切工件端面直线度≤ 0.50mm/500mm，锯切工件截面粗糙度 $R_a \leq$ 50μm，铝锭锯切送料自动定长精度≤ 5mm。成套机组配置进出料滑车、待料架、进料架出料架部套、顶料头料尾装置、推料头料尾装置、进料出料对中夹紧装置，并采用进口气流油塞式柱塞泵组，在压缩空气的混合使用（可调式）喷出油雾状，由两组专用喷嘴直接喷在锯条上进行润滑冷却。切削过程的有效润滑能耗小，无污染，高速锯切时冷却效果好。坯料定长激光测长仪分别安装在进料滚道和出料滚道端面，测量有效距离为 30m，长度精度小于 4mm。高速锯切产生的大量锯屑收集抽屑装置是由一台风量 300m^2/MPa 的除尘设备，并配有消声罩，下部配有自动液压压块机，在计算机的控制下自动抽屑排放，把铝屑压成块状收集。机床电气控制系统主要采用工业计算机现场总线技术，与中心控制室以太网交流，自动工作指令采用遥控一键操作（Apollo）完成整个加工过程。

浙江锯力煌锯床股份有限公司生产的 ZGX30×150 锯铣组合机床是浙江省装备制造业重点领域省内首台（套）产品。最大加工尺寸：高度 300mm，喉深 300mm，行程 1 500mm；加工精度：0.009mm/100mm；锯削工作进给速度：30～3 000mm/min；铣削工作进给速度：3～1 200mm/min。本项目产品是一种将锯削工艺和铣削工艺有机结合的新型复合机床，能进行锯切、单孔、台阶孔、多孔、圆周孔的镗削、车端面、锪孔、镗沟槽及倒角。具有锯削的高效率和铣削的高精度，一次装夹定位，在大加工余量下采用锯削工艺可提高效率，在小加工余量下采用铣削工艺可提高精度。机床采用立式锯架结构，工件垂直恒量进给方式，锯头的横向定位和铣头的X、Y轴工作进给及定位，采用伺服进刀和伺服定位控制系统、滚珠丝杆及高精度导轨副。主工作台导轨采用高刚性 V+ 一字形滑动结构，带有耐磨粘贴层的滑动导轨，具有良好的耐摩擦性能和使用寿命。主轴采用前 4 后 2 的轴承结构，并增大轴承跨距，双螺母及爪形强拉刀结构使主轴及刀柄的刚性、可靠性和承载力得到提高，满足不同场合、不同材料和不同形状的高效率切削要求。机床采用与杭州电子科技大学合作开发的 JLH Ⅲ型数控系统，开发了性能可靠、界面友好、可操作性强的机床自动控制数字模块，使设备的数控功能和工作可靠性大大提高。

浙江晨龙锯床股份有限公司研制的 GKX200 法兰件数控锯切机床专门用于大型锻造环形件的径向分切，切割环形件最大外径为 2 000mm，切割环形件最小内径为 650mm，锯床进给速度为 0～300mm/min（伺服可调），切割锯条运行线速度为 0～60m/min，圆环转动速度为 0～10r/min（变频可调）。整个工作过程自动控制，具有切割速度快，效率高，操作简单方便，锯口窄、省料、节能等优点。其工作原理：环形件、法兰件、管件均为空心件，在正常锯切时，锯带向下运转，工件旋转方向与锯带相反，两个运动合成为锯切运动。正常锯切时，不存在锯带拉齿的现象。当快锯穿工件时，由于工件内表面未加工，存在高低不平的凸起，如果按正常锯切时工件旋转方向与锯带相反，容易造成锯带拉齿。因此，该机床利用数控编程序技术，将锯架的进给运动分段，当锯切深度达到设定距离时，旋转盘反转，旋转方向与锯带方向一致，保证了工件能够锯穿不拉齿。

浙江晨龙锯床股份有限公司研制的 G32 曲轴锯切立式带锯床是国家重点新产品项目，适合于大批量船用曲轴生产。机床根据曲轴的外形以及多个相互垂直不在同一锯切面内的特征，通过电动机驱动行星减速机带动曲轴设定的角度旋转到一定位置，液压锁紧，锯床在直流伺服电动机驱动下，沿着轴线方向进行锯切和移位。采用数控与伺服控制系统，一次装夹可全部自动完成曲轴连杆颈、主轴颈的加工。产品主要技术性能指标：单个曲拐对称面尺寸允差：±0.25mm，单个曲拐垂直锯切面垂直度允差：0.15mm/100mm，锯头纵向进给机构定位精度：±10″，锯断面表面粗糙度：R_a3.2μm。

三、双金属带锯条

双金属带锯条是科技含量极高的新型刀具，包含很多新材料研究、真空焊接、机械加工、热处理等方面的最新科技成果的应用。我国双金属带锯条制造业从 20 世纪 80 年代第一根国产双金属带锯条诞生至今已走过 30 年的发展历程。

湖南泰嘉新材料科技股份有限公司“十二五”期间通过自主创新、吸收国外先进技术，成功研制开发了具有国际先进水平的高速锯切用双金属带锯条。其 AA 系列品牌是数十年国内行业标杆。该产品以高钴含量高速钢 M42 作为齿材，大大减少了一次碳化物的含量，提高了齿材的硬度和韧性，热处理后硬度达到 68～69HRC；4% 含钴基体材料，提供更高的强度和更长的疲劳寿命。该产品具有多项专利及自主知识产权的热处理技术，大大提高了齿部红硬性和耐磨性。全系列规格和多种齿形，适应碳素钢、合金结构钢、轴承钢、工模具钢、调质钢、铝铜等有色金属的标准锯切要求。

湖南泰嘉新材料科技股份有限公司的泰钜（TANGCUT）HB 系列产品，齿材采用粉末高速钢 B2000，热处理后硬度达到 69～70HRC，具有更好的耐磨性、红硬性，细小均匀的微观组织解决了高速钢硬度和韧性的矛盾。根据高速锯切的特点进行齿形优化升级，特别适用于高效锯切，能够锯切 40HRC 以上难加工及耐磨材料，如锻造钢、不锈钢、工模具钢、轴承钢、铸铁、钛合金及高温合金。

湖南泰嘉新材料科技股份有限公司的泰钜（TANGCUT）CB 系列产品，采用硬质合金作为齿尖，硬度高达 79HRC（1 600HV），拥有超强的抗震抗磨和抗冲击功能；高精度磨齿和分齿技术，在高速锯切的同时获得极佳的锯断面；优化的齿形和锯屑形状保证顺畅锯切和排屑。适用于常规锯切方式难以加工或无法加工的锯切，如高硬度钢材、表面硬化钢材、钛合金、镍合金及高温合金等材料。

本溪工具有限责任公司是我国规模较大的双金属带锯条生产企业之一，拥有雄狮牌、三叉牌、斯尔牌和 Romance 等多个著名品牌的双金属带锯条产品系列。“十二五”期间瞄准国内外市场，加强技术改造的投入力度。公司向技术进步的深度和广度拓展，在新产品自主研发和替代进口等方面均取得了显著的成效。其 M51 双金属带锯条产品，为重载锯削装备自主研制的新材质系列产品，含有 10% 钴和 10% 钨的合金大大增强了齿刃的耐热性能及抗疲劳性，改善了带锯条的锯削性能。其双后角齿型双金属带锯条产品，扩充了带锯条系列产品类型，优化齿形。该类锯条的特点是比普通带锯条每个齿尖都增加一个后角，一次后角与二次后角的角度的优选设计使刀具锯削性能达到最佳值，可有效地增加带锯条使用寿命和提高切削效率，极大地加强了产品竞争力。其 54～80mm 宽大齿距带锯条系列产品，包括宽度为 80mm、厚度为 1.6mm、齿距 0.75T/1.25T、前角 9° 和宽度为 54～80mm、齿距 0.9T/1.3T、前角 9°，二次后角（等齿深）等宽系列大齿距的双金属带锯条产品，扩充完备系列化带锯条产品，使国产金属带锯床的最大锯削直径规格提高到600～3 000mm，填补了国内该领域空白。

〔撰稿人：中国机床工具工业协会锯床分会许荪〕

精密机床

按照《金属切削机床 术语》定义，精密机床是指精度、性能等符合有关标准中规定的精密级要求的机床。随着国内汽车、航空航天、模具等重点行业的发展，飞行器控制设备中的精密机械零件、飞行器发动机关键零件，汽车发动机以及船舶、发电设备、模具等行业的关键零件加工精度要求达到微米级，对精密机床的需求不断增长，对加工设备的精度、精度保持性和可靠性等提出更高的要求。

“十二五”期间，通过“高档数控机床与基础制造装备”科技重大专项的实施，国内精密机床实现了“突破关键技术指标”“关键设备从无到有”“重点行业领域的实际生产应用”等，积极打造“精密＋可靠性”的产品核心文化，形成了新一代的精密卧式加工中心、坐标机床、小模数精密齿轮加工机床、小型精密数控车床等系列产品，以下通过部分典型实例来介绍精密机床的技术进步和发展。

1. 精密卧式加工中心

“十二五”期间，国内制造业结合精密卧式加工中心的设计与研发，研究底座床身、立柱、主轴箱及工作台等结构件设计技术，包括数字化建模、虚拟样机建立、运动和动力学分析仿真；研究大件低应力制造和变形控制技术、热补偿技术；开发装配质量监控系统、电主轴动静热特性监控系统、工艺数据库管理系统等；开展可靠性保障技术的应用，提高整机可靠性，MTBF（平均无故障时间）达 1 500h。

在数字化设计及分析技术方面，针对精密卧式加工中心进行了虚拟样机建模、动静热力学的建模分析、机床性能协同设计方法的研究以及相关的实验验证等方面的研究，特别是在机床整机的设计分析方面，通过整机匹配性分析，结合设计的思路，通过分析精密卧式加工中心各种相关因素对整机结构影响关系，建立相应的理论模型，利用不同结构零部件的优化结果遵循某种设计规律来进行各个部件之间的选型搭配设计，最终得到具有良好动态特性的整机设计方案。此项研究成果为精密卧式加工中心设计、性能评估及优化配置等方面提供了理论支撑。

在关键功能部件热误差检测与补偿技术方面，开展精密主轴的热屏障技术研究和热误差检测与补偿技术研究。针对主轴电动机进行热隔离试验研究，阻隔（或减小）主轴电动机的热量对机床立柱和主轴箱的影响；开展基于国产数控系统实现对机床主轴的热补偿应用研究，完成了国产数控系统主轴热补偿功能的开发，并完成主轴热补偿相关测温点的设置和建立补偿模型等应用试验研究，有效控制主轴的热变形，实现精密卧式加工中心精密主轴的热变形降幅达 60% 以上。

在可靠性技术方面，在广泛开展国内精密卧式加工中心可靠性调研的基础上，开展精密卧式加工中心 FMEA 技术研究，完成了加工中心可靠性建模和可靠性设计，形成了精密卧式加工中心加工、装配故障主动消除技术的体系结构；对精密卧式加工中心关键装配工序进行装配质量监控点的设计，通过精密卧式加工中心可靠性设计方法和制造保障体系建立，实现精密卧式加工中心可靠性指标 MTBF 的大幅提升，从 2009 年的 300h 提升到 2010 年的 1 000h，并在 2015 年率先突破 1 500h。

四川普什宁江机床有限公司一直以“精密、高效、成套、智能化”作为技术和产品的发展方向，而“精密”更是该公司的技术和产品最显著的特色。在“十二五”期间，通过 04 专项“精密卧式加工中心”和“800mm 精密卧式加工中心研发与国产功能部件的配套应用”课题的实施，成功研制了新一代工作台面宽度为 500mm、630mm、800mm、1 000mm 4 种规格的精密卧式加工中心，被列为 04 专项标志性成果代表性产品，直线轴（X、Y、Z 轴）定位精度＜ 0.004mm，重复定位精度＜ 0.002mm，其中，THMC6350 的定位精度＜ 0.002mm，THM6380 的定位精度＜ 0.003mm；机床平均无故障时间为 1 075h。课题研究不但完成精密卧式加工中心系列（工作台面宽度为 500mm、630mm、800mm、1 000mm 系列）主机产品、精密主轴、精密转台等的研制，还对机床热变形和热误差补偿、伺服驱动优化和数控系统误差补偿技术、整机结构优化技术以及可靠性技术等关键技术进行研究。自行研制的精密主轴和转台（专利技术）可以实现卧式加工中心系列产品的配套；关键技术的研究将有效提升公司卧式加工中心系列产品的综合性能和核心竞争力，研究成果已经在航空航天、军工、汽车以及船舶等重点行业实现用户验证和实际生产应用。

基于精密卧式加工中心的 FMS 柔性制造系统也取得较大的进步。在“十二五”期间，四川普什宁江机床有限公司研制了 FMS 柔性制造系统系列产品（包括 FMS50、FMS63、FMS80、FMS100 等），既是精密卧式加工中心产品由单机向成套生产线的延伸，也是精密研制技术与自动化控制技术和信息化技术的融合。为用户转型升级和智能制造新模式的转变提供解决方案，改变机械加工业原来单机、离散的加工模式，实现“停机不停线、停线不停机”、每条线交叉、混流加工，提高了生产效率、柔性和自动化，方便实现混流、混线、多种工艺路线的加工，实现了国内汽车、工程机械、机床等重点行业领域企业的示范应用，整体提升精密数控机床与成套装备关键技术的智能化水平和核心技术竞争力。

西安北村精密机械有限公司合作生产的 VTC-40 立式加工中心，主轴转速为 6 000 r/min 、10 000r/min，定位精度（X、Y、Z 轴）为 ±0.005（全行程）mm，重复定位精度（X、Y、Z 轴）为 ±0.003mm。采用日本原装高速精度主轴，刀具库由伺服电动机控制，具有优异的加减速性能。合理的机械结构设计，采用大型底座及立柱铸件构造，保证了机床的高刚性，充分宽度的进给接合面可保证稳定的重切削和高速、高精度加工。整机运转可靠，易于维护维修，特别适合于汽车、摩托车及通用零部件的加工。

北京工研精机股份有限公司研制的 u2 000/630H 新型精密多功能卧式加工中心，具有多种配置模块，可根据用户需求满足不同的功能要求。机床的定位精度为 0.006mm，重复定位精度为 0.003 5mm；转台的定位精度为 6″，重复定位精度为 3″，主轴端部径向圆跳动为 0.003mm。机床具有高刚度、高精度、高速度的特点，可满足汽车、摩托车、轻纺机械、模具制造、液压元件、航天航空等机械制造领域中的关键零件的高效精密加工，适合于加工精度要求较高的箱体、发动机缸体等各类零件的多品种及大批量加工。

2. 坐标机床

坐标机床作为精密工作母机是制造精密机床和其他高精度机器的关键设备，在国防军工领域具有战略地位。高刚性大阻尼机床结构、高速高精密主轴、高速高精度进给系统、高分辨率数控系统、智能检测和监控等从不同侧面反映了当前坐标机床的最高技术水平。国内精密数控机床制造企业（如北京工研精机股份有限公司、沈机集团昆明机床股份有限公司、四川普什宁江机床有限公司等）通过自主研发、产学研用结合等方式，突破结构设计、制造工艺和性能检测等关键技术，已具备开发高精度坐标机床的能力，实现部分替代进口。个别产品的精度接近欧洲同类产品水平，如四川普什宁江机床有限公司的 NJ-MK4280 数控连续轨迹坐标磨床定位精度达到 0.002mm，重复定位精度达到 0.001mm，一般精密级数控坐标镗床产品达到定位精度为 0.004mm、重复定位精度为 0.003mm。

在“十二五”期间，四川普什宁江机床有限公司开发了大规格的 NJ-MK4280 数控坐标磨床。机床的工作台面尺寸为 1 120mm×800mm，磨轮往复冲程为 180mm，X、Y 轴定位精度为 0.002mm，重复定位精度为 0.001mm，加工轮廓精度小于 0.006mm。机床采用龙门式结构，提高了机床的整体刚性，加工范围和承载能力有较大提高，在进一步完善性能和精度的前提下着眼于提高生产率。该数控坐标磨床具备了粗磨、半精磨和精磨工艺要求，并可实现强力磨削。此类机床是连续轨迹数控坐标磨床，具有六轴（X、Y、Z、U、A、C）控制，三轴（X、Y、C、A 中任意三轴）联动的功能。利用直线和圆弧逼近的方法，可对淬火后的具有任意曲线的平面图形的样板、模具型腔和冲头等零件进行加工。

四川普什宁江机床有限公司根据用户需求研制的 NJ-TK42100 高精度立式双柱坐标镗床，工作台面尺寸为 1 300mm×1 000mm，主轴端部径向圆跳动小于 0.002mm，X、Y 轴定位精度为 0.003mm，重复定位精度为 0.001 5mm。特别适合加工位置精度要求高的各种孔系、平面和型槽，适合加工板、杆、轴、套、箱体等类型的零件，以及冷冲模、钻模、镗模等工模具，可以对工件进行镗、钻、铣、车端面和刻线等多种形式的加工和测量。

北京机床研究所研发的 JIG630 卧式坐标镗级加工中心，采用可重组模块化设计技术，采用双驱动、精密电主轴单元，能够实现丝杠热伸长控制、空间误差补偿和热补偿，加工范围为 ϕ1 000mm×1 150mm，主轴转速为 80 ～ 8 000r/min，速度（X、Y、Z）为 48m/min，各直线轴定位精度为 0.004mm，数控转台定位精度为 4″，重复定位精度为 2″。机床可实现坐标镗级高精度加工，适用于航空航天、国防、汽车、轻纺机械、模具制造等行业精密箱体类加工。

沈机集团昆明机床股份有限公司研制的 TGK46100 高精度数控卧式坐标镗床，工作台面尺寸为 1 000mm×1 000mm，主轴端部径向圆跳动为 0.001mm，坐标定位精度≤ 0.003mm，重复定位精度≤ 0.001 5mm。作为高精度和高动态响应的工作母机，适用于箱体类、盘套类、板件及模具类等复杂零件的精密加工，可进行铣削斜面、框形平面、两维、三维曲面等加工，特别适用于尺寸、形状和位置精度要求高的孔系加工，完成镗、钻、锪、铰、攻丝等工序，还可作为精密刻线样板、高精度划线样板、孔距及长度测量样板等，广泛用于发动机缸体缸盖、变速器箱体、阀体、模具等复杂零件的精密加工。

3. 小模数精密滚齿机

高精度、高效率、干切削以及多轴控制是当前小模数数控卧式滚齿机的技术和产品发展趋势。国内制造商在产品设计优化方面，突破高速电主轴技术、电主轴控温冷却技术，研发顶紧力智能平衡装置和基于 EGB 跳跃的二次对刀系统，机床滚刀主轴和工件主轴均采用内装式电主轴，工件轴分度精度由齿轮传动时的 70″提高到 10″，工件主轴转速比普通数控滚齿机提高一倍，达到 1 000r/min，对刀时间由原来的 3 ～ 4s 提高到 2 ～ 3s，加工模数小于或等于 1.5mm 时可加工到 5 级精度（GB 10095—2001），当大批量、高效率成批生产时零件的加工精度可稳定在 5 ～ 6 级（GB 10095—2001），齿面粗糙度达 1.6 μm。

四川普什宁江机床有限公司新研制的 YK3610III 数控卧式滚齿机床为七轴四联动，最大加工模数为 3mm，滚刀主轴最高转速为 6 000r/min，工件主轴最高转速为 1 000r/min。机床加工模数小于 1.5mm 的齿轮时，零件精度可达 5 级（GB/T 10095—2001）；当大批量、高效率成批生产时零件的加工精度可稳定在 5 ～ 6 级（GB 10095—2001）。机床配备电子齿轮箱，配置人机交互参数化编程序系统；滚刀主轴和工件主轴均采用电主轴，实现展成运动闭环控制；滚刀主轴轴承采用油气润滑装置进行自动润滑；机床可实现齿轮在 3 ～ 999 齿、螺旋角在 -45° ～ 45° 的齿轮加工；采用进口精密级滚珠丝杆级高刚度、高精度滚柱导轨，运动平稳，刚度强，精度高，使用寿命长。可用于摩托车、仪器、仪表、玩具、电动工具、渔具等行业及小型汽车变速器中齿轮（$m \leqslant 2.5$mm）的各种不同精度齿轮的高效加工。

四川普什宁江机床有限公司新研制的 G200 数控立式滚齿机，采用机电一体化布局，配置 FANUC 0i-MD 数控系统，七轴控制四轴联动（X、Y、Z、Z_1 四个直线轴和 A、B、C 三个旋转轴，其中 B、C、X、Z 轴为联动轴）。机床滚刀主轴、工件主轴均采用大转矩内装电主轴，滚刀主轴、工件主轴的旋转精度达到 0.002mm。使用高精度滚刀、采用合理的切削规范时，可加工 GB/T 10095—2008（$m \leqslant 3$mm）5 级精度的直齿、斜齿和蜗轮，齿面粗糙度可达 1.6μm。机床大立柱、尾架立柱采用整体框架结构安装在底座上，将两个立柱用横杆共同铸造为一体，使机床具有更高的刚度，降低由于切削力造成的机床变形，保证加工精度和精度保持性。

4. 小型精密数控车床

针对小型、精密轴类零件的高精度加工要求，应用电主轴技术，突破电主轴的装配工艺，优化回转中心架制作工艺，保证主轴组系和回转中心架的刚性和热稳定性等性能稳定，确保机床低噪、低振动，具备更好的精度和切削性能；根据用户对自动化的要求，开发各种型式的自动上下料机构，实现无人化加工。

西安北村精密机械有限公司研制的 XKNC-DA25 小型精密 CNC 车床，主、副轴通孔直径为 25mm，加工直径为 100mm；主、副轴转速为 8 000r/min；定位精度（X、Z）为 0.004mm，重复定位精度（X、Z）为 0.002mm；采用双主轴平行对置排列、双独立刀架的结构设计，刀架固定于机床中部，双主轴可独立按照程序进行 X、Z 轴移动，实现换刀、加工进给及主、副轴夹持工件的自动交换。该机型可以解决工件在一次装夹下的夹持端二序加工问题，同时机床上可以集成各种形式的自动上下机构，实现无人化自动加工。XKNC-100G 小型精密 CNC 车床，主轴通孔直径为 38mm（25mm），加工直径为 150mm（125mm），加工长度为 100mm。该机床配备主轴加强型弹夹头及卡盘等多种可供选配的装置，可特别配置动力刀具和 CS 轮廓控制加工功能。丰富的柔性加工组合使“复合加工、一次装夹”在排刀式车床上成为可能，适合 VTR、宇宙航天器、电子工程、OA 机及汽车零件等类型的精密加工。XKNC-20G 小型精密 CNC 车床，主轴通孔直径为 20mm。本着为小直径的精密加工而设计的省空间、低成本的车床，具有体积小、行程大、主轴转速高、高进给精度、易操作、易维护、排屑顺畅等优点，安装 CS 功能，可实现曲线或曲面轮廓的精密加工。该车床适合于航空航天、电子、通信、钟表机械、光学仪器等行业。

浙江金火机床有限公司研制的 CKX45 数控车床，拖板上回转直径为 110mm，加工长度为 150mm，切削直径为 320mm，棒料长度为 45mm；定位精度（X、Z）为 0.01mm/0.014mm，重复定位精度（X、Z）为 0.005mm/0.007mm；采用高刚性密烘铸铁 45° 斜床身结构。机床可根据需要安装排刀架或八工位液压刀架，以实现在同一台机床上进行车、铣、钻、攻等复合加工功能，也可对端面和圆柱面进行轮廓铣削加工。公司研制的 BHJCK0636 内置桁架式自动送料数控车床，床身上回转直径为 250mm，车削直径为 110mm，重复定位精度为 0.005mm，表面粗糙度为 0.4μm。该车床采用数控机床自动化装载集成技术，具有自动化、机械化程度高，能在有害环境下操作，以保护人身安全等特点；采用空气压缩吹排技术，具有清洁程度高、生产效率高等特点；采用空气输送断屑技术，可以顺利实现工件在机床夹具内强制定位并完成自动输送。此外，该车床占地面积小，可操作性好，通用性高，在无料检测、上料到位等部件都装有报警装置。

四川普什宁江机床有限公司研制的 CKM1120V 全功能数控纵切自动车床，最大加工棒料直径为 20mm，主轴最高转速为 8 000r/min，主轴回转精度为 0.002mm，端面圆跳动为 0.001mm，实测端面圆跳动达到 0.78μm，定位精度（X、Z）为 0.004mm，重复定位精度（X、Z）为 0.002mm。自主研发的高精度国产电主轴，采用内装式结构，使用在线动平衡技术，使主轴运转时振动、噪声低，传动精度高。机床采用多排刀结构，机床正面、背面加工分别采用独立的刀架，可实现车、铣、钻、攻丝等复合加工，特别适合于小型复杂轴类零件的加工。

西安北村精密机械有限公司研制的 XKNC-SL07 瑞士型纵切数控车床，主轴通孔直径为 7mm，主轴转速为 9 000r/min，配备自动送料机，适用于小型细长回转体零件的精密高效大批量加工。可完成轴套类零件的车外圆、钻、镗孔、车端面、车螺纹、割槽、切断、攻丝等小直径零件的复合加工。

“十二五”期间，精密机床的发展经历了由国家政策扶持转变为用户需求驱动的历程，精密设计、精密制造、误差及补偿技术、精密进给技术以及测量和控制技术等的攻关和突破，为用户精密（超精密）加工提供关键设备奠定坚实的基础。精密机床的发展，除了要重点研究机床相关基础技术和应用技术的发展、使机床的性能指标不断完善和提高外，更重要的是要站在机床使用者（用户）的角度去思考机床技术和产品该如何去发展，精度和精度保持性、精密和可靠性等，对设备本身的精度和精度保持性指标、加工精度和加工一致性指标等提出更高的要求；更深入地研究精密机床的服务领域、范围及其技术发展，研究用户工艺，思考如何向用户提供更有效的问题解决方案，才能获得精密机床的持续有效发展。

〔撰稿人：中国机床工具工业协会小型机床分会王珏〕

金属成形机床

“十二五”期间，我国金属成形机床行业发展步入快车道，其基本特征为重型化、高速化、伺服化、精密化、智能化以及成线成套化。与此同时，系统可靠性明显提高，主动安全、绿色环保、节能降噪从口号变为现实，我国金属成形机床逐步从大体量向高质量转型。这样的转变，既是我国科技发展水平的体现，也充分反映了市场的升级需求。从市场表现来看，以济南二机床集团有限公司为代表的大型全自动冲压生产线已跻身世界一流，在世界高端市场登堂入室。而其他产品如高性能机械压力机生产线、高性能液压机生产线、高速压力机及其生产线、锻造设备及其生产线、数控转塔冲床及其生产线、数控激光切割机及其生产线以及伺服技术的广泛应用，无一不证明了国产金属成形装备的坚实进步和发展。这其中，多数产品能够满足主流应用，部分产品已具备替代进口的实力。

一、汽车车身大型快速高效全自动冲压生产线

“十二五”之前，国内汽车市场所需的大型快速冲压线主要依靠进口，以济南二机床集团有限公司为代表的国产自动冲压生产线占产值比重仅为10%，且生产效率低，生产汽车覆盖件350件/h，而此时国外知名制造商的冲压生产线生产效率已达480件/h，国产与进口产品差距明显，国内外生产线价格对比也有两倍的差距。而自实施汽车车身大型快速冲压线重大专项以来，济南二机床集团有限公司加快了自主研发进程，攻克一大批关键核心技术，到2015年，生产的快速冲压线已占总产值的70%以上，可生产汽车覆盖件550件/h，生产效率和产品可靠性、稳定性大幅提升，实现了与国际领先水平的同步发展。整体来说，汽车大型冲压生产线具有如下特点：①高度集成化。生产线涉及机、电、液/气、智能传感、智能控制等多领域技术。②自动化、智能化、无人化。生产系统不受人为因素、工艺条件变化等影响，可实现无人化生产，能够高效、可靠运行。③高柔性。可适应多材质、多规格、多种类产品的冲压成形。

“十二五”期间，在代表汽车冲压生产最高水平的汽车车身大型冲压生产线上，济南二机床集团有限公司强势进击，稳坐该领域领军位置。以其承担的国家科技重大专项“大型快速高效数控全自动冲压生产线”为例，项目依托上海通用（烟台）东岳汽车公司研制42 000kN全自动柔性快速冲压生产线，自主研发多项关键核心技术，首次应用双臂送料系统，采用同步控制连续运行生产模式，生产节拍最快可达15次/min，整线全自动换模时间仅为2.8min，是代表世界先进水平、自动化程度和生产效率最高的冲压生产线。近年来，济南二机床集团有限公司先后取得91条大型快速冲压线订单，装备了国内几乎所有自主品牌、合资品牌的汽车企业，国内市场占有率达到80%以上，彻底摆脱了国产汽车高档冲压设备主要依赖进口的局面。尤其值得一提的是，济南二机床集团有限公司成功进军国际高端市场，连续赢得福特汽车美国本土9条大型快速冲压线订单，成为“中国制造”的一面旗帜。

除济南二机床集团有限公司外，沃得精机集团也研发成功汽车覆盖件柔性自动冲压生产线。该生产线由垛料台车、磁力分张系统、拆垛机械手、双料检测装置、板料对中装置、多台闭式四点/双点机械压力机、多台上下料机器人（自动更换端拾器）、线尾带式输送机、废料输送系统、自动换模装置及生产线自动控制系统等组成，具有柔性好、效率高、全自动的特点，可用于汽车车顶、车门、内外板件和燃油箱防护罩等多品种大型板料成形冲压件柔性自动冲压加工。该项目核心技术成果来源于自主研发的大型双点/四点压力机和汽车覆盖件柔性自动生产线，拥有授权发明专利5件、实用新型专利22件，新申请发明专利7件；可靠性增长技术来源于南京理工大学国家科技重大专项项目“数控高速冲压设备可靠性增长技术”（项目编号：2011ZX04014-011）。

扬力集团股份有限公司研发成功乘用车覆盖件全自动柔性冲压生产线。项目采用创新研发的八连杆驱动压力机，具有曲柄压力机无法实现的快速下行、匀速工进、快速回程的工艺特性；创新采用自主开发的软离合/软制动控制技术，实现了组合式湿式液压离合器/制动器的软离合/软制动；自主研发了具有板料视觉识别、机器人智能对中定位、生产工况实时监控及异常现象智能化处理等特征的智能化物料输送与智能防护系统，实现了板料连续冲压成形过程智能控制。项目可完成乘用车覆盖件全自动无人化连续冲压成形，生产节拍8～10件/min，总体技术国内领先。

二、大、重型机械压力机及其生产线

机械压力机门类众多，量大面广，“十二五”期间进步不俗。其中，大型抗偏载闭式四点多工位压力机自动冲压生产线、高性能数控闭式四点多连杆机械压力机及其生产线、数控重型高速精密冲压生产线、大吨位闭式双点精密压力机等是其中的典型代表。

扬力集团股份有限公司研发的TE4-2500FB大型抗偏载闭式四点多工位压力机自动冲压生产线，由板料拆垛系

统、25 000kN 多工位压力机、三次元多工位数控传送系统、快速换模系统、线尾带式输送机、电气控制系统等组成，可实现整线冲压过程无人全自动化生产。该生产线的特点：多工位压力机总吨位达 25 000kN，多工序零件一次冲压成形、第一工位具有拉深工艺能力、每道工序工艺力不等、冲压瞬间上游公称力可达总公称力的 60% ～ 70%，具有高抗偏载特性。压力机整机精度达到日本 JIS 一级精度。整机振动小、噪声低，现场测试噪声≤ 77dB。整线自动化采用 SCY-500 三次元机械手送料系统，同时具备多台压力机组成冲压线的工艺能力。

合肥合锻智能制造股份有限公司研发的 LHS4-2000 高性能数控闭式四点多连杆机械压力机，采用大吨位气垫行程调整和闭锁技术、叠加阀控制技术及双回路、多个主分油器流量控制阀控制技术等。产品用于汽车零部件的冲压成形，采用八连杆传动结构，具有柔性高、效率高、安全可靠、噪声低、节能环保等特点。该压力机是汽车制造厂家的主力打头冲压设备，代表了机械压力机冲压线的一流实力。该系列产品出口特斯拉 A 级配套商墨西哥生产基地。

扬州锻压机床股份有限公司研发的 J76-750 数控重型高速精密冲压生产线，适用于大型、厚板材金属连续冲压成形，可高效精密加工各种大型板料冲压零件，其基本特征是高效率、高精度、高刚度和智能化，代表了高速精密冲压技术的发展方向。其公称力达 7 500kN，速度最高可达 200 次 /min，整机动态重复精度：垂直方向 ±0.02mm、水平方向 ±0.03mm，达到 JIS 特级精度。在高速冲压设备的整体动态综合设计、关键件的加工和制造，整机的装配和调试及智能控制等方面实现完全自主研发，极大地提升了我国高速冲压设备的自主设计与创新能力。

扬州锻压机床股份有限公司研发的 YPM-2500 多工位生产线，是一种通用型重型闭式双点高性能压力机生产线，能实现连续运转，适用于重负载连续模、级进模高效自动化冲压，主要用于薄板零件冲裁、校正、浅拉深等各种连续冷冲压。其基本特征为大吨位、高刚度和智能化，其公称力达 25 000kN，速度最高可达 15 次 /min，采用大间距偏心齿轮结构，抗偏载能力强。

扬力集团股份有限公司研发的 P2H-1600 大吨位闭式双点精密压力机，是当前国内首条自主研发、制造和集成的最大吨位的高精、高效级进模冲压精密压力机。其首次在 16 000kN 级的闭式精密压力机上采用曲轴横置结构，结合齿轮双边驱动、高刚性机身，大转矩离合器，具有高刚性、高精度、高速度等特点。配备高速三合一自动送料系统，可实现全程高柔性高自动化生产，打破了国外自动化生产线技术垄断，实现全自动化、智能化、高效率，加快了自动化生产线的国产化进程。

当前，国内外可生产大吨位闭式双点精密压力机的企业主要有德国舒勒、日本 AIDA 以及中国台湾的金丰等，这些企业的产品技术水平虽然很高，但产品价格也极高。到当前为止，采用曲轴传递的大吨位闭式双点精密压力机，国内（包括台湾）最大吨位为 12 500kN，当前能做到 16 000kN 的仅有扬力集团一家。

三、大型高性能液压机及其生产线

液压机在金属成形机床中占有重要地位，尤其在汽车冲压件生产领域具有传统优势。其中，汽车薄板冲压自动化生产线发展喜人，前景可期，而伺服技术以及高速技术在液压机领域的发展应用也为液压机发展注入了新的活力。

天津市天锻压力机有限公司研发的 ZS-YT27-1200+1000+800×3 汽车薄板冲压自动化生产线，经评审达到国际先进水平。该生产线攻克了我国汽车车身覆盖件制件高刚度、高生产节拍、全自动化生产的难题，是我国首条由 5 台液压机主机（拉深成形液压机、落料液压机、切边液压机、冲孔液压机、整形液压机）、7 台 ABB IRB 6640 130/3.2 机器人辅机（拆垛机器人、上料机器人、4 个工序机器人、下料机器人）、垛料小车、机械对中台、伸缩带式输送机、废料线、气动废料机以及多种规格模具组成的全自动汽车薄板冲压自动化生产线。

天津市天锻压力机有限公司研发的 ZS-JYT27-1000+800+630×2 高速复合传动压力机智能化冲压线，采用复合式伺服液压缸驱动对称连杆增力机构，具有滑块快速下降，慢速加压、持压以及快速回程等技术特点，可实现车身覆盖件及汽车冲压零部件的自动上下料、自动输送、自动压制、自动拉深、自动冲孔、自动整形、自动切边等工艺过程。该冲压线攻克了我国汽车冲压车身覆盖件高刚度、高生产节拍、全自动化生产的难题，填补了我国全自动化机械、液压相结合压力机冲压技术的空白，是我国首条机械压力机和传统油压机结合的新产品。

扬力集团股份有限公司研发的电动汽车数控液压机自动冲压生产线，由 1 台 YLZ34C-1000 3 600mm×2 200mm 单动薄板框架式数控拉深液压机、1 台 YLZ34C-800 3 600mm×2 200mm 单动薄板框架式数控拉深液压机、两台 YLZ34C-500 3 600mm×2 200mm 单动薄板框架式数控拉深液压机组成，为国内首台（套）全伺服驱动大型液压机冲压生产线。整条生产线液压机全部采用交流伺服电动机驱动内啮合齿轮泵，伺服电动机驱动的液压机比传统液压机节能 15% ～ 30%，整线噪声小于 78dB。

近十年来，日本及欧洲一些工业发达国家兴起了对交流伺服电动机直接驱动液压机的研究与开发，这种伺服液压机与传统液压机相比，具有结构简单、高效、高质、滑块柔性好、噪声低、节能显著等优点，被誉为第三代液压机。日本 Amada、Kawasaki（川崎）等公司用交流伺服电动机驱动改造液压传动系统，组成一种新的交流伺服电动机控制液压系统，运用于折弯机、液压机。这类液压机已在日本逐步进入普及期，并已在汽车零件、电子零件等高精度、难成形零件加工领域显示出无可比拟的优越性。伺服电动机驱动液压机主要用于单机和小吨位的液压机，如今逐渐用于大型液压机生产线中。伺服液压机将成为未来锻压装备领域的主要发展方向之一，同时伺服液压机将会朝着重型化、高速化、高效化、智能化、标准化、网络化和多用途等方向发展。

扬力集团股份有限公司研发的HSHP型高速液压机为国家科技重大专项“超高强度汽车结构件热冲压技术和装备生产线”主机产品，用于高强度钢结构件的热冲压成形，其快降速度为700～800mm/s、工作速度为46～250mm/s、回程速度为550mm/s，为当前国内先进快速液压机的2倍以上。该液压机技术达到国际先进水平，满足了高速冲压的需要，具有装机功率小、无回弹、节能等特点，代表了液压机向高速、高效方向的发展趋势。其专利“一种高速液压机”获得国家专利优秀奖。

四、数控板材加工设备及其生产线

数控板材加工设备以数控转塔冲床和数控激光切割机为典型代表，是“十二五”期间金属成形机床发展的亮点和重点，彻底激活了以汽车零部件加工生产为代表的钣金加工市场，一定程度上甚至改变了传统的成形加工方式。

济南铸造锻压机械研究所有限公司研发的SPE21250OS型高性能数控伺服转塔冲床及其生产线，是高能数控转塔冲床中的佼佼者。其在国内率先采用德国力士乐MTX开放型数控系统硬件，实现伺服冲专利控制软件的开发应用，进一步提升了作为“数控一代”创新应用示范产品的网络化和自动化水平，是“智能化、绿色化、信息化、服务化”方向转型升级的典型代表。该机成功应用伺服主传动、双排模位、互换转模、多子模等十余项专利技术，尤其是SVR变连杆高速冲压发明专利技术，不仅开创了伺服冲压技术新途径，更凸显其高效节能优势，其主要指标居国内领先、国际先进水平。主伺服电动机功率仅为同类产品力矩电动机的1/3，与传统液压冲床相比，综合加工效率提高40%，平均能耗降低75%，具有显著的高效率、低能耗与性价比优势。

扬力集团股份有限公司研发的数控伺服钣金柔性加工生产线，由1台EP20型全电伺服数控转塔冲床、1台YHB1032型电液伺服泵控数控折弯机、2台ER16型六轴机器人、1台ER170型六轴上／下料机器人、1套折弯机自动换模装置及周边设施组成，可自动完成板料装卸、定位、冲孔、折弯及工件码垛，是一条全自动钣金加工生产线，能够实现冲裁、激光切割、剪切、折弯、焊接等多种金属板材加工工艺，满足从原材料输入到成品输出的高速、高精、全自动生产需求。同时，在生产线工作过程中，能够实现折弯机模具的自动化更换，提高了整线的自动化程度和加工柔性。该线采用全电伺服主传动数控转塔冲床，折弯机采用电液伺服泵控液压系统来控制液压缸同步，以达到全线高精、降噪、节能的目的。其柔性制造系统以工艺设计为先导，以数控技术为核心，全自动完成多品种、多批量的加工、制造、装配、检测等过程，技术领域涉及机械、电气控制、检测技术、计算机网络、信息技术、生产管理等方面。

天水锻压机床（集团）有限公司研发的ZS-QD11K-16×6200多工位柔性数控金属板材自动剪切生产线，可全自动将整张原材料钢板四边剪切成不同尺寸的工件，工作效率是普通单台剪板机的5～7倍，节约人工成本70%以上。工件剪切精度全长≤±0.8mm，剪切对角线差≤1.5mm，剪切直线度全长≤0.8mm。该设备是集机械、液压、数控系统以及柔性化、自动化、信息化于一体的集大成之作，可满足现代轨道交通和汽车工业高精度、高效率的需要。整机实现了全自动控制、自检测、自诊断、故障提示和排故帮助等功能。该机已拥有国家专利10余项，其中发明专利3项。

“十二五”期间，数控激光切割机发展迅猛，年增长速度平均在20%以上。而光纤激光切割机异军突起，以其低能耗、高效率得到迅速发展和普及，大幅降低了光学、生产工艺等技术门槛，使民资纷纷进入，市场竞争日益激烈。当前我国高功率激光加工设备年销量已超过2 000台，光纤激光机床占据50%，国外厂商销售约500台，国产激光切割机比例超过2/3，已逐步替代进口。而且几个规模较大的切割机生产商，如深圳大族、上海团结、济南捷迈等已实现稳定、批量出口。从国际发展趋势看，国外金属板材加工行业，以德国、日本为例，厚30mm以下金属板材均已使用激光切割加工，大部分结构件实现“以切代加”。我国自2004年以来，高功率激光设备一直保持高增长态势，但与国外相比仍具有较大的发展空间，激光加工行业前景依然向好。

济南铸造锻压机械研究所有限公司自1985年研制我国第一台激光切割机以来，一直是我国激光切割机领域的中流砥柱。当前产品规格以1530、2040、2060、2560台式激光切割机为主，并实现模块化、通用化设计，对FANUC CO_2激光器和光纤激光器均可配备。其中，以FANUC激光器为主的CO_2系列，主要用于中厚板的加工，可满足中厚板下料的高精度、高质量的要求；光纤激光切割主要面对4mm以下中薄板加工行业，如厨具、低压电器、机箱机柜、不锈钢及有色金属板材加工等行业；激光管材加工生产线主要针对直径180mm以下碳素钢、不锈钢管材加工，并配有自动上料、下料功能，实现从捆料到工件的全自动加工。另外，成功研制带有板材立体仓库的激光加工柔性生产线，实现激光切割的“无人值守”加工。

五、大型锻造加工设备及其生产线

锻造生产设备及锻造生产工艺在金属成形领域具有悠久历史，在重视环保、节能降噪的今天，锻造生产设备取得明显效果。发展至今，一些锻造生产设备及其生产线已经具备了替代进口的实力。

天津市天锻压力机有限公司研发的ZS-THP11-6000+12000+800高性能铝合金汽车轮毂锻造成形数控生产线，

是我国发展先进结构材料特别是高性能铝合金所急需的成套工艺装备。该装备弥补了钢制及铸造铝轮毂的不足，突破了我国高性能铝合金应用和汽车轻量化的瓶颈，已成功压制出全球最轻锻镁汽车轮毂并投入量化生产。该成套装备结构先进、精度高，可满足特殊速度压制工艺，规格性能达到国际领先水平。

扬力集团股份有限公司研发的第三代轿车专用轮毂轴承单元智能化锻造成套装备，以特制 HFP2500 热模锻压力机（公称力 25 000kN）为主机，配备伺服步进式机械手、多工位精锻模具模架、自动喷雾润滑装置、全自动快速换模中心等组成自动化生产线，专用于第三代轿车专用轮毂轴承单元的内外圈的自动化锻造。该生产线适用于大批量的黑色及有色金属锻件的精密锻造，锻件精度高，材料利用率高，生产率高，易于实现自动化，噪声、振动小，是现代锻造生产中优质高精锻造设备。整线技术指标为国内领先，达到同期国际先进水平。

山东金辰机械股份有限公司研发的 JC-D31、D36 系列温热锻造压力机公称力大，可满负荷使用，甚至在批量较小时可超负荷 10% 使用，克服了同吨位压力机正常工作状态只能满足公称力 70% ～ 80% 的状况；公称力行程大，公称力行程比标准增加 2 ～ 3mm，扩大了锻造件范围，提高了锻件质量。同时，该机滑块行程涵盖范围广、行程次数可调，最大装模高度可根据用户锻造工艺设计，装模高度调整量可自动调节，具有强大的顶料装置。

山东金辰机械股份有限公司研发的 JC-JD31 系列闭塞锻造压力机具有强大的顶料装置。该机采用 MP 热模锻压力机的偏心轴和销轴式联接双连杆结构形式，具有较强的抗偏载能力；滑块采用 X 形导轨，具有受热变形小、精度高等特点；制动器采用水冷，能够满足高速锻造的要求；较大的公称力行程，适合温锻、挤压类及闭塞锻造零件的锻造；打击能量大；带有上下顶料装置，使用的大吨位气垫为国内首创。

安阳锻压机械工业有限公司研发的数控锤及其生产线是锻造生产中的重要装备。公司先后研制出从 16kJ、25kJ、31.5kJ 等规格数控全液压模锻锤到 160kJ、250kJ、400kJ 等大规格数控全液压模锻锤，成为国内外规格最齐全的数控全液压模锻锤研发制造基地。公司开发了桥式、拱式，单臂、双臂，液气、全液压等多种系列电液锤，从最小的 1t 电液锤到当前世界最大的 20t 全液压电液锤，规格型号齐全。

六、其他成形加工设备

广东省惠州市博赛数控机床有限公司研发的伺服可变旋轮攻角数控旋压机，用伺服电动机驱动，通过蜗轮蜗杆传动带动刀架旋转，刀架可旋转 360°，采用全数字伺服系统控制刀架旋转，可适应各种复杂产品的旋压加工需求。该产品通过在旋压过程中不断改变刀架旋压角度，刀架上的刀轮对工件进行旋压，使产品的表面光泽度和精度都有很大提升。此工艺改进减少了一些复杂工件的加工工序，代表了当前旋压机领域的发展水平。

广东省惠州市博赛数控机床有限公司研发的立式三旋轮数控精密旋压机是国内首创的三旋数控旋压机。该机型是在原来三旋轮机床的基础上增加一个预拉力，同时进行旋压，使其能完成超薄产品的旋压，表面粗糙度 R_a 达到 0.08μm，效率达到滚珠旋压的 10 倍以上。采用三轮旋压工艺，有效实现产品的精度、表面粗糙度要求，并且提高了产品的减薄率，从而提高了整体生产效率。还可根据客户需求增加车铣中心功能，可完成旋压模具的精密加工及旋压零件的二次精密加工。该机主要用于桶形件加工（薄壁管），适用于不锈钢、铝、铁等金属材料的成形。

济宁科力光电产业有限责任公司研发了安全光幕系列产品。“十二五”期间，该公司推出 T4 型安全光幕、LSPD 型安全激光扫描仪、BLPS 型折弯机专用激光安全保护系统、KS06M 型小型化安全光栅、KS06T 型（地铁专用）光电保护装置及 CSRME 型安全控制器等 6 款新产品，大大提升了国产光电的技术水平及影响力。其中，T4 型安全光幕是国内首家也是唯一一家通过 TÜV 认证的光电产品，代表着我国光电保护技术的最高水平。产品技术获得两项国家发明专利授权和两项实用新型专利授权。通过 TÜV 认证，T4 型安全光幕成功替代进口并获得进军国际市场的资格。T4 型安全光幕推出后，进口品牌的高端光幕产品降价 50% 以上，为国家和企业节约了大量外汇。当前 T4 产品在国内迅速普及，并已销往 10 余个国家。

〔撰稿人：中国机床工具工业协会锻压机械分会徐刚〕

数控装置

“十二五”期间，我国数控系统生产企业结合市场需求，通过不断研发，掌握了一批高性能数控系统、伺服驱动及主轴驱动等功能部件的关键技术，如多轴联动、多过程控制、复杂曲线及曲面处理、二次开发平台等，打开了一直受国外技术封锁的局面，产品开发和成果转化能力得到有效提高。国产高档数控系统已在总线、高速高精运动控制和插补、多轴联动等关键技术的研发中取得较明显的突破，部分关键技术指标已基本达到国际主流系统先进技术水平。

在技术与产品方面，掌握了数控系统的软硬件平台设计与批量生产技术，如基于国产 CPU 的硬件平台，基于 Linux 的数控系统操作系统技术、数控系统现场总线技术等。在先进数控系统关键技术指标方面，已经达到国际主流系统技术水平，例如，多通道、八轴联动、高速插补、五坐标刀具补偿等。批量生产系列化全数字交流伺服驱动装置和高性能交流永磁同步伺服电动机、系列化全数字主轴伺服驱动装置和主轴电动机等，相关技术与产品形成专项标志性成果，并在多种数控机床上获得应用验证。

一、数控系统

1. 高档数控系统

高档数控系统是指可实现多轴联动（五轴或者五轴以上）、多通道控制能力，支持全闭环反馈控制，系统分辨率达到亚微米或纳米级，主轴转速可达到 10 000r/min 以上，快速移动速度可达到 40m/min 以上，进给加速度可达 1*g* 以上、定位精度可达 0.01 ～ 0.001mm。除具有人机对话、通信、联网、监控等功能外，还具有专用高级编程软件，可进行多维曲面加工、复合加工、热变形补偿，主要与多轴、多通道、高速、高精、柔性、复合加工的高档、大 / 重型数控机床和数控成套设备配套，主要满足航空航天、军工、通信、汽车、船舶等领域重要、关键零件的加工。高档数控系统可以配置交流伺服进给电动机驱动和交流伺服主轴电动机。国内主要高档型数控系统产品有华中 HNC-848 型高档数控系统、大连光洋 GNC61 高档数控系统、沈阳高精蓝天数控 LT-GJ400/C 和广州数控 25i 等产品。

武汉华中数控股份有限公司研制的 HNC-848 高档数控系统在功能、性能、可靠性方面都有了较大的提升，许多数控系统的高档功能通过 04 专项的实施得以从无到有，同时匹配第三方电动机、编码器、光栅尺的能力也得到了进一步拓展。公司为沈飞改造的辛辛那提 LANCE2000 加工中心，机床的定位精度达到 5μm，达到机床出厂时的精度指标，NAS 试件的试切结果也验证了机床达到加工精度要求，填补了国产高档数控系统在航空关键零部件制造的应用空白；为沈飞改造的双龙门五坐标铣床，实现了五轴联动和双通道控制功能。公司与大连机床集团合作，已经为上海航天技术研究院提供了 4 台高档数控机床，全部配置华中 8 型全数字高档数控系统。其中，DLH-20 高速车削中心的特点是高速、高精度、高刚性，配置双轴闭环光栅尺，切削进给速度 60m/min；VDBS-50 高速立式加工中心的重复定位精度达到 0.004mm，用户评价在功能、性能、可靠性等方面接近国际先进水平，实现了国产高档数控系统在航天领域的突破。

武汉华中数控股份有限公司新推出了自动化产品，开发了通用的 HZPMC 可编程序运动控制器，已在专用数控系统（如剪板机、折弯机数控系统）及自动生产线总控方面初步应用。在泉州与福建培新机械制造实业有限公司合作开发了全伺服成人纸尿裤生产线，实现了一个数字控制器带动全部伺服电动机作同步运动，该项目产品的自动化程度高，生产效率高。

广州数控设备有限公司立足于智能制造装备领域，重点研究中高档数控系统、伺服驱动及电动机、工业机器人等产品及关键功能部件，以“数控系统及工业机器人技术国家地方联合工程研究中心”为依托，通过持续的技术研究和设备更新，保持一流的技术研究水平，为国产数控系统及工业机器人行业的产业化提供有力的保障和支撑。新一代 GSK 25i 数控系统是新一代 CNC 控制器，总线控制，高速高精，绝对式编码器，功能强大，操作方便，适用于 3 ～ 5 轴联动的多功能加工中心及镗、铣、钻等类型的机床。可实现八轴五联动，拥有五轴 RTCP(刀具中心点控制)、倾斜面（3+2 定位）加工、五轴手动进给等五轴控制功能，支持进给轴同步、PLC 轴控制。采用 GSK-Link 工业以太网总线，高速高精伺服单元、高分辨率绝对式编码器伺服电动机；具备高速高精加工功能，可用于模具类曲面加工、网络远程监控、远程诊断、网络 DNC 功能，已为北京机电院机床公司、沈阳机床集团、宝鸡机床集团等机床厂家的机床配套。

大连光洋科技集团有限公司承担了 2009 年度“光纤总线开放式全数字高档数控装置”和 2012 年度“高可靠性光纤总线开放式高档数控系统、精密测量系统、伺服装置和电动机技术及产品成套系统工程”课题。在 04 专项的支持下，从 2004 年研发第一代国产数控系统 GT200，到 2010 年推出专项成果 GNC60、2012 年推出日臻成熟的专项成果 GNC61，再到 2015 年推出升级版的 GNC62。历经十余年的努力，大连光洋 GNC 系列光纤总线开放式高档数控系统相继攻克了数控系统软硬件平台、双总线和 GLINK 总线技术、实时内核、五轴联动、多轴同步等一批高档数控系统关键技术，奠定了 GNC 系列高档数控系统在国内的领先地位。为了丰富产品功能，2015 年 GNC 系列高档数控系统完善了程序段样条拟合、加速度前馈等功能，并扩展了数控系统的数据交互功能，便于协同其他数控系统和机器人组成生产线。开展了数控系统伺服驱动频响分析，机械特性分析，陷波滤波器应用，高速高精电流环、速度环、位置环控制技术等技术的研发和改进工作。此外，进一步扩展数控光系统功能，以 GNC62 数控系统为基础，研究开发的电动汽车控制系统，实现对汽车的 4 个驱动电动机和 4 个转向电动机进行同步控制，并可根据路况实现 4 驱 4 换向、前轮驱动、后轮驱动等驾驶模式。

沈阳高精数控技术有限公司研制的 GJ430 全数字总线式高档数控装置，采用模块化、开放式体系结构，支持 SSB3、MECHATROLINK Ⅱ / Ⅲ及 EtherCAT 总线式全数字伺服驱动单元和绝对值式伺服电动机，支持增量式、绝对式和距离码光栅尺全闭环输入，支持 SSB3 总线式远程 I/O 单元，支持 USB、以太网等程序扩展和数据交换功能。支持多轴多通道控制，最大支持 4 通道 36 个进给轴控制功能，可实现多个程序的同时加工；每通道最多 4 个主轴控制，任一主轴适配伺服主轴均可实现主轴定位、*C* 轴快速切换、刚性攻螺纹；支持 5 轴 RTCP 功能；可实现各种内置复合加工循环，只需一次装夹即可完成工件车铣复合加工工艺；支持龙门轴同步、公用轴释放及获得、动态建立轴耦合及解除耦合及通道间协同控制功能；最大支持 512 个点的双向螺距误差补偿功能；支持双主轴双刀架的随机换刀功能。GJ430 数控装置具有多通道控制技术、五轴加工、高速高精度、车铣复合、同步控制等高档数控系统的功能，主要配套于高速、高精、多轴、多通道的立式 / 卧式加工中心、车铣复合机床及五轴龙门机床等，当前已批量应用于航空领域的飞机结构件、机载设备以及发动机加工控制。

2. 普及经济型数控系统

普及经济型数控系统是指可实现两轴、三轴或者四轴联动，真正实现半闭环反馈控制，系统分辨率达到 1μm，主轴转速最高可达到 10 000r/min，快速移动速度最高可达到 24 ～ 40m/min，定位精度可达 0.03 ～ 0.005mm，具有人机对话、通信、联网、监控等功能的数控系统产品。可以配置交流伺服进给电动机驱动和交流伺服主轴电动机。

武汉华中数控股份有限公司根据 3C 市场的应用需求，围绕提升产品高速高精加工性能、稳定性、宜用性等，对华中 8 型数控系统进行了产品改进。同时，针对客户的个性化需求，在产品硬件方面进行了定制化设计，推出了 HNC-818A 钻攻中心数控系统、经济型总线数控系统 HNC-808e 及经济型数控系统 HNC-808xp。针对快速增长的工业机器人市场，公司研制了机器人控制系统，该控制系统包含控制器、示教器、伺服驱动、IO 模块四大部件。当前已完成该控制系统的研制，形成产品包和配套的解决方案。产品已小批量应用于六关节机器人上，能够满足 3C 加工、冲压自动化生产线上下料的应用要求。

北京凯恩帝数控技术有限责任公司更新了第二代高速高精控制功能，在加工复杂工件的小线段组成的程序时，刀具的启动和停止更加平稳，而且在运行过程中也可以使速度平稳变化，加工质量与速度得到提高，技术达到国内领先水平。公司还开发了 K1000TT 双通道系统、磨床、KPC100 桁架机械手系统，丰富了公司产品线，并开始尝试向集成化领域迈进，研发了 PC 端监控软件利用网络接口，最大可以监控 8 台凯恩帝系统，可以在 PC 端进行程序、参数、刀补等数据的管理操作，可以查看各个界面状态并进行相关操作。此技术的应用，方便用户在生产线或多台系统进行集中化管理。K2000 系统配新版本软件推向市场，加工速度上限可以达到 60m/min，最多支持 3 个主轴，具有斜轴功能，PLC 轴最大支持 8 轴，配合光栅尺可以实现全闭环控制，编码器也支持到 23 位，支持 KSN 总线技术最大可连接 12 个终端。最小进给量为 0.000 1mm。以 K1 为基础的经济型车床系统，功能和性能也同步提升，加工速度得到极大优化，处于同行业领先水平，获得客户一致认可。

大连大森数控技术发展中心有限公司 2015 年研究和开发的具有以车 / 铣代磨功能的智能化数控系统，实现高速纳米级插补技术、高分辨率电动机编码器检测技术、高动态响应伺服驱动器实时控制、全闭环高精度、轴承环硬车削、智能化的伺服在线自动调整功能。

上海维宏电子科技股份有限公司对成熟产品、有市场销路的产品加快产业化进度，迅速做大做强。公司推出了具有自主知识产权的激光切割系统 NcEditorV12、水切割系统、总线型控制系列和集成数控系统、WISE(维智) Mechatrolink- Ⅱ总线型伺服驱动器等新产品，并突破了五轴水切割的技术难点，取得了阶段性的成果。

二、驱动系统、电动机

武汉华中数控股份有限公司新研制了 EtherCAT 总线型伺服驱动器产品，支持 EtherCAT、CAN、USB 等多种通信方式和多种反馈编码器，结构紧凑，体积小巧；研制的总线式模块化小功率伺服驱动器，已实现小批量生产，并应用于华中数控六轴、四轴机器人上。研发的 LDD 伺服电动机具有高精度、高动态、可靠耐用、免维护的特点，最大进给速度可达 60m/min。

广州数控设备有限公司研发的 130SJTG、175SJTG 系列高精高速电动机额定转矩为 4 ～ 38N·m，额定转速为 3 000r/min 或 4 000r/min，最高转速为 6 000r/min。电动机振动小（0.7mm/s 以下）、噪声低；转矩波动小（2% 以下），转速波动小（0.1% 以下）；过载能力强；相对转动惯量小，响应速度更高；适配 380V 电压等级驱动单元。

大连光洋科技集团有限公司研发了多种规格伺服电动机、主轴电动机、力矩电动机和直线电动机。其 GTML0360WS-100 力矩电动机通过了德国 GROB 机床的测试，实现了对德国力矩电动机的替代。

沈阳高精数控技术有限公司研制的功能型伺服单元以专用的数字处理器（DSP）作为核心控制芯片，采用先进的全数字电动机控制算法，完全以软件方式实现了电流环、速度环、位置环的闭环伺服控制，除具备通用伺服的快速响应和精密转速控制与定位控制功能外，还集成有高速逻辑控制功能，可实现多种特定控制工艺，从而简化了许多自动化专用控制机械的电气设计，并提高了可靠性。特别适合于点位控制，如定长剪切、自动织袋机、全电动注塑机、丝网印刷机、装箱机、码垛机、自动铆钉机等，同时也适合于同步控制，如包装机械、贴标机、飞剪机及绕线机等。与传统的工业自动化解决方案相比，该功能型伺服采用定制化人机界面，将由 PLC 完成的逻辑控制功能整合到功能型伺服内部，省去了外部 PLC，简化了系统连线，节省了成本；逻辑控制指令的执行速度远高于 PLC 指令的执行速度，提高了控制系统的响应速度。

北京超同步伺服股份有限公司研制的全系列伺服电动机、直驱电动机等产品，可实现与三菱、西门子、FANUC 等国际公司的数控系统任意配置，特别是以电主轴为代表的系列机床核心精密功能部件产品，已经完全具备取代进口的条件，并出口到欧洲、美国、马来西亚、韩国、印度、印度尼西亚和巴西等地。

北京凯恩帝数控技术有限责任公司的驱动器产品主轴驱动功率最大达到45kW，伺服类推出一带二经济型、通信加密性等优化产品。驱动产品完成了对行业领域90%以上的覆盖，整体配套能力进一步增强。主轴电动机取得技术上的突破，采用新材料、新工艺的电动机转速可达到10 000r/min，轴承预紧力可以动态调整，可以免维护。

三、机器人

“十二五”期间，机器人产品和技术都得到很大的发展。武汉华中数控股份有限公司新研制了冲压五轴机器人、六轴（关节）机器人，其中六轴（关节）机器人在3C行业实现了批量配套应用，特别是配备72台华数六轴机器人的智能制造示范车间，形成了很好的示范应用效应。公司将为3C钻攻中心生产线配置工业机器人作为公司市场发展重点业务，并取得了阶段性的成果，在广东东莞、江苏常州等地建立了示范点，并与许多用户达成合作意向。

广州数控设备有限公司在丰富的机床数控技术积累的基础上，延伸到工业机器人的研发，掌握了机器人控制器、伺服驱动、伺服电动机的完全自主知识产权，已完成系列化的全自主开发。公司还自主研发出多个规格型号的精密减速机，并已在自己研发的工业机器人上测试应用，功能上接近国外同类产品。公司已实现机器人产品的全系列、全自主研制，产品负载3～400kg，自由度包括3～6个关节，应用功能包括搬运、机床上下料、焊接、码垛、涂胶、打磨抛光、切割、喷涂、分拣及装配等，涉及数控机床、五金机械、电子、家电、建材、食品、医药及物流等行业应用领域。其国产化工业机器人产品已销往广东、上海、江苏、浙江、重庆、河南及广西等地，还相继出口到越南、土耳其、智利等国家，至今累计销售约1 200台（套）。公司研发的新一代“赤金龙”GSK RB10系列机器人，设计新颖，采用全新外观工业设计，创新具有中华传统文化特色的中国工业机器人外观形象，承载了公司数控系统产品一贯的高品质和高技术，功能全面，稳定性高，定制产品的重复定位精度可达±0.05mm，是国产机器人的代表性产品。

沈阳高精数控技术有限公司的机器人产品包括关节型通用机器人和桁架机器人两个系列。其中，T-JRB06关节型通用机器人为6轴控制，具有外部轴，负载重量6kg，最大工作半径1 400mm。该产品运动精度高，灵活性好，结构紧凑，占地面积小，适于用于机床上下料、搬运码垛、焊接、喷涂等领域。TRB系列桁架机器人主要应用于数控机床上下料，适于圆盘类、轴类、环类零件的短节拍、大批量自动化加工；具有2～5个自由度，负载5～200kg，重复定位精度为0.08～0.50mm；竖梁可选多种驱动方式，结构紧凑轻便，运动速度100m/min；横梁采用钢制整体型材，提高刚性，运动速度为120m/min。

大连大森数控技术发展中心有限公司以先进的数控技术为基础，结合气动原理、机械原理，研发了刺绣机器人。

〔撰稿人：中国机床工具工业协会数控系统分会张幼龙〕

功能部件及机床附件

一、主轴

1. 主轴的可靠性、输出特性、智能性、环保性等性能得到提高

上海原创精密机床主轴有限公司通过实施“高档数控机床与基础制造装备”科技重大专项中“精密动静压主轴设计制造技术”课题，研发的内置式永磁同步动静压电主轴，$D_m n$值达到100万mm•r/min以上，径向运动精度＜0.000 5mm，轴向运动精度＜0.001mm，加工零件圆度＜0.000 3mm，圆满完成课题要求。

洛阳轴研科技股份有限公司开发了节能环保型磨床用电主轴系列产品，采用公司研发的高速密封陶瓷球轴承，$D_m n$值达到170万mm•r/min以上，个别型号达到200万mm•r/min。此系列产品无需压缩空气和油雾润滑系统，实现了节能减排（平均每根主轴能为客户节省约5 000元/a）、绿色无污染的效果。通过对冷却结构的不断优化，克服了油脂润滑主轴内置电动机和后轴承散热不良的难题（散热性能提升30%）。主轴部分型号采用铜转子电动机，使得发热量降低15%。当前已经开发了7种常规型号，用以替代常规油雾电主轴，使用寿命在2 000h以上；研发了6种大功率、高精度的高端产品，满足了P2级角接触球轴承的高效磨削需求；研发了工件电主轴系列产品，将工件轴由传统的带传动改为永磁电动机驱动，并通过内置编码器系统实现转速的精准控制，主轴转速稳定、振动小（≤0.2mm/s），对加工产品的波纹度有明显改善；主轴不再承受传动带拉力，寿命高。

在气体静压电主轴方面，广州市昊志机电股份有限公司推出的DQF-400和DQF-350系列都属于行业领先的产品，其中：DQF-400超高速气浮静压电主轴最高转速达400 000r/min，是当前行业内首款400 000r/min气浮静压电主轴，具有里程碑的性质，代表了公司在气浮静压电主轴领域的最新研究成果。

2. 针对细分市场的产品研发取得进步

广州市昊志机电股份有限公司推出的DQF-400超高速气浮静压电主轴，是专门针对PCB微孔加工行业而精心

设计的一款高精密、高转速、高效率电主轴，钻孔直径为0.05～0.20mm，尤其适合于加工0.1mm以下孔径的线路板。该电主轴采用独特的中心冷却结构，冷却轴心，降低夹头、钻针温度，减少钻孔热集中，提高孔形精度。独创的二分形式水道，使主轴得到充分、温和的冷却，整支主轴温升小于3℃，确保主轴加工精度与使用寿命。为了获得更加卓越的动态精度，该款电主轴的夹头安装使用独有的放松结构，确保主轴动态偏摆小于5μm。

行业企业还针对汽车产业、重大装备、模具、兵器以及特殊行业的需求研发了不同规格的产品。

（1）以汽车产业为代表的需求特性。首先由数控机床组成的柔性生产线及成套设备将成为重点之一，这些生产线的特点：一是高速，主轴转速一般为8 000～12 000r/min；进给速度高，一般为60～80m/min；换刀快，一般为1～2s。二是可靠性高，MTBF（平均无故障时间）一般为2 000h以上。三是成套性好。这些柔性生产线不但要求配备好的夹具、刀具，还要配备好的工艺软件和控制软件。四是要求精度高、产品加工的一致性好。

（2）以重大装备为代表的需求特性。以航空、航天、发电、船舶、冶金、重型机械为代表的高精尖、大型专用设备成为第二方面需求的重点。这些设备往往单价较高，要求特殊，难度较大。但从全国需求总量来看，具有很大的优势，占机床市场的1/3以上。特别是对数控龙门铣床、数控落地镗床、大型五面加工设备需求量较大，而我国的生产能力又不能适应这一突然增长的需求。

（3）以模具、兵器等产品加工为代表的需求特性。以模具兵器等产品加工为代表的多坐标、高精度、复杂形面的加工设备是第三个需求重点。这些设备主要是四坐标联动以上的加工中心、车削中心、仿形铣床及成形磨床等。

（4）以满足特种试验或特殊行业专机用电主轴为代表的需求特性。例如，太阳能行业、高铁无砟轨道板磨削、高速离心机、内螺纹铜管加工行业、石油行业干式密封件试验、军工特种试验及轴承试验机等，这些应用场合需求特殊，要求较高的主轴研发、设计、制造能力，单台设备价值高，附加值丰厚，是一个新技术不断涌现、市场潜力巨大的应用领域。

3. 新材料应用取得进步

代替常规螺旋弹簧、碟形弹簧对轴承施加预紧力的压电陶瓷类材料得到应用，通过电流可以控制变形量从而精确施加预紧力。轴承座孔出现了类似于橡胶－钢材混合特性的材料，既可以满足加工的需要，有一定的硬度，还能够有效吸收轴承高速状态下的振动。钕铁硼作为永磁电动机转子的关键材料得到大量应用，大大提高了电动机的动态特性。

新型润滑剂的应用在国外研究得如火如荼，如水润滑静压轴承。国内湖南海捷精密工业有限公司也在研究水润滑静压轴承并在磨床上应用成功。国外对气油混合润滑静压动静压轴承已做了很多的试验台试验，可以进一步探索。

4. 新技术、新工艺在产品加工中得到推广

永磁电主轴转轴加工完成后的后充磁工艺解决了永磁电主轴加工制造、动平衡以及装配过程中遇到的难题。电主轴电动机定子环氧树脂封固工艺保证了电动机定子的高密封性，既防止杂物和水进入绕组，又能够很好地散热，降低了运输或者装配过程中对于定子额外的保护要求。铸铜转子工艺成熟，提高了电动机的效率，降低了能耗。

〔本部分撰稿人：中国机床工具工业协会主轴功能部件专业委员会于永军〕

二、滚动功能部件

1. 基础研究取得突破

在滚动接触刚度及滚动体接触特性研究、高速滚珠丝杠副摩擦磨损研究、结构优化及加工技术研究、滚动功能部件降噪降温润滑技术研究、原材料及热处理制造技术研究、动态性能测试技术研究和磨削工艺优化技术研究等新技术研究方面均取得突破。

2. 高速、精密、重装系列化产品，形成了批量生产能力

山东博特精工股份有限公司的K、KD系列端塞式高速精密滚珠丝杠副产品以及LZG35-65系列滚柱直线导轨副，南京工艺装备制造有限公司的端块式高速精密滚珠丝杠副、低噪声滚珠丝杠副、空心高速高精滚珠丝杠副以及精密滚动导轨副等系列产品都实现了批量生产。

3. 产品性能得到较大提升

山东博特精工股份有限公司的K、KD系列端塞式高速精密滚珠丝杠副产品，公称直径为25～80mm，精度达P2-P3，部分可达到P1，运行速度可达60m/min以上，*Dn*值达12万mm·r/min以上；LZG35-65系列滚柱直线导轨副，产品精度1～3级，噪声不大于72dB（运动速度为90m/min）。南京工艺装备制造有限公司的精密滚珠丝杠副可实现高速滚珠丝杠副在60m/min运行时噪声为70dB，下降4～6dB，精密滚动导轨副高速反向循环系统进行多轮优化设计，实现高速滚动直线导轨副在60m/min运行时噪声为67dB，下降3～5dB。

广东高新凯特精密机械股份有限公司开发的阻尼器、钳制器具有阻尼抗振、精密定位、安全的特性。

4. 国产化配套取得进展

南京工艺装备制造有限公司先后与沈阳机床集团、四川普什宁江机床有限公司、重庆机床集团、青海一机数控机床有限责任公司等国内知名机床厂进行合作，开展高性能滚动功能部件在高档数控机床的应用验证技术研究，通过加强与用户的合作，确保项目效果。开发的5020中空双重强冷高刚性变位预紧型高速精密滚珠丝杠副，精度P1级，已配套于宁江机床THM6380精密卧式加工中心，各

轴快速移动速度为40m/min，定位精度达到0.004 4mm，重复定位精度达到0.002mm，实现国产滚动功能部件首次为高档数控机床配套，填补了国内空白，成功替代了进口。5020端块结构高速精密滚珠丝杠副（精度P2级）及55滚柱重载导轨副已成功配套于宁江机床TH6380精密卧式加工中心，各轴快速移动速度为40m/min。开发的35高速低噪声滚动直线导轨副为扬州亚威、无锡金球等用户的数控高速转塔冲床成功进行配套，经检测，精度与日本THK产品精度相当；满足最高移动速度70m/min的运行要求，在最高速度时测试噪声不超过76dB，总体技术水平接近THK同规格产品。开发的6314重载滚珠丝杠副，精度等级P2级，承载圈数10圈，已成功为扬州亚威PBE-30/1250数控伺服冲压机进行配套，经测试，定位精度为0.005mm，噪声为72.2dB左右。开发的32规格P2级精密滚珠丝杠副及55重载滚柱导轨副已为宁江机床YK6308和YK3610-Ⅳ数控精密卧式滚齿机进行批量配套55台（套），可完全替代进口。

南京工艺装备制造有限公司研制的新产品在2011—2016年期间已为沈阳机床集团VMC850高速精密立式加工中心提供配套，其中，滚珠丝杠副配套2 040套、滚动导轨副配套4 080套，标志着中高档数控机床批量应用国产滚动功能部件明显上升，形成国产中高档数控机床应用示范。

〔本部分撰稿人：中国机床工具工业协会符祚钢〕

三、机床附件

“十二五”期间机床附件产品市场需求水平进入了快速升级阶段，市场变化的总体情况是由2011年的供不应求转变为2012年开始的供大于求。随着国内外市场竞争进一步激烈，低端技术的机床附件、数控功能部件市场需求日益萎缩，利润空间进一步缩小，中高端技术数控机床附件、功能部件产品市场需求日益上升。行业企业充分认识到企业产品技术转型升级的紧迫性和不可回避性，努力提高产品技术含量，推进技术水平不断提升，为企业提高抗风险能力打下了基础。“十二五”期间机床附件产品、主要数控功能部件技术进步情况如下：

1. 数控转台

（1）产品可靠性、精度保持性和产业化技术水平大幅提升。烟台环球机床附件集团有限公司依托“高档数控机床用数控转台产业化关键技术开发与应用”重大专项的实施，努力提升数控转台的可靠性。研究优化主轴轴承预载结构，提升主轴回转刚度和耐冲击能力，进一步提升了数控转台分度精度和可靠性。对产品进行超载加力试验，得到了YRT转台轴承、CRB交叉滚子轴承等数控转台主轴用轴承的承载特性和轴系变形的关系，为提升产品承载性能和可靠性提供了便捷可行的试验和数据处理方法。研究分析密封件等各段传动链力矩的利弊作用，提升了数控转台低速微量分度进给精度的可靠性；研究提升密封性能，提升润滑及防护功能，进一步提升了产品密封性能的可靠性和产品精度保持性；研究提升转台传动链刚度，提升了转台动态响应的可靠性；研究优化刹紧结构，提高刹紧力矩20%左右。研究提升数控转台的分度精度，直径400mm以上的数控转台，端齿盘分度产品的分度精度达到10″，蜗杆副分度产品的分度精度达到15″。对不同材质的分度蜗轮及非标准齿形蜗轮的精度保持性进行了试验研究，在数控转台新产品中采用了非标准齿形分度蜗杆副，并试验考核了其分度蜗轮的耐磨性、耐冲击性、高速回转特性、大转矩回转性能。非标准齿形分度蜗杆副的结构设计和加工技术属自主知识产权，填补了国内空白，对数控转台在核心部件蜗杆副的技术进步方面有着重要的推进作用。

数控转台的核心制造技术是高精度分度蜗杆副的加工及检验设施和工艺手段。当前，国内没有出售4级精度蜗轮滚齿机和4级精度蜗杆副分度检测仪。烟台环球机床附件集团有限公司结合实施重大专项，开展技术攻关，研制完成了2台高精度数控蜗轮滚齿机，加工精度达到4级以上；研制完成了3台高精度蜗杆副数控检测仪，大幅提升了数控转台分度蜗杆副的加工检测能力，填补了国内空白。

（2）大规格数控转台取得突破。随着我国对大型零部件加工设备需求的不断增加，对数控转台的规格及承载能力的要求日益增大。烟台环球机床附件集团有限公司加大对大重型数控回转工作台关键技术研究及开发应用，完成了TK123500（直径3.5m）、TK125000（直径5m）大规格数控转台，采用恒流闭式静压导轨，高精度双导程蜗杆副分度，全闭环控制，分度精度为6″，承重分别为40t和60t。TK125000大规格数控转台（双伺服驱动）采用双蜗杆传动分度技术，在数控转台的双伺服驱动控制、消隙传动控制方面取得了研究成果。该系列数控转台产品获得国家专利12项。2016年，大重型数控回转工作台获“山东省科学技术进步奖一等奖”。

（3）数控镗铣床坐标回转工作台实现专业化配套。该产品是数控转台的回转分度轴与工作台直线进给轴的组合产品，代替了机床主机工作台的支座、滑座、丝杠、导轨、工作台面等零部件。“十二五”期间，烟台环球机床附件集团有限公司着力研制数控坐标回转工作台，以专业化生产功能部件的模式为机床主机配套，完成了数控坐标回转工作台的系列化、标准化开发工作。该系列产品的形成，使机床主机的大型零部件完全转化为数控功能部件，缩短了机床主机的生产周期，提升了机床主机供货的快速反应能力。

（4）数控直驱回转工作台技术水平不断提升。随着机床主机向高速、高效、五轴复合加工方向发展，数控可倾直驱转台显现出高速、高效的优势。烟台环球机床附件集团有限公司试验研究了直驱转台的冷却性能、刹紧性能、密封性能等结构的可靠性，研制完成了 TK64320 数控可倾直驱转台。该产品采用广州数控设备有限公司的控制系统和力矩电动机（分度精度为 10″，重复精度为 4″，最高转速均为 100r/min），降低了机床主机的配套成本，为数控直驱转台主要配置的国产化奠定了基础。TK64320 数控可倾直驱转台获得 CCMT2016 中国数控机床展览会“春燕奖”。

2. 数控刀架

（1）产品可靠性和产业化技术水平有较大提高。烟台环球机床附件集团有限公司依托重大专项“高档数控机床用数控转台产业化关键技术开发与应用”的实施，针对普及型和高档型数控车床、车铣复合加工中心用伺服刀架、伺服动力刀架系列化产品开发，研究优化中高端数控刀架产品结构和关键制造技术，形成了两个系列、6 个规格新产品：AK3680、AK36100、AK36125 全功能数控卧式刀架和 AK3380D、AK33100D、AK33120D 数控动力刀架。研制完成了数控刀架产品检测试验装置、加力及跑车测试装置；研制的立式数控刀架运转自动反转检测设备，获 1 项实用新型专利。通过完善产品试验检测手段，提高了刀架产业化检测技术水平。全面启动了可靠性试验研究工作，将数控刀架安装至本企业的数控车床长期加工零件，充分模拟工况进行可靠性试验，研究提高数控刀架的可靠性，取得较大进展。

常州新墅机床数控设备有限公司承担了科技重大专项“高档数控机床用数控刀架产业化关键技术开发与应用”，针对普及型和高档数控车床用 SLT 系列 /SLTD 系列伺服刀架、动力刀架系列化产品开发和伺服刀架系列的批量化生产，掌握设计、制造关键技术，完成可靠性试验及综合性能测试，提高批量生产数控刀架的质量稳定性，实现与中高档数控机床配套应用。

（2）直驱刀架技术取得突破。2015 年，江苏宏达数控科技股份有限公司研制完成 HAK37080 数控直驱动力刀架，重复定位精度为 2″。该产品采用企业产学研联合研发的刀架直驱电动机。在驱动控制器中设置智能控制功能，可以实现远程监控，为数控机床主机实现智能化控制奠定了基础。获得发明专利 1 项、实用新型专利 3 项，技术性能指标达到国际同类产品的先进水平。2015 年，该产品通过中国机械工业联合会科技成果鉴定。

（3）立车伺服刀架技术有较大提高。立车伺服刀架产品优势是伺服电动机控制就近选刀、回转加减速平稳、机械传动链短、故障点少。烟台环球机床附件集团有限公司研发了电动机内置立式伺服刀架。先后研制完成了 AK26380×5 等 5 种规格产品，形成了 AK26 系列立式伺服刀架。实现了为数控立式车床、大中型数控卧式车床的配套，填补了国内在数控立式车床伺服刀架领域的空白。AK26380×5 立式伺服转塔刀架获得 CCMT2012 中国数控机床展览会“春燕奖”。

3. 刀库

（1）产品技术水平不断提升。呼和浩特众环（集团）有限责任公司依托重大专项课题“大型刀库及自动换刀装置的开发”“刀库及自动换刀装置规模化制造关键技术与装置的研发”“刀库凸轮式自动换刀机构关键制造工艺及产业化”的课题实施，掌握大型刀库设计开发、常规刀库的规模化制造、自动换刀装置核心技术等，提升了国产刀库的研发、工艺、配套核心技术能力，解决了大型链式刀库储刀仓设计、动力学分析、液压式自动换刀装置设计、规模化制造关键工艺问题、凸轮式自动换刀机构核心部件“弧面凸轮”的设计与制造等多项重大技术问题。完成了 BT50-80LSY 大型链式刀库（液压式换刀）、BT50-80LSD 大型链式刀库（凸轮式换刀）、BT50-48GP 高速盘式刀库 3 种新产品试制工作。BT50-80LSY 大型链式刀库提供了 80 把刀具的储藏空间，由伺服电动机带动链条完成选刀，再由液压驱动齿轮齿条机械手完成换刀过程，刀库运行平稳，抓刀重量大，最大刀重达到 30kg。BT50-80LSD 大型链式刀库拥有能容纳 80 把刀具的大型储刀仓，由伺服电动机带动链条完成选刀，使用凸轮式 ATC 完成换刀过程。刀库在凸轮式 ATC 上装有自动锁刀机构，避免在换刀过程中出现掉刀现象，刀库能够装取最大刀具重量为 30kg，换刀速度达到 3.8s。BT50-48GP 高速盘式刀库能够储存 48 把刀具，最大刀重 30kg，刀库分为上下两层，上层能够储存 16 把刀，下层能够储存 32 把刀，节省了空间。采用消隙齿轮传动，刀库换刀速度快（刀盘每分钟转 6 转），运行更加平稳，定位精度有很大提高，减缓冲击，延长了刀库的使用寿命。研制完成 BT50-60LY 大型链条式刀库，该刀库采用液压马达驱动，ATC 凸轮式换刀，刀库容量 60 把刀，现已配套应用于主机。BT40-16PD 直推式斗笠刀库，改进了刀库气缸送刀结构，更换为电动机驱动凸轮完成送刀动作，送刀速度快，电动机和凸轮寿命长，延长了刀库的使用寿命。将 BT50-24P 圆盘式刀库进行结构优化，大幅减轻了刀库重量，降低了制造成本。

（2）产业化技术水平有较大提高。刀库产品异形件较多，对于工装和检具的要求较高，设计制造关键零部件专用工装，保证了关键部件（如刀库本体、分度轮、刀库支架、滑动支撑板）的加工，解决了关键零部件以常规检具无法检验的技术瓶颈。针对斗笠刀库、圆盘刀库、链式刀库等量大面广的刀库产品，设计制作刀库检测试验机，在刀库性能检测和可靠性检测方面建立了企业标准。在研制数控刀库用专用机床方面，对刀库的核心部件 ATC 凸轮换刀装置中的弧面凸轮的设计和加工进行了深入研究。在测试技术和手段方面，与北京工业大学合作，开发了刀库测试试验平台，测试内容有换刀传递点的定位精度、刀库运动平稳性、刀库运动噪声、电动机运转的温升及电流等项目，提高了刀库生产的产业化技术水平。

4. 动力卡盘

（1）产业化技术水平有较大提高。呼和浩特众环（集团）有限责任公司依托“高精度动力卡盘和回转油缸规模化制造技术与装备的研发”重大专项的实施，在产业化生产技术开发和稳定产品质量方面，研制了盘体数控工字口淬火机床（机床具有 360° 回转自动分度、自动加热、自动冷却功能），实现了盘体工字口的高频感应淬火，提高了盘体的耐磨性，缩短了与国外同类产品的差距，满足了主机对动力卡盘产品的配套要求。研制了高速为 5 000 ～ 8 000r/min、低速为 5 000r/min 以下的两台高速动力卡盘及回转液压缸综合试验机，实现了动力卡盘及回转液压缸主要性能参数指标均能试验测试。

（2）研制完成多种新产品。呼和浩特众环（集团）有限责任公司开发了斜柱式动力卡盘、球节式动力卡盘以及为石油管行业开发的 K53 系列前置式通孔动力卡盘（规格有 160、200、250、315、400、465、500、650、850 等）等产品。当前生产的 KT55 系列高速通孔动力卡盘及 P25B 系列回转液压缸、KT54 高速楔式动力卡盘及配套的 P24 高速回转液压缸，为国内主机厂作为标准配置。KT54 及 KT55 系列产品的性能参数、连接尺寸与日本 KITAGAWA 产品匹配，实现了与国外产品（成品）的配套互换。

江苏无锡建华机床附件集团有公司研发试制的高速精密动力卡盘产品，实现了为重大专项高速数控车床及车削中心开发的主机配套。研发的动力卡盘新产品，主要技术参数与中国台湾、韩国等进口产品相当，产品包括 K51、K52、K53、K54、K55 系列动力卡盘。高速精密动力卡盘项目获得“高档数控机床与基础制造装备”科技重大专项支持，被评为“江苏省高新技术产品”和“2012 年度国家重点新产品”。

〔本部分撰稿人：中国机床工具工业协会机床附件分会王兴麟、张越东〕

四、夹具

夹具和夹具功能部件产品主要分为组合夹具、专用夹具和夹具功能部件 3 个子类产品，包括组合夹具、各种机床夹具、焊接夹具、检验夹具、装配夹具、生产线成套夹具及系列化多齿分度台、精密平口钳、快速铰链杠杆、快速夹紧机构等产品。在“十二五”期间，夹具行业经历了快速发展，生产企业根据市场需求，加大产品研发投入，不断推动技术创新，提升产品质量，满足用户的个性化需求，由“生产制造型”企业向“服务制造型”企业转变，柔性智能化夹具取得进步。

保定向阳航空精密机械有限公司开发的柔性智能夹具产品分为“航空专用柔性智能夹具”及“通用型柔性智能夹具”两大类。航空专用柔性智能夹具主要包括自动化柔性夹具、柔性组合夹具、柔性多点成形模具、柔性夹持蒙皮数控切边工装、壁板类零件柔性工装、柔性对合工装；通用型柔性智能夹具主要包括液压夹具、气动夹具、手动机具、柔性夹具、真空夹具、电永磁夹具等。柔性智能夹具的技术创新与产品开发紧紧围绕“高精化、高效化、柔性化、自动化、智能化、尺寸极限化”等现代技术的发展趋势展开。产品主要覆盖航空、航天、机械、汽车、船舶等行业。“十二五”期间，保定向阳航空精密机械有限公司开发的柔性智能化、自动化夹具还有曲轴类零件自动化夹具、柔性制造单元（FMC）智能夹具、组合式薄壁曲面夹具系统、基于盒式敏捷关节及快速装夹系统的可重构柔性智能工装技术、航空发动机火焰筒液压夹具系统、航空发动机燃油总管复合夹具等。

宁波丰州机械有限公司研发的 HH33 系列浮动支承缸产品，获 1 项实用新型专利（201320580509.9）和 1 项发明专利（2013104：8245.X）。HH33 浮动支承缸产品采用 5° 锥角弹性体的设计，所产生的摩擦力大，使支承更稳定；在解锁方面，采用了锥面直线轴承设计，实现钢球解锁，滚动摩擦。HH33 支承缸一般使用在自动化程度要求较高的夹具产品上，可为加工工件提供一个自适应的支承，它可以弥补工件的不规则外形以及在机加工中会出现的振动和变形等不利因素。它可以直接安装在夹具本体上，浮动支承自动适应工件的轮廓后锁死，这种支承增加了夹具的刚性，可使加工误差最小化，浮动支承为夹具提供了一个无需固定的辅助定位点，可对工件厚部或薄壁部分进行支承，通常是为了减少在加工过程中工件受力后的变形。紧凑的结构设计能产生高效的支持力，使工件避免加工时受切削力而变形，避免加工时发生振动而影响工件的加工精度。

〔本部分撰稿人：中国机床工具工业协会夹具分会吴建民〕

工　量　具

据国家统计局资料和中国机床工具工业协会工具分会的统计测算，到“十一五”末的 2010 年，我国刀具消费超过了 2008 年的历史最高水平，达到了 330 亿元。尽管我国工具市场的销售规模已居世界前列，国产刀具在国内市场的占有率已达 65%，但国产刀具产品结构落后，绝大多数内销刀具为传统高速钢标准刀具和一般水平的硬质合金标准刀具，能够满足制造业高端需求的现代高效硬质合金刀具、高性能高速钢刀具和新型超硬刀具，只占有 15% 左右的份额。综观我国工具行业现状，到“十一五”末的 2010 年，我国规模以上的工具企业有 700 余家，但能够提供现代高效刀具的企业也不过 30 家左右（其中国有控股的骨干企业约 10 家，中、小型优秀民营企业近 20 家）。所以，从行业整体来看，国产刀具的主要服务对象仍为国内中低端制造企业，高端市场基本上为进口刀具所占领。

为此，在工具行业“十二五”规划建议中提出了“十二五”期间工具行业的发展目标，主要有以下两个方面：

（1）大幅度提高国产高效刀具在制造业高端市场的占有率。高端市场的占有率从当前的 10% ～ 15% 提高到 30%。

（2）为制造业切削加工提供“整体解决方案”，跨出实际步伐。即在汽车制造、航空航天、能源设备等现代制造业选择若干典型零件的生产线，在加工技术和切削刀具方面实行全方位服务，积累为制造业提供“整体解决方案”的实战经验。

因此，“十二五”期间我国工具行业企业围绕这两个具体目标进行产品结构调整和技术创新。

“十二五”期间工具行业的发展，和前几个五年规划时期的持续快速发展相比，可以说是跌宕起伏、复杂多变，不确定因素大大增加。新常态下，制造业在低端刀具需求大幅下降的同时，对现代高效刀具的旺盛需求有增无减，说明我国制造业对刀具的需求结构正在发生重大调整。通过对一些代表性行业的现场调研，“十二五”期间一批走在前列的工具企业，在“调结构、促转型”方面已经取得了长足进步。以现代汽车制造大量使用的“三高一专”高效刀具为例，在“十一五”末期调研显示，主机厂（动力总成）的刀具国产化率在 10% ～ 15%，到“十二五”末期调研时发现，国产化率普遍达到 25% ～ 30%，进步是明显的。

按照“十二五”规划中提出的为实现工具行业“十二五”发展目标的基础技术发展措施，主要取得了以下成果：

一、切削刀具

1. 基础与共性技术

成都工具研究所有限公司在国家自然科学基金的支持下，进行了“基于微几何学的变尺度强化带复杂刃形刀具刃切削机理研究”，主要研究内容包括：①形成复杂刃形刀具刃口强化带的变尺度设计理论；建立基于微几何学的复杂刃形刀具变尺度刃口强化带的刃切削理论。②研究基于微几何学的刃切削机理，构建一种复合型刃口强化带结构，该结构适用于硬质合金精密螺纹成形刀具。③研究刀具微观形貌的形成机理，建立刀具刃区表面完整性表征模型，完善刀具刃区微观形貌表面完整性评定体系，综合评定刀具刃区的表面质量。④建立基于分形理论与重构技术的刃区微观模型，进一步研究刀具刃区微观摩擦磨损机理和提高刀具寿命的方法。

国家科技重大专项课题“高性能数控刀具性能测试与检测技术平台的研究”，通过对高性能数控刀具基础共性检测与评价技术、切削性能及可靠性测试与评价技术的系统研究，制定数控刀具检测技术标准和规范，建立我国高性能数控刀具性能检测及可靠性评价体系，提升和完善第三方检验测试平台。主要内容包括：高性能刀具材料性能检测技术与高一致性评价方法；刀具（结构、刃区、动平衡等）精准设计的可靠性评价方法；刀具精细制造（精度高一致性、微缺陷、焊接与夹紧等）检测与评价技术方法；刀具切削试验技术（切削优化、试验方法等）和切削性能（切削监控、加工表面完整性、寿命及可靠性等）评价方法。已完成 19 项相关标准的起草、立项；完成相关 33 项技术规范的起草，获得“检测技术数据库软件”软件著作权。

2. 刀具材料与涂层技术

株洲钻石切削刀具股份有限公司的“超细晶粒整体硬质合金涂层精密刀具的研究与开发”项目解决了烧结过程中硬质合金晶粒快速长大的关键技术难题，开发出硬质合金多次、多阶段烧结新工艺；开发出晶粒度分别为 0.26μm 和 0.35μm 的两种超细颗粒整体硬质合金材料并成功应用于 PM/HM 立铣刀；开发的 TiAlN/TiN 多层涂层由于界面强化而改善了涂层的力学性能和热稳定性能，从而呈现出更好的切削性能。

成都工具研究所有限公司通过 04 重大专项“高性能 PVD/PCVD 刀具涂层技术与装备开发”项目，完成了原始创新的 PVD/PCVD 工业化涂层成套设备的研制，并实现了工业化生产应用；建立了 2 条涂层加工生产线，在硬质合金刀具上实现了 PCVD 的类金刚石（DLC）膜的制备，实现了 PVD 氧化物膜 AlOx、ZrOx、YOx 的制备；完成了 12 种黏附层、耐磨层、隔绝层三重复合薄膜的制备；获得 15 项专利和 4 项标准及工艺技术文件；年涂层加工能力已达到 200 万片。

株洲钻石切削刀具股份有限公司研发超细晶粒涂层取得突破。该公司开发出细晶 TiCN 涂层和 $\alpha-Al_2O_3$ 涂层，MT-Ti(C,N) 涂层平均晶粒度小于 0.6μm、$\alpha-Al_2O_3$ 平均晶粒度小于 0.8μm；突破超厚 MT-Ti(C,N) 涂层，使 MT-Ti(C,N) 涂层厚度在 0 ～ 12μm 范围内可控；突破纳米晶 / 非晶复合结构涂层新技术，使 TiAlSiN 涂层的平均晶粒度小于 20nm；突破等离子增强纳米多层调制周期结构 PVD 技术，TiAlN/TiN 纳米多层结构涂层的调制周期小于 25nm。典型产品有“金钻”YB9320 和“银钻”YB6315。该公司的“超硬材料刀具的研究与开发”项目荣获湖南省人民政府颁发的“湖南省科技进步奖一等奖”。

厦门金鹭特种合金有限公司通过“用于黑色金属加工的高性能超细晶粒整体硬质合金涂层刀具系列”研究，以超细碳化钨粉末和钴粉为主要原料，开发出晶粒度为 0.20 ～ 0.50μm 的超细晶粒硬质合金；针对黑色金属材料加工的需求，开发了 TiAlN 多层复合涂层系统、含 Si 纳米复合涂层系统以及 BCN、CNx 纳米多层复合超硬涂层系统，开发和生产了 25 种以上适合黑色金属加工的铣刀和钻头等系列刀具。

成都成量工具集团有限公司的“高效可转位刀具系列及超硬工具的研究及产业化”项目，完成了高性能硬质合金基体材料的开发和高效可转位刀具多元复合膜涂层设备及技术的研究，建成了 3 条生产线。

3. 提供成套技术服务实现突破

“十二五”期间，工具行业在为汽车制造、航空航天、能源设备等现代制造业提供加工技术和切削刀具全方位服务方面跨出了实际步伐，积累了为制造业提供“整体解决方案”的实战经验。

（1）汽车行业用刀具。株洲钻石切削刀具股份有限公司通过“汽车发动机配套精密高效刀具开发”项目，完成了 20 多个系列的汽车发动机典型零部件加工用非标刀具的开发(包括曲轴内铣、外铣加工配套刀片与刀具；套车、车 - 车拉、铝合金面铣刀具；缸孔、曲轴孔、凸轮轴孔及阀座孔粗精加工刀具；铝合金高速面铣刀等），满足了奇瑞、神龙等汽车企业曲轴加工的要求和节拍，国产化率达到 80%。

成都工具研究所有限公司通过 04 重大专项“汽车发动机高效加工系列刀具的研发”，对硬质合金基体材料牌号 GY71、GY83 进行改进和优化，针对铝合金缸体、缸盖等的加工，开发出具有独特断屑性能的立装带封闭断屑槽型的高性能刀片，设计了独特的刀片刃口强化技术。

汉江工具有限责任公司通过“高效高性能数控复杂精密刀具”的研发，为汽车、航空、能源、船舶等行业研制了高速环保干切齿轮滚刀、高精度叶片、轮槽铣刀、高效重载双切滚刀、大型高精度拉刀和高速环保干切插齿刀等 17 个新产品，掌握了刀具设计与制造、热处理、表面涂层及数控专机的研制等关键技术。

恒锋工具股份有限公司针对轿车自动变速器加工用新型螺旋内齿轮拉削难题，成功研制了精密螺旋花键拉刀。该项目的研发实现了螺旋内齿加工工艺的突破，填补了国内空白。恒锋工具股份有限公司因此成为继德国、日本几家公司以外全球第六家有能力设计制造该类专用拉刀的厂商，打破了国外刀具厂商的技术垄断。该公司的“一次拉削成形 7 级精度内齿圈加工用精密特大拉刀研究开发”项目为“浙江省重大科技专项重点工业项目”，新产品“一次搓挤成形轿车渐开线花键轴加工用精密花键搓齿刀”获得 2015 年度“浙江省装备制造业重点领域首台（套）产品”称号。

厦门金鹭特种合金有限公司开发的“汽车零部件加工用高精度数控刀片”产品具有经授权的发明专利，拥有完全自主知识产权，产品技术性能达到国际先进水平，年创利税 2 000 万元以上，荣获厦门市“优秀新产品二等奖”。

哈尔滨第一工具制造有限公司为汽车行业开发的高精度小直径大长径比齿轮滚刀、高精度高速切削插齿刀、发动机高速齿轮径向剃齿刀、克林贝尔格齿制超硬摆线铣刀、高精度枞树形蜗轮叶片榫槽拉刀、重型复合可换精刀套内齿圈拉刀、高精度复合螺旋渐开线花键拉刀等产品，各项技术指标与进口产品相当，一汽、二汽等用户反映较好，可实现替代进口。

哈尔滨量具刃具集团有限责任公司通过 04 专项“汽车发动机配套精密高效刀具开发——精密工具系统研制”，开发了汽车行业用工具系统设计技术及批量制造工艺技术，创建汽车行业用工具系统，开展 HSK/SK/CAPITO 刀柄整体刀具基体材料研究，开发了镗孔工具系统和复合孔加工工具系统。该公司开发的汽车行业高性能丝锥设计技术及批量制造工艺技术，为汽车行业高效螺纹孔加工提供配套刀具；针对汽车齿轮大批量生产的现场检测需求，开展了“汽车齿轮快速检测及高效配对系统研发”，研制具有自动上下料、快速检测、分选三大功能的用于生产现场的圆柱齿轮快速检测分选系统。

（2）航空航天行业用刀具。上海工具厂有限公司通过“航空航天用复合材料系列化刀具开发”重大专项，针对航空航天工业使用广泛的典型复合材料及零件，研制适用于复合材料加工的高效系列化刀具，开发了多种制孔工具〔包括金刚石涂层整体硬质合金钻头、PCD 钻头、金刚石涂层铰刀、复合孔加工刀具以及其他形式的新型制孔工具（如匕首钻、扩孔钻、阶梯铰刀、PCD 锪窝钻等）〕；开发 5 种铣刀系列（包括金刚石涂层整体硬质合金铣刀系列、PCD 铣刀系列等）。新研制的刀具寿命比当前所使用硬质合金铣刀提高 5 ～ 10 倍，加工效率提高 2 倍以上，满足国家航空、航天、国防事业的急需。该公司“航空航天薄壁零件高效数控加工工艺与先进刀具应用”获教育部“科学技术进步奖二等奖”。

株洲钻石切削刀具股份有限公司针对航空航天行业进行了“钛合金高温合金加工用高效可转位刀具系列及超硬刀具”研究，项目开发了两类硬质合金刀具基体材料；开发了硬质合金多元固溶强化涂层工艺；建立了国产钛合金、高温合金加工用高效可转位刀具体系，推出 30 种用于钛合金、高温合金半精加工、精加工专用槽型的 ISO 标准刀片和单、双头专用切槽刀具系列（切削钛合金速度达到 100 ～ 120m/min，切削高温合金速度达到 60 ～ 100 m/min，批次刀片重复定位精度达到 0.03mm 以内），开发的精密成形切槽刀具满足航空零件成形区域的加工及精度要求。产品经西航动力、南航、黎阳等用户应用，使用效果良好，可替代进口刀具。

厦门金鹭特种合金有限公司针对航空航天钛合金整体复杂结构件框、梁、舱口等的高效加工，进行了“航空航天钛合金整体复杂结构零件加工系列化数控刀具开发”，共开发了 2 种硬质合金基体材质、45 种钛合金加工用刀具以及 4 种新型纳米涂层，寿命及分散性达到国际知名刀具公司相应刀具水平，形成具有自主知识产权的刀具设计、制造核心技术及标准体系；通过在航空航天钛合金整体复杂结构件及航空发动机上进行刀具推广应用，开发钛合金加工工艺数据 5 000 条；建立了刀具产业化生产示范基地和工程应用示范基地。该公司“航空发动机机匣加工国产化成套刀具产品开发及应用”项目，结合航空发动机盘环轴、机匣、整体叶盘及叶片等主要零件及发展趋势，开发高性能切削刀具系列产品，形成完整的刀具成套解决方案。该公司“高性能复合材料加工刀具开发”项目开发了适合碳纤维复合材料加工用高性能硬质合金涂层刀具系列，并完善优化硬质合金基体材料制备技术，建成高性能硬质合金基体材料和系列化刀具产业化生产线。通过“航空铝合金加工用整体硬质合金刀具技术开发与产业应用”项目，从硬质合金原材料着手，优化和完善现有高性能硬质合金棒材制造技术，开发刀具设计仿真软件，设计新的刀具结构，建立刀具性能综合评价体系，开发满足航空铝合金加工需求的高端硬质合金刀具。

成都工具研究所有限公司通过“航空发动机机匣加工用数控刀具的开发和应用”项目的实施，针对航空发动机机匣类零件钛合金、高温合金等难加工材料，研究专用硬质合金基体牌号及涂层、刀具制备技术。针对航空发动机机匣零件的结构和加工特点，对数控刀片几何尺寸、刀片槽型及加工工艺进行优化设计，研发针对航空发动机机匣加工用高精度可转位数控刀具；形成多种用于航空发动机机匣的粗加工、半精加工用机夹刀片及刀杆（包含铣刀、车刀、切槽刀），耐用度达到进口同类产品水平。

（3）能源行业用刀具。成都工具研究所有限公司借助 04 重大专项“汽轮机和燃气轮机叶片及转子轮槽加工系列化刀具应用示范”项目，开发出两种刀具基体材质：添加钌 - 钴合金及多元复合纳米高效晶粒抑制剂的超细硬质合金以及粗、中、细三种晶粒 WC 料混合的多晶结构硬质合金；研发出 2 种纳米级叶片加工专用高性能刀片多元复合涂层；对刀具几何参数（角度、断屑槽、刃口微观结构等）及刚性进行优化设计，开发出 12 种叶片型面加工专用高性能硬质合金型线铣刀，寿命达到国际同类产品的 80% 以上；完成 3 个系列机夹式枞树型叶根粗加工刀具的设计和制造，替代现有整体高速钢刀具，提高加工效率和刀具寿命；完成《汽轮机叶片加工铣刀杆质量技术条件》等 2 项行业标准。该公司“镍铬合金耐蚀油井管专用螺纹刀具的开发”项目通过研究镍铬合金耐蚀油井管的材料特性及可加工性，针对镍铬合金耐蚀油井管开发出硬度达到 92HRA、抗弯强度＞ 3 000MPa 的超细硬质合金基体材料；开发的铬基高铝纳米结构的复合涂层具有抗黏屑、热硬性高、耐磨性优、热传导率低的卓越性能，能够满足镍铬合金油井管螺纹的加工要求；开发的螺纹刀片牙型符合 API Spec 5B 的螺纹检测标准，特殊扣螺纹刀片符合客户技术要求，刀具使用寿命达到了同类进口刀具的 80% 以上，形成具有完全自主知识产权的整套镍铬合金油井管加工方案。该公司参与的 04 重大专项“第三代核电关键零部件蒸汽发生器管板加工用系列化刀具应用示范”，针对第三代核电关键零部件蒸发器管板材料及其加工工艺特点，研究管板精密深孔孔群加工关键技术，研发具有自主知识产权的管板深孔加工用高性能 BTA 钻头及配套工装系列产品，突破国外企业对 BTA 钻头系统的技术封锁与垄断。已开发的 BTA 钻头硬质合金刀片常温力学性能达到相同规格进口刀片的水平。

恒锋工具股份有限公司开发的“燃气轮机涡轮盘枞树型轮槽加工用精密组合式拉刀”，可将燃气轮机关键部件涡轮轮盘的枞树型轮槽型面一次拉削成形。以“EST”为品牌的这款国产拉刀彻底改变了国外进口刀具垄断的局面，该公司成为国内三大汽轮机厂（上海汽轮机厂、哈尔滨汽轮机厂、东方汽轮机厂）的首选品牌供应商。

（4）其他重点刀具新产品。成都工具研究所有限公司通过国家科技重大专项“复杂数控刀具创新能力平台建设”项目对复杂数控刀具新材料、新涂层，复杂数控刀具设计、制造与应用技术，工具关键技术与共性技术，金属切削数据库等进行系统研究，形成技术创新链和若干核心技术。到 2014 年年底，已研发出重点领域急需的、拥有完全自主知识产权的新材料牌号 3 项、新涂层牌号 8 项、新产品 10 余项，产品种类包括精密石油管螺纹梳刀、精密可转位螺纹刀具、精密轴承刀具、精密数控刀具、精密齿轮刀具及热缩刀柄等。

上海工具厂有限公司开发了丝锥系列新产品：奥氏体不锈钢丝锥系列、大规格螺旋槽丝锥、硬质合金螺尖丝锥系列、M3-M24 DIN 标准高性能螺旋槽丝锥系列、曲轴专用丝锥系列和柴油发动机用高性能丝锥等。该公司还开发了高平衡精度的 HSK 刀柄。

哈尔滨量具刃具集团有限责任公司通过承担“高速数控机床用高精度智能化新型工具系统”项目，掌握了热装夹头刀柄和 HSK 工具系统的相关核心技术和批量制造技术，可靠性和精度稳定性等技术指标达到国际同类先进水平，在汽车、船舶、机床工具行业得到批量应用。

上海松德数控刀具制造有限公司开发的新产品“微米镗刀”，其微调精度每格直径增加 ϕ0.001mm，转速可达 24 000r/min，镗孔范围 ϕ0.4 ～ 12mm。该微调镗刀具有方便、可靠的动平衡机构，在提高精加工孔质量的同时，可提高刀片使用寿命，可广泛应用于各种条件下孔的精镗加工，尤其对于高精度孔以及大批量生产时的 *C*pk 值考核情况下的零件精度保持具有较大优势。该项目荣获 2016 年 CCMT“春燕奖”。该公司的另一款新产品“阻尼减振镗刀”，镗孔深度可达 10 倍孔径，具有稳定性好、自适应机床的振动频率无需调整、加工效率高（与普通刀杆相比，至少提高生产效率 2 倍）、加工误差小、刀片寿命长、已加工表面质量高等特点，并可用于断续加工。该产品打破了欧美刀具的垄断，填补了国内阻尼减振刀具空白。

本溪工具股份有限公司的“27～41mm宽度超硬（强）双金属带锯条”采用双金属复合钢带：背部材料为合金钢，齿部材料为M51粉末高速钢扁丝（硬度达68～72HRC）。新产品“27～41mm宽度高性能双金属带锯条”通过将超声波应用于回火处理以控制碳化物尺寸与分布，利用电磁场实现对析出碳化物取向与分布的控制，提高了HS90高速钢与高性能弹簧钢复合后新材料的锯切加工性能与使用寿命。

“十二五”期间，由上海交通大学、上海工具厂有限公司、恒锋工具股份有限公司等联合完成的国家重大科技专项“难加工零件高效精密切削工艺与刀具”获得2014年“中国机械工业科学技术奖一等奖”。

二、量具、量仪

“十二五”期间，我国量具、量仪行业在齿轮精密测量仪器、刀具预调仪、激光测量仪等领域加快了追赶步伐。近年来，国产测量仪器技术和质量水平不断提高，竞争力不断增强。

1. 刀具预调仪

哈尔滨量具刃具集团有限公司开发了“高精度、全自动刀具预调仪系列”。通过技术引进和自主研发，该公司掌握了高精度、全自动刀具预调仪相关核心技术及批量制造技术，并形成批量生产能力。产品具有数控全自动、图像瞄准、数据库联网功能；主轴径向圆跳动为3μm/600mm，分辨率为1μm，重复性为2μm，径向最大示值误差为5μm/300mm。产品形成系列化，能满足棒状与盘状数控刀具的预调和测量，可靠性和精度稳定性等技术指标达到国际同类产品先进水平。该公司的“CNC及CCD自动瞄准高精度刀具预调测量仪”获得哈尔滨市人民政府颁发的“哈尔滨市科学技术进步奖三等奖”。

成都成量工具集团有限公司的“高精度自动刀具预调仪（QX500 31S）”获得成都市人民政府颁发的“成都市科技进步奖三等奖”。

2. 传感器

哈尔滨量具刃具集团有限公司通过“时栅精密位移传感器关键技术研究”项目，建立了针对时栅传感器的智能传感器理论体系，开发了新一代智能时栅传感器。研究成果包括：发表论文12篇，获授权专利8项（其中发明专利6项），制定企业标准1项；研制完成3大系列、10种规格时栅传感器新产品（包括4种时栅角位移传感器、4种直线时栅位移传感器、2种旁置式时栅位移传感器）。如：“TRI3360型时栅传感器”为分体式角位移传感器，分度误差为±1″；“TRI3420型时栅传感器”为分体孔式（结构安装）角位移传感器，分度误差≤5″；“TRI1460型时栅传感器”为整体孔式角位移传感器，分度误差≤4″。

哈尔滨量具刃具集团有限公司通过“大范围触针扫描传感器及关键零部件设计与制作”项目，研发完成大范围触针扫描表面形貌综合测量仪器原理和示范应用样机1台，并进行动静态性能测试、精度性能测试及示范应用开发。

“十二五”期间，我国量仪行业在高档数控机床用光栅位移测量系统的开发上也取得了重大进展：拥有了纳米分辨力、亚微米精度、绝对编码的高端光栅位移量传感器的成套制造技术和装备，并且已经能够批量生产满足市场需求的高质量产品。2014年，以西安交通大学联合行业企业开发的微纳米光栅滚压印成套技术，成功开发出高档数控机床用长光栅，经德国计量院PTB测定，其光栅周期精度达到±0.2nm，光栅槽深精度为±0.9nm；中国计量院测试报告确认，其长光栅测量不确定度为0.3μm/m。而长春禹衡光学有限公司通过国家重大专项支持，开发了绝对式纳米级长光栅测量系统和23位光栅角编码器。

桂林广陆数字测控有限公司自主研发了绝对原点容栅位移传感器，打破了国外企业在这一领域的技术垄断。利用该技术，该公司在国内率先完成了绝对式容栅传感器及其系列产品的产业化生产，开发出绝对原点电子数显卡尺、绝对原点电子数显高度尺、绝对原点电子数显指示表、绝对原点内沟槽电子卡尺、绝对原点数显深度尺、绝对原点数显竖式标尺等产品，主要应用于汽车、航空航天、家电制造、模具制造等机械加工中的精密测量。“绝对原点系列精密量具量仪的研发”获得2012年度桂林市“优秀技术创新项目奖”。

成都工具研究所有限公司的“主动与工位测量高速智能测量系统的研发”项目，旨在研制一种适用于磨加工主动测量（内、外连续面和断续面）和工位测量的具有完全自主知识产权的高速智能测量系统，产品接近马尔波斯P3ME的水平。

3. 齿轮测量仪器

哈尔滨量具刃具集团有限公司在“十二五”期间开发了全系列齿轮测量仪器：L30型齿轮测量中心、L45型齿轮测量中心、L65G型高精度齿轮测量中心、L80型齿轮测量中心和L100型齿轮测量中心，实现了对模数0～20mm齿轮的测量全覆盖，可测齿轮最大外径为300～1 000mm，可测工件最大重量为300～1 000kg。其中，L100型齿轮测量中心被列为“黑龙江省重点领域首台（套）产品”，获得“2013年中国机械工业科学技术奖三等奖”和科技部“国家重点新产品奖”；L65G型高精度齿轮测量中心被列为“2015年度哈尔滨市首台（套）产品”。3100B型智能齿轮双面啮合综合测量仪、3100L型智能齿轮双面啮合综合测量仪、3100Z型智能齿轮双面啮合综合测量仪系列产品可测齿轮模数为0.5～6mm，仪器示值分辨力为0.000 5mm；仪器最大示值误差为0.005mm，其中3100L可测带轴齿轮。此外，“CNC高精度小模数齿轮测量机的研制”获得2014年“中国机械工业科学技术奖三等奖”。

4. 激光测量系统

成都工具研究所有限公司的“高性能激光测量系统”项目，成功研制了纳米分辨率的激光干涉仪、360° 激光测角系统以及基于激光差动干涉的圆轨迹测量系统，开发出双纵模稳频激光干涉仪（测量范围 ≥ 40m，线性测量分辨率为 0.005μm；线性测量精度在 $\pm 0.7\times10^{-6}$ 内，测量速度 ≥ 60m/min，稳频精度为 $\pm 0.05\times10^{-6}$）。

三、锥齿轮闭环制造系统

哈尔滨量具刃具集团有限公司基于锥齿轮测量技术与加工生产技术的融合贯通，借助于先进的数字化和网络化技术，将自行开发的数控锥齿轮切齿、磨齿机床与数控锥齿轮测量仪器（三维扫描式齿轮测量中心）集成，将锥齿轮设计加工和测量分析的软件相融通，构建成一个先进的、高效率、高质量的锥齿轮闭环制造系统。该公司开发的“H350G 数控螺旋锥齿轮磨齿机”采用螺旋锥齿轮五轴联动磨削技术、在机测量技术、砂轮磨损补偿技术等核心技术，可实现齿轮分度精度的在机测量、自动对刀以及砂轮磨损的补偿。该产品主要用于汽车驱动桥弧齿锥齿轮以及其他行业中、小模数弧齿锥齿轮的精密磨削加工。产品获得黑龙江省工信委颁发的“黑龙江省第八届优秀新产品一等奖”和科技部“国家重点新产品证书”。

〔撰稿人：中国机床工具工业协会工具分会胡红兵〕

超硬材料

一、创新开发出一批填补国内空白、具有世界先进水平的新型超硬材料，合成钻石已进入首饰装饰领域

（1）工程化大块体（φ6mm×6mm）金刚石纳米聚晶（NPD）研发成功，其硬度比单晶金刚石高 30%，并且各向同性，现已投入应用试验。初试表明，它的大面积应用将引起金刚石工具领域的革命性进步，大幅提高金刚石工具的加工精度、效率及使用寿命，解决航天航空、国防军工等领域层出不穷的高难材料的加工难题。该填补国内空白的产品仅见日本有工程化的大块体报道，其他发达国家均是 1 ～ 2mm 的实验室成果，未达到工程应用量级。

（2）5mm 粒径的宝石级金刚石大单晶已实现产业化，而且完成了黄色及无色透明宝石级金刚石单晶的产业化并成功进入首饰用钻石领域，使我国一举成为世界最大的合成钻石生产销售国，打破了个别发达国家对该技术的垄断，打开了国际市场，大量出口国外。该填补国内空白的技术可合成与天然钻石化学成分、颜色、净度均相同的钻石，催生了专业生产销售合成钻石戒指、项链坠等首饰产品的领域，其首饰成品的终端销售价格约为同等级别天然钻石的 50% ～ 70%。当前的合成无色钻石成品多为 20 分（0.2 克拉/颗）以下的小钻，黄色钻石重量多在 50 分（0.5 克拉/颗）以下。更大颗粒的钻石正在实验室研发中，实验室已能合成出克拉级甚至更大钻石的样品，正朝着更大饰品钻石、国防等尖端工业需求钻石领域前进。

（3）现代通信等战略性新兴产业用片状金刚石单晶刀具材料突破了关键技术并实现了产业化，市场产品规格为 3mm×3mm×1mm 至 8mm×8mm×（1 ～ 2）mm，打破了发达国家对包括我国在内的世界市场 20 多年的垄断，不仅有力支撑了国防军工应用，打破了发达国家技术垄断和产品对我国高端应用的制约，而且大幅度降低了其他高新技术领域的应用成本。

以上创新成果是在具有完全自主知识产权的国产六面顶压机上完成的，采用自主研发的独特工艺技术，成本低、效率高、质量上乘，填补了国内空白，达到了国际先进水平，改善了行业产品结构，为金刚石开拓出了无限光明的新应用空间。

（4）微米级金刚石聚晶类产品以量大面广的石油天然气钻探用及刀具用 PDC 为典型代表，钻探用 PDC 已开发出 4 000m 及以上深井及海上难钻地层钻探用产品，得到了国内外客户的认可，其质量已达世界先进水平。刀具用 PCD、PCBN 在粗加工方面已经得到了国内市场的认可，精加工用 PCD、PCBN 已经实现了零的突破，即在个别材料精加工方面取得了成功。

（5）CVD 金刚石取得了较快的发展，基础研究和科技成果转化都有了长足的进步。CVD 金刚石单晶实现了小尺寸的一定规模化制备，近厘米级的大尺寸 CVD 金刚石单晶已取得了技术成果。CVD 金刚石多晶膜的质量及产量也有了很大提高，成本优势明显，在精密切削工具、修整工具、拉丝模、热沉等应用领域已取代部分进口产品且已打入国际市场，保持着良好的可持续发展势头。大功率微波等离子体 CVD 设备国产化研制水平有了很大的提高，已有几家公司开始为国内用户提供设备。可以说，我国 CVD 金刚石制品产业化真正开启快速发展的进程始于“十二五”，在各方面都已有了突飞猛进的发展，已经形成工业化规模。

（6）六面顶压机生产金刚石单晶实现了网络化智能群控，一个工人操控压机从“十一五”末的 6 台压机上升到“十二五”末的 10 台以上，特别是宝石级单晶生产的 40 台以上，几乎达到仅需巡视与上下合成块的程度，自动化生产水平大大提高。

二、突破诸多关键技术，推动部分企业锯切钻探、磨削加工、精密切削技术达到世界领先水平

（1）“十二五”期间，我国金刚石锯片及薄壁钻工艺技术取得重大突破，研发生产及市场开拓均取得了非凡成就。成形、烧结、钎焊、激光焊技术全方位突破，特别是具有自主知识产权、高技术含量的金刚石有序排列锯片及薄壁钻投入了批量生产，锯片及薄壁钻刀头生产工艺实现了革命性提高。通过一系列技术创新，将间断式热压烧结改造成隧道窑无压连续烧结，不仅实现了车间清洁无污染生产，而且生产效率提高 75% ～ 80%，能耗降低 80% ～ 86%，为未来实现从粉料到成品刀头的自动化、智能化生产，满足个性化定制产品需求打下了坚实基础。锯片及薄壁钻的国产新型激光焊接机研发成功并投入使用，其功率从 50kW 降低到 15kW，能耗降低 70%，焊接速度也有明显提高。可以说，我国与主要竞争国的技术与产品方面已无原则差别，部分企业技术与产品已达世界领先水平。在世界中低端锯片市场上，我国企业通过技术进步而进一步降低了成本，进一步巩固了我国产品的不可替代的优势地位。

（2）近年来，国产绳锯技术获得了迅猛发展，国产石材矿山开采及工厂石材切割用绳锯性能接近世界先进水平，性价比远超世界先进水平，推动国内矿山开采进入节能节材、绿色环保发展的新时代。同时开拓出了国际市场强力竞争的新局面，在全球已造成有我国工厂销售石材切割绳锯的地方，其他国家的石材切割绳锯将逐步退出该地市场的局面；国产钢筋混凝土绳锯已达到全球大部地区要求的门槛值，性价比已被接受，已形成我国绳锯产品与世界知名绳锯产品同台竞技的格局，我国绳锯产品的市场份额正在逐渐扩大。在绳锯组锯领域，我国产品已处于试用阶段，性价比与国外产品相近，绝对性能与国外产品相比还有较大差距。对于沉船打捞等特殊产品，我国绳锯产品基本上还是一片空白。

为了解决金刚石绳锯锯切板材时切缝大、石材成材率低、资源浪费严重，而且锯切加工耗能大、噪声大、废渣排放量大、环境污染严重等问题，人们一直在致力于减小绳锯直径。“十二五”期间，绳锯直径从 11.5mm 降到了 6mm，甚至创新研制出具有完全自主知识产权的全新结构的直径只有 3mm 及 2mm 金刚石绳锯，用于异形石材与硅锭的切割。ϕ2.0mm 的超细金刚石绳锯锯切大理石试验的结果表明：锯切速度比 ϕ8.8mm 的金刚石绳锯更快，而且切割功耗小，废渣排放少，石材切割成材率提高 40%。该项技术应为国际首创，未见到过国外有此产品。

（3）金刚石线锯开发成功并投入规模化生产，有力地支撑和推动了我国光伏、电子信息及 LED 等高科技产业的发展。“十二五”期间，我国金刚石线锯开发成功并投入规模化生产，大大提高了硅片及蓝宝石片等生产的效率，提高了其质量，节约了贵重材料，降低了污染，打破了发达国家对该技术的垄断与封锁，有力地支撑和推动了我国光伏、电子信息及 LED 等高科技产业的发展。

金刚石线锯是近年来国际上开发的最新产品，是在高碳钢丝上通过镍 - 金刚石的复合电镀或树脂 - 金刚石固化制成的复合材料工具，主要用于硅材料、蓝宝石、精密陶瓷、玻璃、磁性材料等硬脆材料的高效、节材、环保切割生产。用它切割硅片时，硅耗比用传统的钢丝加碳化硅砂浆切割降低 10% ～ 15%，出片率提高 5% ～ 7%；切割速度从传统的 500 ～ 700m/min 提高到 900 ～ 1 200m/min，甚至在专用高速切割机上可以达到 1 800m/min，切割速度越高，硅片表面质量越好；传统砂浆切割产生的废液中化学需氧量（COD）高达几十万，而金刚石线锯切割废液的 COD 只有几千，污染程度降低 99%，极大地减轻了硅片后续清洗工作量。“十二五”期间国内开发成功并投入生产的主要线锯规格及用途见表 1。

表 1 “十二五”期间国内开发成功并投入生产的主要线锯规格及用途

线锯规格（成品）（mm）	主要用途
0.10 ～ 0.14	硅切片
0.21 ～ 0.25	蓝宝石切片
0.31 ～ 0.35	硅开方、硅截断
0.35 ～ 0.45	硅开方、蓝宝石开方

其中，0.21mm 以上规格的线锯产品生产技术日趋成熟，用于硅开方、硅截断的金刚石线锯完全替代了进口产品而占据了全部国内市场，用于蓝宝石切片的国产线锯占国内市场 90% 的份额。在硅切片领域，国内已研发并批量生产 0.10mm（母线 0.08）线锯，正在逐步取代日本线锯所占领的国内市场。当前正在开发 0.09mm（母线 0.07）产品，未来 0.12mm（母线 0.10）、0.11mm（母线 0.09）线锯将逐步退出硅切片市场。

（4）随着钻探工程向深部、硬岩、复杂地层发展，钻孔质量与钻进效率的要求更高，对各种高性能钻头的需求量也大幅上升。“十二五”期间，我国在地质钻探与石油天然气采掘用金刚石钻头的切削齿、冠部形状布齿以及钻头工作层水路等结构设计上均有了新的突破，钻头的使用性价比已达国际先进水平，可完全满足国内地质钻探的要求，但 4 000m 深井及海上难钻地层油气田采掘用钻头仍需用进口产品。国内还开发了钎焊有序排列金刚石地质钻头，经钻进花岗岩试验，该钻头的时效比普通热压钻头提高 85.7%，寿命提高 11.1%。但在材料及其工艺设计以及计算机模拟领域与发达国家存在着很大差距，胎体材料的设计改进与钻井数据库的建立，是今后金刚石钻头设计制造的重要发展路线。

（5）超硬材料磨具作为机械精密加工领域无可替代的工具，应用领域已覆盖航天航空、国防军工等高技术领域和汽车、电子信息、家用电器等国民经济的重要产业，以及船舶、能源装备、轨道交通、机械、机床工具、建筑建材、医疗器械等重要领域，国内产品基本满足国民经济和国防建设需求并发挥着越来越重要的作用。国内磨具在高速/超高速、高效、精密/超精密、绿色加工等方面取得了长足进步，如磨削速度达到160m/s的砂轮已进入实际应用，200m/s的砂轮也在开发之中；CNC工具开主槽砂轮采用树脂/金属复合结合剂，切削深度为3～4mm，进给速度可达100mm/min；CBN各种砂轮、磨盘等工具得到了大面积推广应用，不仅提高了加工效率和使用寿命，而且使车间加工粉尘污染降低到原来的几十分之一，大大改善了加工环境；金属结合剂免修整砂轮实现了技术突破，在工件加工的全磨削过程不需对砂轮进行修整，大大提高了加工效率；水晶及锆石磨削金刚石磨盘研制成功，不仅大大减轻了原氧化铈树脂磨盘带来的重金属污染，而且使用寿命从原来的几天延长至几个月；电子QFN封装（方形扁平无引脚封装）的高效切割，采用直径为58mm的整体型树脂超薄切割砂轮，切割进给速度可达60～80mm/min；1A1R基体型超薄切割砂轮对称度达到0.02mm，厚度为0.05mm整体型超薄切割砂轮亦可批量生产；发动机壳体去毛刺使用电镀超硬砂轮替代普通树脂砂轮，不仅实现了高效加工，而且无磨削残渣粉尘，大大改善了加工环境。在国内市场的诸多领域已经实现了进口国外高端产品的替代，国内产品与世界先进水平的差距在逐步缩小。

（6）“十二五”期间，国内PCD、PCBN刀具突破了微细精密加工、焊接等技术瓶颈，不仅降低了刀具成本，提高了刀具的耐磨性、抗冲击性和热稳定性，并且极大地丰富了产品种类。PCD、PCBN刀具已广泛地应用于航空航天、汽车、电子信息、冶金、矿山、工程机械等行业，部分产品达到甚至超越了国际先进水平，实现了较大批量出口。液晶玻璃基板/面板切割钻石刀轮外径为2.0～4.0mm，内径为0.8mm，厚度为0.65mm，角度为105°～145°，齿数为110～280个，齿深为7.0～15μm。铝合金高速、高光、高稳定性加工专用PCD螺旋立铣刀研发成功，该刀采用螺旋后角切削刃，切削平稳，不容易产生振纹，工件表面质量好，在富士康公司应用证明其切削速度提高5倍，刀具寿命提高10倍，加工表面质量明显改善。

〔撰稿人：中国机床工具工业协会超硬材料分会赵博〕

2015年机床工具行业“中国机械工业科学技术奖”获奖情况分析

一、机床工具行业“中国机械工业科学技术奖”获奖情况

2015年，机床工具行业申报“中国机械工业科学技术奖”项目共23项，较上年的50项大幅度减少，也是近年最低。在申报的23个项目中，金属切削技术项目共13项，金属成形技术项目共7项。23个项目中属产学研结合的项目有8项，产学研结合已成为促进机床工具行业科技进步的重要组织形式。

经机床工具专业评审组评审，并报中国机械工业科学技术奖管理委员会批准，2015年机床工具行业获奖项目共13项，获奖比例为56%。获奖项目包括一等奖2项、二等奖5项、三等奖6项。2010—2015年机床工具行业“中国机械工业科学技术奖”项目申报及获奖情况见表1。2015年机床工具行业“中国机械工业科学技术奖”获奖项目见表2。

表1 2010—2015年机床工具行业“中国机械工业科学技术奖”项目申报及获奖情况

年份	申报数（项）	获奖数（项）	特等奖（项）	一等奖（项）	二等奖（项）	三等奖（项）	获奖比例（%）
2010	50	29	0	3	6	20	58
2011	49	27	0	2	11	14	55
2012	41	21	0	3	7	11	51
2013	30	17	0	2	6	9	57
2014	50	25	1	2	10	12	50
2015	23	13	0	2	5	6	56

表 2　2015 年机床工具行业“中国机械工业科学技术奖”获奖项目

序号	获奖项目名称	项目完成单位	获奖等级
1	航空大型复杂构件动态加工特征驱动的超高效数控编程与加工技术	南京航空航天大学、成都飞机工业（集团）有限责任公司	一等奖
2	高端柴油发动机喷油嘴倒锥形微喷孔电火花加工关键技术及装备	清华大学、无锡微研精微机械技术有限公司、山东菏泽华星油泵油嘴有限公司	一等奖
3	用于钛合金航空结构件加工的五轴联动加工中心	中捷机床有限公司、天津大学、成都飞机工业（集团）有限责任公司	二等奖
4	高性能 Ti(CN) 基金属陶瓷材料及其精密刀具的设计与可控制备	株洲钻石切削刀具股份有限公司、湖南工业大学	二等奖
5	25.4×3000 系列高强及超高强板材数控精整成套设备	山东宏康机械制造有限公司	二等奖
6	HTC3250μn 精密车削中心	沈阳机床（集团）有限责任公司	二等奖
7	ASPM50 面向微小型零件的超精密车磨抛复合加工机床	北京机床研究所	二等奖
8	RG300×150/260L-NC 数控重型轧辊磨床	齐重数控装备股份有限公司	三等奖
9	大长径比精密滚珠丝杠副	南京工艺装备制造有限公司	三等奖
10	高品质多工况系列化液压装备关键技术与产品开发	合肥合锻机床股份有限公司、浙江大学、合肥工业大学	三等奖
11	Q1-203 数控单柱移动立式车铣钻床	齐重数控装备股份有限公司	三等奖
12	CLB-2.5×1850 数控飞摆剪横切线	江苏亚威机床股份有限公司	三等奖
13	XK2125×50 数控动梁龙门镗铣床	济南二机床集团有限公司	三等奖

二、2015 年机床工具行业“中国机械工业科学技术奖”获奖情况分析

2015 年，机床工具行业“中国机械工业科学技术奖”申报项目虽较上年大幅度减少，但获奖项目占比达 56%，说明申报项目总体水平较高。

从获奖项目技术属性来看，项目分布在金属切削技术、金属成形技术、特种加工技术、功能部件、刀具及材料五个领域，其中金属切削技术项目占比仍是最大。从获奖项目完成单位看，院企合作项目有 5 项，占比 38%，且获奖级别均较高，院企合作推动机床制造技术提升的效果日趋明显。

获奖项目与经济和国防建设需求紧密结合，基础支撑作用显著。其中：“航空大型复杂构件动态加工特征驱动的超高效数控编程与加工技术”项目，可大幅提高编程效率和加工质量，对缩短新机型的研制周期具有显著作用；“高端柴油发动机喷油嘴倒锥形微喷孔电火花加工关键技术及装备”项目，用于国Ⅳ（欧Ⅳ）标准以上倒锥形微喷孔加工，对提升我国高端喷油嘴产品的制造水平和国际竞争力具有重要意义；“高性能 Ti(CN) 基金属陶瓷材料及其精密刀具的设计与可控制备”项目，在节约稀有资源、充分利用富有资源制造切削刀具方面，开创一条新路，社会效益和经济效益明显。

三、部分获奖项目介绍

1. 航空大型复杂构件动态加工特征驱动的超高效数控编程与加工技术

该项目荣获一等奖，属“高档数控机床与基础制造装备”国家科技重大专项、国家重大型号任务以及国家自然科学基金项目，由南京航空航天大学和成都飞机工业（集团）有限责任公司合作完成。该项目经过近 10 年产学研联合攻关，突破了多项关键技术，实现了飞机大型复杂构件动态加工特征驱动的高效、高质编程与加工。项目成果形成了一整套具有自主知识产权的关键技术、工艺装备和系列软件的技术体系，获得 30 项授权国家发明专利、4 项软件著作权，发表 SCI（美国科学信息研究所编辑出版的引文索引类刊物）收录论文 31 篇，其中动态加工特征建模和浮动装卡自适应加工技术研究成果分别在 2012 年、2015 年国际生产工程权威学术年会（CIRP）上宣读，并在德国、英国举办的国际学术会议上作为主题报告。项目成果为解决长期困扰我国航空制造领域生产制造准备周期长、工艺设计和加工质量不稳定的难题提供了有力的技术支撑。该项成果已经在我国多家大型飞机制造企业及部分机床制造企业得到成功应用，取得了突出的经济效益和社会效益。项目成果总体技术达到国际先进水平，在动态加工特征建模方面达到国际领先水平。项目主要创新点如下：

（1）发明了动态加工特征建模方法和识别方法。提出了动态加工特征的概念，给出了可定义为同一加工特征的充分必要条件，揭示了加工过程中加工余量、刀具和特征几何状态间的关联规律及其在特征中间状态间的传递规律，发明了动态加工特征建模方法和识别方法，实现了适应不同零件结构、不同工艺水平和不同企业应用习惯的加工特征定义。航空大型复杂构件平均特征识别率 95% 以上，解决了小批量甚至单件生产的复杂零件工艺积累与重用的难题，从而将传统加工特征机制（静态加工特征，仅支持简单零件的自动工艺规划与数控编程）发展到动态加工特征机制下的智能数控加工新阶段。

（2）发明了动态加工特征驱动的大型复杂构件数控加工智能编程方法。建立了特征中间状态几何与加工工艺之间的耦合机制，发明了动态加工特征驱动的大型复杂构件数控加工智能编程方法，实现了加工特征自动排序、驱动几何链自动创建与刀轨自动生成。多家航空制造企业应用效果证明，航空大型复杂构件刀轨自动生成率95%以上，在5年编程经验、相同配置计算机、相同CAM最新版本条件下，平均提高编程效率3倍以上。

（3）发明了复杂零件动态加工特征切削加工工艺优化方法。针对不同几何形状和加工状态的工艺参数优化这一公认难题，该成果建立了中间状态几何、机床特性与特征切削参数之间的映射关系和特征切削参数优化模型，发明了复杂零件动态加工特征切削参数分段和变切深优化方法，实现了复杂结构件的高效加工和复杂曲面零件的分区优化加工，在机床、刀具等工艺系统不变的情况下，以加工相同材料、相似结构零件的材料去除率计算，可提高工效25%以上。

（4）发明了大型零件浮动装卡自适应加工方法与工艺装备。突破传统的固定装卡的思路，提出了一种浮动装卡自适应加工模式，加工过程允许工件变形，实时监测工件变形，通过加工策略调整更正上一步的加工变形；研制了一种浮动装卡工艺装备，通过力传感器和位移传感器监测加工过程中卡紧力及工件的变形，并主动控制浮动卡具沿X、Y、Z轴运动，随时释放零件的变形；揭示了装卡点监测量、零件变形量、中间加工状态检测策略之间的传递关系，发明了动态加工特征驱动的数控加工过程控制和优化方法；研究了基于监测数据、检测数据与加工余量约束的加工调整策略，实现了基于动态加工特征的加工－监测－检测－装卡一体化之适应加工。

2. 高端柴油发动机喷油嘴倒锥形微喷孔电火花加工关键技术与装备

该项目荣获一等奖，属国家“863”计划项目，由清华大学、无锡微研精微机械技术有限公司和山东菏泽华星油泵油嘴有限公司合作完成。该项目是在十余年持续研究、技术积累的基础上，在机构创新设计、加工过程检测与智能控制、微尺寸精密成形工艺、高效自动化加工等关键技术上实现技术突破，形成具有自主知识产权的专利技术体系，研制出国内首台达到国Ⅳ（欧Ⅳ）标准以上的倒锥形微喷孔电火花加工专用设备，技术总体达到国际先进水平。其中，复合功能主轴、微小放电间隙伺服控制方法等核心技术处于国际领先水平。该成果填补了国内空白，有效提升了我国高端喷油嘴产品的制造水平和国际竞争力。项目成果已经实现工业化应用，在国内多家专业骨干企业得到应用，年产喷油嘴200万件，成品率大于96%。此外，项目的关键成果还向航空发动机气膜冷却孔、工业喷墨头等领域辐射，产生显著的经济效益和社会效益。项目主要创新点如下：

（1）独创性地发明了微细电极倒锥角精密推摆机构。通过综合采用球面精确定心、锥角精细调节和类行星运动等原理，发明了微细电极倒锥角精密推摆机构，攻克了微细电极高频伺服运动时锥角顶点稳定、推摆运动可靠传递的难题，实现了微细电极无自传的微小锥角连续可调的推摆运动，并与蠕动进丝功能、辅助激振功能有机结合，实现了微小倒锥孔扫描旋铣加工工艺的工程应用，在50多万个微喷孔的加工中，稳定达到了批量化一致性的工业应用水平。

（2）在国际上首次研制出蠕动进给、倒锥推摆、辅助激振的复合功能主轴机构。该技术将蠕动、电磁、压电驱动方式运用于进给主轴机构，实现了电极丝损耗自动补偿、微细倒锥孔加工的高频伺服进给和倒锥推摆的合成复杂运动，大幅提升了工作稳定性和生产效率。在主轴机构上还发明了陶瓷管导向器快换技术，扩大了主轴对不同径丝的适用性，降低了设备成本和电极更换的难度。

（3）创新性地提出在线自统计评价、自适应快速优化的微小放电间隙双反馈模糊伺服控制技术。针对微小孔加工过程状态变化快、影响因素多和电极损耗等随机性大的非线性伺服控制问题，该技术将放电间隙电信号和放电率双反馈统计信息进行有效评价，并以此为根据优化出最佳控制目标，解决了初始控制目标不确定难题；采用动态调节的模糊控制规则，改善了控制的快速性和稳定性，实现了复杂算法的计算机实时控制；以开－短路率变化成正比的快速收敛算法，确保调节因子自适应快速趋向优化；以开－短路率自动趋于相等并最小，提高有效放电率20%以上。

（4）开发了一种微细电火花加工用强干扰窄脉宽能量高频可控式RC脉冲电源。该脉冲电源综合运用单片机、FPGA、MOSFET等电子技术，发挥弛张式RC电源和晶体管式电源的综合优势，达到不利电弧的快速消电离目的，实现了窄脉宽高峰值电流的微能量高频火花放电，提高了加工效率和表面质量。创新发明的复合耗能式缓冲电路技术，减少了MOSFET开关损耗及堆放点检测环节的电磁干扰，实现了等脉冲、等能量的脉冲模式，提高了加工过程的稳定性和放电效率，最小脉冲宽度达到100ns。

（5）开发了保证一致性精度的专门适用的工艺过程控制技术和具有软件著作权的开放式数控软件技术。创新性地提出了微细电极“伸出－修丝－进给－贯穿”定长、微孔贯穿后伺服时间大于倒锥推摆 360° 时间的工艺控制技术，解决了微细电极低刚度、端部微观变形、快速进给、倒锥推摆等因素影响加工精度的问题，保证了加工精度和批量生产精度的一致性。

3. 用于钛合金航空结构件加工的五轴联动加工中心

该项目荣获二等奖，属“高档数控机床与基础制造装备”国家科技重大专项支持的项目，由中捷机床有限公司、天津大学和成都飞机工业（集团）有限责任公司合作完成。该项目经产学研三方紧密合作，攻克了产品设计、结构优化、关键加工工艺编制、整机性能检测、“S”形试件测试等多项技术难关，成功研发了用于钛合金复杂零件加工的大转矩、高刚度、强力切削五轴联动加工中心，满足了我国航空制造业难加工材料加工装备的需求，对我国航空制造业装备水平的提升具有重要意义。该项目获得国家发明专利 3 项、实用新型专利 1 项，形成企业标准 2 个，项目综合技术指标达到国际同类产品先进水平，并得到用户企业的充分肯定。项目主要创新点如下：

（1）大转矩、高刚度、强力切削、AB 摆头的整机设计与结构优化。针对机床的使用要求和工作特点，采用先进设计手段，通过建模仿真分析，对整机布局和关键部件进行优化设计，解决了铣头偏重对滑座与立柱变形的影响、滑座与立柱的结构刚度设计、Z 轴导轨磨损等关键技术问题，为项目的成功研发打下了坚实的基础。

（2）主轴和进给系统热误差建模、测量与补偿方法。由传感器检测温升，采用多元线性回归方法建立主轴和进给系统的热误差补偿模型，通过基于开放式数控系统进行动态补偿。

（3）重切削稳定分析与抑振技术。通过机床切削力和抗振性试验、切削点交叉动柔度测试和参数识别，建立了特定材料的铣削力模型及工艺系统的动力学模型，在仿真计算获取强迫振动幅度、加工波纹度、切削刚度、极限切削宽度以及稳定域图等数据基础上，提出了抑制振动、优化机床结构、优化切削参数的措施及方法。

（4）五轴联动误差补偿。根据控制轴的级联矢量关系，利用伺服优化工具，对五轴联动误差进行精确的测量、调整、匹配和补偿，保证了机床的精确控制。

4. 高性能 Ti（CN）基金属陶瓷材料及其精密刀具的设计与可控制备

该项目荣获二等奖，属“高档数控机床与基础制造装备”国家科技重大专项和国家“863”计划项目，由株洲钻石切削刀具股份有限公司和湖南工业大学共同完成。该项目针对钴、钨资源日渐稀缺、价格上涨、供应不稳的现状，充分利用我国资源丰富的钛资源，研发了无钴或少钴、无钨或少钨的高性能 Ti（CN）基金属陶瓷材料及其精密刀具。通过与国际知名切削刀具制造商同类产品切削实验比对，该成果在物理、力学和切削性能上均达到国际同类产品的先进水平，并具有高的性价比和竞争优势。该成果形成了从材料制备、成形、组织和性能的强化、品质控制、表测结构控制和涂层、刀片槽形和刀具设计到切削和应用的具有自主知识产权的成套技术，申请专利 34 项，获得授权发明专利 21 项；发表论文 50 余篇，SCI 收录 30 余篇。该项目成果已经实现产业化生产，产品得到市场的广泛认可，并出口到欧美，具有良好的社会经济效益和市场前景。项目主要创新点如下：

（1）发明了超细 Ti（CN）基金属陶瓷材料球磨分散与钝化剂、混合料的表面改性与成形剂。复配表面活性剂提高了球磨效率，可获得均匀的纳米粉体；表面钝化剂对混合粉体的改性效果明显，提高抗氧化性能近 3 倍；复配高分子聚合物混合料表面改性剂，显著提高粉体的压制性能，可获得 60% 以上的相对压坯密度，可压制形状复杂的刀片，其热裂解残留碳极低，不影响合金的碳、氮平衡，且满足喷雾干燥工业化生产要求。

（2）发明了超细 Ti（CN）基金属陶瓷材料的强化技术。通过在 Ti（CN）基金属陶瓷材料添加微量硼元素和纳米 WC-Co 复合粉末，改变其精细组织结构，细化晶粒，强化粘结相和晶界，改善了环形相的分布，提高了材料的断裂韧性、强度和硬度，用其制备的刀具具有优良的切削性能。

（3）开发了超细 Ti（CN）基金属陶瓷材料烧结过程控制与产品质量控制技术。发明了 Ti（CN）基金属陶瓷材料产品一种无损检测的方法，利用钴磁作为衡量材料化学成分和性能变化的判据，利用矫顽磁力作为纤维组织均匀性的判据。制定了 4 个牌号产品的烧结工艺标准，确保产品质量的稳定控制。

（4）开发了超细 Ti（CN）基金属陶瓷材料表面梯度结构和表面涂层技术。开发了原位生成 Ti（CN）基金属陶瓷表面梯度结构技术，通过烧结气氛和气氛分压调控，在基体表面原位生成与物理气相沉积厚度相当的 4～6μm Ti（CN）硬质相富集梯度结构。针对 Ti（CN）基金属陶瓷表面特性开发的磁控溅射物理涂层技术，对基体合金性能影响小，形成的两个涂层刀片牌号较基体合金使用寿命提高 30%。

（5）开发了系列化超细 Ti（CN）基金属陶瓷刀片专用的槽型和刀具结构。包括 4 个系列的铣刀片及配套刀具、2 个系列的车削刀片和刀具，并获得多个发明专利和实用新型专利。近 3 年累计完成销售收入 3 亿多元，出口 200 多万美元。

5. 25.4×3000 系列高强及超高强板材数控精整成套设备

该项目荣获二等奖，属山东省自主创新成果转化重大专项项目，由山东宏康机械制造有限公司完成。该成套设备由复合式上料装置、开卷机、可深弯下开式钢卷引头装置、平整机、粗矫机、切边机、废边卷取机、移动剪板机等组成，用于高强度及超高强度板材的开卷、矫平和剪切，是高强及超高强板材应用领域必备的生产前期工艺装备。该项目攻克了高强及超高强板材精整矫平中特有的技术难点，研制成功了性能优异的成套专用装备，属国内首创，技术水平达到国际先进，实现了高端装备的国产化。项目主要创新点如下：

（1）研发了高效内应力释放装置、横向矫平技术。研发的可深弯下开式钢卷引头装置，与传统开卷机相比，在引料的同时可使板材大幅弯曲，进行初始应力释放。研发的对辊延压技术，模仿冷轧钢带轧辊设计，通过上下辊对板材施加一定的轧制力，使板材在厚度方向产生一定的回弹变形，与传统通过反复塑性弯曲变形的单一方向矫平工艺相比，板材横向的应力也得到释放，具有更好的矫平效果。研发的辊式矫平机工作辊横向调整装置，能够对各工作辊进行独立方便的调整，与传统矫平机正反弯曲变形量只能依次等量线性递变相比，该技术具有按照矫平原理进行非线性的优化调整的优势。

（2）研发了结构紧凑、节能、一体式移动剪切机构。通过对传统剪切装置在液压驱动、总体布局、结构设计等方面的改进，使新的移动剪切装置结构更趋紧凑合理，性能更加优越，设备占地面积大幅减少，能耗降低 25%。

（3）研发了回转式钢卷鞍座装置。该装置可一次放置多个钢卷，且任何工位均可实现方便的上卷。该装置具有上料行程短、占地面积小、上料效率高、能耗低等特点。

6. HTC3250μn 精密车削中心

该项目荣获二等奖，属“高档数控机床与基础制造装备”国家科技重大专项项目，由沈阳机床（集团）有限责任公司完成。项目在主要关键技术，如精密主轴系、精密进给系以及减振技术方面有所创新与突破，研发成功了具有世界先进水平的精密车削中心。该切削中心最大加工直径 250mm，主轴最高转速 8 000r/min，*X*、*Z* 轴快速移动速度 45m/min，主轴径向圆跳动 0.000 5mm，主轴轴向圆跳动 0.001mm，*X*、*Z* 轴重复定位精度 0.000 2mm。项目的主要关键技术拥有自主知识产权，获得国家发明专利 1 项，形成企业标准 2 项。项目具有较好的社会效益与经济效益，为我国一些重要经济与国防建设领域提供了急需的精密装备。项目主要创新点如下：

（1）精密主轴系统。采用内装式直接驱动主轴和液体动静压主轴轴承支撑技术，保证了主轴高精度、高刚度、高灵敏性、高效、低噪声、平稳的回转运动。

（2）精密进给系统。*X*、*Z* 轴采用反包容式液体静压导轨，可减少运动部件的偏转误差，提高导向精度。

（3）减隔振技术。项目产品采用树脂混凝土，具有更强的吸振能力，采用的空气阻尼弹性地脚装置，试验证明能够有效地阻隔环境对机床的影响。

7.ASPM50 面向微小型零件的超精密车磨抛复合加工机床

该项目荣获二等奖，属国家“863”计划“基于细微机构加工数控超精密机床”的子课题“面向微小型零件的超精密车磨复合加工机床”项目，由北京机床研究所完成。项目在面向微小型零件超精密车磨抛机床的总体设计与布局优化、超精密高刚度气体静压主轴技术、超精密高刚度气体静压转台技术、高精度高刚度液体静压导轨技术、高刚度超精密伺服系统、超精密控制软件的设计技术等方面，实现了多项创新和突破，研发成功了集车磨抛功能于一身的超精密机床，为家用电器、医疗器械、新型能源、航空航天、光通信、微小型光学零件精密模具、激光核聚变靶等领域增添了新的利器。机床主要技术指标：*X* 轴 / *Y* 轴行程 280mm/140mm，工件主轴回转精度 0.03μm，转台回转精度 0.05μm，主轴最高转速 5 000r/min，运动控制分辨率 5nm，定位精度（50mm）/ 重复定位精度 0.4μm/0.1μm，导轨直线度（50mm）0.1μm，*X*、*Z*、*B*、*C* 四轴联动。项目主要创新点如下：

（1）满足微小型零件超精密加工的机床整体结构设计技术。针对微小超精密零件的加工特点，创新确立了整机的结构布局和主要技术方案，实现微小超精密零件的稳定加工。如 *X*、*Z*、*C* 三轴 T 型布局，气体静压主轴，气体静压转台，液体静压导轨，直线电动机进给驱动，超精密光栅闭环控制，真空吸盘以及兼具 *C* 轴功能的工件主轴等。

（2）超精密高刚性气体静压主轴单元的设计与制造技术。内装式电动机直驱，气体静压轴承大气浮球的设计与制造技术，球瓦球面度 0.3μm，气隙均化比 1 ∶ 10，保证了主轴回转精度小于 0.03μm。整套主轴单元具有回转精度高、刚性强、热变形误差小、动态性能好、运行稳定等特点。

（3）超精密气体静压转台的设计与制造技术。内装式高性能力矩电动机直驱，气体静压轴承支撑，高精度位置编码器反馈，实现转台高精、高刚度运转，转台回转精度 0.05μm。

（4）超精密进给系统的设计技术。直线电动机驱动，纳米级光栅反馈，进给系统具有结构简单、运行灵敏平稳、反应速度快、随动性好、工作安全可靠等特点。

〔撰稿人：中国机床工具工业协会周敏森〕

2015 年机床工具行业标准化工作

2015 年是我国标准化工作深入改革的一年。国务院发布了《深化标准化工作改革方案》以后，国务院办公厅又及时下发了《贯彻落实〈深化标准化工作改革方案〉行动计划（2015—2016 年）》，对标准化工作改革提出了明确要求，使行业标准化工作面临高起点、快节奏的新形势。一年来，机床工具行业的标准化工作在国家标准化管理委员会（简称国家标准委）、工信部等主管部门的领导和支持下，在各分支机构和各专业标准化技术委员会的共同努力下，积极有效地开展，行业标准化工作迈上了一个新的台阶。

一、标准制修订情况

根据行业技术发展和市场需求，积极组织行业企业和有关单位申报标准立项并按国家标准委和工信部下达的标准制修订计划，按期完成标准制修订工作是各专业标准化技术委员会的重点任务。2015 年，全行业十大专业标准化技术委员会共计完成标准制修订项目 176 项，其中，国家标准 32 项、机械行业标准 144 项。标准制修订计划项目总体完成情况比较好，进一步完善了标准体系的建设。在这些完成的计划项目中，包含了自主创新标准项目、填补空白的市场急需项目和与产业发展密切相关的重点标准项目，这些标准的实施将为行业企业产品质量提升提供强有力的技术支撑。各专业标准化技术委员会完成标准制修订情况见表 1。

表 1　各专业标准化技术委员会完成标准制修订情况

标准化技术委员会名称	国家标准制修订数量（项）	行业标准制修订数量（项）
全国金属切削机床标准化技术委员会	9	13
全国量具量仪标准化技术委员会	0	5
全国木工机床与刀具标准化技术委员会	0	7
全国刀具标准化技术委员会	4	10
全国磨料磨具标准化技术委员会	4	3
全国特种加工机床标准化技术委员会	0	4
全国锻压机械标准化技术委员会	4	52
全国铸造机械标准化技术委员会	6	45
全国工业机械电气系统标准化技术委员会	1	5
全国机床数控系统标准化技术委员会	4	0
合计	32	144

截至 2015 年年底，机床工具行业现行有效标准共计 2 282 项，其中，国家标准 791 项、行业标准 1 491 项。各专业标准化技术委员会归口管理的现行标准数量见表 2。

表 2　各专业标准化技术委员会归口管理的现行标准数量

标准化技术委员会名称	国家标准数量（项）	行业标准数量（项）
全国金属切削机床标准化技术委员会	166	568
全国量具量仪标准化技术委员会	77	93
全国木工机床与刀具标准化技术委员会	64	126
全国刀具标准化技术委员会	242	135
全国磨料磨具标准化技术委员会	75	112
全国特种加工机床标准化技术委员会	30	41
全国锻压机械标准化技术委员会	47	228
全国铸造机械标准化技术委员会	35	155
全国工业机械电气系统标准化技术委员会	41	31
全国机床数控系统标准化技术委员会	14	2
合计	791	1 491

二、国际标准化工作情况

1. 紧密跟踪国际标准的发展动向，做好对口国际标准化工作

在机床工具行业中，有 5 个专业标准化技术委员会（全国金属切削机床标准化技术委员会、全国刀具标准化技术委员会、全国磨料磨具标准化技术委员会、全国工业机械电气系统标准化技术委员会、全国木工机床与刀具标准化技术委员会）具有国际标准投票资格，这些标准化技术委员会紧密跟踪对口国际标准的发展动向，做好有关国际标准文件的跟踪、收集和分析、转化，对收到的每一项国际标准认真审阅，广泛征求意见，按规定时间完成国际标准投票表决工作。一年来，这 5 个标准化技术委员会共完成 5 项国际标准转化工作和 98 项国际标准投票工作。各专业标准化技术委员会开展国际标准化工作情况见表 3。

表 3　各专业标准化技术委员会开展国际标准化工作情况

标准化技术委员会名称	国际标准转化数量（项）	国际标准投票数量（项）
全国金属切削机床标准化技术委员会	2	38
全国刀具标准化技术委员会	2	28
全国磨料磨具标准化技术委员会	1	20
全国工业机械电气系统标准化技术委员会	0	9
全国木工机床与刀具标准化技术委员会	0	3
合计	5	98

全国铸造机械标准化技术委员会在积极开拓国际标准化新工作领域上取得重大进展。2015 年 7 月，全国铸造机械标准化技术委员会秘书处向国家标准委提交了“关于拟成立铸造机械 ISO/TC 的请示”。经过不懈的努力，国家标准委于 12 月 1 日向 ISO 秘书处正式提交了中国提案，12 月 2 日 ISO 秘书处确认收到中国的提案，并决定向 ISO 成员国开放投票，12 月 3 日投票正式开始，投票截止日期为 2016 年 3 月 3 日。这标志着我国铸造机械行业在组织开展相关领域国际标准化工作方面占有一席之地。

2. 积极参与国际标准化活动，为更多标准走出去创造条件

为了推动机床行业实质性参与国际标准化活动，全面跟踪和研究与我国机床工具行业密切相关的国际标准动态，加快国际标准的转化，提升我国在国际标准化活动中的影响力，一年来，与国际标准化组织开展对口工作的标准化技术委员会在实质性参与国际标准化活动方面加大了力度。

全国工业机械电气系统标准化技术委员会积极组织我国专家广泛参与 IEC/TC44 相关国际标准的制修订工作。2015 年，全国工业机械电气系统标准化技术委员会秘书处成功组派了 4 次我国专家参加 IEC/TC44 相关工作组会议，分别为 2015 年度 IEC/TC44 国际标准化全体会议、MT60204-1 第 21 次和 IEC60204-34 第四次及第五次国际工作组会议各 1 次。在每次会议上，中方代表主动参与会议讨论，积极发表意见，增强了我国在国际标准化组织中的影响力。

全国金属切削机床标准化技术委员会于 2015 年 5 月组团出席了 ISO/TC39/SC2“金属切削机床检验条件”分技术委员会在华盛顿召开的第 78 次国际会议，积极推进了由我国提出的“S 试件”国际标准研制工作的进展。

全国刀具标准化技术委员会组织我国刀具标准代表团于 2015 年 4 月 17 日参加了在法国巴黎召开的 ISO/TC29（小工具）第 30 次会议，参加会议的有法国、德国、英国、中国、瑞典、日本、以色列 7 个国家派出的 27 名代表。会上听取了 ISO/TC29 秘书处工作报告、上次会议决议的跟踪报告、5 个分技术委员会及两个工作组的工作进展汇报、国际标准复审结果汇报等。ISO 中央秘书处的代表参加了会议，并作了国际标准制修订程序及最新改革的报告。会议最后形成了 27 项决议。通过参加会议，加强了与国际标准化组织及有关成员国之间的沟通，对国际标准工作的进展情况有了深入了解。

全国磨料磨具标准化技术委员会于 2015 年 5 月组团出席了在意大利那不勒斯召开的 ISO/TC29/SC5 第 39 届会议。经过我国代表团的积极争取，会议临时增加了我国拟提交的《人造金刚石微粉》国际标准提案的讨论议题。各参会代表就该国际标准提案进行了热烈的讨论并提出了各自的意见。会议主席和秘书长对该提案的必要性和意义给予了肯定，并就如何争取相关国家的支持以便尽快得到立项提出了具体指导意见。会上还针对“是否撤销 ISO/TR 24857《人造工业金刚石砂粒—单颗粒失效抗压强度测试系统》”技术报告的议题进行了讨论，我国代表团提出，由于当前国际上超硬材料行业仍在使用该技术报告对金刚石进行检测，建议不要撤销该技术报告，并确认其继续有效。这一意见得到了其他国家参会代表的认可。我国代表团在会上取得的这些成果，是全国磨料磨具标准化技术委员会近几年连续参加国际标准化会议，从而实质性参与国际标准化工作、与 ISO/TC29/SC5 秘书处和各成员国专家相互认知并建立良好沟通的结果。

全国机床数控系统标准化技术委员会成立时间不长，当前还没有对口国际标准化组织。为了更好地借鉴国际及国外先进标准经验，提升国产数控系统的技术水平和品质，全国机床数控系统标准化技术委员会从成立之初就十分关注国际标准化发展动态，注重多方面、多渠道了解机床数控系统技术领域国际标准化状况，与国外先进水平进行对比分析，找出国产数控系统存在的主要问题和差距，积极寻求参与国际标准化活动的有效途径。

全国锻压机械标准化技术委员会对收集到的国际标准、工业发达国家和地区（如欧盟、美国、德国、日本等）有关锻压机械方面的 10 余项标准做好吸收与消化工作，参与了国际标准《压力机安全　第 1 部分：基本要求》和《压力机安全　第 2 部分：机械压力机》的征求意见反馈，为实质性参与国际标准制修订以及采标转化工作打下良好基础，并为参与制定国际标准积极沟通和筹划。

3. 我国机床行业主导制定国际标准取得历史性突破

由全国金属切削机床标准化技术委员会提出的加工中心“S 试件”工作精度检验国际标准提案，在经历了 4 年的国际会议的激烈辩论、投票表决、提案通过、草案的论证及反复修改后，当前已进入到 DIS 阶段，并有望进入 FDIS 最终草案阶段。该项由我国主持制定的作为五轴联动机床加工试件精度检验项目将作为规范性附录纳入到 ISO/10791-7《加工中心检验条件　第 7 部分：精加工试件

精度检验》国际标准中。这标志着我国金属切削机床行业在实质性参与国际标准制定工作中又迈出了坚实的一步，增强了我国在国际标准化组织中的影响力和话语权，这对提升我国机床产业国际竞争力有着重要意义。

2015 年 10 月 2 日，根据 IEC 国际网站公布的 IEC60204-34《数控机床电气设备及控制系统安全》国际标准最终草案（44/735A/DTS）投票结果获悉，由全国工业机械电气系统标准化技术委员会（SAC/TC231）秘书处负责、机床行业骨干企业及科研院所共同参与制定的我国机床行业第一项国际标准项目 IEC60204-34 通过了 IEC/TC44 成员国的最终投票，项目获得了最后的成功。该项目自 2012 年 1 月 20 日获得 IEC 批准立项至今，经历了 4 年时间，先后成立了 IEC60204-34 国际工作组、中日联合工作组和中国工作小组。国际工作组由来自美国、德国、日本、韩国、西班牙、瑞典和中国 7 个国家共计 18 名专家组成，由全国工业机械电气系统标准化技术委员会秘书长黄祖广担任组长。

三、积极开展标准宣贯和技术咨询工作，让标准真正为行业企业服务

随着产业技术的发展，企业对标准的关注程度加大。2015 年，各标准化技术委员会组织标准宣贯会共计 19 次，为企业免费提供标准信息咨询和技术服务共计 383 次，为推动行业企业贯标工作发挥了作用。

2015 年，全国工业机械电气系统标准化技术委员会为企业提供多次标准技术咨询及培训。根据企业需求，全国工业机械电气系统标准化技术委员会下设机床分会多次免费为企业、社会组织等提供标准化技术咨询服务；秘书处创建了微信公众号、QQ 工作群、微信朋友圈等，便于大家及时交流沟通。

全国特种加工机床标准化技术委员会一贯致力于推动该行业标准的贯彻实施，通常以召开标准培训会、与中国机床工具工业协会特种加工机床分会合作开展“达标认定产品”活动、配合国家质量抽查开展贯标工作、日常标准咨询服务等几种形式开展贯标活动，使该行业的标准实施收到良好效果，促进了企业的自主贯标，推动了企业产品质量的提升。

2015 年，全国金属切削机床标准化技术委员会为企业提供标准技术咨询 30 余次。秘书处积极组织行业骨干企业和各分会秘书处人员参加标准化业务培训，以提高企业标准化人员的业务水平。

全国机床数控系统标准化技术委员会针对 GB/T 29545—2013《机床数控系统　可靠性设计》标准的贯彻实施，陆续在国内主要几家机床数控系统企业（武汉华中数控股份有限公司、广州数控设备有限公司等）开展了应用。同时就标准条款的理解和应用中可能出现的问题等方面内容向主要几家数控系统企业的技术骨干提供了培训，本年度累计培训 10 人次。

全国铸造机械标准化技术委员会联合苏州压铸协会于 2015 年 12 月在苏州市召开了“压铸企业安全生产高级研讨会”，共有来自企业和质检机构 160 多个单位近 200 名代表参加。会上结合昆山 8.2 铝粉尘重大爆炸事故对 JB/T 11735—2015《铝合金锌合金压铸生产安全技术要求》和 GB 20906—2007《压铸单元安全要求》两项标准进行了宣贯，对压铸现场建筑结构与布置、压铸机及周边设施的安全防护、工作模具等有关方面进行了解读，使企业了解了昆山事故发生的原因和应该采取的相关措施。

为了有效贯彻锻压机械国家标准及行业标准，全国锻压机械标准化技术委员会秘书处在全国各地多次举办了全国和区域性标准研究、宣贯培训会议，培训人数 160 人。组织人员研究编写了宣贯材料，主要是针对机械压力机、液压机、板料折弯机、剪板机等产品进行了广泛的强制性标准宣贯和实施指导。同时为多家企业指导制定了 40 多项企业标准，为锻压机械行业生产和经营提供了技术支持，为贸易、司法鉴定、进出口锻压机械产品免税提供技术支持和标准解析。

针对磨料磨具行业发布的强制性国家标准 GB 2494—2014《固结磨具　安全要求》与原标准内容相比变化较大的情况，为使企业正确理解标准内容并能很好贯彻实施，保证产品质量安全，全国磨料磨具标准化技术委员会秘书处联合国家磨料磨具质量监督检验中心在郑州举办了 3 期培训班，对该标准及与之关联较大的标准 GB/T 2493—2013《砂轮的回转试验方法》进行了详实的讲解和宣贯。全国几百家磨具企业的负责人和质检人员参加了培训，认真领会了标准内容，为企业贯标打下了良好的基础。

全国木工机床与刀具标准化技术委员会组织行业相关企业对新发布的行业标准 JB/T 3105.2—2014《木工单头直榫开榫机　第 2 部分：精度》、GB 30461—2013《木工机床安全　带锯机》进行了宣贯，并对木工四面刨床、木工砂光机等量大面广的产品进行了安全标准贯标情况调研和检测，对其中部分企业存在的安全问题进行了纠正。

全国刀具标准化技术委员会、全国量具量仪标准化技术委员会通过网络、电话、信件等手段，做好标准咨询和资料服务工作，每年服务次数达 60 ～ 80 次。由全国刀具标准化技术委员会组织行业内刀具专家编写的现代切削刀具实用技术丛书《常用孔加工刀具》和《高效高精度孔加工刀具》已出版发行，受到企业技术人员的好评。

四、标准科研项目完成情况

1. 协会牵头组织有关企业共同完成国家标准委布置的“面向用户的数控机床产业链综合集成标准体系研究”课题

为贯彻落实国务院关于深化标准化工作改革方案，解决当前标准体系存在的问题，以适应现代制造业发展的需要，国家标准委适时开展了“中国装备”标准体系建设研究（一期）—— 面向用户的数控机床产业链综合集成标准体系研究，由中国机床工具工业协会牵头，组织 4 家有代表性的会员企业承担了此项课题研究任务。该项课题从 4 个方面展开：①分析工业 4.0 智能制造理念及其在机床行业的应用，提交研究报告。②开展机床行业标准体系及相关全国专业标准化技术委员会的适应性、合理性调研，提出完善改进的建议，形成调研报告。③选择合适单位，申报并开展智能化、复合化数控机床的“典型用户 + 主制造商 + 供应商”有效衔接标准化试点，梳理评估现有相关标准和标准需求，提出智能制造生产过程标准体系的合理化建议。④围绕用户需求，开展智能机床标准体系研究，确定金切生产线标准综合体的实施方案。该项目按照课题任务要求，分析了工业 4.0 智能制造理念及其在机床行业的应用，针对重点用户对数控机床智能化、复合化的实际需求，开展了数控机床产业链上下游相关标准体系协调性研究，提出了建立相关标准体系的合理化建议，完成了研究任务和工作内容。2015 年年底，该项课题通过了国家标准委组织的专家组验收。

2. 各专业标准化技术委员会积极开展标准化科研工作，承担多项科研课题

2015 年，全国金属切削机床标准化技术委员会与国家机床质量监督检验中心共同承担了国家重大专项“高档数控机床、数控系统及功能部件关键技术标准与测试平台标准研究”课题。通过该项目的实施，将搭建起高档数控机床、数控系统及功能部件关键技术的测试平台，制定 90 项金属切削机床行业标准，为促进行业技术进步、提升行业产品质量发挥重要作用。

2015 年，全国机床数控系统标准化技术委员会承担了国家质检公益项目“航空装备等重要制造领域 49 项基础及关键共性技术标准研究”中子项目“机床数控系统 5 项技术标准研究”任务，实施周期为两年。当前，已完成“机床数控系统 故障诊断与维修规范”“机床数控系统 使用与维护规范”“机床数控系统 参数设置与定义”和“机床数控系统 人机界面”等标准草案的编写和相关立项申请材料的提交。秘书处还紧密跟踪国家科技重大专项“高档数控机床与基础制造装备”进展情况，并切实参与到项目课题中去，及时转化专项课题的科研成果，当前已形成 9 项配套标准，为促进行业技术进步发挥了重要作用。

全国木工机床与刀具标准化技术委员会完成了《中国大陆 - 中国台湾木工机床与刀具产品的研究与比对》标准化研究课题的数据库工作，内容涵盖各类木工机床的产品、结构、参数及术语对比，以及相对应的各类技术参数和检测数据之间的对比。与南京林业大学共同完成《木工硬质合金圆锯片制造技术》的研究，并在 2015 年第 1 期的《木工机床》杂志上发表了论文。此外，为配合木工刀具标准的试验要求，开展了对木工刀具检测全方位多自由角度测量的研究，对行业现行的木工刀具的检测方法及检测工具进行了改进。

全国刀具标准化技术委员会积极了解掌握与本行业领域相关的国家重大科研项目情况，力求将科研成果转化为标准。国家重大专项“复杂数控刀具创新能力平台建设”“汽车、航空航天和发电设备用高效精密数控刀具高可靠性设计制造与切削性能评价”和“高性能刀具检测技术标准研究与测试平台建设”项目涉及的国家标准和行业标准近 60 项，为了确保项目的顺利开展，秘书处主动与重大专项负责单位联系、协调，争取标准项目的立项，对标准项目制定过程进行协调，当前完成了 5 项科研成果转化为标准的立项。

2015 年，全国工业机械电气系统标准化技术委员会针对承担的“数控系统关键技术标准与综合测试体系研究”国家科技重大专项课题，组织广州数控设备有限公司、沈阳高精数控技术有限公司、北京凯恩帝数控技术有限公司、山东大学等联合申报单位召开多次项目研讨会，将该项目的部分研究成果转为数控系统的关键技术标准，当前课题正在按计划执行。

全国锻压机械标准化技术委员会完成了“2011ZX04014-011 数控高速冲压设备可靠性增长技术”重大专项课题的验收，形成 3 项行业标准；完成了质检公益专项课题“数控闭式多连杆压力机技术标准研究”，并顺利通过国家质检总局的验收，形成 2 项国家标准。

五、标准化技术委员会组织建设及召开工作会议情况

1. 标准化技术委员会的组织建设

2015 年，根据国家标准委有关文件，全国工业机械电气系统标准化技术委员会下设 SC4 缝制分会正式获批成立，WG6 电敏工作组顺利完成换届。为了更好地为工业机械电气行业服务，秘书处及时向上级有关部门提出了调整委员的建议，增补部分委员，同时解聘部分委员的委员职务，优化了委员结构，确保了标准化技术委员会工作积极有效地开展。

全国机床数控系统标准化技术委员会加强秘书处的组织建设，完善了标准化技术委员会章程和秘书处工作细则。为了提高委员及秘书处相关工作人员制修订标准的能力和水平，确保标准质量，积极组织相关人员参加国家标准委、中国机械工业联合会以及湖北省、武汉市组织的技术培训，并根据需要邀请标准化领域相关专家进行有针对性的培训。

2015 年，全国特种加工机床标准化技术委员会根据我国特种加工机床的发展及标委会的工作需要，提出了申请成立“全国特种加工机床标准化技术委员会增材制造机床分技术委员会”的报告，提交国家标准委。组建该分会旨在配合我国增材制造机床的发展，进一步加强该领域产品标准的制定工作。

全国锻压机械标准化技术委员会加强标准工作组的建设，完成分技术委员会的换届工作。与各委员单位、行业企业、科研机构、高等院校加强联系与合作，吸引产、学、研、用各方代表参与技术标准的研究，不断加强标准化技

术委员会网站的建设与维护，扩大标准化技术委员会的影响力和业务覆盖面。

全国铸造机械标准化技术委员会根据工作需要，加强秘书处组织建设，2015 年增补了两位英文基础较好、业务能力较强的秘书，主要围绕申请 ISO/TC 秘书处开展工作。秘书处在工作过程中严格执行《全国专业标准化技术委员会管理规定》和《全国铸造机械标准化技术委员会章程》，利用标准起草、标准研讨、标准化技术委员会年会等会议对委员和起草人进行标准化知识方面的培训，同时积极参加上级主管部门举办的标准培训班，使委员和标准起草人的标准化水平得到显著提高。秘书处还充分利用挂靠单位 OA 办公信息系统进行日常的管理工作，利用 QQ 群等手段与各位委员和行业企业保持密切联系。

全国磨料磨具标准化技术委员会秘书处为了使本行业标准起草人员了解掌握上级有关部门对标准报批的新要求，提升标准的起草和报批质量，加强了标准起草人员的培训和标准起草阶段的严格把关，组织标准起草单位召开标准草案讨论会，对标准起草过程中的有关问题及时讲解和处理，保证了标准制定后续工作的高效、高质量开展。

2. 标准化技术委员会召开工作会议情况

2015 年 5 月 28—29 日，全国工业机械电气系统标准化技术委员会四届二次会议暨 2014 年年会在辽宁沈阳举行。IEC/TC44 技术委员会主席 Mr.Patrick Gelhen 莅临会议。来自全国工业机械电气系统专业领域的企业、科研院所、高校、检测机构等单位委员、专家共计 113 名代表出席了会议。会上表彰了 2014 年度工业机械电气系统专业领域的先进工作者，听取并审议了秘书处关于 2014 年度标委会工作总结及 2015 年度标委会工作计划，听取了行业专家关于数字化网络化的主题报告和 Mr. Patrick Gelhen 关于 IEC/TC44 国际标准化工作的报告，对《机械电气设备 开放式数控系统 第 7 部分：通用技术条件》等 5 项标准进行了审查，并对《工业机械数字控制系统用力矩电动机》等 4 项标准进行了征求意见。

2015 年 11 月 2 日，由全国工业机械电气系统标准化技术委员会主办的“GB 5226.1《机械电气安全 机械电气设备 第 1 部分：通用技术条件》国家标准修订启动会”在北京召开。该标准是一项极其重要的机械电气设备安全通用标准，适用于在我国销售的各类工业机械设备的电气设备及控制系统，自实施以来，在提高我国机械产品的电气安全水平、保护人身设备安全等方面发挥了重要作用。

2015 年，全国金属切削机床标准化技术委员会及下设分会共召开行业会议 27 次，会议主要内容是对承担的国家标准和行业标准计划项目进行研讨、征求意见和审查。全国金属切削机床标准化技术委员会下设 13 个分会，每年要完成的标准计划项目较多，过去在标准复核环节存在问题较多，导致标准上报时间不及时。根据这种情况，秘书处采取集中会议复核模式，大大加快了这个环节的速度，确保了标准报批稿的协调统一。2015 年，全国金属切削机床标准化技术委员会组织行业集中复审国家标准 118 项，标准质量有很大提高。

2015 年，全国刀具标准化技术委员会组织了 3 次标准化工作会议。5 月份，秘书处在南京组织召开了“刀具标准联合工作组会”，会议讨论了 6 项国家标准草案和 10 项行业标准草案；10 月份，秘书处在福州组织召开了通用刀具、复杂刀具、硬材料刀具、螺纹刀具 4 个分会的年会，对应完成的 4 项国家标准和 10 项行业标准进行了审查；12 月份，由全国刀具标准化技术委员会秘书处和中国机床工具工业协会工具分会秘书处共同组织，在汕头联合召开 2015 年年会，总结汇报秘书处一年来的工作，探讨和交流工具行业未来发展趋势，研讨 2016 年标准化工作重点。

全国特种加工机床标准化技术委员会于 2015 年 3 月 28 日在苏州组织召开了五届二次会议。全国特种加工机床标准化技术委员会委员（或委员代表）31 人以及相关工作组人员共 35 人参加会议。在会上作了全国特种加工机床标准化技术委员会 2014 年工作总结和 2015 年工作计划的报告。会议对有关工作组提交的《金刚石砂轮电火花修整机床 第 1 部分：精度检验》等 4 项行业标准的送审稿进行了审查。与会人员以高度负责的态度，对上述 4 项标准逐项认真讨论，提出了修改意见。在认真审查的基础上，会议对 4 项标准送审稿逐项进行了表决，表决结果为一致通过。会议还对 16 项国家及行业标准进行了复审，复审结论为 1 项修订、其余继续有效。

全国铸造机械标准化技术委员会于 2015 年 12 月 7—11 日在厦门市召开了五届二次工作会议暨标准审查会。全国铸造机械标准化技术委员会委员和特邀代表共 68 人出席了会议。全国铸造机械标准化技术委员会秘书长在会上作了 2015 年度工作总结和 2016 年度工作计划的报告；会议审查并通过了《铸造机械 噪声声功率级测定方法》等 2 项国家标准和《落砂机》等 18 项行业标准送审稿；讨论并确认了《压铸单元 术语》等 7 项国家标准和《铸件磨削机》等 11 项行业标准的立项申请。会议还对申请承担 ISO/TC 秘书处工作进行了讨论，一致认为应该发动全行业的力量，共同推进该项工作。为此，成立了工作组，并开始进行相关的推进工作。

全国磨料磨具标准化技术委员会于 2015 年 10 月 13—17 日在湖北省武汉市召开了六届三次工作会议，会议主要内容为：学习《深化标准化工作改革方案》和《贯彻实施〈深化标准化工作改革方案〉行动计划（2015—2016 年）》两个重要文件；审议秘书处所作的 2015 年度全国磨料磨具标准化技术委员会工作报告和财务收支情况报告；审查通过了《固结磨具 技术条件》等 4 项国家标准和《超硬磨料 金属加工用聚晶金刚石》等 3 项行业标准送审稿；各分技术委员会分别对各自专业 2006—2008 年发布的现行标准进行了复审，逐项形成了复审意见；讨论了 2016 年全国磨料磨具标准化技术委员会及各分技术委员会的工作计划。

2015 年，全国锻压机械标准化技术委员会共组织召开 5 次标准审查会，完成 5 项国家标准和 26 项行业标准的审查报批工作。

全国量具量仪标准化技术委员会及所属分会于 2015 年 11 月在扬州召开标准审查会，约 90% 的委员和委员代表及标准起草人员参加，对 5 项行业标准进行了审查，审查结论为一致通过。

六、开展协会团体标准工作情况

2015 年 3 月，国务院发布了《深化标准化工作改革方案》，这一“改革方案”从我国经济社会发展需求的角度，明确指出现行标准体系和标准化管理体制已不能适应社会主义市场经济发展的需要，甚至在一定程度上影响了经济社会发展。改革的基本原则是坚持简政放权，把该放的放开、放到位。培育发展团体标准，在标准制定主体上，鼓励具备相应能力的学会、协会、联合会等社会组织协调相关市场主体共同制定满足市场和创新需要的标准，供市场自愿选用，增加标准的有效供给。由社会组织自主制定发布，通过市场竞争优胜劣汰。该项工作得到了中国机床工具工业协会的积极响应。

“改革方案”发布后，会员企业反响积极。根据“改革方案”的总体方针和部分会员企业的具体建议，中国机床工具工业协会常设机构就开展机床工具行业“协会标准”工作的设想，专门向国家标准委进行了汇报，得到了国家标准委相关主管部门的肯定和支持。为此，中国机床工具工业协会于 2015 年 5 月开始着手《中国机床工具工业协会标准管理办法》制定工作，于 2015 年 6 月征询了协会各分支机构的意见，并根据反馈意见做了部分修改。

中国机床工具工业协会在 2015 年 7 月 25 日召开的 2015 年协会理事长工作会议上审议通过了《关于“中国机床工具工业协会标准”工作的议案》，决定在机床工具行业开展制定和发布“中国机床工具工业协会标准”工作，提出了“协会标准”基本工作思路和目标定位。“协会标准”将依托协会现有组织体系和行业标准化工作体系开展工作。

由中国机床工具工业协会组织召开的“2015 年中国机床工具行业标准化工作会议”于 2015 年 8 月 18 日在北京中土大厦召开。各分会秘书长、机床工具行业各专业标准化技术委员会以及各分技术委员会秘书长等共 60 余人出席了会议。在会上，中国机床工具工业协会行业部主任娄晓钟向与会代表作了《协会标准管理办法》编制说明及协会标准工作思路的工作汇报。会议对拟推荐中国机床工具工业协会标准化委员会人选名单征求了意见。与会代表们对会议议题进行了充分讨论，分别发表了中肯的意见和建议，为协会开展标准化工作开拓了思路。

总之，“协会标准”将在原标准体系基础上，逐步建立适应市场需求、行业企业共同认可的基本标准或规范，形成标准执行与行业自律机制，以充分发挥行业和市场舆论的约束作用，促进产业总体质量水平的提升。

〔撰稿人：中国机床工具工业协会胡瑞琳〕

介绍机床工具行业30强企业、十佳企业的成功经验及上市公司运营情况

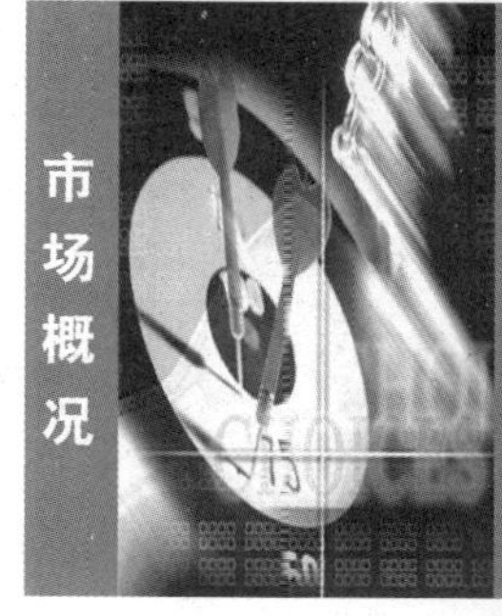

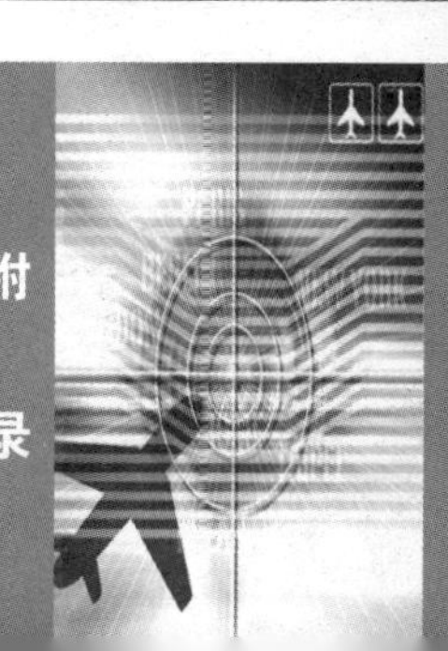

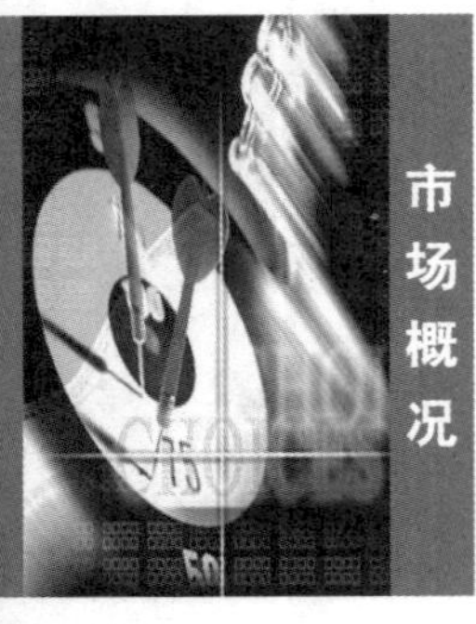

特色企业

2015年中国机床工具行业30强企业介绍

为了持续展示机床工具行业企业调整转型的发展进程，进一步营造行业“由大到强”的发展导向，中国机床工具工业协会继续面向行业统计重点联系企业开展2015年度行业“30强”企业评价公益活动。本年度行业“30强”企业评价活动的新特点：

（1）更加坚持“科学、公平、公开”的原则。在总结2014年度行业“30强”企业评价工作的基础上，根据企业呼声和行业发展情况，优化评价方法，细化工作流程。经修订的“中国机床工具行业运行综合评价指数”指标体系更好地体现了对企业经济规模、运行质量效益、成长发展等方面的综合评价，进一步突出了对企业发展综合实力的全面客观评价。评价过程充分体现公平、公开，活动不收取企业任何费用，践行公益性活动的目的，并最大程度地接受全行业的监督。

（2）充分响应行业当前和未来。基于面向企业运行和发展的评价体系，2015年度行业“30强”企业的变化与行业运行和发展息息相关，上榜企业的动态更替间接反映出当前行业的新变化、新发展和新趋势。从年度行业“30强”企业的变化可以研判产业的发展脉络和未来走势。

构筑“专业、权威和公益性”的品牌影响力是中国机床工具行业年度“30强”企业评价活动的出发点和立足点，最终目的是为产业营造可持续发展的氛围。

北京北一机床股份有限公司

北京北一机床股份有限公司是国有控股大型机床制造企业。公司在境内拥有五大主机生产及配套基地，其中包括参控股子公司14家，以及境外德国瓦德里希·科堡机床公司、意大利C.B.法拉利公司和SAFOP机床公司。当前已经形成了重型机床、中型数控机床、磨床、五轴机床及普通机床五大业务，包括重型数控龙门镗铣床、落地镗床、立式车床、卧式车床、铁路机床、数控车床、立/卧加工中心、车铣复合机床、五轴联动叶片/叶轮加工中心、激光加工机，数控磨床、专用磨床、超精加工机床、数控珩磨机等设备，公司拥有“国家认定企业技术中心”并具备集成自动生产线及机床再制造等相关业务能力。产品广泛应用于汽车、航空航天、船舶、发电、轨道交通、模具和机械等行业。作为国家高新技术企业，秉承着“制造精良、追求卓越”的企业精神，始终坚持把技术创新作为公司持续发展的动力，以“做用户的工艺师，做装备工业脊梁”为使命，始终把对用户的服务摆在突出位置。不断进取，创新发展，致力于机床行业的转型升级，竭诚为装备制造业服务。

公司网址：www.byjc.com.cn。

北京阿奇夏米尔工业电子有限公司

北京阿奇夏米尔工业电子有限公司是研究、开发和生产数控电加工机床的高新技术企业，是瑞士GF加工方案在欧洲以外唯一的EDM研发和生产基地。公司技术先进，经验丰富，制造及检测设备精良，质量保证体系完整，管理严格有效，产品性能好、可靠性高。公司已通过ISO9001质量管理体系认证、ISO14001环境管理体系认证和OHSAS18001职业健康安全管理体系认证。GF加工方案是世界领先的提供用于工模具制造及精密零件加工机床的供应商，致力于提高人类的生活品质。其产品包括电火花加工机床、高速和高性能铣削加工中心、三维激光纹理加工设备、夹具系统、备件、耗材以及其他自动控制解决方案。

公司网址：www.gfac.com。

北京精雕科技集团有限公司

北京精雕科技集团有限公司是1994年成立的一家集科研、生产、销售、服务为一体的国家火炬计划重点高新企业。自成立以来，始终致力于为客户提供小刀具铣削、钻削、磨削工艺的全程解决方案。集团由母公司北京精雕集团及旗下的廊坊精雕数控机床制造有限公司、北京精雕精密机械制造有限公司等12家全资子公司和40多个分支机构组成，北京、廊坊两地的产业基地占地面积22万m^2、建筑面积20万m^2，拥有员工4 100余人。自主研发的八大系列、300多个型号的高速、高精密精雕数控机床，获85项国家专利和30项软件著作权。业务范围涵盖数控机床、数控系统、CAD/CAM软件、高速精密电主轴、高精度旋转功能部件等相关领域，主营产品精雕数控机床广泛应用于手机配件、精密模具、木雕、医疗器材、产品加工等 30 多个领域，产品市场保有量超过 8 万台。

公司网址：www.jingdiao.com。

成都成量工具集团有限公司

成都成量工具集团有限公司始建于 1956 年，是国家“一五”计划重点建设项目之一，国家工量具重点生产企业和出口基地，国家高新技术企业、国家级大型骨干企业。现占地面积 16.5 万 m^2（248 亩）、建筑面积 12.8 万 m^2。公司现有总资产近 12 亿元，拥有职工 1 600 余名，其中专业技术人员 300 余名。公司专业从事通用量具、通用刃具、数控刀具、硬质合金刀片、数控专用机床、仪器以及汽摩检具的研发和制造，产品涵盖五大类、600 多个品种、数万个规格，具备年生产刃具 5 000 万件、量具量仪 200 万件、数控刀具 45 万件、硬质合金制品 100t 的生产能力。产品满足数控机床、能源、交通等行业在机械加工中的高速、高效、高可靠性、高精度等要求。公司坚持“树立品牌意识，打造名牌产品”的品牌建设理念，通过了 ISO9001 质量体系认证、ISO10012 ：2003 测管体系认证、ISO14001 ：2004 环境管理体系认证、美国石油学会石油量规产品 API 体系认证，执行国家、行业、企业标准近 400 个，产品标准覆盖率达 100%。

公司网址：www.chinachengliang.com。

大连机床集团有限责任公司

大连机床集团有限责任公司始建于 1948 年，2015 年实现销售收入 161 亿元。当前，主导产品获得国家、省、市科技进步奖 59 项；拥有最新专利 179 项，其中发明专利 40 项、具有自主知识产权的核心专有技术 168 项；开发出具有国内领先水平的新产品 640 余种。为我国的汽车、航天航空、军工、核工业、船舶制造、石油钻探、轨道交通、工程机械等关键领域和行业提供了重大成套装备累计近 50 万台（套）、自动线 160 余条。产品销往 100 多个国家和地区。公司连续多年荣获中国机床工具行业自主创新、销售收入、数控产值、出口创汇、精心创品牌五项“十佳”称号；获得中国工业大奖表彰奖、全国“两化融合”先进单位、国家创新示范企业及 2014 年度中国机床工具行业“30 强”企业等荣誉，“DMTG”被评为中国驰名商标。多年来，大连机床集团用信息化改造传统产业，走新型工业化道路，转变发展方式，企业的智能化生产线，五轴联动立、卧式加工中心，立、卧式车铣复合加工中心，高速、精密加工中心，高速、精密车削中心，智能机器人，数控功能部件等产品的设计、制造达到国内先进水平。产品的核心功能部件，主轴、滚珠丝杠、直线导轨、刀塔、刀库、数控系统等已全部实现国产化，突破了一批制约我国数控机床发展的核心技术，形成了一批在国际市场上具有竞争力的高端产品。大连机床集团通过创新发展，已经入列世界机床行业的第一方阵。

公司网址：www.dmtg.com。

东风汽车有限公司设备制造厂

东风汽车有限公司设备制造厂始建于 1969 年，已经成为我国专用智能设备、焊装设备、重卡平衡悬架总成行业的专业骨干企业。主要为汽车、内燃机、摩托车等行业提供专用设备、组合机床及其自动线、加工中心、柔性加工设备及自动线、焊装夹具及焊装自动线，设备保全、设备再制造等产品及服务，为用户提供集成开发及整体交钥匙解决方案。

公司网址：www.dfmtp.com.cn。

广州数控设备有限公司

广州数控设备有限公司成立于 1991 年，历经 20 多年的拼搏与努力，公司由 20 多人的集体所有制企业发展成为拥有总资产达 11 亿元、员工规模 2 194 人，集科、教、工、贸于一体的高新技术企业，是国内颇具规模的数控系统研发生产基地，被誉为“中国南方的数控产业基地”。公司是国家科技重大专项“高档数控机床与装备制造”、国家“863”科技计划承担企业，是首批高新技术企业、国家规划布局内重点软件企业、国家创新型试点企业、中国软件业务收入百强企业、广东省装备制造业 50 骨干企业、广东省创新型企业、广东省战略性新兴产业骨干企业和广东省知识产权优势企业，拥有国家认定企业技术中心、博士后科研工作站、广东省工程技术研究中心和广东省工程实验室。

公司网址：www.gsk.com.cn。

广东奔朗新材料股份有限公司

广东奔朗新材料股份有限公司始建于 2000 年，总部位于广东省佛山市顺德区。公司多年来坚持不懈地专注于超硬材料制品的研究和开发，经过十余年的发展，现已成长为我国超硬材料制品行业的领先企业之一。公司是国家火炬计划重点高新技术企业、广东省自主创新 100

强企业、广东省创新型企业、广东省现代产业500强项目承担企业，是“广东省超硬材料及制品工程技术研究开发中心”依托单位。公司获批组建有“博士后科研工作站”“广东省奔朗超硬材料及制品院士工作站”和“广东省企业技术中心”。公司研发和生产各类金属结合剂、高分子材料结合剂和陶瓷结合剂的金刚石工具以及立方氮化硼精细磨削工具，不仅广泛应用于陶瓷、石材、建筑工程、耐火材料、玻璃等领域的切钻、磨削、抛光等加工过程，而且不断向机械零部件、汽车配件、电子陶瓷、光学玻璃等精密加工领域扩展。“创新、诚信、尊重、激情、担当、赢”是公司企业文化的核心价值观，“持续创新”是企业的灵魂。

公司网址：www.monte-bianco.com。

杭州友佳精密机械有限公司

杭州友佳精密机械有限公司为台湾友嘉实业集团独资企业，创立于1993年。公司专注于多轴联动、复合／高速／超精数控机床，柔性／数字化生产线的设计制造和销售。在大陆已累计有25 000多台数控机床效力于汽车、摩托车、航空航天、轻纺、电子、3C及各种机械行业，并以高效率、高可靠性等优点受到广泛好评。友嘉集团以杭州友佳精密机械有限公司为基础，在杭州江东开发区建立友嘉集团数控装备工业园，整合两岸三地最有利的资源，利用中国台湾、日本、美国、意大利、德国技术资源提升产品档次，充分运用已在全国各大中城市建立的69个行销网点与服务中心，以专业的精密数控机床相关技术，提供整体的技术服务，更好地服务于广大客户。

公司网址：www.goodfriend.com.cn。

合肥合锻机床股份有限公司

合肥合锻机床股份有限公司是国内领先的大型锻压设备自动化成套技术与装备产业化基地，是集液压机、机械压力机等各类高精专机床产品研发、生产、销售和服务为一体的大型装备制造企业，属于国家数控成形冲压装备产业技术创新战略联盟副理事长单位，国家火炬计划重点高新技术企业。产品主要为各类专用、通用液压机和机械压力机，广泛应用于汽车、船舶、航空航天、轨道交通、能源、石油化工、家电、军工、新材料应用等行业和领域。未来，公司将通过新型传感技术、网络通信技术、数字测量诊断技术、物联网技术、大数据及人工智能技术的集成应用，实现锻压成形设备的柔性化、高效、节能、环保、智能化等方面的升级，使制造过程向数字化、信息化、智能化集成制造发展，全面提升产品设计、制造和管理水平，逐步由成形设备制造商转变成为高端智能制造装备系统服务商。

公司网址：www.hfpress.com。

江苏金方圆数控机床有限公司

江苏金方圆数控机床有限公司是国家重点高新技术企业、国家火炬计划邗江数控金属板材加工设备产业基地龙头骨干企业，是国内锻压行业较早通过ISO9001质量管理体系认证的企业。公司建有机械工业工程研究中心、省级企业技术中心、省级工程中心和国家级博士后工作站。产品主要有ET、VT、HVT、MT、DMT系列数控机械、液压、高速液压、单电伺服和双电伺服转塔冲床，TFC、FC、HC系列数控碟片、光纤、二氧化碳精密激光切割机，PR、HPR、PE系列数控液压、高速液压、电伺服折弯机，VR系列数控液压闸式剪板机，MCZ数控母线生产线，PB系列汽车横梁平板数控冲孔机、AMCP系列汽车平板数控冲孔柔性线，UP、SP系列汽车纵梁双主机数控腹面、翼面冲孔生产线，APSS、HML200f系列数控冲剪、冲激复合柔性生产线等。公司用户所在行业近30个类别，产品销往全国并出口到俄罗斯、印度、阿根廷、英国、美国及东南亚、中东等国家和地区。2013年9月，公司与德国通快集团合资。

公司网址：www.jinfangyuan.com。

江苏亚威机床股份有限公司

江苏亚威机床股份有限公司创建于1956年，经过近60年的发展壮大，已成为我国中高端金属板材成形机床行业的领先企业之一。公司专业制造销售数控转塔冲床、数控折弯机、数控激光切割机、金属平板加工自动化系统、金属卷板加工自动化生产线、线性和水平多关节机器人等高端、智能、自动化产品。公司于2011年3月在深交所成功上市，被誉为“锻压机床第一股”。2015年，公司的各类产品销售收入为8.93亿元，利润总额为8 400万元。

公司网址：www.jsyawei.com。

济南二机床集团有限公司

济南二机床集团有限公司始建于1937年，属于国有独资企业、国家高新技术企业。1953年和1955年分别研制出我国第一台龙门刨床、第一台机械压力机，被誉为“龙门刨的故乡”和“机械压力机的摇篮”。公司主要产品有锻压设备、数控金属切削机床、自动化设备、铸造机械、数控切割设备等五大类，涵盖金属成形与金属切削领域，服务于汽车、航空航天、轨道交通、能源、船舶、军工、模具等行业。公司拥有国家级企业技术中心和国家重点实验室。公司的大型数控冲压机床国内市场占有率达 80%，并远销近 60 个国家和地区。近年来，公司以“打造国际一流机床制造企业，塑造世界知名品牌”为目标，坚持“以市场为导向，以效益为中心，以机制作保障”的工作方针，通过创新驱动，加快转型升级，实现企业持续跨越式发展。公司先后荣获“中国最具市场竞争力品牌”“在振兴装备制造业工作中做出重要贡献企业”“两化融合标杆企业”“中国工业行业排头兵企业”和“中国机械工业百强企业”等荣誉。

公司网址：www.jiermt.com。

南通国盛机电集团有限公司

南通国盛机电集团有限公司是国家高新技术企业，旗下拥有多家全资子公司。公司专注于为市场提供性能领先、品质优良的先进数控机床、精密钣金、专业焊接件、高品质铸件等高端制造装备及配件。借助于强大的技术支持、精密的加工设备、管理有素的员工队伍和行业领先的服务理念，公司将不断为顾客提供系统的产品解决方案、高品质的产品及快速响应的无忧服务。公司作为国内重要的数控机床制造商，注重产品研发，拥有完善的质量管理体系。现有“国盛”牌高端精密数控机床系列产品。公司已成为德国德玛吉、德国宝马格、瑞典山特维克、日本东芝机械、加拿大赫斯基等国际著名企业的长期合作伙伴。公司秉承“诚信、品质、勤奋、创新”的企业核心价值观，以“产业兴国，事业强盛”为企业使命，与员工、客户、社会共享发展，共赢未来。

公司网址：www.ntgsjd.com。

宁波海天精工股份有限公司

宁波海天精工股份有限公司一直坚持独立自主的品牌路线，主导产品包括龙门镗铣加工中心、卧式加工中心、立式加工中心、数控立式车床、数控车削中心五大系列，形成以宁波产业基地、大连产业基地为主体的近千亩产业集群。产品广泛应用于汽车、机车、船舶、冶金、电力、模具及风力等行业。公司依托海天集团的先进管理理念，全面推行交钥匙工程和完善的售前、售中、售后服务，使客户获取至为优异的产品效能，缔造如愿的产业价值。

公司网址：www.hision.com.cn。

秦川机床工具集团股份公司

秦川机床工具集团股份公司是中国机床工具工业协会轮值理事长单位。作为上市公司（简称“秦川机床”，股票代码：000837），拥有宝鸡机床、汉江机床、汉江工具、关中工具、秦川格兰德、美国拉削系统公司等多家子公司。公司是我国精密数控机床与复杂工具研发制造基地，是国家级高新技术企业和创新型试点企业。公司先后获得“国家科技进步一等奖”1 项、“国家科技进步二等奖”4 项。“秦川 QINCHUAN”商标被认定为“中国驰名商标”。截至 2015 年年底，公司注册资本为 6.93 亿元，资产总额为 67.3 亿元，拥有员工 10 495 人。公司坚持“技术领先，模式取胜”的发展思路，着力打造 3 个 1/3 的业务板块（机床装备、高端工艺技术引领的关键零部件制造、现代制造服务业），力争成为所涉及领域的技术领先者、行业领导者、高端市场占有率的追求者，以系统集成为擅长、以“精密、高效、复合、专用、大型”为特色的大型数控机床工具企业集团，努力建成具有世界水平的高端装备制造领域的系统集成服务商和关键零部件供应商。

公司网址：www.qinchuanfuture.com。

瑞远机床集团有限公司

瑞远机床集团有限公司是一家集科研开发、生产制造、经营销售、技术服务为一体的专业制造数控机床的国家重点高新技术企业，是国家级装备制造产业化基地。公司主要从事研制、生产、销售各类大、中、小型精密卧式数控机床和重型车床、特种数控设备及专用机床。公司下辖 3 个生产制造基地，总占地面积 53.3 万 m^2（800 多亩），建筑面积 37.5 万 m^2，总资产 18 亿元。公司以“睿智化的产业综合型集团”为愿景，以“在装备制造领域协助客户实现智能化工厂的梦想”为使命，秉持“高科技提升装备制造产业”的理念，以工业化、规模化推动企业产业化发展，推行价值管理，建立基于制造流程控制和资本控制相结合的战略管理体系，将企业建设成为国内外一流的数控机床产业化基地。

公司网址：www.ruiyuanchina.com。

山东鲁南机床有限公司

山东鲁南机床有限公司始建于 1952 年，2000 年进行了股份制改造，是大型国有控股企业，属山东省中小机床产业技术创新联盟骨干企业。公司总资产 4.5 亿元，在册职工 1 300 人，年产各类数控及普通机床 4 000 余台，产值 4.2 亿元。每年研发新产品近 20 种，已获国家专利 60 多项。公司主导产品以全功能数控车床，立式、卧式、龙门式数控铣床及加工中心，车铣复合加工中心和电火花特种加工设备等高中档数控机床为主，产品产值数控化率达 93%。产品营销网络遍布国内 30 多个省市及 70 个国家和地区。公司是国家火炬计划重点高新技术企业、全国知识产权试点企业、山东省首批创新型企业，设有山东省院士工作站和山东省工程技术研究中心，公司先后获得“最具市场竞争力品牌”“全国名优产品售后服务十佳单位”“全国用户满意企业”“精心创品牌十佳企业”和“山东名牌”等荣誉称号。

公司网址：lunanmachine.com。

山东威达重工股份有限公司

山东威达重工股份有限公司是大型股份制企业，占地面积 50 万 m^2，资产总计 5 亿元。公司与华中科技大学合作成立了院士工作站。公司主导产品已形成龙门式 / 立式 / 卧式加工中心系列、数控铣床系列、卧式镗铣床系列、摇臂钻床系列、万能升降台铣床系列、立式铣床系列、铣钻床系列等八大系列、90 余种规格，产品远销以欧、美市场为主的 70 多个国家和地区。

公司网址：www.weidamc.com。

上海工具厂有限公司

上海工具厂有限公司创建于 1949 年，已成为国内工具行业切削刀具生产规模、品种规格、品牌信誉、竞争力颇具实力的专业制造企业。公司可提供孔加工刀具、螺纹刀具、铣铰刀具、齿轮刀具、硬质合金刀具、机床附件、高性能硬质合金材料、各类量具等全系列、高品质产品，更具备为顾客提供现代机械加工标准化解决方案以及个性化解决方案的强大实力。公司以品牌立信，以品牌兴企。公司通过了 ISO9000 体系认证，“上☆工”品牌产品被评为中国名牌产品。

公司网址：www.stwc.cn。

沈阳机床（集团）有限责任公司

沈阳机床（集团）有限责任公司是中国机床工具工业协会轮值理事长单位。公司于 1995 年由原沈阳第一机床厂、中捷友谊厂和沈阳第三机床厂资产重组后成立，下辖沈阳、昆明、德国三大产业集群，拥有员工 1.8 万人。公司主导产品为金属切削机床，市场覆盖全国并出口 80 多个国家和地区。2011 年，公司销售收入在世界机床行业排名跃居首位。2015 年，实现工业总产值 157 亿元、销售收入 152.5 亿元。公司彻底攻克核心技术，成功开发世界首台网络智能的“i5 智能数控系统”，打破了国外对核心技术的长期垄断；成功开发出 i5 智能机床、ASCA 高端机床等世界级产品系列，推动产品升级换代，至今中高档数控机床占比 86%。2015 年，i5 智能机床实现订货 6 000 台，价值近 15 亿元。公司成立工业服务事业部、优尼斯融资租赁公司及再制造事业部，加速布局 4S 店市场营销网络，构建集产品销售、金融服务、再制造、车间智能管理系统等于一体的产品全生命周期的服务新模式。在工业领域首创“即时交付、即时使用、即时消费、即时服务”的“U2U”商业模式，从传统买卖走向价值创造与分享，建立全新的商业生态系统。面向未来，公司将坚持以市场为导向、以客户为中心，加速向现代工业服务商转型，成为以智能制造为核心、世界领先的高科技工业服务集团。

公司网址：www.smtcl.com。

泰安华鲁锻压机床有限公司

泰安华鲁锻压机床有限公司始建于 1968 年，是国家级高新技术企业，通过了 ISO9001、ISO14001、OHSAS 18001 三体系认证。公司主导产品包括数控卷板机、矫平机、剪板机、折弯机、开卷矫平剪切生产线等五大系列、300 多种规格。公司坚持以技术创新为动力，建立了院士工作站，拥有 40 余项国家专利、3 项软件著作权。公司自主研发的高强度板料矫平机属国内首创，为多个重点领域特殊板材的矫平需求提供了切实可行的解决方案。数控船用卷板机、矫平机达到国际先进水平，被列入国家重点新产品和国家火炬计划项目。产品广泛用于船舶、石油、化工、水利、电力、机车、锅炉、桥梁、工程机械、煤炭机械等多个行业，还出口到欧洲、南美洲及亚非地区。公司追求“精工细作、精益求精”的质量文化，得到用户的一致认可。

公司网址：www.taianduanya.cn。

天津市天锻压力机有限公司

天津市天锻压力机有限公司始建于 1956 年，是中国第一台液压机的诞生地，是中国机床工具工业协会副理事长单位。公司能够设计生产 50 个系列、1 000 余个品种的液压机以及成线成套装备，能为客户提供全方位的解决方案，产品规格为 800 ～ 400 000kN，广泛应用于各个领域。公司于 1996 年通过挪威船级社（DNV）ISO9001 质量体系认证，2006 年通过欧盟 CE 安全体系认证。产品已出口到德国、法国、意大利、西班牙、俄罗斯、美国、巴西、日本和韩国等 30 余个国家和地区。公司拥有我国液压机行业首家国家级企业技术中心及行业液压机专业研究所，拥有专利技术 720 项，其中发明专利 264 项。在造船液压机、等温锻造液压机、多工位环锻液压机和高端玻璃钢 / 复合材料 SMC 液压机等方面具有很高的市场占有率。

公司网址：www.tianduan.com。

天水星火机床有限责任公司

天水星火机床有限责任公司于 1967 年由沈阳第一机床厂搬迁组建，2002 年改制组建新公司，是国家定点西部专业生产大型卧式车床企业。公司现已发展成为拥有 9 家全资和 2 家控股子公司的跨国企业集团。公司拥有国家级企业技术中心，多次承担国家级技术攻关项目和重大装备研发项目，获得专利 230 余项。公司拥有制造超重型数控车床和超精密航空数控车床的优势。公司已经开始在营销模式创新和新产品研发创新方面引入互联网思维，正在实施“星火魔方”计划，打造“C2B”互联网销售模式，以“顾客就是设计师”为目标，真正实现用户订制。

公司网址：www.sparkcnc.com。

武汉华工激光工程有限责任公司

武汉华工激光工程有限责任公司是我国主要激光设备及等离子切割设备制造商之一，是国家重点高新技术企业。公司拥有国家认定的企业技术中心、激光先进制造技术省级重点实验室，旗下拥有华工激光、FALEY · LASERLAB 两大知名品牌。公司始终致力于为工业制造领域提供广泛而全面的激光制造加工解决方案，研发、制造、销售各类激光加工和等离子加工成套设备，提供管材激光切割加工及石油管道贸易等服务。公司的主导产品涵盖全功率系列的激光切割系统、激光焊接系统、激光打标系列、激光毛化成套设备、激光热处理系统、激光打孔机、激光器及各类配套器件、激光加工专用设备及等离子切割设备等。产品广泛应用在钢铁冶金、有色金属、汽车及零部件、航天航空、精密仪器仪表、机械制造、模具、五金工具、集成电路、半导体制造、太阳能、教育、通信与测量、包装、鞋材皮革、塑料橡胶、珠宝首饰、工艺礼品等行业。

公司网址：www.hglaser.com。

扬力集团股份有限公司

扬力集团股份有限公司创始于 1966 年，注册资本 1.5 亿元，占地面积 106.7 万 m^2（1 600 余亩），资产总额 24 亿元，下辖扬力机床、扬力重机、扬力精机、扬力数控、扬力液压等 5 家全资或控股子公司，主要致力于冲、剪、折、激光等各类中高端金属板材加工设备以及成套生产线的研发制造。经过多年不懈的辛勤经营和持续推进的研发投入，扬力集团以 50 年的光辉历程，荣获“国家重点高新技术企业”称号，成为全国数控金属板材设备产业基地骨干企业和全国锻压机械标准化技术委员会机械压力机分会主任委员单位。公司将聚焦世界，加大产品与产业结构调整力度，加快企业转型升级的步伐，向着百亿企业的目标和“创世界品牌，树百年扬力”的美好愿景迈进。

公司网址：www.yangli.com。

扬州锻压机床股份有限公司

扬州锻压机床股份有限公司始创于 1958 年，是中国机床工具工业协会副理事长单位，是国家重点高新技术企业，已通过 ISO9001 质量体系认证。公司主营各类开式、闭式单 / 双点压力机、高速冲床、肘杆压力机、精冲机、热模锻压力机、冷锻压力机、粉末成形压力机、多工位压力机、单机 / 多机联线 / 级进模冲压生产线以及锻压成套设备等。公司建有国家博士后科研工作站。近年来，公司获得数十项国家发明专利及数百项实用新型专利。公司在国内外设有 70 多个营销网点，形成遍及全球的营销网络，为客户提供零时差、一体化的售前、售后服务。公司秉承近 60 年的专业技术积累和优秀企业文化，凭借卓越、团结、创新的人才团队，竭诚为客户提供一流的产品和周到的服务。

公司网址：www.duanya.com.cn。

云南正成工精密机械有限公司

云南正成工精密机械有限公司主要生产各型立式数控铣床光机、立式加工中心光机、大型数控龙门铣床光机、龙门式五面体加工中心光机、大型落地式数控镗铣床光机、数控卧式加工中心光机、斜床身式数控车床光机、数控车铣复合机床光机、大型数控立式磨床光机、成套生产线设备光机等系列产品，拥有 4 个生产厂区，独创一套创新型联盟体管理理念和管理方法，提倡“专家治厂”，提倡走“专、特、精”之路，提倡“机床产业链，层层协作，专业化生产，社会化合作，联盟体式的发展”。公司坚持“专业化生产、社会化合作”的原则，充分利用社会资源，以光机生产为龙头，整合包括世界著名品牌如日本、德国、中国台湾等在内的专业零部件生产供应商，与国内外众多知名企业建立了长期战略联盟合作的关系，形成了集约化的专业生产联盟。

公司网址：www.tzlmt.com。

中南钻石有限公司

中南钻石有限公司是专业的工业金刚石、立方氮化硼制造商和供应商，以“技术领先，创新未来”为指导，致力于超硬材料系列产品的系统性创新。公司拥有国家认定的企业技术中心，拥有与国际接轨的全套检测设备，通过ISO9001 国际质量管理体系认证，产品质量达到国际先进水平。公司三废已达到国家相关标准要求，已建和在建项目均按照国家环境保护要求进行。2006 年 7 月，公司通过了清洁生产的审核，通过 ISO14001 环境管理体系认证。公司以“为顾客创造价值，帮助顾客成功”为理念，长期稳定地为顾客提供具有更高性价比的产品与服务。15 年的改革与创新，使企业跻身于全球工业金刚石制造的先进行列，获得“中国名牌”的荣誉称号。

公司网址：www.diamond-zn.com/index1.html。

株洲钻石切削刀具股份有限公司

株洲钻石切削刀具股份有限公司隶属于中国五矿集团，是中国机床工具工业协会副理事长单位，是国内硬质合金骨干企业。近三年销售额保持每年平均 36% 的增长，在国内市场拥有很高的占有率。公司拥有集科研、设计、应用研究为一体的国家级硬质合金刀具技术研究开发中心，总资产 1.5 亿元，专职研发人员达到 156 名；拥有硬质合金刀具相关专利 101 项，获得授权专利 79 项。公司提供各种标准和非标准的物理、化学涂层硬质合金、金属陶瓷、陶瓷和超硬材料等牌号的高精度车削、铣削、镗削、钻削、切断、切槽和螺纹加工的可转位数控切削刀片及配套的高精密切削刀具、工具系统，整体硬质合金孔加工刀具及立铣刀，同时提供各种高质量焊接刀片、机夹刀片。公司致力于为模具、汽车、航空航天以及家用电器等行业提供高精度、高效的切削工具和技术服务。

公司网址：www.zccct.com。

2015 年中国机床工具行业十佳企业介绍

保定维尔铸造机械股份有限公司

一、静压造型自动生产线简介

静压造型自动生产线是铸造行业中用于生产铸件的完整的自动生产线。全线由 34 台（套）机械、电控、液压设备，约 200 套砂箱和约 200 台小车组成。生产线含落砂、分箱、箱面及内腔清扫、造型、翻转、降箱、铣浇口、钻气眼、合箱、紧箱钩、铸型冷却等工序。

二、静压造型关键技术内容

铸件尺寸精度公差为 CT9 ～ CT10；铸件表面粗糙度为 25μm；铸件重量较常规造型的减少 2.1%（制动毂可减少 6%）；拔模斜度减小到 0.5°；型腔高宽比为 2∶1；可实现高吊砂，减少芯子量；成型率 97%，提高了造型的出品率。

由于铸件精度高、不粘砂、不胀砂、披缝小，大大减少了清理工作量，有些铸件抛丸后甚至不需再清理，也可减少机加工余量。

因背部压实，强度好，较气冲造型型砂消耗量减少 10%，型腔高度上的利用率也提高 10% ～ 15%。

环境噪声可降到 85dB 以下，工作条件良好，无震动对设备的影响。

三、质量控制

为保证用户生产线的运行质量，保定维尔铸造机械股份有限公司严格按照 ISO9001∶2008 质量管理体系，从管理、设计、生产、装配、安装、调试到运行的各个环节进行质量控制。

在设计方面，公司根据 ISO9001：2008 质量管理体系，特意制定了《静压造型线设备设计质量控制及施工图设计的通用技术规定》。造型线设备设计的技术工作由项目主任设计师负责。静压线的设计工作始于前期筹划、原始资料的收集，包含初步设计、技术设计、施工图设计、制造与施工配合、安装调试、验收及竣工图整理等。其中详细规定了设计时应遵守的统一设计原则，包括设计的构思和关键问题的原则，设计合同和技术任务书中未明确的质量要求，特性、性能指标、安全、环保、维修、使用、验收等方面的要求，机、电、气、液压控制要求，设计的创新点以及可能出现的问题、注意事项等。

设备工作图设计遵循三段设计原则：①初步设计阶段：此为方案设计阶段，由项目主任设计师完成，并出全线方案草图，确定各机械设备主要设计参数及电控总体方案，下达设备设计任务。②技术设计阶段：此阶段完成各单项设备总图、液压气动原理图、全线动作时间表、全线平剖面施工草图的设计；并组织技术会审，确定全线机械设计技术方案，在此基础上提出电控及公用、土建资料，提出主要外购件清单及外协部分的任务书（采购时间较长的外购件尤应早提）。③施工图设计三段：此阶段要根据确认的技术设计内容完成全部工作图，并让用户正确用于生产。这些工作图应包括：总装图、部件图、零件图、管路图、液压气动及电控图及安装用图等。施工图的设计应准确完整，方案确定应通过调研核实。施工图设计完成后，进行审核、校对、标准化审查和审定。

在《静压造型线设备设计质量控制及施工图设计的通用技术规定》中，对图样图面、比例、视图、标注做了统一规定，并对零部件材料的选用及特殊工艺要求做了明确的规定。对焊接件、铸件的质量控制有统一的要求，对加工件的粗糙度和对应的公差要求有规定，对紧固件、管件及密封件有统一的要求，对外购件的选用有统一的要求，并规定供货厂家，不能随意更换。

在生产过程中，公司为确保产品质量，大规模引进国内外先进技术，大批量买进数控设备及多轴联动加工中心，大大提高零部件的加工精度。生产车间严格执行工艺规程、按照图样要求施工，高标准保证图样要求。对于加工工序复杂、加工精度要求高的零部件，采取制作工装的办法进行加工，保证达到图样要求。质检部门对各零部件的工序、工步逐项检验，严格把好质量关。尤其关注热处理、铸造、铆焊等特殊过程，在热处理过程中，严格按照热处理工艺规范要求，精确控制其加热、保温、冷却时间及介质，以达到所需要的零部件硬度及力学性能。对有可能影响强度的铸件、铆焊件进行探伤检查和人工实效处理，对设备关键件进行质量记录跟踪，确保 100% 合格。

对供应部门在外采购的标准件、配套件严格把好质量关，确保外观质量、性能指标满足设计要求。对每批进厂的原材料进行材质化验；对标准件进行抽检，配套件进行质量检查，确保符合图样要求。

需在厂内装配的各个单机设备，按照统一的装配规范安装，设备的精度在装配时一律按要求调好，并做好记录，经质检人员签字认可，设备装配后试车，设计人员必须参与，并对结果认可。设备试车完成后，由质检部门按静压线设备出厂检验单进行各项检查，符合要求准予出厂。在用户现场进行的安装调试，按设备的安装质量验收单进行质量监督及控制。

静压自动造型线是当前国内最先进的自动造型线，具有砂型紧实度高、均匀性好、铸型成型率高等特点。公司根据用户反馈信息，现场调研，召开专门课题研讨会，扬长避短，采用先进、可靠的传动、液压、电器等元件，大大提高了可靠性，减少故障率。其总体技术性能基本达到国外同类设备同期水平，深受广大用户好评。

北京北一机床股份有限公司

北京北一机床股份有限公司（简称“北一机床”）作为国家高新技术企业，拥有国家认定的企业技术中心、北京市数控机床工程技术研究中心，拥有一支积 60 多年技术积累的高水平自主研发创新的科研队伍。

北一机床技术来源较广，拥有来自德国 WACO 公司、意大利 SAFOP 公司、意大利 C.B.Ferrari 公司、日本专业机床设计公司，北一法康公司以及北一大隈公司等方面的技术。北一机床一直与多所高校、研究院所保持广泛的合作关系，与北京工业大学共建“机械工业重型机床数字化设计与测试技术重点实验室”和“北京数控装备创新联盟重型机床开放实验室”。公司拥有重型 / 超重型数控龙门镗铣床、重型数控立式车床、数控落地镗床、重型卧式车床、轨道交通专用机床、中型数控加工中心、激光雕刻机床、五轴叶片 / 叶轮加工中心、自动生产线、成套设备、功能部件等中高档数控机床的先进设计与制造技术。

北一机床拥有先进的制造系统及数控加工技术，包括：复合加工、组合加工等相关装备和系统；CAD/CAPP/CAM 技术在内的数字化设计制造系统，现代集成制造系统应用软件、平台及工具，生产计划与实时优化调度系统 /ERP 管理软件，网络制造系统；数控装备、数控编程软件和应用软件、数控加工、数控工艺在内的先进数控技术；中高档数控设备和关键功能部件及关键配套零部件技术等。北一机床利用掌握的先进制造技术研发了多种系列产品，形成了以中高档数控金属切削机床为核心的产品组合，所服务的用户领域涵盖航空、航天、军工、船舶、汽车、发电、轨道交通、模具、机械等行业，具备了向用户提供成套装备和工艺的能力。

在“十二五”期间，北一机床承担了 20 余项国家科技重大专项项目、2 项国家科技支撑计划项目、10 余项北京市科技计划项目。三年内，公司主持及参与制定国家及行业标准 9 项，参与制定地方标准 1 项，完成企业标准的制修订 20 余项，获得发明专利 2 项、实用新型专利 8 项。平均每年技术开发项目数保持在 30 项左右，其中研发周期大于等于 3 年的项目数超过 1/3，对外合作项目共计 10 余项，每年完成新产品、新技术、新工艺开发项目 20 项左右。2015 年，北一机床计量检测中心再次通过了中国合格评定国家认可委员会的认证。2016 年，北一机床的“数控超重型桥式龙门五轴联动车铣复合系列机床”项目荣获“中国机械工业科学技术奖一等奖”。

北一机床拥有国家级技术中心，设置二级技术研发机构。企业级（一级）技术研发机构为技术研究中心，设有技术情报标准室、机床实验室、精密计量室、专家 / 翻译室、计算机网络管理室、科技档案管理室。境外设有德国 WACO、意大利 SAFOP、意大利 C.B.Ferrari 等技术研究中心。制造部、子公司级（二级）技术研发机构设有重型机床开发部、中型数控机床开发部、五轴产品技术开发部、磨床超精机技术开发部、普通机床技术开发部等分部。技术中心将随着企业组织机构和产品结构的调整，进一步完善其组织建设，紧紧围绕企业的战略目标，落实技术中心发展规划，将技术中心建设成为企业的技术创新、产品研发中心，数控机床试验中心和技术信息中心。

北一机床一直坚持技术创新的理念，加大技术创新方面的投入，每年都投入 5% 左右的销售收入用于新产品研发和科研。北一机床积极争取承担国家重大科技专项和北京市科技计划项目，争取国家及地方科技专项经费对项目实施的资金支持。对于国家及地方划拨的科研项目专项经费，公司实行专款专用，严格执行国家和北京市科技经费管理有关规定，从而有力地保证了国家和北京市重点科研项目的顺利实施与按计划完成。

北一机床不断改革和完善针对研发人员的培养和激励制度。按照薪酬与市场接轨的原则，落实研发人员薪酬考核方法，包括承担重点任务的机会、职称教育、在岗学历教育等；保证研发人员的梯队完整，健全各专业技术能力；每年从国外子公司引进短期交流人才或常驻人员，为公司的研发技术团队进行培训、技术咨询和现场技术指导；每年向境外委派常驻和短期交流人员，为技术人员创造更为全面的交流培训机会。

北一机床积极利用海外技术来源优势，开发具有自主知识产权原创性的新产品。公司针对境外技术资源，在国内建立了多个技术对接团队，引进消化吸收国际先进技术。通过市场需求牵引，形成合作生产、技术引进与联合开发多种模式，并成立由日本合作方、欧洲子公司技术负责人参加的企业技术委员会对项目进行评估，最终通过企业技术中心与企业境外业务部实现综合管理，促进企业发展转型升级，推进企业国际化发展。

北一机床扎实开展产学研合作，先后与清华大学、北京航空航天大学、北京理工大学、天津大学、北京工业大学等十多所高校开展产、学、研合作，有效地解决了行业和企业急需的共性关键技术难题，储备了技术成果。根据企业技术创新、人才培养和可持续发展的实际需求，与北京工业大学的有关科研团队建立长期、稳定的产学研合作关系，使所承担的各种科研课题能形成有效的积累，为企业的长久发展提供长期、持续和有效的支撑。

北一机床制定的“十三五”发展战略，筹划构建国际化的竞争平台，实施国际化战略。未来 5 年，北一机床将以“中国制造 2025”以及首都功能定位和相关发展方向为契机，聚焦高成长的用户领域，以市场为导向，以客户为中心，以产品为载体，应用“互联网 +”、智能制造和大数据技术，为客户提供加工制造的完全解决方案和智能化工厂集成化服务。立足全球市场，打造以服务客户为中心的经营体系，为客户创造价值，实现北一机床产品结构、经营模式的转变和提升，成为行业领先的智能化、集成化制造与服务供应商，做装备工业的脊梁。

大连机床集团

大连机床集团是我国中高档数控机床，智能制造单元和生产线、自动化成套技术与装备，数控功能部件的研发、制造和产业化的重要基地。产品水平居国内领先地位，部分产品达到国际当代水平。公司承担了国家“863 计划”、国家科技支撑计划和“高档数控机床与基础制造装备”科技重大专项 60 余项，在国家机床行业技术创新中发挥了重要作用。至今已先后为我国汽车、航空、航天、军工、轨道交通、船舶、工程机械、石油机械、矿山冶金等行业提供各类机床 50 多万台（套），产品销往 100 多个国家和地区，为装备我国制造业和维护国家经济安全、国防安全做出了重要的贡献。大连机床集团是我国机床行业排头兵企业，曾先后荣获中国工业大奖表彰奖、全国“两化融合”先进单位、“国家创新示范企业”等荣誉称号，中国机械工业百强企业排名第 25 位。“HDM 系列精密卧式加工中心”获 2015 年中国机床工具行业“自主创新十佳”奖。

为适应经济新常态，保持企业稳定发展，公司制定了“创新、布局、升级”方针，主要采取以下措施。

一、产品技术创新

按照“中国制造 2025”要求，加快数控机床装备与“互联网 +”的深度融合，先后开发出具有国际先进水平的标准化和模块化的中高档数控机床、智能生产线、制造岛和工业机器人等新产品，以适应战略性新兴产业对中高端数控机床和智能装备的需要。如为核工业提供的铀浓缩离心机电机壳体和火箭阀门智能化加工生产线，打破了发达国家对我国的技术封锁。为江苏罡阳股份有限公司提供的发动机曲柄加工智能制造生产线，具有多种工艺的集成、智能化物流输送管理系统、数字化控制方式、绿色环保理念、产品质量在线检测等特点。该自动线采用先进的在线测量、智能反馈技术，将工件加工的质量实时反馈给加工设备，以便设备做出相应的调整，来稳定产品质量。为道依茨一汽（大连）柴油机有限公司提供的“CA4DD 气缸盖生产线”，采用自主研发的卧式加工中心与企业自主研发的刚性通用组合机床组成的生产线，完成大连柴油机厂 CA4DD 系列缸盖从粗加工到精加工的全部工序。该生产线从毛坯加工到成品（包括试漏、清洗）仅设有 27 个工位，由 39 台机床组成，大幅缩减了设备数量，也因此减少了用户为该自动线投入的厂房面积。该自动线不仅人机交互界面友好，操作简单，更在国内机床行业中首次采用了机床加工区域的全封闭防护及上排、上供的冷却装置，绿色环保。工件输送是通过非同步机动滚道及桁架机械手完成的，生产线可完成缸盖各个面、进排气孔、定位销孔、主副油道孔的粗加工、半精加工和精加工。为长安汽车开发的 EA 系列轿车发动机缸体柔性加工生产线，主要由 18 台高档卧式加工中心（HDL50）辅以敏捷物流系统组成。该生产线主要完成铝合金缸盖导管座圈孔、凸轮轴孔及各面的铣、钻、扩、铰及功丝等工序加工，主要特点是工序集中、高速加工。机加工工序间采用机动滚道、桁架机械手等输送机构连接，整条生产线能够实现完全自动化，只需在生产线的开始端和结束端配备上下料操作工，线间的工件加工、输送全部自动完成。该生产线的生产节拍为 1.2min/ 件，关键工序 $C_{pk} \geq 1.33$。

汽车转向节智能生产线适用于汽车转向节的批量生产，主要由 3 台 INGERSOLL650 立式加工中心、桁架、搬运机器人和拆垛机器人等结构单元组成。该自动生产线的 3 台加工单元共设有 5 个加工工位，用于实现对汽车转向节的粗铣、精铣及钻孔、扩孔、镗孔、攻丝等加工，生产节拍为 90s。由于安装了 3D 视觉扫描系统，被加工零件可随意放置，机器人对加工零件的摆放姿态可进行自动识别，实现针对性自动抓取。自动线还可通过搬运机器人实现工件的自动装卸与输送，其移动速度可达到 120m/min。该自动线具有输送位置准确、运行平稳、高速运行、无人化生产等特点。整条生产线技术指标达到国际先进水平。

手机壳体智能加工生产线由 6 台钻攻中心、1 台七轴行走机器人及自动上下料仓组成，可以完成手机壳体从毛坯到成品包括清洗在内的全部内容。物流采用大连机床集团公司研发的七轴行走机器人方式实现工件自动上下料，可搬运最大重量为 13kg，手臂最大合成速度为 9.7m/s，手臂最大运动半径为 1 388mm，重复定位精度为 ±0.05mm，防护等级为 IP40，行走最高速度为 90m/min。整线还配备了上、下料台及翻转料架，具有上料单元少、机器人利用率高、节拍快等特点。工序能力指数 $C_{pk} > 1.33$，整线技术指标达到国际先进水平。

盘套类零件机器人智能生产线由 4 台 CKA6150A 平床身数控车床主机和 1 台 VDL1000 立式加工中心主机组成；采用两条地轨式六轴机器人自动上下料，配有自动回转上料仓、下料仓，两套自动翻转装置，两套自动快换爪库，可实现 8 种不同的盘套类零件的加工。自动线的零件毛坯上线、成品下线，人工给上料仓上满料后，按相应的启动程序按钮，自动线进入智能化生产过程。一次装满料后，可连续无人化加工 10h。该智能生产线系统采用大连机床 DMTG 系统，机器人采用广州数控六轴机器人，这在智能生产线上是首例，打破了进口系统和进口机器人在智能生产线的垄断地位。另外，该智能生产线的上下料仓可更换为 AGV 小车加立体仓库，可在更长的时间无人化管理，自动线系统留有网络接口，可与大数据、云计算等连接通信，为无人化工厂和智能化生产车间打下坚实的基础。

大连机床集团为渤海轴承厂提供的轴承内外环加工生产线，是加工高铁轴承的关键设备。针对高铁轴承加工需求，采用以车代磨新工艺和集团成熟整线集成技术，研发的轴承环硬车加工自动生产线。该生产线主要由 8 台轴承环硬车加工专用数控车床、两套零件翻转装置、两套双 Z 轴桁架机械手、两套零件上下料仓装置和两套 PLC 总控单元组成，可实现无人化自动加工，主要完成轴承内外环的外圆、环槽、内孔、油道的半精加工和精加工。其生产效率、加工精度、可靠性及自动化程度等均达到国内领先水平。

二、创新商业模式，实行全球布局

大连机床集团建立电子商务营销平台，推进网上销售和服务；实行产品销售与金融服务相结合，发展融资租赁业务；加快职业教育行业合作，参与建立区域职业教育实训基地，提供完整方案和装备；利用大连机床集团的技术优势、产品优势、成本优势和智能制造等优势快速推进企业增长方式转变，在教育、加工制造等行业建立会员制服务模式，利用互联网为他们提供技术支持和服务，远程诊断、维修、培训等服务。

实行国内布局。2015 年，大连机床集团与东莞市政府签订战略合作协议，围绕广东电子信息产业特点和优势，由政府出土地、厂房、办公场所，合资建立了大连机床集团产品（东莞）研发中心、产品展示中心、产业孵化基地，量身开发智能化成套装备，为大众创业、万众创新提供贴近服务，帮助创客和小微企业实现从无到有的创业成长。东莞模式得到了国务院、国家科技部及有关领导的肯定。2016 年，按照东莞模式，在以苏州为核心的长江三角洲地区，围绕电子信息、新能源产业和出口加工行业建立产品研发中心、产品展示中心和孵化基地；在以湖北钟祥和重庆潼南为核心的中南、西南等地区，围绕军工、汽车零部件产业特点，打造绿色再制造基地。

大连机床集团实行海外布局，重点是在新兴工业国家和“一带一路”沿线国家建立销售服务中心。当前，印度、土耳其、伊朗、意大利、美国的销售服务中心已正式运营，巴西、墨西哥、马来西亚、越南、巴基斯坦等的销售服务中心人员招聘、注册和建点工作正在展开。2016年7月23日，大连机床集团与俄罗斯甘斯德瓦斯股份有限公司在大连签订战略合作协议；10月4日，大连机床集团与俄罗斯甘斯德瓦斯股份有限公司合资项目（DMTG-RUS）在莫斯科正式签约，俄罗斯国家杜马主席斯卢特斯卡、普京总统助理维克多萨尔切夫、莫斯科州州长沃罗彼耶夫等政府高官参加了签约仪式。近年来，俄罗斯每年进口机床80亿美元左右，大连机床集团的产品可覆盖俄罗斯机床市场的30%。合资厂采取从大连机床集团采购组件到俄罗斯总装方式进行制造销售。当前首批2 000多台3.2亿美元的政府采购订单已正式签订，2017年订单有望突破7亿～10亿美元，2018年合资公司计划产销达到10亿～15亿美元。

通过创新商业模式，实行全球布局，大连机床集团不但开辟了新的发展空间，得到了良好的经济效益，而且实现了企业由生产制造型向生产服务型转变。

三、制造模式创新

大连机床集团通过信息化管理控制流水线方式生产机床，当前已有4条数控机床生产线投入使用，大幅度提高了数控机床的生产效率和质量。同时，开展以深化信息化管理为主要内容的“提质增效”活动，加快机器人、制造岛等智能化设备应用速度，优化企业生产资源配置，降低生产成本，提高产品质量和经济效益。

四、产品全面升级

大连机床集团以德国、日本等发达国家的机床水平为目标，通过实施精品工程，产品的外观、性能结构、可靠性、稳定性、质量等得到很大提升，部分主要产品已经达到德国、日本等发达国家产品水平。如TD500A钻攻中心产品已达到日本同类产品水平，而且性价比高，被美国苹果、韩国三星等企业批量选用。当前，企业主要产品市场占有率和数控机床及功能部件的自主配套率在行业中名列前茅。

五、强化管理，降本增效

大连机床集团通过开展增收节支、降本增效活动，杜绝跑冒滴漏等浪费现象；深入挖潜，对库存物资进行重新核查和资产盘活，减少资金占用；实行高管分片包干，加大产品市场承接，加快应收账款回收，提高经济运行质量。

富耐克超硬材料股份有限公司

一、积极提高企业质量管理水平

富耐克超硬材料股份有限公司（简称“富耐克”）专注于立方氮化硼及制品的研发、生产和销售，注册资本6 260万元，是国家重点高新技术企业、河南省创新型企业、河南省高成长型企业。

富耐克以多年积累形成的立方氮化硼合成及制备技术为基础，以持续创新并研发适应市场需求且更具性价比优势的立方氮化硼磨料及刀具产品为核心，通过构建与完善立方氮化硼材料及制品全产业链的研发生产体系及以客户为中心的营销服务体系，致力于为客户提供高性价比的立方氮化硼产品及磨削、切削解决方案。

富耐克在行业内率先通过“三标一体”认证，即ISO9001质量管理体系、ISO14001环境管理体系和BS-OHSAS18001职业健康安全管理体系认证。推行精益化管理和规范化管理：一方面，严格按照“三标一体”认证要求，对产品研发、供应商选择、原材料采购、生产及检验、产品销售、售后服务、环境保护和职工健康安全等各个环节实施全程有效控制；另一方面，运用信息化管理技术，如引进开发企业资源计划系统（ERP）等，提升公司管理的效率与精确性，推行精益化管理，实现节能降耗、降低成本费用，提升公司整体盈利能力。以质量管理、环境管理、职业健康安全管理体系为基础，全面、全程、全员开展全面质量管理，通过实施内审、管理评审等达到持续改进；以全员关键绩效考核（KPI）为提升手段，实行绩效考核管理；积极推进全员改善提案制度，使其愉快地参与到公司管理中来。

富耐克建立了以研发中心、质量中心和生产中心为主体的技术评估体系。其中，质量中心负责公司产品的品质鉴定，主要职能包括进厂原辅料、自制半成品、成品的检验工作并按规定出具检验报告，负责客户产品质量投诉的原因调查与分析，负责客户质量问题投诉的存档与记录。

二、加强产品质量管理与控制

富耐克按照《企业质量管理办法的要求》，结合企业实际情况，设立了高于行业标准的过程内控指标，采用在线监控和定期监测的方法，对过程质量和产品质量进行严格的控制。通过运用新的管理方法、统计技术和在线检测设备，提高检验测试水平，加强对生产过程和产品的监测，以局部成本的增加换取整体成本的下降。

富耐克严格依照质量管理和控制的要求，建立了研发、采购、生产、检验、销售、服务等各个环节的质量管理制度与控制程序。通过质量管理制度与控制程序的有效执行，确保产品质量符合产品标准并满足客户的要求。

检测是生产过程和产品质量控制的重要手段。富耐克投资300多万元购置先进的扫描电镜、光谱分析仪等质量检测设备，配备专业的检测人员，制定严格的检测制度，确保了生产过程控制的卓越和产品质量。

这一系列措施，有效地提高了公司的产品质量。客户对富耐克产品质量的满意度高达98.0。富耐克对于用户提出的希望提供化验单以及运输过程中包装破损等问题也及时响应。

富耐克还制定了《系统改进管理办法》，明确归口管理部门职责和权限，各部门分专业制定相应的改进或创新管理制度，通过卓越绩效自评、QES管理体系评审，对职能战略进展情况、关键绩效指标体系以及日常监测等关键指标的监视测量结果，进行统计分析评价，发现改进方向和重点；开展管理创新、技术创新、客户满意度测量、员工满意度测量、合理化建议、小改小革、QC 小组、现场技术攻关等活动，分层次制定相应的改进计划和目标，实施改进，以督察督办、复命制等形式进行跟踪验证，通过共享平台予以交流共享。

由于富耐克在立方氮化硼各制备环节上的完整技术体系与技术优势，生产的立方氮化硼磨料及刀具产品的各项性能和技术指标优于国内同类产品，其中立方氮化硼单晶磨料、立方氮化硼聚晶刀具和超强焊接刀具的性能达到甚至超过国际领先水平，可以部分替代进口立方氮化硼制品，满足国内外高端立方氮化硼制品的市场需求。

富耐克生产的整体聚晶立方氮化硼刀具不仅适合精加工和半精加工，也可用于粗加工；不仅适合轻载切削、连续切削，同时也适合重载切削、断续切削，极大地拓宽了聚晶立方氮化硼刀具的应用范围，现已成功应用于汽车制造、机械重工、冶金轧辊、高端装备制造、航空航天、轨道交通、风电等行业领域的钢和铸铁加工中。生产的超强焊接聚晶立方氮化硼刀具与传统的立方氮化硼复合刀具相比，具有以下优势：采用特殊钎焊工艺使刀片有更高的耐热性和更高的抗冲击性能；超强焊接聚晶立方氮化硼刀具每个硬质合金基体上可焊接更多聚晶立方氮化硼刀尖（方形刀具可焊接 8 个刀尖），成倍提高了刀具的使用寿命，降低了刀具使用成本。

为提高聚晶立方氮化硼刀具的质量，满足高端用户对刀具品质的要求，富耐克近年来加大对高端加工设备的采购，公司从国外采购了高精度数控刀具磨床数台，从国内采购大型六面顶压机 50 余台。同时，购置了扫描电镜、激光粒度分析仪和显微硬度 CCD 图像处理系统等先进的检测设备。

三、加强与用户沟通，提高用户满意度

富耐克自成立以来，严格遵守国家的法律法规，严格执行产品质量控制标准，具备完善的质量保障体系。售后服务体系健全，对用户的反馈意见及时沟通，妥善处理，产品品质获得用户认可。公司加强研发、生产、检测等环节的工作流程的完善，一旦出现产品质量问题，要在第一时间确定原因和责任人，成品率和投诉率直接与员工的收入挂钩，建立责权利明晰的奖惩机制，确保公司产品质量不断提升。

济南二机床集团有限公司

一、企业简介

济南二机床集团有限公司（简称“济南二机床”）始建于 1937 年，1996 年由济南第二机床厂整体改制为国有独资公司，是国内机床行业重点骨干企业、国家高新技术企业、山东省高端装备制造示范企业。公司拥有国家级技术中心、国家级企业研发中心，国家重点实验室，博士后科研工作站，机械行业大型精密成形复合机床创新平台，是国家科技重大专项、国家科技支撑计划和国家“863”计划的承担企业。

济南二机床是国内规模生产锻压设备和大重型金属切削机床制造基地，主要生产锻压设备、数控机床、自动化设备、铸造机械、数控切割设备等，广泛服务于汽车、航空航天、轨道交通、能源、船舶、冶金、模具、工程机械等行业，并远销 50 多个国家和地区。大型数控冲压机床国内市场占有率达 80%。产品成线出口到北美、东南亚等海外汽车主机厂，提供海外总承包交钥匙工程，被誉为“世界三大数控冲压装备制造商”之一。

济南二机床以“打造国际一流机床制造企业，塑造世界知名品牌”为发展目标，坚持自主创新和品牌建设，致力于振兴中国装备制造业。公司先后承担了 11 项国家科技重大专项，其中 8 项已顺利通过国家鉴定、验收，被国家部委赞为“实施国家科技重大专项最好的企业”。在装备国内自主品牌、合资品牌汽车企业的同时，高新技术成套成线产品出口到海外高端市场。尤其是近年来，在与德国、日本等世界一流企业的国际竞标中，连续赢得通用、福特、大众、日产、雷诺、菲亚特等国内外汽车企业高端市场订单。先后获得“中国机械工业百强企业”“中国最具市场竞争力品牌”“在振兴装备制造业工作中做出重要贡献”“两化融合标杆企业”和“中国工业行业排头兵企业”等荣誉。

二、对标国际一流，全面实施创新驱动战略

2016 年 4 月，福特汽车公司美国伍德黑文工厂大型冲压线全球招标采购，济南二机床凭借品牌、产品质量、售后服务等综合实力，再次赢得订单。这是济南二机床赢得的福特汽车公司美国本土工厂的第 9 条冲压线，在国际市场上树立了中国装备制造新形象。福特汽车公司 2011 年之前一直购买德国的冲压设备，2011 年 4 月首次订购济南二机床的设备，2011 年以来，济南二机床连续 6 次先后赢得福特汽车公司美国本土 4 个工厂、9 条冲压线、共计 44 台不同规格的冲压设备订单，囊括了福特汽车公司美国本土工厂的全部新增冲压设备。福特汽车的持续订货以及实践检验证明，济南二机床的设备已具备进入国际高端汽车主机制造装备市场的综合实力。

福特项目的成功实施开启了济南二机床国际化经营的新阶段。济南二机床在行业内率先将成套生产线销往发达国家、世界知名汽车品牌的核心制造领域，迈出了从装备中国到装备世界的重要一步，在企业发展史上具有里程碑式的重要意义。同时，福特项目辐射带动作用逐步形成。近期，沃尔沃、菲亚特、捷豹路虎、美国克莱斯勒、德国大众、宝马等国际知名汽车商先后来企业交流洽谈，国际项目询价信息不断增多，为国际高端市场扩展奠定了基础。

国际高端用户的认可源于济南二机床“十年磨一剑”的坚守和执着，更植根于济南二机床数十年如一日的潜心钻研、锐意创新。济南二机床以“打造国际一流机床制造企业，塑造世界知名品牌”为目标，坚持“以市场为导向，以效益为中心，以机制作保障”的工作方针，通过创新驱动，持续推动技术创新、管理创新、机制创新，加快企业转型升级，实现企业逆势持续发展。

1. 强化技术创新，持续提升产品核心竞争力

“十二五”期间，济南二机床完成新产品开发 113 项，上报并完成山东省技术创新项目计划 86 项，完成率 100%；完成重点科研开发计划 168 项，资金投入 93 009 万元。承担国家科技重大专项 6 项、省成果转化重大专项 2 项、省自主创新项目 1 项、国家企业技术中心创新能力建设项目 1 项、省企业技术中心创新能力建设项目 2 项、省首台（套）项目 3 项、省企业重点实验室建设 1 项、省技术研发中心 1 项、机械工业企业重点实验室建设 1 项、国家战略性创新产品 1 项；获得专利授权 94 项，其中，发明专利 42 项、实用新型专利 52 项；承担制定国家标准 6 项、行业标准 4 项；获国家科技进步奖 1 项、省级科技进步奖 12 项、市级科技进步奖 22 项。

济南二机床充分发挥国家级企业技术中心以及国家重点实验室的作用，培养和建立一支高素质的研究开发队伍。加大技术开发投入，全面推广应用 CAD 三维设计、有限元分析、优化设计等先进设计技术，完善技术开发条件和手段。推进智能化、数控化产品研发，优化单臂送料结构，提高整线仿真曲线规划能力，产品开发和技术进步取得新成效。当前，配置自主研制的新型送料系统的冲压生产线已交付用户使用，并运行稳定。模具铣万能铣头技术攻关取得突破，完成定梁精加工模具铣床、钛合金加工定梁龙门五轴机床、自动浇注机等新产品的研制。自制功能部件成功应用于合同产品，提升了产品的市场竞争力。

济南二机床研制的大型冲压线赢得一汽大众、长安福特、广汽乘用车等订货；新签福特汽车美国工厂第 9 条冲压线，携手上汽通用五菱、上海宝钢，机器人连续冲压生产线、开卷落料线进入印度尼西亚市场。在大型金属切削机床需求量断崖式下降、竞争激烈残酷的市场条件下，配置自主知识产权双摆角铣头的五轴联动数控镗铣床，夺得沈阳飞机、昌河飞机订单，高档数控机床市场认可度逐步提高。水玻璃砂湿法再生工艺设备、激光切割机、自动切割生产线等新产品实现市场突破。

2. 持续实施技术改造，推动工业转型升级，提高研发成果转换能力

“十二五”期间，济南二机床完成技改投资 9.85 亿元，实施提升产品质量技术改造项目、加工设备升级改造项目、平阴产业园项目征地实施，增添玛格插齿机等关键设备仪器，新建 A8 数字化研发中心、F1 超重型机床制造车间、E7 精密加工车间、D17 热处理中心等重点项目，新增生产面积 9.37 万 m^2，新增设备仪器 1 134 台（套），在保证产品按期产出的前提下，进一步推动企业数字化、自动化、智能化改造，提升企业的生产制造能力。

济南二机床准确把握“中国制造 2025”要求，加快智能制造步伐，实施产品研发制造信息化改造，继续推进加工自动化、焊接自动化升级改造。响应国家加强中德合作的要求，与博世集团签署智能制造战略合作协议，共同打造“智能生产排程系统”。项目的实施有助于实现制造系统的信息化、智能化升级，提升企业的数字化制造能力，对于提升国内机床行业乃至离散型生产制造行业的智能制造水平，具有引领、带动和示范意义。公司成功申报中德工业 4.0 智能制造示范项目、工信部智能制造新模式应用项目、山东省基于大型伺服压力机关键技术研究的专利导航发展项目。

济南二机床坚持走“产、学、研”结合道路，积极完善与客户、供应商、科研院所的合作创新模式。公司已与奇瑞、北汽、永泰等 10 余家用户，中原特钢等近 20 家供应商，清华大学、北京航空航天大学、山东大学和国家机械科学总院等近 10 所大专院校和科研院所建立“产、学、研、用”协同创新机制，合作开发的大型快速高效数控全自动冲压生产线、数控大型多工位压力机、高速龙门五轴加工中心、双摆角数控万能铣头、大型伺服压力机、高架式五轴联动高速龙门镗铣加工中心等十几项项目，均被列入国家“高档数控机床与基础制造装备”科技重大专项，加快了关键核心技术攻关，加速了科技成果产业化。

济南二机床与美国、法国、日本、德国等国家的企业或合作生产，或构建国际战略联盟，在保持与世界先进水平同步的同时，吸纳国际合作伙伴在技术管理、质量管理等方面的先进经验，选派优秀技术、管理人员出国培训，邀请外国专家授课指导，为构建企业技术创新体系提供技术积累，提升企业的自主创新能力。

3. 强化创新意识，推动生产模式和组织方式创新，企业管理水平持续提升

济南二机床是一个具有近 80 年历史的老国有企业，既富有优良传统，又面临着持续激发创新动能与发展活力的课题。经过多次实施流程再造和干部竞聘等工作，干部队伍得到进一步优化，职工的市场观念、效率意识得到了进一步提高，但机制建设、团队建设依然是企业持续发展中长期的课题，需要不断地进行机制创新，完善激励与约束机制，打造高效、精干、团结的干部队伍，不断激发企业活力。

对标国际一流，系统推进全面做优、高层次人才培养，提升产品质量、服务质量，增强品牌的综合竞争力。明确量化国际一流的质量标准，在“多劳多得”的基础上，加大对“做优、创新”的政策倾斜力度，强化创新意识。福特项目实施过程中，济南二机床及时总结固化福特标准，

制定 156 项技术规定，修订和完善 280 多种工艺规范性文件，积极推广福特 8D 质量管理方法，严格质量过程控制，促进质量提升。加大信息化建设力度，用信息技术重构过程管理、物流管理和资金管理，实现管理模式变革与创新。

济南二机床创新工作机制，高效完成组织机构调整与中层干部换届竞聘，推进换岗交流、末位淘汰、干部年轻化，干部“能上能下”机制进一步完善。优化二级机构设置，创新组织部门经理竞争上岗，进一步激发内部活力；完善人才激励和培养机制，加大技术进步、技术革新、管理创新、合理化建议的奖励力度；实施职称评聘分离，构建中层干部、专业技术、管理与营销、高技能人才 4 条成长通道；组织技术人员培训、交流，培养壮大企业创新人才团队。举办英语、操作技能培训班，储备大量高层次人才队伍，满足了国际高端项目的实施需要。

江苏亚威机床股份有限公司

一、质量建设

江苏亚威机床股份有限公司（简称“亚威”）的亚威品牌之所以能被用户认可 60 年，正是因为对质量的不断改善和追求。公司质量管理组织是由总经理任组长，质量副总任副组长，各事业部、中心综管部长等任组员，从上而下全员参与，追求更高品质是小组的宗旨。

公司每年制定质量建设相关的工作计划，根据扬州市的建设质量强市要求，2014 年，亚威制定了质量强企的相关工作计划，主要内容为：2014 版质量体系文件修订、绩效管理、合理化建议、班组达标评选、技能等级评定、质量攻关和 QC 活动；2015 年增加精密测量仪器的管理；2016 年增加免检技工推行、合理化建议（质量年）、班组质量意识培训、精细化管控。公司每年都根据用户对质量的要求，制定相应的质量管理计划，并根据公司的实际管理情况，不断进行改善。

公司引入绩效管理模式，激发员工热情，实现高效工作。购置先进的质量检测仪器及生产辅助仪器、建设高素质的质量管理团队，资金投入合计 1 885 万余元。导入 SAP 系统，将生产过程纳入信息化管理，提高生产效率并有效保障质量提升。公司定期进行小组活动，对工作中的问题点进行沟通，并及时在月度会议进行通报。

从公司战略到员工绩效、再到日常管理，亚威将现代管理方法与亚威人代代相传的工匠精神相结合，不断实现质量的提升。

二、工匠精神

1. 质量管理体系

亚威以“持续改进、力求完美、追求客户满意”为方针的质量管理体系，使公司的质量管理工作在各方面日趋完美。通过国家 ISO9001 认证，并在此基础上推行全面质量管理，追求卓越的产品品质和服务质量。

（1）全面质量管理，实现闭环管理。亚威推进全面质量管理，实现闭环管理；以质量为中心，以全员参与为基础，目的在于通过顾客满意和本组织所有成员及社会受益而达到长期成功的管理途径。在此基础上，亚威已完善了自身的管理理念，在质量部门内及质量部门以外的全部人员均具备了一个完整的质量管理理念：PDCA 循环管理。每一个细节大家都秉承“持续改进、力求完美、追求客户满意”的质量管理体系和工匠精神，使公司的质量工作在各方面日趋完善。

（2）以质取胜的质量理念。亚威坚持“以质取胜”的理念，优异的产品性能、可靠的产品质量和卓越的客户服务是树立产品超群的企业形象、赢得客户持久信任的有力保障。

公司的质量目标是：实现客户满意度年均提高 10%，成熟产品实现平均无故障运行时间年均提高 10%，内外部质量损失年均减低 10%，三包期内维修服务频次年均下降 10%。公司将质量目标从组织绩效横向、纵向分解到干部、员工的岗位绩效中去，实现以目标为导向，协同工作的管理、督促、监督机制。

（3）亚威质量“铁三角”。亚威的质量管理主要涉及的管理方式有：三检制、三按、三不放过、三不和三包原则。

三检制：指的是操作者的自检、员工之间的互检和专职检验人员的专检三者相结合的一种检验制度。三检制要求：坚持实事求是记录质量，质量记录的真实性（不弄虚作假），严格把好实物质量关。

三按：按图样、按工艺文件、按技术标准，保证制造过程所有的操作有据可依，不可凭空操作，避免不规范操作带来的质量问题。

三不放过：是指出了质量问题，未分析原因不放过，未找出责任者不放过，未采取纠正或预防措施不放过。

三不：指的是不接收不良品、不制造不良品、不流出不良品。要求每个工序都把下一道工序当客户，且对上一道工序进行监督，保证不良品被发现在源头。

三包：指的是对质量的承诺“三包”：包修、包换、包退，体现亚威对产品的诚信，以此保证用户满意度。

2. 工匠型班组建设

主要内容是以质量管理为着手点，对各班组进行宣贯和引导，倡导工匠精神，要求班组成员相互监督、相互学习，在日常工作中关注产品质量并不断进行改善。

日常工作中严格按照作业标准操作，对疑问点及时解决，实现可视化管理。对质量问题进行可视化展示，强化员工质量意识；车间班组自己制作的看板，由每个班组的质量专员负责公示内容的更新，通过可视化的方式，提高大家的质量意识，使大家树立一次做对的习惯。各班组通过整理、整顿、清扫、清洁、素养和安全的 6S 活动，实现现场操作高效、准确，推行精益化生产，实现安全生产，消除不必要的浪费和质量问题。

公司每月按照计划对各单位的班组成员进行质量意识提升培训，通过质量管理理论知识的分享和实际生产中的案例相结合，使班组质量意识明显提升，培训后进行效果测评，保持大家积极学习的氛围。

班组达标评选是通过对质量、安全、现场、制度、班组管理等多维度的因素进行评价，质量占据比重较大，每年进行一次评选，由各部门进行评定，不断提升班组的质量意识，督促各单位强化管理。

3. 工匠型员工建设

在各工种中选拔优秀员工，树立标杆。公司开展技能等级鉴定活动，对各工种进行等级评定，提高员工的技能水平；倡导免检技工的设立，使工匠精神不断在每个员工工作中得以传承，当前已有免检技工 10 名。

公司每年根据实际工作需要对各岗位员工进行技能等级评定，促使各工种员工不断学习岗位技能，整体技能水平不断提升，从而有效提升产品质量和工作效率。

4. 先进的检验设备和生产辅助仪器

亚威除了在班组和人员等方面进行特色管理外，在硬件方面拥有先进的检测设备和辅助仪器，如对刀仪、激光干涉仪、三坐标测量仪、光谱分析仪等精密设备，有力保障了产品的品质，并拥有高素质的质量检验和监测队伍 43 人。

5. 展开质量攻关和 QC 活动

每年由各部门提交质量攻关和 QC 活动课题，品质管理部与相关部门责任人进行评审，最终确定开展的项目和实施计划，品管部每季度对推进情况进行跟踪确认，保证改善课题的顺利实施。年度进行优胜评选，对效果明显、成果较大的课题进行表彰和奖励。

6. 开展合理化建议活动

在日常的工作中，员工一旦有改善工作内容的建议时，可以通过 OA 流程填报合理化建议向公司提出改善建议。公司会根据员工的提交情况进行审核判断，最终落实到相关部门。

2016 年公司合理化建议的主题是质量改进。这极大地调动了员工改善质量的积极性，全员参与且质量意识提升效果明显。

经过筛选，共 235 条关于质量改进的合理化建议被公司采纳，并由各相关部门实施推进；每月由行政管理部进行跟踪管理，对实施情况进行监督。

7. 强大的销售和服务保障

针对市场的反馈问题，强大的市场销售和服务团队，为用户提供保质保量的售后服务。公司根据计划持续进行用户回访，持续进行用户满意度调查，不断提高售后服务质量。

亚威为用户提供的不仅仅是产品，还有完善的工业装备解决方案和优质的售后服务，让用户享有高质量的产品和高品质的服务。

亚威一直秉承着亚威工匠精神，未来几年，亚威将把握行业的最新动向，不断更新思想观念，牢固把握战略导向，在供给侧结构性改革的新形势下，打造亚威品质，用亚威工匠精神支持亚威质量。

宁夏银川大河数控机床有限公司

宁夏银川大河数控机床有限公司经过几十年发展，形成了数控珩磨机床、数控钻铣床、立卧式加工中心、立式钻床、专用机床五大系列产品，通过承担 4 项国家科技重大专研究任务的契机，公司在珩磨领域得到快速发展。

公司于 2010 年承担高档数控珩磨机床国家科技重大专项，在产学研合作下，2012 年完成首台样机。该机床的运动模式为原始创新，核心技术、关键元件是自主研发；数控系统、液压系统及测量系统实现国产化；拥有完全的自主创新的知识产权，获得国家发明专利 4 项，欧洲发明专利 1 项，解决了汽车发动机缸套行业长期依赖进口设备的状况。

通过国家科技重大专项项目的实施，总结出一些提高产品质量和创新能力的经验。

一、借助客户的力量达到共赢

公司首台数控珩磨机床样机以试用的方式给全世界最大的缸套生产企业使用，通过试用以及在用户丰富的珩磨机使用经验帮助下，对数控珩磨机床不断改进完善，用户不但付清了试用样机的货款，而且近 4 年内又陆续订购了公司高档数控珩磨机床 30 余台。公司获得了丰富的珩磨机床使用经验和改进方案，顾客得到了价格和质量更优的机床，双方实现了共赢互利。

通过以点带面的示范引领，在单轴单机的基础上，公司相继开发了双轴以及连线数控珩磨机，用户遍及缸套、发动机缸体、空气压缩机缸体等领域，已销售近百台。通过典型用户的示范应用，公司的珩磨机最终得到市场的认可。

二、创新全过程管理

公司通过 4 个科技重大专项课题的实施，已经深刻体会到创新全过程管理即是把企业创新管理工作融入企业科研和知识产权管理的全过程，也就是把新技术的创造、管理、运用和保护与科技创新项目的立项、实施、结题和推广应用紧密结合，用知识产权促进科研和创新活动，提高科研和创新活动的效率，保护科研创新活动的成果。

一是全面结合。即把创新管理全面纳入数控专项课题全过程，从课题构思、立项到实施、完成结题，从科研成果产生到成果转化应用，都要和知识产权创造、管理、保护、运用无缝结合。

二是上引下拉。所谓“上引”就是围绕企业知识产权战略目标，进行知识产权检索和情报分析与预测，提出项目可行性建议和知识产权布局方案。“下拉”就是指将企业知识产权管理向专项成果转化应用阶段覆盖，充分满足企业产业化发展需求，实现企业技术标准制定、专利池构建、知识产权实施许可等。

齐重数控装备股份有限公司

近年来，齐重数控装备股份有限公司（简称“齐重”）通过不断深化制度创新、技术创新、管理创新、营销创新，有了思想依托，逐步转变了发展观念，企业伴随着各个层面的不断改革与创新，充满了勃勃生机，实现了跨越式发展。

一、齐重自主创新的工作思路

近些年，齐重的领导班子结合企业实际情况，积极深化改革，大力进行自主创新，在体制、技术、管理、人才、营销等方面形成了一整套的自主创新思路：一是以推动体制创新为前提，打造现代化的经济运行机制，实现企业经济发展方式的重大转变；二是以推动技术创新为核心，实现技术发展思路的重大转变，全力追赶世界先进技术潮流，打造重型机床领域的民族品牌；三是以推动管理创新为重要内容，运用现代化管理手段，全面提高企业管理水平，建立精细化的生产组织方式；四是以推动人力资源管理创新为手段，打造人才成长新平台，提升人力资源价值，实现企业的高速可持续发展；五是以营销创新为支撑，全面提升企业的营销理念，全方位拓展国际国内市场业务。

二、齐重自主创新的做法与成效

在自主创新战略的指导下，齐重在各个层面进行了大刀阔斧的改革，逐步建立起现代化企业管理制度和创新机制，取得了巨大的成效。

1. 技术创新引领中国机床技术潮流

机床是装备工业的基础，是高新技术的重要载体，数控机床是数字化控制技术和精密制造技术有机结合的机电一体化产品。因此，只有不断吸收、学习先进技术，并大力进行自主创新，才能在激烈的竞争中立于不败之地。

一是打造技术创新先决条件，为技术创新提供支撑。齐重为加强企业研究，适应市场多样化的需求，加速传统产业的改造和技术成果的转化，长期以来非常重视国家级企业技术中心的建设。

技术创新是一项系统工程，不但要紧跟世界先进技术潮流，更要有先进的技术手段和创新机制作为支撑。齐重引进国内外先进的计算机设备和软件，应用 CAD、CAPP、三维动态仿真等现代化设计手段实现设计信息化，引进 DELL 公司的工作站和计算机、美国 UG 公司的软件，并与清华大学、哈尔滨工业大学、哈尔滨理工大学、华中理工大学等院校形成了紧密的科研联合体，为技术创新的系统推进创造了有利条件。

为使技术创新成果迅速转化为产品，几年来，齐重投入了大量的技改资金，改建了数字化车间、重型装配车间等，相继购置了 18m 数控龙门铣镗床、数控落地镗铣床等大型设备，提高了公司的生产制造能力，为技术成果的迅速转化提供了强有力的支持。

二是以项目为依托，实现技术水平的质的飞跃。齐重在全国首批申报的国家科技重大专项项目中，有 4 项重大攻关课题被纳入“高档数控机床与基础制造装备”国家科技重大专项，成为首批承担专项课题最多的企业之一。4 项课题当前已全部结题，研制成功并投入生产使用。

（1）数控重型曲轴铣车复合加工机床项目（荣获黑龙江省科学技术进步奖一等奖）。该机床最大回转直径达到 3.5m，最大工件长度达 12m，最大承重达到 120t。当前只有德国和日本可以生产，在我国尚属首台，结束了我国现有设备无法加工大型船用曲轴，只能依赖进口的历史，为我国由造船大国向造船强国转变提供了重要保障。

（2）数控立柱移动立式铣车床项目。该机床是填补国际空白产品，是世界上最大的数控重型机床，也是世界上功能最先进、加工精度最高的数控重型机床。最大加工直径为 25 000mm，最大加工高度为 6 000mm，承重为 550t。

（3）用于港口和船用大型零件加工的超重型数控卧式镗车床项目。该机床是填补国际空白产品，是世界上回转直径最大的卧式车床，最大加工直径为 6 300mm，最大工件长度为 12 000mm，承重为 120t。

（4）用于 5m 以上优质宽厚板轧辊加工的超重型数控轧辊磨床项目。最大磨削直径达到 3m，轧辊最大全长为 15m，最大承重为 260t。该机床可以满足重型或超重型轧辊零件在规格、尺度、加工精度、表面质量、加工效率、自动化水平等方面的高要求。该机床的研制，不仅可以为市场提供可替代进口的高端产品，同时也将对我国钢铁行业及其相关制造业（大型船舶、飞机制造业）的可持续发展具有极其重要的促进作用。

通过科技重大专项的实施，使产品向高速、高精度、高效率、柔性化、环保化、智能化的方向发展，全面提升产品的品位和档次，以高技术含量、功能齐全、高可靠性、宜人性的产品全面抢占市场。

三是积极调整产品结构，以高品位的产品赢得市场。齐重在机床市场竞争十分激烈的形势下，努力寻求自身优势与市场需求的最佳结合点，积极开拓国内外市场。通过引进、消化、吸收新技术、新工艺，提高企业数控机床的研制水平和市场占有率，以发展集车、铣、钻、镗、磨等多种功能于一体的复合型加工机床系列产品为目标，始终坚持生产一代、设计一代、研制一代、构思一代的原则，在巩固数控卧式车床、数控立式车床、数控深孔钻镗床这些拳头产品的同时，牢牢把握世界先进技术潮流，紧贴市场需求，积极开发满足市场需要的新产品，产品结构取得了突破性进展。公司研制的高速中小立式车床系列产品以其高速切削、高速移动、高精度、高抗振性的优点，取代了CK-E系列立式车床；开发的HT系列数控卧式机床代替了普通卧式车床；DMVTM2500数控龙门移动式车铣床、HT630数控重型卧式车床等一大批拥有自主知识产权的高档数控机床产品，达到了世界先进水平。

当前企业产品形成了既有以五轴联动重型卧式车床为代表的高端产品，又有以25m立式车床、高速立式车床、高速卧式车床为代表的引领国内潮流的前沿产品。这些产品的研制，打破了国外对我国的技术封锁，为提高国防装备的技术水平提供了重要的基础保证。当前企业重大产品的数控化率达到95%，产品整体数控化率达80%。卧式产品最大加工直径可达6.3m，立式产品最大加工直径可达25m。

2. 人力资源管理的创新为企业高速可持续发展提供了保障

企业创新需要大量的人才，齐重通过政策吸引人、待遇留住人、感情激励人、机制管理人，形成进人有渠道、淘汰有机制、发展有空间的良好用人框架和平台。根据企业的具体状况以及各工种之间的差异，制定了科学有效的薪酬管理制度。企业重视人才不停留在口头上，而是体现在以人为本的每个细节上。几年来，通过岗位培训、请进来和送出去培训，举办各种培训班100多个，培训6 000多人次，有效提高了技术人才和管理人才的素质；大胆使用青年人才，通过压担子破格使用，有能力的评为厂内专家，享受特殊津贴。

3. 生产经营创新为企业建立了现代化的生产流程

齐重不断提升管理理念，积极运用现代化的管理方式，不断地规范管理架构，严格管理控制，实行“变过程管理为监督管理，变控制管理为激励管理”的监察机制。为了提高产品质量，实行质量检查员派驻制，对产品随时进行检查和抽查；实行专家组现场服务制，及时解决现场的技术及质量问题。为了提高生产效率，严格控制产品质量，在“软”约束上，推行了“无责任推进法”，当问题出现时先不追究责任者，而是先解决问题，再追究相应的责任，对出现的厂内废品损失及厂外返修品实行赔偿制。在“硬”约束上，实施“现场管理预警制”，各分厂预先交上“现场管理抵押金”，从经济上起到警示作用，完善了考核赔偿机制，确保了产品的质量。通过实施ERP资源管理，既提高了企业的市场应变能力，又降低了生产成本，节约了人力，提高了工作效率，同时加快了资金周转，使设计、工艺、生产、财务等部门形成紧密连接的系统，进而全面提升了企业的核心竞争力。2000年，公司通过了ISO9001质量管理体系认证，2003年又通过了ISO9001：2000版质量体系认证复审。通过实施一系列管理措施以及系统的规划运作，公司逐渐建立了现代化的管理制度，实现了精细化的生产组织方式，为建立国际知名企业创造了现代化发展平台。

4. 市场营销的创新使企业成为重型机床市场的龙头

齐重始终坚持精品化战略，以为用户提供高质量的产品为宗旨，提出“用诚信和高品位的产品创造我们的未来”的营销理念，面向市场制定营销战略，加强营销机构和营销队伍建设。在全国各地建立了完善的销售、维修服务网络，组成了强大的售前队伍，打造了一支自身素质高、开拓能力强、营销理念新的国内一流销售队伍。对在岗的销售人员实行“末位淘汰”的动态管理机制，极大地激发了销售人员的积极性，制定了分配向销售一线倾斜的激励政策，取消销售人员的底薪工资，按销售回款提取个人收入，超额的部分给予奖励。

三、齐重自主创新的启示

齐重积极进行自主创新，自身实力得到迅速提升，现已成为我国重型机床行业的重点企业。纵观齐重这几年的创新历程，得出以下几点启示：

1. 思想创新先行

思想决定行动，没有超乎寻常的创新思想，行动起来也就不可能顺畅无阻。齐重的成功首先就在于思想上不因循守旧，行动上不按部就班。在企业陷入低谷的时候，对企业进行小修小补已经起不到有效的作用，必须对企业进行全方位的改革，形成一整套自主创新思路，并有条不紊地加以实施。齐重运用现代化的管理理念，形成了自主创新的整体思路，使企业的核心竞争力得以迅速提高。在企业实力逐渐强大的时候，齐重自创民族品牌，替代了大量进口产品，为国防产业化的安全提供了保障。

2. 成功的自主创新要基于正确的技术决策

在激烈的市场竞争中，在平等的机遇面前，并不是每个机床厂家都能获得快速的发展，一个企业可能超越对手的技术方向并不多。成功的自主创新必须基于正确的技术决策，也就是说，在技术领域，要善于实事求是，选择做什么甚至比知道怎么做还重要，正确选择技术方向是成功的一半。对市场始终保持一种高度的敏锐嗅觉，保证了齐重能够在激烈的竞争中时刻保持正确的方向。

3. 自主创新必须要有超人的胆识与魄力

自主创新并不是一项简单的工作，创新是要把科学的设想变成现实，甚至还要对过去成功的做法进行否定。在企业进行自主创新的过程中，如果决策者没有胆识和信心，自主创新将成为一句空话，企业也就不可能实行跨越式发展。

4. 有自主品牌才有民族利益

在全球经济一体化的经济条件下，归根到底还是品牌之间的竞争。自主品牌就是主权品牌，有自主品牌才有民族利益。机床行业负责为制造业提供母机，涉及重大装备制造业和国防建设的安全。掌握了自主品牌，其他如技术、人才、资本等各种要素就会在这个自主品牌的旗帜下进行凝聚。树立自主品牌的意义就在于，打破外国品牌独霸高端机床产品的局面，为重大装备制造业和国防建设的安全提供保障。

5. 有竞争力的企业都是有性格的企业

回顾齐重走过的创新之路，充满了曲折，也遇到过很多困难。如果没有公司高层对市场的深刻认识和执着理念，以及力排众议的勇气，企业也不会获得今天的成就，企业也不能在替代国外进口产品中发挥举足轻重的作用。

在现代化的竞争中，企业一定要有领先一步的思想和前瞻性的行动，这就是创新的精髓。在齐重的发展宏图中，未来的发展主线已经越来越明晰，面向国际化的战略已经启动，在今后的五年中，齐重将抓住振兴东北老工业基地的有利发展契机，立足国内，着眼全球市场，强化资源控制的整合与配置，提高经济运行质量，全面提高企业的核心竞争力和国际知名度，使企业初步具备成为亚洲地区最大的中高档重型数控机床及服务供应商的实力，向建立在国际上有一定地位的国防重大装备保障产业化基地的目标迈进。

山东普利森集团有限公司

山东普利森集团有限公司（简称“普利森公司”）的前身是德州机床厂，始建于 1945 年，是中国机械 500 强企业。公司占地面积约 81 万 m^2，总资产约 10.4 亿元，拥有员工 1 800 人。普利森公司通过了 GB/T19001—2008 质量管理体系、GB/T14001—2004 环境管理体系以及 GB/T18001—2011 职业健康安全管理体系认证，获得全国机械工业质量奖、德州市市长质量奖。其主导产品有大中型普通车床、数控车床、深孔加工机床、加工中心以及其他各类专用机床，共 400 多个品种、700 多个规格，年生产机床能力达 5 000 余台，为航空航天、汽车、模具、矿山、工程机械、电力等行业提供了大量优质装备。产品在国内外享有盛誉，出口到 40 多个国家和地区。在 44 个国家注册“普利森”商标。其中，CW、CKD 系列车床，ZK 系列深孔钻床，T 系列深孔钻镗床被评为山东省名牌产品，名牌产品占产品总量的 70%。公司设计开发的多项新产品被评为国家级新产品。

普利森公司 2005 年开始推行卓越绩效管理模式，应用先进的质量管理方法，开展质量管理活动，产品质量不断提高。推行卓越绩效管理不仅提高了产品质量，而且提升了公司的经营绩效和整体管理水平。

一、整顿整合集团质量管理及管理制度

普利森公司质保部隶属董事长管理，各子公司成立相对独立的质量管理部门，隶属子公司总经理直接领导，业务方面隶属集团质保部统一管理，形成强有力的质量保证体系。

整顿整合集团公司质量管理类文件汇编，分为 11 个大类，共计 100 个文件，包括集团质量组织机构图、管理方针，管理指标目标体系，质量管理文件类，质量控制和检验类，质量保证、质量改进类，计量管理类，服务管理类，各类进货物资检定规程类，统计抽样类，产品使用标准类。通过整顿质量管理类文件，实现质量管理的系统优化和质量管理制度的协调与统一。

二、建立基于 ISO9001 质量体系框架下的可靠性工程技术应用规划

普利森公司建立了基于 ISO9001 质量体系框架下的可靠性工程技术应用规划，分三个阶段实施可靠性工程技术的应用。

第一阶段：知识准备，初步规划阶段。

（1）聘请国内专家对公司中高层领导进行培训，宣讲可靠性工程技术的重要性，介绍实施可靠性工程技术带来的社会及经济效益，让“防止出现故障，出现故障使损失降到最低”的理念深入到设计、采购、制造、检验、销售、售后工作中，让领导及员工感悟到可靠性工程实施的必要性和紧迫性，让技术人员感受到传统技术设计理论的落后和新理论的科学严谨性，促使其提高学习新技术的迫切性和动力。

（2）部门领导初步认识自己在实施可靠性工程的职责和工作要求，对开展可靠性工作初步规划，制定学习计划，报人力资源部统一安排培训。

（3）搜集可靠性标准（基础标准、专业标准和有可靠性要求的产品标准），结合企业实际发放到相关单位学习研究。

（4）以设计为中心初步成立公司可靠性工作领导小组，推动和管理可靠性工作部署和实施计划。

第二阶段：推广实施阶段。

（1）设计、工艺人员掌握、运用基本的可靠性设计方法，建立应力—强度干涉模型，学习使用概率工程设计；质量管理人员学习可靠性试验方法、标准、数据采集分析及可靠性工作的管理办法。

（2）企业中层以上管理人员学习可靠性工程技术的要求，推动可靠性工作（销售、设计及工艺、采购、制造、检验、包装、运输、售后维修、售后信息数据统计反馈等各有关环节）顺利开展。

（3）利用一切机会向员工宣传可靠性工程的重要性，使其作为一种自发性的工作改进。

（4）总结经验，找出不足，开展 PDCA 循环持续改进。

（5）结合公司 ISO9001 质量管理体系，在有关条款中找到切入点，把可靠性的质量要求融入质量管理体系中。

第三阶段：完善阶段。

可靠性成为各个生产环节必不可少的一部分，各环节主动开展可靠性试验，推动可靠性工程技术发展。

现阶段大部分企业还存在制造过程、装配过程、配套件和外购件的不可靠因素以及早期故障没有消除等问题，占发生故障的比例很大，也是影响产品可靠性的突出问题。

三、计量管理

计量是质量技术基础的基础，衡量质量的好坏，决定质量的优劣。公司十分重视计量管理，建立了完善的计量管理体系，制定《计量管理制度》，建立公司计量管理台账，制订周期检定计划。采用计量仪器管理系统软件管理，严格实施定期计量器具的抽检和控制工作，加强测量设备的监督管理，保证量检具的准确受控，保证量值传递准确和精确。

四、广泛推动基层质量管理，发挥员工的主动性和积极性

为吸引广大职工积极参与质量管理，创造全员参与质量管理的环境。集团公司制定关于继续开展QC小组和质量信得过班组活动，广泛推动基层质量管理，发挥员工的主动性和积极性。制定了车间质量管理小组活动考核标准，实施细则，强化ISO9001质量体系中纠正、预防控制程序，强化车间级质量管理基础，提高员工质量意识，避免低级、重复的质量问题，完善公司最基层的车间质量管理组织。

沈机集团昆明机床股份有限公司

沈机集团昆明机床股份有限公司（简称“昆明机床”）定位的技术创新包括推出新产品、改进新工艺、开辟新市场、获得新原材料、建立企业新的组织架构等，致力于将增强自主创新能力作为企业技术发展的战略基点和调整企业产品结构、突破技术瓶颈、提高企业市场竞争力的中心环节。

一、坐标镗床在技术改进中的变迁

坐标镗床作为昆明机床精密机床的主要产品之一，其技术水平、精度标志着昆明机床精密机床的研发、制造、检测的水平和实力。

自1958年昆明机床厂研制成功T4128单柱电感应坐标镗床，到1988年研制成功TGK42100高精度数控双柱坐标镗床，诸多产品填补了国内空白，为昆明机床厂赢得了声誉和国际知名度。随着用户需求的提高及对坐标镗床通用性、互换性等技术要求，1989—2009年，昆明机床从数控系统、机床数控轴、定位精度、重复定位精度、机床布局形式等进行了重大改进和完善，重点完成了工艺性改进，使昆明机床的坐标镗床朝着大规格、高精度迈出了新的步伐。

为了突破工艺装备水平低、产品结构集中在中低端、机械基础件和核心零部件制造能力差等方面的问题，2010年，基于对发动机缸体缸盖、变速箱体、阀体、模具等复杂零件的精密加工需求分析，昆明机床承接了“高档数控机床与基础制造装备”科技重大专项，研发出一款可用于极限加工的超精密加工机床——TGK46100高精度卧式坐标镗床。该机床各项精度及性能指标均达到国外高端产品的先进水平。

二、TGK46100高精度卧式坐标镗床自主创新技术

TGK46100高精度卧式坐标镗床作为集传统精密制造技术与现代机、电、光、液、气、信息控制技术为一体的高科技产品，在制造上秉承了昆明机床传统精密制造工艺，打破了昆明机床原有坐标镗床的龙门立柱支撑框架机构，采用“箱中箱”式重型高刚性大阻尼龙门封闭框架，采用高刚度整体式床身、直结式中央出水机械主轴、直驱式回转工作台、双驱式直线进给系统等技术，通过对整机结构动静热态特性的分析及优化、机电耦合优化匹配、低应力制造与装配、热平衡设计及热变形实时监测与补偿、数控系统误差补偿等关键技术的攻关研究及应用，使机床具有粗加工过程中要求的高刚度和高可靠性、精加工时要求的极高精度、高速运动时移动质量小而轻及高动态性能等突出优点，能实现高速及良好的运动特性和稳定的高精加工质量，满足了机床高速、高精、高效、高可靠性的切削性能要求。

同时，TGK46100高精度卧式坐标镗床选配A轴摆头或A轴、C轴摆头后可实现五轴联动控制，适用于风电行业的叶片加工、模具制造行业复杂型面加工、航空航天领域铝合金与钛合金的高精度和高速加工、医疗器械领域淬火钢和不锈钢等特殊材料加工、工程机械领域的全自动化柔性制造线零件加工等，是军工、机床、航空、航天、核电、船舶、汽车、能源、刀具模具及机器制造业精密零件加工的理想设备。

在TGK46100高精度卧式坐标镗床的设计制造过程中，主要实现了以下自主创新技术提升：

1. 高精度回转工作台技术提升

TGK46100高精度卧式坐标镗床回转工作台机械部分由滑座和工作台两层构成。滑座沿床身作纵向（Z轴）移动，工作台在滑座上作360°回转运动（B轴）。工作台具有四点液压夹紧松开机构。该机构与工作台回转的伺服驱动系统互锁，即：启动工作台转动时，须先松开夹紧机构，否则系统不能启动。B坐标回转轴采用高刚度、高精度轴向径向转台轴承实现工作台机构轴向、径向精确定位，采用力矩电动机直接驱动实现传动机构的零背隙，从而达到很高的回转精度要求。

2. 机床关键零部件低应力制造技术提升

TGK46100 高精度卧式坐标镗床从机床基础大件的铸造过程入手，对其凝固过程进行有限元仿真分析，着重探索铸件的结构因素（如铸件各部分的厚度、筋板的布置等）与铸件残余应力的大小及分布的内在关系，并搭建残余应力测试试验台，测量结构件的重要装配基准面变形的大小，研究铸造残余应力与机床装配基准面变形随时间的演变规律，提出评价机床构件残余应力的方法，并最终优化铸件的结构，提出使铸件残余应力最小的结构设计准则。

消除应力的主要措施有热时效、自然时效和振动时效。热时效能消除铸件内部残余应力的 50% ～ 80%，但能耗高、污染大、应力消除不均匀；振动时效能消除铸件内部残余应力的 20% ～ 40%，但对振动点的设置、振动频率选择等有严格的要求，且噪声污染大，能处理的工件类型有限，适用性不高；自然时效降低的残余应力不大，对工件尺寸稳定性好，但周期长。针对 TGK46100 高精度数控卧式坐标镗床大件体积大、不易激振的特点，将热时效和自然时效相结合，以有效消除应力集中。

3. 典型表面接触的压力接触热阻测试技术提升

两个工件相接触时，结合面在宏观上是完全接触的，但是在微观上结合面表面是凹凸不平的，两接触面只是在某些微凸峰处相互接触，而在其他部分存在间隙，并充满媒介质。因此，两个零件的实际接触面积远远小于宏观上的名义接触面积；同时结合面间隙中的媒介质导热系数一般较接触金属材料小得多。因而，在结合面处就会产生对热流的阻力，造成明显的温差，这种结合面对热流的阻力即接触热阻。

当前，结合面接触热阻的获得方法主要有理论计算、试验测试和经验公式三种。理论计算和经验公式是结合工件表面特征及结合面特定使用状态得到的，它们都能够比较好的解决针对特定材料的某一种接触状态下的接触热阻计算问题。但是，理论计算和经验公式缺少一般性，同一种材料的工件在表面加工方式和使用条件发生变化时，结合面间的接触热阻也会千差万别。试验测试是以实际工件为对象，测试其在实际的使用状态下的接触热阻，能够很好地反映结合面的实际接触状态。

有限元方法已经成为在设计阶段预测机床性能的重要手段，有限元分析结果的准确性主要取决于有限元模型和边界条件与实际的符合程度，特别是结合面的处理情况。TGK46100 高精度数控卧式坐标镗床各零件的材料和表面加工方式相对比较固定，通过试验的方法获得这些类型结合面接触热阻的准确值将有助于提高有限元分析的准确性。

4. 主轴回转误差测试技术提升

在 TGK46100 高精度数控卧式坐标镗床主轴轴端径向按一定角度布置 3 个位移传感器，在主轴运转过程中同步测量 3 个位移传感器所测主轴径向的振动位移量，通过三点法误差分离算法分离出主轴的圆度误差从而获取主轴的回转误差。

5. 三维数字化装配工艺过程仿真技术提升

在 TGK46100 高精度数控卧式坐标镗床装备过程中，先依据设计好的主轴系统装配图，进行主轴装配层次的分析，包括零件级、组件级和部件级，规划装配的总体顺序。然后，在虚拟环境中，依据设计好的装配工艺流程，对产品装配过程和拆卸过程进行三维动态仿真，验证每个零件按设计的工艺顺序是否能无阻碍地装配上去，以发现工艺设计过程中装配顺序设计的错误，从而制定合理的机床装配工艺。最后，依据设计好的装配工艺流程，通过对每个零件、成品和组件的移动、定位、夹紧和装配过程等进行产品与产品、产品与工装的干涉检查，当系统发现存在干涉情况时报警，并给出干涉区域和干涉量，以帮助工艺设计人员查找和分析干涉原因。该项检查是零件沿着模拟装配的路径，在移动过程中检查零件的几何要素是否与周边环境发生碰撞。在三维环境中，检查过程非常直观，大大方便了设计人员对零部件设计质量的评价。

6. 机床热变形实时监测与补偿技术

基于有限元分析方法对 TGK46100 高精度数控卧式坐标镗床主轴关键部件进行热性能仿真，分析不同转速下主轴系统的温度和热变形，研究结合面接触热阻，分别对整机热态特性、床身热特性、龙门立柱热特性进行研究，进行温度场和热变形仿真；研究机床热场分布及温度传感器布置优化，对高精度数控卧式坐标镗床热误差补偿建模，对 TGK46100 主轴系统温度和热变形进行测试，开发高精度数控卧式坐标镗床热误差实时补偿技术。

在 TGK46100 高精度数控卧式坐标镗床研制过程中，采用数字化设计、分析、优化技术、“箱中箱”式崭新布局、转台和主轴直驱、直线进给轴双驱等一系列新技术，积累了丰富的设计经验，并形成相应的技术、工艺标准与验收标准，为同类机床的开发奠定了丰富的理论与实践基础。特别是提升了现有的机床设计模式，做了大量技术探索、试验比较与理论分析，克服了我国机床设计领域长期缺乏理论研究、技术积累等一系列瓶颈。

通过 TGK46100 高精度数控卧式坐标镗床的研发，企业掌握了高精度数控卧式坐标镗床设计、制造关键技术，加强了企业自主创新能力建设，形成了高精度坐标镗床研发、试验创新基地，建立了高精度数控卧式坐标镗床生产线，从而实现高精度数控卧式坐标镗床的产业化。

沈阳机床（集团）有限责任公司

一、企业基本情况

沈阳机床（集团）有限责任公司（简称沈阳机床）是于1995年通过对原沈阳第一机床厂、中捷友谊厂和沈阳第三机床厂资产重组后成立的，是我国最大的机床制造商、数控机床开发制造基地。2004年以来，通过并购德国希斯公司、重组云南机床厂、控股昆明机床厂，沈阳机床当前已形成跨地区、跨国经营的全新布局。公司主导产品为金属切削机床，市场覆盖全国，并出口到80多个国家和地区。近年来，通过持续自主创新、整合国内外资源、深化企业内部改革等举措，公司发展取得了长足的进步。

（1）经营规模跃居世界首位。2011年，沈阳机床实现销售收入180亿元，在世界机床行业的排名从2002年的第36位跃升至首位。2015年，在国内外经济形势普遍下滑的形势下，实现销售收入152.5亿元。

（2）核心技术取得重大突破。2007年开始核心技术研发，于2012年成功开发出具有网络智能功能的“i5智能化数控系统”。2015年实现订货4 000余台，销售额近10亿元。

（3）产品结构发生巨大变化。沈阳机床加速淘汰普通机床，低档产品向社会化转移。成功开发出i5系列智能机床、ASCA高端机床等一系列产品，推动了产品升级换代。中高档数控机床占比从2002年的25%提高到75%。

（4）行业地位及品牌影响力显著增强。机床产销量、市场占有率均居国内同行业之首；拥有国家唯一的高档数控机床国家重点实验室，以及在德国设立的世界级产品设计中心。2014年，沈阳机床设计研究院被美国《环球科学》杂志评选为“2013年度最具影响力十大研发中心”，国内仅有两家本土企业获此殊荣。

（5）转型升级步伐持 续加快。沈阳机床积极探索产融结合、工业服务、再制造等新业务，构建产品全生命周期服务的体系与能力。成立融资租赁公司，为客户提供全方位的金融解决方案；成立工业服务事业部，为客户提供集机床销售、工业服务、金融服务、再制造、二手机床、劳动力租赁等于一体的产品全生命周期的服务。

面向未来，沈阳机床将坚持以市场为导向、以客户为中心，继续加大自主创新力度，加快转型升级步伐，加速实现从传统制造商向现代工业服务商转型，成为以智能制造为核心、世界领先的装备集团。

二、技术创新发展情况

1.组织制度建设工作情况

（1）技术创新体系情况。为加快高端产品研发步伐、提升高端产品竞争力，沈阳机床进行产品研发模式的系统集成性创新，建立了具有国际化视野、吸引国际化高端人才、接触并吸纳新知识与新技术、培养集团自有专业技术人才、快速实现新产品的标准化与模块化、适用未来发展趋势的国际化产品研发体系。为实现产品全球化协同开发，在原有信息化基础上，各研发中心采用相同的高端设计工具，实现各研发中心基于同一产品数据源的协同设计；采用先进的视频会议系统和在线评审功能，打破协同设计过程中的空间和时间障碍，极大地提高了研发效率。同时，搭建了统一的全球化协同管理平台，依托协同管理平台中的知识积累和重用，将德国先进的设计经验源源不断地转化到国内，显著提升了沈阳机床的产品自主创新能力，为沈阳机床实现“开发国际化水准产品、实现国际化经营、培养国际化人才”的国际化战略目标探索出了有效的实施路径，对沈阳机床研发高端产品及客户化成套解决方案，加快企业产品结构调整、引领行业发展具有重要意义。

（2）创新机制建设情况。公司创新机制是以高档数控机床应用技术研究为主体，突出导向性，以面向重点行业开发高档数控机床为目标，体现战略性，以攻关高档数控机床相关的关键、共性技术为突破口，强调技术的应用性。

（3）领军人才培养机制。公司以大量的项目为依托，一方面，利用新技术、新产品的研发实施在实践中锻炼和培养技术领军人才；另一方面，通过合适的方式吸收国内外的研究机构的专家来技术中心工作，通过“引智”来激发自身人才的成长。通过领军人才的培养，可以提升企业人才素质，促进企业技术水平进步。

（4）构建导向激励机制。坚持正确的用人导向，采用积极的绩效考核的机制，坚决打破“论资排辈、按部就班、平衡照顾、干好干坏一个样”的现象，坚持多干多得，多付出多回报的绩效考核机制，着力形成组织部门奖优罚劣的良好氛围。

（5）知识产权管理机制。公司通过制定与实施知识产权战略，加强知识产权工作体系建设，建立健全知识产权规章制度，进行形式多样的宣传与培训等，不断提高全员知识产权意识，全面提升知识产权创造、保护、管理和运用的能力。

（6）研发投入与知识产权情况。公司的研发投入由企业自筹资金和国家、省市各级政府项目支持资金构成。公司的研发投入一直占销售收入的3%以上，近三年投入金额分别为：2013年投入6亿元，占销售收入的4%；2014年投入5.8亿元，占销售收入的3.8%；2015年投入4.9亿元，占销售收入的3.2%。

2015年，公司新申请专利34项，其中，发明专利12项、实用新型专利 15 项、外观设计专利 7 项。

2. 企业开展技术创新及试验的基础条件

（1）国家重点实验室。沈阳机床的国家重点实验室是机床行业唯一的国家重点实验室，是科技部首批建立的 36 家企业国家重点实验室之一。实验室于 2008 年开始建设，2012 年通过验收，2014 年通过 CNAS 认证。实验室的办公面积为 1 200m^2，中试基地建筑面积 7 200m^2。现有研究人员 60 人，其中博士 5 名，具有中高级专业技术职称的人员占 72%。

经过几年的建设，实验室在技术研发、测试能力、试验环境等方面有了很大的改善。当前拥有热特性分析仪、激光三角测量仪、动态特性测试设备、表面粗糙度仪、双频激光干涉仪、精密球杆仪、现场动平衡仪、切削力测试仪、主轴动态误差测试系统等先进试验设备 70 余套。

（2）数控机床产业创新联盟。数控机床高速精密化技术创新战略联盟是由企业、大专院校、科研机构、社会团体、用户企业自愿组成的，致力于在数控机床制造企业与科研机构、高等学校之间、上下游产业之间建立有效运行的产学研合作新机制，实现行业在基础共性技术、功能部件开发上的突破，促进机床行业的全面提升。

2015 年围绕共性需求，召开了“国际先进制造技术高层论坛”和“数控机床关键功能部件的可靠性试验系统”交流会议；在联盟资源库 50 万元以上共享设备由 2014 年的 31 台增加到 36 台的同时，征集了企业中 7 台特种生产设备对联盟成员共享。2015 年度为产业服务 47 次，共 524 机时；完成联盟课题“高速精密数控机床绿色制造关键技术开发及应用示范”课题终验收，并以航空航天示范基地为切入点，策划了 2016 年度“面向航空典型零件制造的机床产品提升工程”和“飞机复杂结构件数控加工单元技术与装备”为题目的合作项目。

3. 企业技术创新带头人及创新团队情况

朱志浩自 2007 年 9 月加入沈阳机床（集团）有限责任公司，创建并领导 i5 研发团队历经 5 年攻关，在 2012 年攻克了运动控制核心技术，研制出完全自主知识产权的数控系统产品和数字伺服产品。

在核心底层技术的基础上，创新性地提出了基于用户需求和基于互联网技术的智能化设计理念，并在 2014 年成功研制出具有互联网智能功能的 i5 智能数控机床，将传统制造装备打造成为具有智能补偿、智能诊断、智能控制、智能管理等特性的智能制造单元。

基于 i5 智能终端技术及其实时在线能力，在 2015 年带领团队完成数控机床全生命周期的信息平台开发，并在此基础上，结合沈阳机床从制造商向工业服务商的转型，创新性地提出了加工制造领域的云制造平台理念，通过智能云平台的生产力聚集和协同，实现分布协同生产，打造新型制造业态，降低社会创业者的创业成本，提高社会整体的生产设备利用率。

朱志浩作为技术团队的领头人，不仅关心研发工作的进展，还关心团队的思想动态。在他的感染下，i5 技术团队分享理念，简单、直接、团结、高效，正因为此，著名杂志《Scientific American》2014 第三期将 i5 团队评选为 2013 年度最具影响力研发中心 Top 10 之一，与 3M、ABB、GE、微软等知名企业共同入选。2015 年 5 月，i5 团队在由新华网主办，中宣部、科技部、工信部等多部委指导的寻找最美科技人物和创新团队活动中获评“最美创新团队”。

截至 2015 年 11 月，在 i5 研发过程中，一共递交了 27 份专利申请，其中：发明专利 9 项，取得授权 2 项；实用新型专利 6 项，取得授权 6 项；外观设计专利 12 项，取得授权 12 项；递交国际专利 PCT 发明专利一份，16 项软件著作权。

4. 企业技术创新取得的成果情况

（1）i5 智能数控系统及智能装备。通过 i5 智能化数控系统的研发，掌握了包括 CNC 运动控制技术、数字伺服驱动技术、实时数字总线技术等运动控制领域的核心底层技术。通过总线技术及自适应模糊算法的应用，i5 智能化数控系统实现了数控系统控制参数及伺服参数的自适应优化，使数控系统及伺服控制器控制参数能够适应加工条件的变化，自动采用优化的参数，从而保证加工稳定，改善加工质量。

当前，i5 智能化数控系统在数控车床、立式加工中心、高速钻攻中心三大系列产品上获得批量应用，在全国各地通用机械、电机配件、模具、汽车等行业 2015 年实现订货 4 000 余台，销售额近 10 亿元。

在此基础上，逐步开发形成基于智能技术的 i5 智能控制系统、i5 机床产品、WiS 智能工厂信息系统，实现了从机床的智能化到车间、工厂智能化的机床加工行业全链条解决方案，已在许昌远东传动轴股份有限公司、襄阳汽车轴承股份有限公司试点实施。

（2）高档数控机床研发。依托国际化研发平台，围绕航空航天、汽车等国内重点领域的需求，对航空钛合金的壁板、框、梁类典型零件和曲轴、凸轮轴、汽车传动轴等典型零件，联合重点领域用户开展工艺特性研究，掌握典型零件高效数控加工各项关键技术，进一步积累了加工工艺经验和工艺参数优化；提出“典型零件”的最优化加工方案，打造沈阳机床“独特、不可复制”的产品竞争优势，确保在国家重点领域起到应用示范、替代进口的作用。

当前正进行重大型立式车铣复合加工中心、高速动梁龙门移动加工中心、刨台镗铣加工中心、数控卧式车削中心等产品的商业化推广，重大型卧式车削中心、高速高精卧式加工中心、倒置立式车床、纵切机床已完成研发及样机试制，参加 CCMT2016 上海机床展并向市场推广。

5. 企业重大科技成果转化情况

近年来，沈阳机床通过数控机床重大科技专项课题的实施，掌握了车铣复合加工中心、五轴联动加工中心等高档数控机床的核心研发及制造技术，推动企业形成了“A轴自动交换式A/C轴双摆角数控万能铣头”等66项具有自主知识产权的核心专利技术，填补了14项国内及企业在核心功能部件及检验测试领域的技术标准空白，引领和支撑了企业的产品转型升级和人才培养工作，增强了企业自主创新能力。

在吸收上述技术成果的基础上，以行业需求为导向，研制满足航空航天、国防军工、汽车制造等重点领域用户需求的车铣复合加工中心、五轴联动加工中心等四大类10种规格、代表国际先进水平的高端数控机床产品。近年来，已为沈飞、成飞、昌飞等国内重点航空企业提供了桥式AC轴五轴加工中心、AB式五轴龙门加工中心、AB式立式五轴加工中心等40余台高档数控机床，实现营业收入2.6亿元，上缴税金3 500余万元。

四川普什宁江机床有限公司

四川普什宁江机床有限公司的产品以“精密、高效、成套、智能化”为特色，主导产品有卧式加工中心及柔性制造系统、坐标镗床及坐标磨床、数控车床、小模数滚齿机床、专用机床及生产线等精密数控机床，主要服务于航空、航天、军工、船舶、汽车、电动工具等机械加工行业。公司设有省级技术中心、国家博士后工作站，是国家级高新技术企业。公司的精密卧式加工中心、高速卧式加工中心和FMS柔性制造系统等产品项目申请立项国家“高档数控机床与基础制造装备科技重大专项”课题。

借助数控专项的大力支持，公司和重庆大学紧密合作，除了进一步强化产品精度优势外，还大力开展产品可靠性的“升级”，实现卧式加工中心可靠性技术指标大幅提升，完成在全公司范围内全力实施产品的可靠性工程。

公司成立了专门的可靠性工作机构，制定实施可靠性工作方案，积极推进企业可靠性文化与可靠性制度的建设；系统地收集公司产品在用户处的可靠性数据，进行产品的先期失效模式分析并建立系列产品的故障模型；通过对整机及其关键功能部件可靠性设计与可靠性制造技术的研究与应用，对系列产品进行以确保产品可靠性为核心的全方位单元化拆分和结构改进；通过对产品早期故障快速消除技术与可靠性试验技术的研究，对产品各单元、部件和整机设计制作了43台（套）可靠性试验台架工装，制定了产品在制造各阶段可靠性装配工艺、过程检核、可靠性试验规范体系；在生产过程中对各规格的功能部件以及系列产品实施了整机超过500～2 000h的可靠性试验工作，积累了企业内部制造过程的可靠性数据；在对机床可靠性技术研究和应用的同时，加大了对产品可靠性保证措施的建立，以产品稳定可靠为目标，对现有设计控制流程进行优化；完善对产品制造过程的设备、工装、工艺纪律等工艺系统的管理，尝试对产品的用户安装调试和用户应用过程的可靠性进行管理等。

公司在现有ISO9001、ISO14001、OHSAS18001三标管理体系的基础上完善并建立起可靠性管理体系。可靠性工作的开展丰富了企业的核心技术能力，提升了企业的核心竞争力，为公司培养了一支高层次的可靠性应用人才队伍，为公司的可持续发展打下了坚实的基础，取得以下技术突破和成果：

（1）初步建立了适合普什宁江产品和企业特点的可靠性工作模式，基本形成了宁江机床“精度、可靠性”的“双核”企业文化，构建起公司完善的可靠性管理体系，对规范公司各层次、各部门可靠性工作，进一步提升加工中心可靠性提供思想、组织、制度保证。

（2）针对产品制造过程、用户服务过程中出现的问题，分析产品稳定可靠存在的薄弱环节，从产品结构、制造技术、过程控制等多方面采取一系列可靠性技术措施和管理措施，形成了企业的核心技术能力和管理能力，也为公司培养了一批可靠性人才队伍，为公司产品可靠性的持续增长创造了条件。

1）开展卧式加工中心系列产品单元化拆分工作，进行可靠性设计与评审，优化了产品的结构，奠定了提高产品可靠性的技术基础。

2）通过开发制造和使用可靠性试验工装，提前消除加工中心各单元在制造过程存在的质量问题和故障隐患，并为选用成熟功能部件和外购件提供相应条件，形成了公司保证产品制造过程可靠性的措施和方法。

3）将稳定、可靠的原则引入工艺设计过程，形成了可靠性驱动的装配工艺模式。通过对工艺人员进行培训、贯彻，已全部完成加工中心的可靠性装配工艺编制，并应用于生产现场。

4）建立产品部件和整机可靠性试验规范体系，开展生产各过程部件和整机可靠性试验工作，积累了企业进行可靠性实验工作的数据和经验，为消除卧式加工中心产品的早期故障提供了有效的方法。

5）通过与重庆大学可靠性团队共同开展理论研究，公司对可靠性技术有了一定的认识，基本建立了系列产品可靠性数据库、故障模式和浴盆曲线，初步搭建了机床全寿命周期的可靠性评审模式，构建了机床使用过程的可靠性监控系统等，对公司全面开展可靠性工作提供了充分的理论依据。

近年，公司产品出厂后用户反馈质量信息呈下降趋势，产品可靠性得到较大提升，其中精密卧式加工中心可靠性指标平均故障间隔时间（MTBF）从2009年的300h递增到2012年的1 075h，并在2015年率先突破1 500h，达到1 645h，成功实现了产品转型升级和经济增长方式的转变。

武汉重型机床集团有限公司

近年来，重型机床行业的生存空间和发展环境发生了显著的变化，重型机床行业面临需求总量大幅减少、需求结构大幅变化的双重挑战。尤其在降产能、去库存的大背景下，企业提出了“改革调整转型、扩量降本增效”的发展方针，在战略布局上实施“重型机床与专机并重，打造相关、关联产业链和价值链”，确定“重型机床做品牌、加工产品带费用、专机产品做利润”的发展方向。以盾构机、牙轮钻机、铁路机床为代表的专机业务发展呈现良好发展势头，形成了“重型机床与专机并重”的产业格局，有效应对了重型机床的“寒冬”。产业布局与产业升级是企业发展的需要，技术是生存的重要支撑，为实现新的发展目标，武汉重型机床集团有限公司（简称“武重集团”）在技术创新体系改革、新产品研发与关键技术攻关、研发制造过程质量管控、科研绩效考核、技术与技能人才队伍建设等方面采取了一系列新举措。

一、实施技术创新体系改革

几年来，针对技术创新能力不足的问题，实施了技术体制改革，加大技术管理力度，进一步健全创新体系。在整合后的技术研究院推进“长师分设”制和项目管理制的实施，改变管理岗位与技术岗位不分的局面，让“师”专心从事技术研发工作，建立以项目为载体的技术激励体制和分配机制。2015 年年底，武重集团启动了新一轮全面深化及机构调整，成立集营销、设计、装配及服务于一体的机床公司，建立科技委、专家委领导下的机床板块两级科技研发体系。公司技术研究院主要负责基础共性技术研发与新产品、新工艺研发，机床公司的技术部门负责定型产品的研发设计、整改及技术服务等工作，两级研发体系协同，全力推动科技成果转化。

二、加大重型机床新产品研发力度

围绕国家发展战略，明确武重集团创新的方向。武重集团重点瞄准跟踪国家重点行业和战略性新兴产业发展对高端制造装备和个性化专用制造装备的迫切需求，结合企业自身的产品和技术优势，将相关制造装备研制和关键核心技术攻关纳入武重集团的技术发展规划，制定了《科技发展规划》《武重制造 2025》和《重型机床产品智能化发展方案》，明确了新形势下武重集团科技发展的目标路径，并将这些顶层设计落实到每年的机床新产品及关键技术研发年度立项项目中。

武重集团研制的 CKX53280 数控单柱移动立式铣车床属于极限制造产品，其研制目的是满足国内核电、水电行业超大、超高、超重大型回转类零件的高精、高效、复合加工需求。其最大加工直径为 28m，最大加工高度为 13m，工作台最大承重为 800t，具有 X、Z、U、W、C 5 个数控坐标轴，具有车、铣、钻、镗、磨复合加工功能。该机床可用于加工百万千瓦级压水堆核电堆芯吊篮、水轮机转轮体、及海洋工程超大吨位全旋转起重船的旋转支承等超大、超高、超重零件，近两年第四代核电和地铁超大盾构机盾体、海上风电大型零件的制造需求使该机床具有一定的市场发展空间。

武重集团研制的 ZK5540 数控龙门移动式多主轴钻床用于我国核电领域 1 000MW 及以上大型核电站的核电蒸汽发生器孔板孔加工，满足核电用户高效、高精的加工要求。机床工作台面长 10m、宽 4.5m，有 8 个主轴、11 个进给轴，采用双通道多控制轴数控方式，各主轴可独立控制而不相互干扰，主轴最高转速为 3 000r/min，钻削时每根主轴最大钻孔直径为 50mm，孔距精度为 ±0.05mm，钻孔精度为 IT7 级。该机床也可广泛应用于热电站高压加热器、化工设备的热交换器、军工核设备（如核动力航母、潜艇等）中的孔板加工，是核电、能源、化工、军工行业迫切需要的重大关键设备。该机床研制过程中形成的多轴钻关键核心技术已应用在清华同方 WTS712 数控双龙门移动式八主轴钻床，南京宝色 ZK5550×4/105×110 数控龙门移动式多主轴钻床，大明重工 ZK5550、ZK5580 数控龙门移动式多主轴钻床等一批产品中。

三、加强核心关键技术攻关

武重集团在重大专项、省市项目、重大合同新产品的研发上，利用产学研用平台，开展核心关键技术、共性技术的研究攻关。如：与湖南大学开展高速静压导轨技术研究、与武汉理工大学开展光纤传感器研究、与吉林大学合作开展重型机床可靠性评价与试验方法的研究、与清华大学开展针对复杂大型零件非规则曲面内腔及外表面进行高效制孔的多功能机床系统研究等；利用博士后科研工作站和院士专家工作站平台，开展动力学测试、热变形测试、多体动力学仿真等在高档重型机床及其功能部件研制上的应用研究工作，进行床身、立柱、工作台等结构的轻量化及振动测试项目的研究、高性能流体静压支承系统的基础研究、重载电主轴分析与优化研究等，突破了超重型高精度静压主轴箱的设计、超大重载高精度工作台静压导轨的设计、超长床身制造工艺等一批关键技术，形成了以恒流静压技术、直线进给双电动机驱动技术、超长行程刀架的铣主轴传动设计技术、重型数控机床无间隙传动技术、超长床身几何精度保持技术等为代表的具有自主知识产权的国际、国内领先技术，累计获得专利授权 88 项（含发明专利 14 项），专利技术涉及传动、装配、测量、功能部件、外观设计等多个方面。

几年来，武重集团创新硕果颇丰，其中，组织制定了国家标准 11 项、行业标准 28 项；先后荣获国家科学技术进步奖二等奖 1 项，中国机械工业科学技术奖一等奖 2 项、二等奖 4 项，湖北省科学技术进步奖一等奖 3 项，武汉市科技进步奖一等奖 1 项，进一步提升了武重集团在行业的影响力和地位。

四、强化研发制造过程的质量控制

（1）确保研发设计的正确。在产品研发设计过程中，研发人员首先深入了解用户典型零件的加工工艺，机床的总体结构方案通过多次评审确定，三维建模、有限元仿真分析、拓扑优化、LMS 测试等现代设计方法及工具在总体方案设计、关键零部件设计、加工工艺设计、关键技术研究中的应用日益广泛。

（2）提升产品质量。公司从构建质量工作的长效机制出发，梳理完善质量管理体系和规章制度、加强质量责任制建设和质量管理创新工作。

以质量改进与重点产品管控和精益品质课题相结合，以精益品质课题攻关为突破口，改善产品质量。精益质量课题覆盖技术、工艺、毛坯铸件、大件、中小件加工、装配等生产全过程，使产品实现各过程、各环节紧密结合，既有系统性又突出重点；重点放在提高主要件合格率、设计改进、外包外协、外购产品合格率以及装配现场零件正确率等方面。同时针对特殊产品和重点产品编制质量计划，明确过程、职责和要求，对产品进行跟踪管控，加强事前预防，对潜在问题和已发生的质量问题及时反馈和处理，为质量改进的针对性和有效性提供依据，并为满足用户特殊要求、按期保质交付合格产品提供保障。

坚持“打造消费者价值”的理念，以“量质并重、质量优先”为原则，倡导质量的过程考核，强化质量问题的可追溯性，在职工收入分配体系中增加质量工资作为单列，鼓励全员全过程增强质量意识、责任意识和大局意识。开展质量月等系列活动，包括质量万里行、质量代言人评选、领导讲质量、上序走访下序等，发现并解决质量方面存在的问题，坚持开展 QC 小组活动，形成全员讲质量、重视质量的氛围。召开每月质量例会和专题问题分析会，对内外部质量问题进行科学分析、及时解决，同时不断改进技术和管理上的短板，完善体制机制。开展质量工具培训，提升员工质量改进能力；加强生产过程质量控制和生产现场质量目视化管理；加强技术状态管理，确保质量问题“双归零”。加大质量问题考核力度，全面实施质量赔付制度。

五、完善科研绩效考核机制

企业对新产品研发实行项目制管理，制定技术人员职业发展计划，建立以项目为载体的技术体制和分配机制，打破“干多干少一个样，干与不干一个样”的大锅饭制度。通过重点项目锻炼人才、选拔人才，达到完成一个项目、出一批成果、培养一批人才的目的。创新分配机制，采取岗位工资与绩效工资相结合的分配模式，充分调动广大技术人员的积极性、主动性和创造性。整合公司的技术资源，建立技术与市场的对接通道，明确项目管理流程和绩效考核的科学性，为武重集团的技术创新搭建了良好的生态圈。

六、疏通技术人才和技能人才职业发展通道

通过近几年的体制机制改革，武重集团形成了自上而下的“中国兵器首席专家—中国兵器科技带头人—公司级科技带头人—公司科技骨干”职业发展通道。全面推行“长师分设”，实行“长竞聘、师评级”的产生机制和管理模式，畅通技术人员职业发展通道。举办“科技沙龙”和各类技术培训、讲座，为技术人员提供学习、交流、提升的平台。

公司为高水平技能人才建立“工作室”，为技能人才搭建攻关创新平台和师带徒培养平台。公司每年举办创新大赛和职业技能竞赛，开展工艺—技能协同创新、特色操作法和质量管理模式创新评比，将优秀选手优先推荐到各类人才项目的申报与评选中，建立了技能人才发展通道。多位技能人才被评为全国技术能手、中国兵器首席技师、中国兵器关键技能带头人以及湖北省 / 武汉市首席技师、技术能手、技能大师等。高水平技能人才队伍对武重集团高端装备的成功研制给予了有力的支撑，是公司转型升级、提质增效的可靠保障。

武重集团在“结构调整、转型升级”的爬坡之路上经历了不平凡的几年，面对我国经济发展的新常态，公司明确了“重型机床和专机并重”的发展战略定位，相应的产业格局已经形成，产品和技术发展也在按照顶层设计规划逐步落地，质量管控体系逐步完善，公司的发展正步入新的阶段。武重集团将以《中国制造 2025》为指南，紧紧抓住国家战略新兴产业和重点行业转型发展的机遇，推进新产品研发和智能制造等关键技术攻关，加快供给侧结构性改革，按照“基础制造装备系统解决方案提供商、机床全生命周期管理者、专机联合设计制造商、智能化自动生产提供商”的发展方向，推进武重集团向制造数字化、智能化转型发展。

扬力集团股份有限公司

HFP25MN 热模锻压力机是扬力集团股份有限公司（简称“扬力集团”）为适应客户要求，引进国外先进技术开发的新一代锻造成套装备。该成套装备具有高精度、高柔性、高效性、复合性、低噪、环保性等优点，属于高档成套装备，在汽车、拖拉机、内燃机、船舶、航空、矿山机械、石油机械、五金工具等制造领域，用于成批大量的模锻和精整锻件生产，具有锻件精度高、材料的利用率高、生产率高、易于实现自动化、噪声和振动小等优点，在现代锻压生产中的应用日趋广泛，是现代锻造生产中不可缺少的高精锻设备。

HFP25MN 热模锻压力机操作简单，维修方便，适合自动化锻造流水线。该热模锻压力机打击速度快，模具热接触时间短，模具使用寿命长；采用上、下顶料设计，拔模斜度减小，节约锻材；抗倾斜率高，导轨精度高，锻件质量好；采用 PLC 控制、多重安全操作回路系统，确保操作者安全；机体左右两侧设有作业窗口，锻件传递方便；

特殊的卡模解放装置，使解模迅速，且操作简单；可靠的集中润滑系统和手动补充润滑系统，有效降低摩擦损失；安装有国际先进的吨位仪，直观显示锻造力，并设置超负荷报警。

HFP25MN 热模锻压力机的相关创新工作概括为以下几个方面：

1. 结构设计方面

（1）圆周全齿面导向离合器。通常情况下，热模锻压力机的离合器气缸运行导向采用柱销式结构，在圆周方向上布置若干圆柱销。圆柱销孔加工精度难以保证，圆周全齿面导向离合器的气缸、活塞的全部圆周面上布满轮齿，并由此完成导向，既易于实现加工，又能保证合适的齿侧间隙，确保导向精确高、运动灵活和较长的使用寿命。

（2）热模锻压力机防连车控制装置。热模锻压力机一般在单次模式下作业，当其在运转过程中因离合器和制动器动作不协调、不正常或误动作时，常常会出现连车现象。该项目针对产生连车的主要原因进行系统分析，分别对离合器和制动器控制回路采用一套独立的自诊断系统，并分别对离合器和制动器控制回路进行双通道交叉互检监控和动作反馈，确保制动器动作的准确性，较大地提高了设备运行时的安全性、可靠性。

2. 电气控制方面

项目控制系统主要采用具有浮点运算功能的大型 PLC、具有网络通信功能的工业触摸屏、高速响应的网络控制器件、各类高精度温度传感器和压力传感器、网络控制变频器、网络控制器件、带网络通信的电子凸轮控制系统及封高调节显示装置，通过 CC-link 开放式现场总线组建成柔性智能驱动控制系统。运用现场总线技术实现布线和控制的智能化，充分运行集中控制分散管理的理念，并采用传输速率高、抗干扰能力强的专用传输电缆进行数据的通信处理，既能大大降低机床布线的难度，也提高了数据处理速度和整个系统响应时间。智能控制系统在控制压力机主机的同时，预留与周边设备如机械手（或机器人）、上下料输送带、强冷输送带、快速换模系统的通信及控制接口，较大程度地提高整机生产线自动化水平及工作效率。网络控制器件联接互联网后，能够提供强大的远程故障诊断和维护功能，使压力机的售后服务更加快捷和高效，同时降低了维护成本。

3. 工艺、质量管理方面

工艺、质量小组由扬力集团下属各公司工艺和质检骨干组成，结合各公司加工和检验设备特点，按照生产组织的分工，积极制作、申报了对应的工装、刀、量具；明确生产节点，严格执行过程控制，粗、半精、精加工分开，在尺寸精加工到位前，先模拟设定目标值，复测实际尺寸、形位公差，与设定值比对，及时微调，保证结果的高符合性。

对于工艺、质量会审过程中发现的问题、不合理的地方，积极与设计团队沟通，修正设计。在生产中，邀请集团战略合作方参与，及时发现和排除不合理的因素，预先消除隐患，确保质量、交货期的顺利实现。

4. 生产组织方面

为了确保该机床的成功试产，扬力集团专门成立班子，分工负责，以项目制的要求管理、运行。在技术层实行总工办领导下的组长负责制，成立了由高级工程师、工程师、助理工程师等组成的新品开发设计小组，小组成员均有多年从业经验。制造层成立了以生产保障部部长为组长，制造处处长、各公司综合处处长、分厂厂长、分厂技术厂长、生产骨干等组成的新产品试制小组。各车间明确专人负责生产试制，制造处明确专人负责外协加工，明确专人负责调度协调。经管处委派专人负责标准件、外购件等零件的采购。从上到下形成一条线，拧成一股绳，保证了新产品开发试制成功。

5. 生产现场统一协调，层层落实

制造现场由各分厂厂长负责，制造处协调，研究所跟踪服务，并制定了详细的工作计划表、自产加工进度表、外协加工进度表及作业指导书。各车间明确专人跟踪负责，及时反馈信息。定期召开加工协调会和工艺研讨会，对定案的问题明确专人负责解决。对未能确定的问题委派专人走访厂家，负责协调，对生产过程中出现的问题，由研究所会同质检处及相关部门现场解决。各负责人搜集信息和建议反馈给技术部门，在制造过程中不断优化、改进、调整。

6. 装配与调试

（1）滑块部件的装配。滑块部件的装配是装配之中最难之处，其关键在于：必须保证装配后蜗轮蜗杆啮合中心重合；偏心销与左右轴瓦良好的接触面不小于 80%，最终确保装模高度调节灵活方便。合格的零件保证了合格的装配部件，再加上认真调整，定制必要的检具，边装配边调整，确保其达到装配工艺要求。

（2）电气控制系统的调试。电气控制系统采用具有浮点运算功能的 CPU 单元、具有网络通信功能的工业触摸屏、高速响应的网络控制器件、各类高精度温度传感器和压力传感器、网络控制变频器、网络控制器件、带网络通信的电子凸轮控制系统及封高调节显示装置，通过 CC-link 开放式现场总线组建成柔性智能驱动控制系统。采用 GX Works2、GT Designer3、MT Developer2、MR Configurator 等专用软件进行编程和调试。经过反复调试，机床的各项动作均能达到图样设计的要求。

（3）主机总装、整线装配与性能调试。主机总装、调试时严格控制各部位的间隙以及齿轮啮合、导轨配合的侧隙，确保各运动部件运行流畅、平稳。整线装配、调试时严格控制各主机、辅机之间的动作协调连贯性，确保整线的高效、可靠运行。经过检验，设备完全符合国家相关标准和企业标准的规定。

综观当前国内锻造行业，有能力生产集成热模锻成套设备的厂家屈指可数，扬力在很短的时间内开发研制出具有较高水平的、以HFP25MN型热模锻压力机为主机的第三代轿车专用轮毂轴承单元智能化锻造成套装备，具有较好的经济效益和社会效益，使国内用户不必依赖进口产品。但在研制过程中也存在一些问题，如设备陈旧、有些零件还得靠人工保证或外协加工，影响了新产品的开发进度。由于技术人员少，产品研发任务重，有少数工艺文件还不够完善，所以，需要设计工装夹具，加大技改投入，购置关键设备，保证产品质量，使公司的产品数量、质量跃上一个新台阶。

宜昌长机科技有限责任公司

面对错综复杂的国内外经济形势，宜昌长机科技有限责任公司紧紧围绕提升产品质量与产品创新两大主题展开工作，遵循“品格、品质、品位”的企业精神，开发了一系列新产品，如数控滚齿机、数控锯条铣齿机、高精度小模数插齿机（YKG5112）、万能插齿机（YKW5165）等。

公司在产品创新方面坚持市场导向原则，将产品技术向高精、高效、高稳定性及节能环保等方向提升，并提供规范的创新机制保证产品创新活动持续、有效地进行。具体表现在以下几个方面：

一是建立开放式研发文化。制造业的本质是将无用之物转化为有用之物，科学技术决定着这种转化能力，而技术创新能力决定着这种转化能力的强弱。基于此，公司研发系统围绕着以提升技术实力、产品先进性及自主知识产权三个方面进行各项创新活动。首先，在产品研发过程中强调团队大于个人作用，不提倡“学霸”，对于复杂产品开发采取多沟通、多讨论，集中技术、车间工人的智慧一起解决，让所有员工参与到公司产品的改进与创新活动中，如在生产一线鼓励工人申报各项小改小革，涉及加工工艺、装配工艺、工装改进和产品改进等；成立专家委员会，成员由高级技工、资深设计人员、工艺人员组成，参与到新产品全程开发过程中，及时提出意见与建议。其次，帮助员工确立开放式心态，培养员工特别是管理层开放与宽容的心态，让员工自觉关注与公司相关的外部环境信息，而不仅仅是关注公司内部的情况，通过不断增强与顾客、竞争对手及供应商的知识交流，建立平台促进知识共享。最后，加强与高效和科研院所的合作，充分发挥“院士工作站”的功能，开展TRIZ应用，鼓励员工发表论文与申请专利。

二是建立规范的研发机制。没有基础技术研究的深度，就没有齿轮机床系统集成的高水准；没有市场和齿轮机床系统集成的牵引，基础技术研究就会偏离正确的方向。所以，公司在机床系统设计中努力构建技术、质量、成本和服务优势。在达成这一目标过程中，首先建立“并行开发模式”，在新产品构建初期，展开市场调查，紧贴客户需求，设计任务一旦立项，采取跨部门运作程序，营销、设计、采购、制造、工艺、品管等所有环节都要同步介入，提前发现问题，以提高产品质量稳定性和缩短开发时间，同时，将供应商也纳入进来，参与到前期的产品讨论中。其次，采取专业化、模块化及标准化等管理机制，鼓励技术人员向专业化方向发展，核心技术采取模块化开发管理，在设计与生产中推行标准化。公司于2004年通过三标体系管理认证，每年聘请中国船级社对公司质量、安全、环境三标体系进行外部审核。当前，公司共制定国家标准2项、行业标准7项，参与行业标准制定15项，已制定的企业标准涵盖零件设计、制图要求、机床精度检验、产品图样编号等。

公司在推行全面质量管理过程中，不断强化“没有过硬的质量作保证，营销就是行骗”“质量是企业的尊严，更是员工的尊严”和“优越的性能和可靠的品质是产品竞争力的关键”的质量管理理念，将发展质量文化纳入到企业文化范畴中，努力提高产品设计质量和制造质量。

公司在提升产品设计质量中，从各方面严格把好设计关。在新产品设计过程中，随时随地展开讨论会，严格审核各个细节。例如，新开发的YKW5132插齿产品，图样审核修改达7遍之多。产品的制造质量由工艺质量、工艺水平、工艺手段及加工设备所决定，在制造过程中，对影响产品质量的瓶颈问题进行立项攻关，制定出合理的“路线图”和解决问题的“时间表”；取消普通零件过程检，改为入库检，培养“人人都是质量员”的质量意识，对关键零件设置质量控制点，并重点考核工序合格率和零件优等品率等领先指标，及时采取预防纠正措施，消除不合格品，提高精品率和一次安装调试合格率。另外，公司在提高零件加工质量、精度与效率上持续投入资金购进先进的加工设备，如捷克FO-16蜗轮母机、UWID滚刀刃磨床、德国RAPID650数控磨齿机等，同时，修复SZ12-12-02龙门导轨磨床、DIXI75AN卧式光学坐标镗床等设备。为了全面检验与控制加工零件及产品的各项精度，建有国家二级计量室，拥有各种检测设备，如RENISHAW激光干涉仪、蔡司高精度三坐标测量机、克林贝格P65齿轮测量中心等。

公司在发展质量文化方面，着手从基层做起，设立班组五大员，其中质量安全员是核心成员。公司积极鼓励、引导各班组参加宜昌市举行的QC小组活动，在此活动中，坚持做到组织、研究课题、措施和效果“四落实”，坚持学习与创造相结合、成果发表与竞赛评比相结合、精神鼓励与物质奖励相结合的方式。

“乘风破浪会有时，直挂云帆济沧海”，在国家经济调整和机械行业经济处于低迷时期，公司努力调整自身结构体系，紧抓市场需求，不断开发新产品、优化老产品，并持续不断地提升产品质量，为我国机床行业发展做出更大的贡献。

浙江凯达机床股份有限公司

浙江凯达机床股份有限公司在 KDVM 系列产品创产品质量“十佳”的过程中，致力于实施企业的精细化管理，从而使企业的管理产生革命性变革，促进了企业产品质量的提升。

一、把战略目标细化为发展计划和实施方案

公司制定了产品质量创“十佳”的战略目标，在“十二五”“十三五”两个五年规划内，先从 KDVM 系列立式加工中心着手，争取产品质量达到国内领先和世界先进水平，进而将较高档次的质量水平扩展到全功能数控车床、数控铣床等高新技术产品。以高质量为前提发展中高档数控车床、数控立式车床、大型 / 重型数控铣床、立式加工中心、卧式加工中心及柔性制造系统。

公司根据争创“十佳”的总体规划，将其细化为质量检验规程、职工教育和人员培训、职业技能比武、产品质量月活动、标准化工作计划等 25 项具体目标和计划措施。计划的细化做到两个要点：一是目标指标能分解到线（如技术线、生产线、营销线等）和个人；二是可以按评价标准进行考核，评价标准为时间和价值，时间和价值上定量考核的结果与相关人员的月收入直接挂钩。通过计划的细化，增强了可操作性，做到把复杂的事情简单化，提高了企业团队的执行力。

二、把简单的事情流程化和把流程化事情定量化

公司结合自身现状，按照“精细”的思路，找准关键问题、薄弱环节，分阶段进行，每阶段性完成一个体系，便实施运转、完善一个体系，并牵动修改相关体系，实现精细管理工程在企业发展中的功能、效果、作用。

公司先后建立了质量管理体系、环境管理体系、测量管理体系、标准化体系和安全生产管理体系，每个体系均有指导性的工作手册，并制定了共用性程序文件 8 个、质量管理体系程序文件 10 个、环境管理体系程序文件 6 个、测量管理体系程序文件 12 个。

建立完善可行的规章制度是推行精细化管理的重要基础。规章制度的建立要尽量完善，要具有可行性、可操作性。特别要解决好程序化制度的建立，重复性的工作、重复性的问题，需要用制度进行格式化、程序化。公司立式加工中心装配过程中实施的“看板管理”就是这种格式化、程序化的一个典范。在装配车间每台机床的旁边设有一块“看板”，“看板”上是一张装配路线单，单子上有机床的型号、机床编号及所排列的工序内容，每项工序后均有操作者签名、检验记录及检验员签字与日期。通过把机床装配过程流程化，并实施严格的逐道工序检验和详尽的数据记录，全公司机床的一次成台平均合格率由原来的 45% 提高到 76% 以上，而且使装配质量状况有良好的可追溯性。

三、把定量的事情信息化

精细化管理把复杂的事情简单化，简单的事情流程化，流程化的事情定量化，由此产生大量的定量化数据。信息化建设为这些数据的管理搭建了一个简明高效的平台，改变了传统的生产经营管理方式。公司与浙江大学联合开发了产品数据管理（PDM）软件系统。公司将 PDM 作为集成平台，对产品设计、工艺、制造、计划、销售、维护等过程的相关数据和过程进行管理，建立了以 PDM 为核心的产品全生命周期管理。

通过 PDM 产品数据管理系统的实施，不仅简化了业务流程，规范了业务工作，提高了信息化程度和管理的规范化程度，同时通过信息集成与共享，提高信息流转速度，使企业管理由粗放管理变为精细管理，由定性管理变为定量管理。企业管理与决策人员能及时掌握足够的信息进行正确的决策，提高了企业的决策水平和对市场变化的响应速度。

四、细节是精细化管理的闪光点

公司在实施精细化管理中有两个细节值得一提：

一是在年度经济责任制方案中，考核职工的计酬核算除按件计酬外，还增加了按质计酬的内容。公司实行优质优价政策，机加工把计件报酬的零件分为三类：①优质品：达到中间公差的，按原价的 120% 计酬（中间公差范围由技术部门另行制定）。②合格品：公差在图样规定范围内，按原价的 100% 计酬。③返修品（回用）：按原价的 70% 计酬。对于机床装配，通过选配达到中间公差配合要求的优等品，一次成台合格按原价的 120% 计酬；二次成台合格按 100% 计酬；三次及以上成台合格按 80% 计酬。通过按质计酬，使机加工人员克服了过去按最大实体化倾向加工的保守思想，提高了零件加工的优质品率，从而提高了公司的整体生产效率。

二是在产品售后服务中实施的“三先三后”原则和“增值服务”理念。公司制定的《服务管理标准》，规定了产品售前、售中、售后服务的内容与方法，特别是售后服务，规定了“先外后内，先访修后查原因和责任，先修理后结算”的“三先三后”原则，对用户的信息反馈，承诺在 24h 内作出有效反应，以最快的速度满足用户的需求。公司还提出和实施了“增值服务”的理念。每当机床访修人员上门为客户排除所提出的故障后，访修人员除检查该机床外，还会检查该用户在使用的本公司的其他机床有无问题，如有发现，在保修期内的给予免费维修，超过保修期的，只向客户收取配件成本费。“增值服务”推出以来，受到了广大客户的普遍好评。

总而言之，精细化管理的方法就是把复杂的事情简单化，把简单的事情流程化，把流程化事情定量化，把定量的事情信息化。公司将沿着这条道路继续探索，努力创建一个高端企业，为做大做强我国机床产业做出更大的贡献。

2015年机床工具行业上市公司情况介绍

北京超同步伺服股份有限公司

（证券代码：831544 证券简称：北超伺服）

一、主要业务

公司立足于工业自动化装置制造业，主要从事伺服电动机、驱动器及智能装备核心功能部件等工业控制产品的研发、生产、销售及服务。在“中国制造2025”及“十三五”规划的大背景下，公司专注于制造电动机与驱动、驱动与控制完美结合的机电液一体化伺服系统，重点发展高端智能装备制造、工业机器人、新能源汽车三大领域，全面布局“一纵一横”产业发展战略，即：立足装备制造业，打造智能装备的纵向垂直产业链和立足工业机器人和新能源汽车等领域的自主研发、创新联动的横向拓展网络。垂直产业链以智能伺服控制系统为核心，开发机床关键功能部件，OEM生产高档精密数控机床，推广智能装备生产线；横向拓展网络将为工业机器人和新能源汽车等自动化控制领域提供完美解决方案，最终实现对行业终端用户的专业化、系统化服务。

公司设有专门的研发部门，根据市场需求自主研发产品。当前公司拥有实用新型专利42项、外观设计专利89项、软件著作权20项。公司的主要业务是伺服电动机、伺服驱动器、电主轴、伺服刀塔、伺服刀库、直驱转台、新能源汽车伺服控制系统及智能装备制造业伺服控制系统解决方案。公司通过自有的销售部门直接将产品销售给终端客户。公司的主要客户包括沈阳机床集团、宝鸡机床集团、汉川机床集团、山东普利森集团等国内知名企业。

二、经营状况

2015年，国内外整体经济形势持续走低，公司下游以机床为主的制造业受此影响而景气度持续下行，竞争日趋激烈。公司在此大背景下依然持续地增大研发投入和技术创新，开发出国内领先的电主轴系列产品和智能装备的核心功能部件产品，并与沈阳机床集团、大连机床集团、山东普利森集团等国内大型装备制造企业建立了良好的战略合作关系。此外，公司自主研发的应用软件在2015年也开始对外进行独立销售，为公司营收增长起到了积极的作用。

三、主要财务数据

2014—2015年公司主要财务数据见下表。

指标名称	2015年	2014年	同比增长（%）
资产总计（元）	196 674 820.89	134 565 013.43	46.16
负债总计（元）	28 192 476.47	29 713 067.09	-5.12
归属于挂牌公司股东的净资产（元）	168 482 344.42	104 851 946.34	60.69
归属于挂牌公司股东的每股净资产（元）	2.42	1.59	52.20
营业收入（元）	141 292 630.38	130 913 205.13	7.93
归属于挂牌公司股东的净利润（元）	34 150 398.08	27 529 473.39	24.05
归属于挂牌公司股东的扣除非经常性损益后的净利润（元）	27 903 880.67	23 152 934.62	20.52
基本每股收益（元/股）	0.51	0.45	
经营活动产生的现金流量净额（元）	28 071 182.70	10 481 881.00	

博深工具股份有限公司

（证券代码：002282 证券简称：博深工具）

一、主要业务

公司主营业务是金刚石工具、电动工具、合金工具的研发、生产和销售。报告期内，公司主营业务未发生重大变化。

公司是河北省高新技术企业，是国内规模较大的金刚石工具企业之一。总部位于石家庄高新技术产业开发区，在美国、泰国、加拿大、韩国和中国上海设有 6 家全资子公司，主要生产基地位于中国石家庄和泰国罗勇。

公司产品主要应用于建筑施工、装饰装修、建材加工等领域。金刚石工具主要包括金刚石圆锯片、金刚石薄壁工程钻头、金刚石磨盘、金刚石滚刀、金刚石模块及磨轮等产品，是石材、陶瓷、混凝土等无机非金属硬脆材料的有效加工工具；电动工具主要包括台式及手持式工程钻机、锯机、角磨机、电锤、电镐等产品，是建筑装修施工的常用机具；合金工具主要有硬质合金圆锯片等，主要用于木材、铝合金材料、铝塑型材、有色金属材料等的切割。金刚石工具是公司的核心业务，金刚石工具的收入约占公司营业收入的 80%。

公司主要采取经销商模式销售产品。公司营销网络覆盖海内外，国内的营销网络遍及全国，与 300 多家经销商建立了良好的合作关系；在美国、加拿大设有销售子公司，外贸业务覆盖美洲、欧洲、东南亚、中东、北非等多个海外市场。“博深”品牌是我国金刚石工具行业的知名品牌，在国内建筑五金行业中具有较高的知名度；“BOSUN”品牌在东南亚地区具有较强的影响力，近年来自主品牌销售向中东、南美等地区扩展。公司在欧洲、美国市场的销售主要是 ODM 方式。除主要产品采取经销商经营模式外，公司瓷砖工具产品（金刚石滚刀、磨轮等）采取以直销或承包瓷砖生产线方式销往瓷砖生产工厂。

二、业务变化

报告期内，公司主营业务未发生重大变化，当年产品销售较上年有所下滑。公司金刚石工具业务中的瓷砖工具产品的主要客户是瓷砖生产工厂，由于陶瓷行业受宏观经济的影响较大，公司为控制经营风险，本年度主动收缩了瓷砖工具业务，仅针对部分优质客户开展业务合作。

报告期内，公司培育多年的高速列车制动闸片产品取得 CRCC 的产品认证，标志着公司高速列车制动闸片的研发取得阶段性关键进展，为其上道装车考核和规模化产销创造了条件，也为公司进入轨道交通零部件产业、向高端制造转型提供了机会。

三、主要财务数据

2014—2015 年公司主要财务数据见下表。

指标名称	2015 年	2014 年	同比增长（%）
营业收入（元）	434 384 399.94	548 458 142.85	−20.80
归属于上市公司股东的净利润（元）	6 596 655.16	30 594 378.80	−78.44
归属于上市公司股东的扣除非经常性损益的净利润（元）	3 975 057.46	26 719 007.80	−85.12
经营活动产生的现金流量净额（元）	94 923 772.06	117 291 176.54	−19.07
基本每股收益（元 / 股）	0.02	0.09	−77.78
稀释每股收益（元 / 股）	0.02	0.09	−77.78
资产总额（元）	1 035 928 285.44	1 013 630 696.41	2.20
归属于上市公司股东的净资产（元）	781 825 957.73	797 999 103.65	−2.03

大族激光科技产业集团股份有限公司

（证券代码：002008 证券简称：大族激光）

一、主要业务

公司是一家以提供激光加工及自动化系统集成设备为主的高端装备制造企业，业务专注于激光标记、激光切割、激光焊接设备及其自动化配套产品以及 PCB 专用设备、机器人、自动化设备的研发、生产及销售。公司产品主要应用于消费电子、机械五金、汽车、船舶、航空航天、轨道交通、动力电池、厨具电气、PCB等行业的金属或非金属加工。

在制造业产业升级和人工短缺的背景下，激光加工设备及机器人、自动化产品获得广泛应用。公司设备分为标准产品和行业定制产品，标准产品是以公司为中心，行业定制产品是以顾客为中心。通过在国内外已建成的100多个办事处和联络点，公司精确定位客户需求，结合实体销售和网络销售模式，实现公司产品系列的规模销售。

二、行业地位

随着机器人产业的发展，全球智能制造迎来了巨大的市场机遇。激光加工设备及机器人、自动化设备的应用广泛，下游行业众多，因而公司业务受某个领域周期性波动的影响较小，行业周期性不明显。

在激光加工设备领域，公司主流产品已实现同国际竞争对手同质化竞争。与国内外激光设备公司相比，公司在技术储备、产品性价比、定制能力、销售服务网络、紧密客户关系等方面具有明显优势，这些优势在公司产品市场占有率不断提升中得到充分印证。在机器人、自动化设备领域，公司发挥自身在光、机、电、气一体化应用领域积累的优势，对机器人产业进行了全面布局，在系统集成、机器人产品和机器人关键技术等领域获得显著成果，成为行业内入选国家工信部智能制造试点示范项目名单的企业。

三、主要财务数据

2014—2015年公司主要财务数据见下表。

指标名称	2015年	2014年	同比增长（%）
营业收入（元）	5 587 344 728.83	5 565 593 514.79	0.39
归属于上市公司股东的净利润（元）	746 951 537.50	707 533 039.10	5.57
归属于上市公司股东的扣除非经常性损益的净利润（元）	670 527 906.60	641 221 390.50	4.57
经营活动产生的现金流量净额（元）	538 806 483.57	958 317 537.26	-43.78
基本每股收益（元/股）	0.71	0.67	5.97
稀释每股收益（元/股）	0.71	0.67	5.97
资产总额（元）	7 582 418 564.50	7 196 137 255.93	5.37
归属于上市公司股东的净资产（元）	4 740 106 595.87	4 124 638 410.34	14.92

东方时代网络传媒股份有限公司

（证券代码：002175 证券简称：东方网络）

一、主要业务

公司致力于打造文化传媒业务及机床工具业务两大业务板块，形成“双轮齐驱”的盈利模式。公司坚持“渠道制胜、内容为王、平台支撑，用户至上”的十六字品牌战略方针，通过整合媒体资源、渠道资源、终端资源，不断创造新业态、新模式，全面提高先进文化的传播力、影响力和公信力。

1. 文化传媒业务

自2014年由制造业战略转型至文化传媒业以来，公司先后收购了乾坤时代、东方华尚、水木动画等国内一线传媒文化公司，并且和国内外多家影视传媒巨头达成了意向性合作。当前，公司的业务范围已经涵盖数字电视平台的投资运营，影视内容的投资、制作与发行，互联网电视和家庭智能娱乐终端业务及手机电视业务，包括数字电视运营平台投资运营、手机电视业务运营、同步院线业务运营、OTT业务运营、“超级娱乐家”智能电视和动画业务。

2. 数显量具量仪业务

公司主要产品为数显卡尺、千分尺、指示表等系列产品，并重点开发附加值高的系列产品，同时围绕机床工具大行业开发专用数控机床、专用工业检测/测控设备及其他机电类产品新品种。

公司将继续致力于研制高效、精确、性能稳定的数显量具量仪产品。公司的非公开发行股票募集资金项目“高端数显量具量仪产业化”项目和“特种数控机床及自动化设备产业化”项目即将完成，这将调整公司产业链布局，减少人力成本上升对企业的冲击。

二、主要财务数据

2014—2015年公司主要财务数据见下表。

指标名称	2015年	2014年	同比增长（%）
营业收入（元）	404 311 352.29	242 838 734.70	66.49
归属于上市公司股东的净利润（元）	53 364 864.86	21 738 599.28	145.48
归属于上市公司股东的扣除非经常性损益的净利润（元）	45 106 136.16	19 422 463.24	132.24
经营活动产生的现金流量净额（元）	-10 338 624.98	29 100 197.85	-135.53
基本每股收益（元/股）	0.231 5	0.099 0	133.84
稀释每股收益（元/股）	0.231 5	0.099 0	133.84
资产总额（元）	1 994 906 842.27	1 119 018 699.92	78.27
归属于上市公司股东的净资产（元）	856 147 401.44	802 782 536.58	6.65

东莞市南兴家具装备制造股份有限公司

（证券代码：002757 证券简称：南兴装备）

一、主要业务

公司是一家集研发、设计、生产和销售于一体的板式家具生产线成套设备专业供应商。公司生产的产品主要包括自动封边机、数控裁板锯、多排多轴钻、精密推台锯四大系列及其他板式家具机械。

二、主要财务数据

2014—2015年公司主要财务数据见下表。

指标名称	2015年	2014年	同比增长（%）
营业收入（元）	464 401 948.14	543 110 640.14	-14.49
归属于上市公司股东的净利润（元）	50 140 892.89	63 414 595.59	-20.93
归属于上市公司股东的扣除非经常性损益的净利润（元）	48 311 587.46	61 554 615.16	-21.51
经营活动产生的现金流量净额（元）	31 608 291.94	111 820 187.80	-71.73
基本每股收益（元/股）	0.511 9	0.773 3	-33.80
稀释每股收益（元/股）	0.511 9	0.773 3	-33.80
资产总额（元）	867 222 258.69	627 725 084.29	38.15
归属于上市公司股东的净资产（元）	718 370 957.19	347 229 881.87	106.89

合肥合锻机床股份有限公司

（证券代码：603011 证券简称：合锻股份）

一、主要业务

公司主要产品为各类液压机和机械压力机，主要应用于汽车、船舶、航空航天、轨道交通、能源、石油化工、家电、军工、新材料等行业和领域。

二、经营模式

1.采购模式

对于常规型产品，公司保持合理的库存量，结合生产及销售情况对常规型产品的原材料及标准部件进行采购，由生产部制定生产计划，采购部根据生产计划制定采购计划并进行集中采购。对于定制型产品，公司按照客户的要求商定具体的技术参数并签订销售合同，技术中心根据客户对产品的技术需求形成详细的原材料需求清单，原材料需求清单经审批后报采购部。采购部汇总原材料需求清单后编制采购计划，及时组织采购。

2.生产模式

对于常规型产品，公司采用“以销定产，合理保持库存”的生产模式，由综合管理部门根据年度、季度和月度销售计划，制定产品产出计划；产品产出计划下达生产部，生产部制定生产作业计划并及时组织生产。

对于定制型产品，由于不同客户对产品的具体性能、参数等要求不同，公司采用“按订单生产”的生产模式。

3.销售模式

公司主要采用直销方式销售。直销方式有利于公司建立长期、稳定的客户渠道，在销售过程中有针对性地避开与同行业的不利竞争，突出自己的技术优势，主要是在技术上与客户进行充分的沟通，结合客户生产的具体工艺，提供最适合客户生产需要的高性能的产品，从而实现效益最大化。

三、主要财务数据

2014—2015 年公司主要财务数据见下表。

指标名称	2015 年	2014 年	同比增长（%）
总资产（元）	934 288 235.83	952 378 561.71	-1.90
营业收入（元）	482 400 018.88	449 840 430.99	7.24
归属于上市公司股东的净利润（元）	27 065 526.98	28 621 935.87	-5.44
归属于上市公司股东的扣除非经常性损益的净利润（元）	16 700 352.66	25 615 643.48	-34.80
归属于上市公司股东的净资产（元）	580 594 046.35	571 576 765.40	1.58
经营活动产生的现金流量净额（元）	-23 849 907.93	45 334 991.21	-152.61
期末总股本（元）	179 500 000.00	179 500 000.00	0.00
基本每股收益（元/股）	0.15	0.20	-25.00
稀释每股收益（元/股）	0.15	0.20	-25.00

河南四方达超硬材料股份有限公司

（证券代码：300179 证券简称：四方达）

一、主要业务

公司主要从事聚晶金刚石（简称 PCD）及其相关制品的研发、生产和销售，产品包括石油/天然气钻探用聚晶金刚石复合片、煤田及矿山用金刚石复合片、切削刀具用金刚石复合片、聚晶金刚石拉丝模坯，截齿潜孔钻头公路齿、旋挖机齿、成品聚晶金刚石模具、超硬刀具、金刚石砂轮等，形成了有自身特色的产品系列，由生产常规产品向高端产品转变。产品广泛应用于石油钻探及矿山开采，机械、冶金、地质、石材、建筑、电子信息、航天航空及国防军工等领域。

二、主要财务数据

2014—2015 年公司主要财务数据见下表。

指标名称	2015 年	2014 年	同比增长（%）
营业收入（元）	203 261 730.10	189 073 155.21	7.50
归属于上市公司股东的净利润（元）	46 127 011.13	37 818 733.96	21.97
归属于上市公司股东的扣除非经常性损益的净利润（元）	39 213 750.60	-25 629 114.03	253.00
经营活动产生的现金流量净额（元）	-9 725 873.42	38 587 389.68	-125.20
基本每股收益（元/股）	0.097 1	0.079 5	22.14
稀释每股收益（元/股）	0.097 1	0.079 5	22.14
资产总额（元）	855 745 654.05	849 112 657.50	0.78
归属于上市公司股东的净资产（元）	740 729 724.41	715 900 635.46	3.47

湖南江南红箭股份有限公司

（证券代码：000519 证券简称：江南红箭）

一、主要业务

公司作为专业的超硬材料生产企业，市场占有率超过40%。当前，公司积极围绕超硬材料进行产业链拓展，在确保生产稳定、完善产品质量全生产链过程控制的基础上切实提高产品质量、降低产品生产成本。

在报告期内，面对错综复杂的国际形势和国内宏观经济持续下行的压力，公司通过调整生产工艺、淘汰落后产能等措施，调整产品生产结构，适应市场需求变化，稳步推进战略目标的实施。一方面保证了公司在超硬材料行业龙头企业的地位，另一方面也确保了公司生产经营的稳定性，但上述措施未能有效扭转因市场需求减少对产品销售的影响。

在报告期内，受国内、国际石材加工等行业对超硬材料产品需求减少的影响，公司主要产品超硬材料粉体产品销售量同比下降 9.92%，平均单位销售价格同比下降 9.96%。上述变动使得公司本期营业收入较上年同期减少 48 757 万元，同比下降 23.95%。

二、主要财务数据

2014—2015 年公司主要财务数据见下表。

指标名称	2015 年	2014 年	同比增长（%）
营业收入（元）	1 548 164 668.63	2 035 733 241.45	-23.95
归属于上市公司股东的净利润（元）	248 550 088.30	396 696 557.00	-37.35
归属于上市公司股东的扣除非经常性损益的净利润（元）	214 034 507.58	388 103 805.77	-44.85
经营活动产生的现金流量净额（元）	-141 296 929.57	-198 651 891.91	-28.87
基本每股收益（元／股）	0.240 6	0.540	-55.44
稀释每股收益（元／股）	0.240 6	0.540	-55.44
资产总额（元）	5 173 758 502.45	4 909 085 188.83	5.39
归属于上市公司股东的净资产（元）	4 185 206 082.32	3 982 312 663.29	5.09

华工科技产业股份有限公司

（证券代码：000988 证券简称：华工科技）

一、主要业务

公司以“激光技术及其应用”为主业，在已形成的激光装备制造、光通信器件、激光全息防伪、传感器和现代服务业的产业格局基础上，进一步整合内外资源，明确了“智能制造”和“物联科技”两大业务发展方向以及“为产业互联网提供领先的产品与服务”的企业愿景。围绕这一愿景，公司旗下华工激光发挥激光领域领先地位和全产业链布局优势，布局智能制造，进军自动化行业；旗下华工高理进一步强化在家电、汽车市场领导地位，进军办公自动化和智能穿戴领域，掌握行业主导权；旗下华工图像立足全息技术，将全息与印刷技术、全息与信息技术有机融合，打造国际知名全息品牌企业；旗下华工正源要打造国际一流光电企业，服务全球顶级通信设备和数据应用商，打造个人、家庭智能融合通信终端的世界级企业；旗下华工赛百充分整合创新资源，打造成行业内知名的产品追溯系统专家。

二、主要财务数据

2014—2015 年公司主要财务数据见下表。

指标名称	2015 年	2014 年	同比增长（%）
营业收入（元）	2 619 553 081.39	2 353 327 611.37	11.31
归属于上市公司股东的净利润（元）	150 830 368.10	168 351 348.21	-10.41
归属于上市公司股东的扣除非经常性损益的净利润（元）	83 224 653.66	111 809 758.77	-25.57
经营活动产生的现金流量净额（元）	203 312 139.04	179 389 577.05	13.34
基本每股收益（元／股）	0.17	0.19	-10.53
稀释每股收益（元／股）	0.17	0.19	-10.53
资产总额（元）	5 005 264 188.47	4 690 942 444.01	6.70
归属于上市公司股东的净资产（元）	2 947 931 711.21	2 820 635 748.64	4.51

江苏亚威机床股份有限公司

（证券代码：002559 证券简称：亚威股份）

一、主要业务

公司以数控金属板材成形机床及自动化生产线研发、制造、加工、销售为主营业务。经过创新开拓，公司初步形成了新的业务结构布局。报告期内公司主营业务主要分为四大类：数控钣金加工机床及数控柔性自动化加工生产线、数控卷板加工机械、数控激光加工设备、机器人。

1. 数控钣金加工机床及数控柔性自动化加工生产线

主要产品包括数控转塔冲床、数控折剪机床、钣金自动化成套生产线等。公司的钣金加工机床以国内行业领先的技术性能水平、优质的实物质量赢得了国内外客户的长期青睐，数控转塔冲床和数控折弯机规模效益在国内同行业皆处于前列。报告期内持续大力推动数控主机向高端化、柔性化、自动化成套生产线方向发展，钣金加工自动化解决方案类业务取得长足进步。

2. 数控卷板加工机械

主要产品包括数控横切线、数控分条线、数控飞摆剪切线、数控开卷落料线、数控铝板精整加工生产线等。公司数控卷板加工生产线技术、性能水平和销量居行业之首，用于轿车板材加工的数控飞摆剪切线和数控开卷落料线技术性能达到国际当代同类产品先进水平，成功替代进口，形成了新的增长点。

3. 数控激光加工设备

主要包括数控二维激光切割机床、三维激光切割系统等。公司数控二维激光切割机采用自主创新和与国际先进企业进行技术合作的方式，加快了发展步伐，销售规模快速增长；采用并购整合创科源三维激光切割系统业务的外延式扩张之举，快速拓展了机器人激光集成应用自动化系统，初步形成了既有二维系列激光切割又有三维系列激光切割的完整产品链。

4. 机器人

主要产品为线性和水平多关节机器人。公司与库卡集团控制下的德国徕斯展开合资合作，引进其线性和水平多关节机器人本体技术，双方共同投资成立了合资公司。报告期内在消化吸收的基础上成功完成样机试制，严格按照德国库卡、徕斯质量标准顺利进入批量订单的生产。

二、主要财务数据

2014—2015 年公司主要财务数据见下表。

指标名称	2015 年	2014 年	同比增长（%）
营业收入（元）	893 304 907.65	893 567 414.63	-0.03
归属于上市公司股东的净利润（元）	73 569 639.09	84 633 357.75	-13.07
归属于上市公司股东的扣除非经常性损益的净利润（元）	61 750 113.58	78 877 776.18	-21.71
经营活动产生的现金流量净额（元）	215 388 356.18	118 812 411.41	81.28
基本每股收益（元 / 股）	0.21	0.24	-12.50
稀释每股收益（元 / 股）	0.21	0.24	-12.50
资产总额（元）	2 038 612 318.13	1 756 269 806.59	16.08
归属于上市公司股东的净资产（元）	1 440 294 835.23	1 280 597 422.04	12.47

鲁信创业投资集团股份有限公司

（证券代码：600783 证券简称：鲁信创投）

一、主要业务

公司自 2010 年重组以来，创业投资业务成为公司新的主营业务，公司形成了创业投资业务与磨料磨具实业经营并行的业务模式。当前，创业投资业务为公司的主要利润来源。

二、经营模式

1. 磨料磨具业务

公司磨料磨具业务所处行业为非金属矿物制品业，主要从事磨料、磨具、涂附磨具的生产、销售。公司生产的“泰山”和“MT”牌磨料磨具产品质量过硬，赢得良好口碑，在行业内具有一定的品牌技术优势。

2. 创业投资业务

创业投资是指向创业企业进行股权投资，以期所投资的创业企业发育成熟或相对成熟后主要通过股权转让获得资本增值收益的投资方式。报告期内，公司创业投资业务为自有资金投资与私募股权投资基金管理并重的运作模式。

在自有资金投资业务方面，公司建立了规范严谨的投资管理体系和风险控制体系，确立了科学高效的投资理念和经营模式，打造了一支经验丰富、高素质的投资团队，培育了一批成长性好、科技含量高、居行业领先地位的创业企业。主要投资领域包括先进制造、现代农业、海洋经济等山东省优势产业；信息技术、节能环保、新能源、新材料、生物技术和高端装备制造等国家战略性新兴产业。

公司私募股权投资基金（简称“基金”）管理业务的运作模式为“募资、投资、管理、退出”，即公司及下属企业通过私募的方式向出资人募集资金成立有限合伙制或公司制的基金进行股权投资，最终通过股权退出的增值为基金赚取投资收益。一方面，公司及下属企业出资设立的基金管理公司作为基金的普通合伙人，向基金收取管理费及管理报酬；另一方面，公司及下属企业作为主发起人以有限合伙人的身份参与市场化基金的出资，在基金投资的项目退出后按出资份额获得收益分配。公司当前管理运作的基金包括政府委托管理投资基金和市场化投资基金。截至 2015 年年末，公司管理运作 2 只政府类基金及 24 只市场化基金，涉及产业投资基金、区域投资基金、专业投资基金、平台投资基金等。

截至 2015 年年末，鲁信创投下属公司及管理的基金投资的新北洋、通裕重工、龙力生物等 9 家项目公司实现境内 A 股上市，鲁信创投下属公司及管理的基金投资的新风光、胜达科技等 15 家项目公司在“新三板”挂牌。

三、主要财务数据

2014—2015 年公司主要财务数据见下表。

指标名称	2015 年	2014 年	同比增长（%）
总资产（元）	5 318 590 915.61	5 058 278 989.34	5.15
营业收入（元）	190 698 989.18	234 834 678.65	-18.79
归属于上市公司股东的净利润（元）	224 081 397.64	301 633 826.29	-25.71
归属于上市公司股东的扣除非经常性损益的净利润（元）	322 979 826.27	301 457 292.39	7.14
归属于上市公司股东的净资产（元）	3 426 509 992.56	3 277 865 013.89	4.53
经营活动产生的现金流量净额（元）	-128 295 795.63	-149 035 387.94	
期末总股本（元）	744 359 294.00	744 359 294.00	0
基本每股收益（元 / 股）	0.30	0.41	-26.83
稀释每股收益（元 / 股）	0.30	0.41	-26.83

南京埃斯顿自动化股份有限公司

（证券代码：002747 证券简称：埃斯顿）

一、主要业务

公司主要从事智能装备核心控制功能部件、工业机器人及智能制造系统的研发、生产和销售，为客户提供个性化、多样化、系统化智能装备核心控制功能部件及智能制造系统解决方案。

1. 智能装备核心控制功能部件

主要产品包括数控系统、电液伺服系统、运动控制及交流伺服系统，现已应用到机床、纺织机械、包装机械、印刷机械、电子机械等机械装备的自动化控制。在数控金属成形机床领域，公司的客户群体覆盖了全国大部分的行业主流厂家并且市场占有率较高；在其他智能装备领域，公司产品在国产品牌市场占有率排名中名列前茅，得到高端智能机械装备制造业广大客户的认可。

2. 工业机器人及智能制造系统

主要产品包括六轴通用机器人、四轴码垛机器人、SCARA 机器人、DELTA 机器人、机器人工作单元及智能制造系统等。工业机器人及其工作单元主要应用领域包括焊接、机床上下料、折弯、搬运码垛、装配、分拣、喷涂、打磨等领域。报告期内，六轴通用机器人中约有 50% 应用于焊接领域，其次是应用于搬运码垛领域，主要为袋式、箱式等的搬运码垛。

产品主要覆盖汽车零部件、新能源、建材、家电、化工、农产品、食品等行业。报告期内，基于公司多年在工业自动化产品和技术的积累，工业机器人产品批量投入市场的影响力优势，以及智能制造国家战略带来的重大发展机遇，公司新增智能制造系统业务模块，拉动公司业务在工业机器人基础上向智能制造系统领域延伸，以机器人、自动化、信息化为基础，以智能化及工业互联网为特色，为客户提供智能制造一站式完整解决方案。当前，公司智能制造系统业务已在家电行业智能制造生产线、金属板材成形加工智能制造生产线取得初步突破。

二、主要财务数据

2014—2015 年公司主要财务数据见下表。

指标名称	2015 年	2014 年	同比增长（%）
营业收入（元）	483 144 103.35	511 866 727.11	-5.61
归属于上市公司股东的净利润（元）	51 190 500.91	43 965 784.63	16.43
归属于上市公司股东的扣除非经常性损益的净利润（元）	22 419 490.98	35 520 684.19	-36.88
经营活动产生的现金流量净额（元）	8 363 408.27	-1 721 053.67	585.95
基本每股收益（元 / 股）	0.45	0.49	-8.16
稀释每股收益（元 / 股）	0.45	0.49	-8.16
资产总额（元）	743 345 134.24	453 866 199.99	63.78
归属于上市公司股东的净资产（元）	498 291 232.34	287 904 874.65	73.07

南通锻压设备股份有限公司

（证券代码：300280 证券简称：南通锻压）

一、主要业务

公司专业从事锻压设备的研发、生产和销售，主要为客户提供各种金属及非金属成形解决方案，产品性能取决于成形方案满足客户特定成形工艺要求的程度。金属成形机床具有技术密集的特征，属于技术型消费产品，广泛应用于汽车、船舶、交通、能源、轻工家电、航空航天、军工、石油化工、新材料应用等重要行业或领域。随着经济的发展和科技的进步，客户对于成形工艺的需求呈现个性化、多样化的趋势，包括传统的金属成形需求、新材料成形需求、成形工艺改进以及设备的成套化、智能化等。因此，公司针对不同行业、不同客户的成形需求特点，为客户提供“量身定做”的个性化成形解决方案。

公司主要产品为各类液压机和机械压力机，报告期内公司实现营业收入 25 043.98 万元，实现归属于母公司所有者的净利润为 628.10 万元，同比增长 107.43%；实现扣除非经常性损益后的归属于母公司所有者的净利润为 573.02 万元，同比增长 240.79%。

公司产品生产所需的原材料及零部件包括自制件和外购件。其中外购件主要是定制功能配套件和标准件，如液压元件、润滑元件、气动元件、电气元件、PLC、触摸屏、五金件等。公司的自制件主要包括上横梁、立柱、工作台、滑块、液压缸、底座、齿轮等非标核心部件。对于通用型产品，公司一般按照“以销定产，保持合理库存”的原则，公司营销服务部根据年度、季度和月度销售计划，结合机加工车间与装配车间生产能力，制定月度生产计划并下达给产品事业部，由产品事业部编制相应的生产作业计划，组织安排生产。对于定制型产品，由于不同的用户对产品的性能、参数等要求不同，公司采取了“按订单生产”的生产模式，并建立了公司、事业部、生产车间三级生产指挥系统。近年来受整体经济形势低迷等因素影响，市场逐年萎缩，公司相应产品产销量及收入也逐年下滑。

二、行业地位

公司的主要产品定位为中高档液压机、机械压力机产品。中高档产品的竞争对手主要是国内同行业企业，高端产品的竞争对手主要是国外（海外）厂商，包括一些国内的外商合资、独资企业。公司作为国内金属成形机床行业重点骨干企业，无论是规模还是效益在行业中均位居前列。

三、主要财务数据

2014—2015 年公司主要财务数据见下表。

指标名称	2015 年	2014 年	同比增长（%）
营业收入（元）	250 439 831.87	331 795 994.87	-24.52
归属于上市公司股东的净利润（元）	6 281 059.44	3 028 016.53	107.43
归属于上市公司股东的扣除非经常性损益的净利润（元）	5 730 180.56	-4 070 094.64	240.79
经营活动产生的现金流量净额（元）	51 391 109.28	40 024 059.63	28.40

（续）

指标名称	2015年	2014年	同比增长（%）
基本每股收益（元/股）	0.049 1	0.023 7	107.17
稀释每股收益（元/股）	0.049 1	0.023 7	107.17
资产总额（元）	809 987 626.93	787 490 253.55	2.86
归属于上市公司股东的净资产（元）	632 898 607.37	628 418 262.18	0.71

南通科技投资集团股份有限公司

（证券代码：600862 证券简称：南通科技）

一、主要业务及经营模式

在报告期内，公司通过重大资产重组，将主营业务延伸至了航空新材料领域。为有效改善公司资产质量和财务状况，优化业务结构，增强持续盈利能力，促进原有机床业务转型，提升航空新材料业务的发展空间，中航高科对本公司进行了重大资产重组，注入了中航复材、优材百慕、优材京航等三家具有一定规模和行业竞争优势的优质资产。本次注入的资产均依托中航工业和中航高科及其下属高科技企事业单位，多年来一直从事航空新材料及其民品转化业务，积累了航空新材料领域的先进技术经验，并在新材料及相关制品领域拥有较高的技术质量水平。本次重组还对原有盈利能力较差的从事热加工业务的通能精机进行了剥离。

公司重组后，进一步优化了控股型高科技企业集团管控模式，各业务单元以子公司的形式按照公司统一战略进行专业化发展，加快实施业务转型升级；上市公司总部重点强化以提升价值创造和投资回报能力为牵引的投资绩效管理。上市公司统筹实施技术创新、管理创新和商业模式创新，打造公司核心竞争力。

二、主要财务数据

2014—2015年公司主要财务数据见下表。

指标名称	2015年	2014年	同比增长（%）
总资产（元）	9 696 773 841.01	2 953 841 460.51	228.28
营业收入（元）	1 987 905 475.99	1 049 004 521.45	89.50
归属于上市公司股东的净利润（元）	144 605 857.34	114 540 677.88	26.25
归属于上市公司股东的扣除非经常性损益的净利润（元）	136 343 237.08	95 265 013.68	43.12
归属于上市公司股东的净资产（元）	3 344 591 678.64	1 237 831 915.84	170.20
经营活动产生的现金流量净额（元）	495 698 979.44	−48 904 391.31	
期末总股本（元）	1 680 185 294.11	794 000 000.00	111.61
基本每股收益（元/股）	0.23	0.20	15.00
稀释每股收益（元/股）	0.23	0.20	15.00

宁波精达成形装备股份有限公司

（证券代码：603088 证券简称：宁波精达）

一、主要业务

公司主要业务为换热器装备和精密压力机的研发、生产与销售。换热器装备产品主要包括翅片高速精密压力机、胀管机、弯管机、微通道换热器装备和其他换热器装备。翅片高速精密压力机、胀管机、弯管机和其他换热器装备主要应用于家电行业中的空调换热器的生产，微通道换热器装备主要应用于汽车换热器的生产。精密压力机产品主要包括定转子高速精密压力机、闭式双点压力机、超高速变行程精密压力机等。定转子高速精密压力机主要应用于电机、汽车、电子信息行业中的定转子的生产，闭式双点压力机主要应用于汽车、家电行业中的零件的生产，超高速变行程精密压力机主要应用于电子信息行业中电子接插件的冲压。

二、经营模式

公司经营模式主要为以销定产，根据订单情况组织生产。公司主要为空调制造企业、汽车换热器生产企业、电机制造企业等提供换热器装备和精密压力机，按客户的不同要求组织生产并向客户销售以实现盈利。

1. 采购模式

对于标准型产品，公司保持合理的存货库存量，结合生产及销售订单对标准型产品的原材料及标准部件进行采购，由运营管理部制定生产计划，采购部根据生产计划制定采购计划并进行集中采购。对于定制型产品，公司按照客户的要求商定具体的技术参数并签订销售合同，运营管理部根据销售合同的具体条款对生产进行总体安排，技术中心进行产品设计并形成详细的原材料需求清单，原材料需求清单经审批后报采购部、运营管理部。采购部根据原材料需求清单编制外购件采购计划，从合格供应方名录中选择供应商进行采购；运营管理部根据原材料需求清单编制自制件加工计划。

2. 生产模式

公司产品主要以定制型为主。由于不同客户对产品的具体性能、参数等要求不同，公司采用“按订单生产”的生产模式。由运营管理部根据销售订单及年初制定的全年总体生产目标，制定产品产出计划；各产品部根据产品产出计划，并结合各分厂的生产能力制定生产作业计划。生产作业计划每月发布一次，并根据生产实际情况、客户订单交期更新情况进行调整。

3. 销售模式

公司主要采用直销模式。获取订单的方式主要有以下 4 种：一是通过参与招标方式获取订单，二是下游客户直接联系公司订购产品，三是以设立销售服务点形式联系客户获取订单，四是通过网络销售和参与国际展会获取海外订单。

三、主要财务数据

2014—2015 年公司主要财务数据见下表。

指标名称	2015 年	2014 年	同比增长（%）
总资产（元）	569 385 747.25	589 376 098.33	-3.39
营业收入（元）	189 915 085.85	231 871 729.09	-18.09
归属于上市公司股东的净利润（元）	21 907 287.42	37 428 822.16	-41.47
归属于上市公司股东的扣除非经常性损益的净利润（元）	14 369 986.40	29 651 602.10	-51.54
归属于上市公司股东的净资产（元）	456 753 418.24	450 846 130.82	1.31
经营活动产生的现金流量净额（元）	-10 277 969.55	28 078 600.85	-136.60
期末总股本（元）	80 000 000.00	80 000 000.00	
基本每股收益（元 / 股）	0.27	0.59	-54.24
稀释每股收益（元 / 股）	0.27	0.59	-54.24

秦川机床工具集团股份公司

（证券代码：000837 证券简称：秦川机床）

一、主要业务

公司拥有宝鸡机床、汉江机床、汉江工具、关中工具、秦川格兰德、美国拉削系统公司等多家子公司。公司是我国机床工具行业的龙头企业，是我国精密数控机床与复杂工具研发制造基地、国家级高新技术企业和创新型试点企业，建有国家级企业技术中心、院士专家工作站、博士后科研工作站、美国研发机构及 3 个省级技术研发中心。公司先后获得“国家科技进步奖一等奖”1 项，“国家科技进步奖二等奖”4 项，“中国工业大奖项目表彰奖”1 项。公司荣获“中国机械工业百强企业”“2015 年度陕西百强企业”和“2015 年度中国产学研合作创新奖”等荣誉。“秦川 QINCHUAN”商标被认定为“中国驰名商标”。

公司主要产品：齿轮磨床、螺纹磨床、外圆磨床（曲轴磨床、球面磨床、车轴磨床）、滚齿机、通用数控车床及加工中心、龙门式车铣镗磨复合加工中心、塑料机械（中空机、木塑设备）、精密高效拉床等高端数控装备、数控复杂刀具；高档数控系统、滚动功能部件、汽车零部件、特种齿轮箱、机器人关节减速器、螺杆转子副、精密齿轮、精密仪器仪表、精密铸件等零部件产品；以及数字化车间和系统集成、机床再制造及工厂服务、供应链管理及融资租赁等现代制造服务业务。

二、经营模式

公司于 2014 年 9 月完成了重大资产重组，资产规模、业务范围都有所扩大，原来归属于集团公司的车床、通用数控加工中心、螺纹磨床、滚动功能部件、复杂刀具、仪器仪表等业务进入上市公司平台，使秦川机床成为当前机床工具行业中品类多、技术水平高、产业链完整、综合竞争力强的企业，公司的“3 个 1/3”产业布局更为统一和明晰。

三、主要财务数据

2014—2015 年公司主要财务数据见下表。

指标名称	2015 年	2014 年	同比增长（%）
营业收入（元）	2 548 257 966.03	3 501 026 639.41	-27.21
归属于上市公司股东的净利润（元）	-236 241 493.15	19 271 377.81	
归属于上市公司股东的扣除非经常性损益的净利润（元）	-286 699 564.24	-43 686 302.99	
经营活动产生的现金流量净额（元）	-196 832 412.06	-102 577 640.19	
基本每股收益（元 / 股）	-0.340 7	0.030 1	
稀释每股收益（元 / 股）	-0.340 7	0.030 1	
资产总额（元）	6 733 472 680.78	6 407 879 732.68	5.08
归属于上市公司股东的净资产（元）	2 792 626 862.29	3 005 050 306.29	-7.07

青海华鼎实业股份有限公司

（证券代码：600243 证券简称：青海华鼎）

一、主要业务

公司主要从事机床产品、食品机械、电梯配件、照明设备等的研发、生产及销售，主要产品包括数控重型卧式车床系列、轧辊车床系列、轨道交通专用车床系列、立式/卧式/龙门/五面加工中心系列、涡旋压缩机、齿轮（箱）、小型食品机械及厨房设备、电梯配件、精密传动关键零部件、LED 道路及通用照明产品等。

2015 年，产能过剩矛盾依然突出，市场需求疲软，综合运营效率下降。在此背景下，公司努力适应经济新常态，调整思路，以服务开拓市场，以合作巩固客户；认准目标，统一思想，主动革新，勇于担责，强化执行力；培养资产的价值意识，落实资产价值责任，提高资产利用效率，推动公司持续健康发展。

二、主要财务数据

2014—2015 年公司主要财务数据见下表。

指标名称	2015 年	2014 年	同比增长（%）
总资产（元）	3 345 720 881.04	2 339 038 380.00	43.04
营业收入（元）	1 158 521 575.46	1 125 788 012.66	2.91
归属于上市公司股东的净利润（元）	8 328 721.64	-5 387 137.50	
归属于上市公司股东的扣除非经常性损益的净利润（元）	-21 395 853.94	-32 635 168.28	
归属于上市公司股东的净资产（元）	1 809 538 245.11	735 540 323.47	146.01
经营活动产生的现金流量净额（元）	-56 334 174.98	-60 454 003.89	
期末总股本（元）	438 850 000.00	236 850 000.00	85.29
基本每股收益（元 / 股）	0.035	-0.02	
稀释每股收益（元 / 股）	0.035	-0.02	

山东法因数控机械股份有限公司

（证券代码：002270 证券简称：法因数控）

一、主要业务

1. 电力设备业务

上海华明主要从事变压器有载分接开关、无励磁分接开关以及其他输变电设备的研发、制造、销售和服务，主要产品包括有载分接开关、无励磁分接开关和高压电器。

分接开关是变压器的重要部件之一，其工作原理是通过改变变压器线圈匝数之比来改变变压器的输出电压，因此又被称为调压开关，能方便地和综合自动化系统进行后台通信，实现自动调压。远距离控制通信是分接开关产品的核心技术之一。该技术可实现对变压器的远距离控制，还可对电网电压、负荷、档位、设备状况等进行遥测，并收集电网的运行数据。这为今后电网大数据、调度自动化等新的电网发展方向提供了技术保证。分接开关兼具电气一次设备和二次设备的功能和特点。

2. 数控设备业务

公司主要以钢结构数控成套加工设备的研发、制造、销售为主。对于技术已成熟、市场需求大的专用数控成套加工设备，公司实行批量生产；对于技术尚未成熟、市场需求较小的专用设备，以定制化生产为主。

公司生产的钢结构数控成套加工设备主要包括铁塔钢结构数控成套加工设备、建筑钢结构数控成套加工设备及大型板材数控成套加工设备等，主要用于型钢（H 型钢、角钢、C 型钢、口型钢、十字梁、钢管）、板材的加工。公司生产的设备能够通过数字化操作程序，对型钢、板材类产品进行钻孔、冲孔、铣削、切割、打标记等系列加工，并能实现多功能、多工序的自动连续生产，充分体现了数控机床成套化、复合化、柔性化等特点。公司还涉足脱硫脱硝环保产业。

电力建设在相当长的时期内会伴随着经济的稳定增长而持续发展，从长期来看，为电力建设服务的铁塔设备仍有一个稳定发展的过程。随着对国际市场的开拓工作逐步深入，铁塔设备销售会有明显增加，这也是公司重点发展的区域。国内市场则因下游客户生产能力而使用率偏低，在一段时间内需求会持续低迷。公司将抓住每一个可能的市场机会，提升市场占用率。

重型汽车及工程机械行业逐步从低谷走出，与汽车产业配套的数控加工设备和工程专用设备预计会保持一定速度的增长。随着工程机械行业，风电、核电行业逐步恢复，板材和镗铣产品市场也会出现平稳发展的态势。公司下一步要着力开拓国际市场，将国际市场作为板材产品、汽车装备、其他专用机械产品的销售增长点。

二、主要财务数据

2014—2015 年公司主要财务数据见下表。

指标名称	2015 年	2014 年		同比增长（%）
		调整前	调整后	
营业收入（元）	602 919 766.23	300 616 854.09	571 766 204.44	5.45
归属于上市公司股东的净利润（元）	203 303 262.27	18 375 032.52	163 082 019.88	24.66
归属于上市公司股东的扣除非经常性损益的净利润（元）	201 669 206.49	7 894 547.21	152 909 943.13	31.89
经营活动产生的现金流量净额（元）	105 002 545.21	14 501 318.94	20 009 518.08	424.76
基本每股收益（元 / 股）	0.72	0.10	0.58	24.14
稀释每股收益（元 / 股）	0.72	0.10	0.58	24.14
资产总额（元）	2 032 518 847. 83	767 509 384.19	791 610 199.63	156.76
归属于上市公司股东的净资产（元）	1 675 857 118. 59	590 658 198.32	514 971 381.13	225.43

注：公司重大资产重组标的上海华明电力设备制造有限公司 100% 股权在 2015 年 12 月 3 日完成资产过户，上海华明电力设备集团有限公司成为上市公司控股股东。根据“企业会计准则第 22 号 - 企业合并”的相关规定，公司本次企业合并在会计上应认定为反向购买，购买日确定为 2015 年 12 月 31 日。基于以上信息，公司 2015 年度合并财务报表及上年同期数据应按照反向购买的会计处理原则进行编制。

山东威达机械股份有限公司

（证券代码：002026 证券简称：山东威达）

一、主要业务

公司属于通用设备制造业。报告期内公司主营业务是钻夹头、电动工具开关、粉末冶金件、锯片及机床的研发、生产和销售。

1. 钻夹头业务

主要产品包括各种规格的锁紧、自紧、扳手式钻夹头、扳轮及其配件等。公司具备先进的生产技术和成熟的加工工艺，拥有电动工具领域高端客户群，产品技术和质量水平在行业内均处于领先地位，国内和国际市场占有率分别在60%和40%以上。公司是《电动工具用手紧钻夹头》和《电动工具用扳手钻夹头》两项国家标准的起草者，主导产品通过了IQNET、UL、OQS等国际产品安全认证，自主研发的“孔雀”“PEACOCK”牌系列钻夹头产品在技术标准上始终处于中、高档次，在国内外市场上均具有广泛的品牌知名度和影响力。

2. 电动工具开关业务

主要产品包括用于电动工具的交流／直流开关、充电器、锂电池包及其配套产品等，已通过了UL、CUL、TV等国际产品安全认证，并全部出口北美及欧洲市场，产品技术和质量水平在行业内处于领先地位。

3. 粉末冶金件业务

主要产品包括可用于汽车、家用电器和电动工具配套的粉末冶金制品，已通过ISO9001：2000质量体系认证、TS16949质量体系认证、ISO14001环保体系认证和OHSAS18000职业健康安全管理体系认证，主要客户为BOSCH、TTI、METABO、HITACHI、格力电器、台湾瑞智等世界著名的电动工具公司和知名家用电器厂家。

4. 锯片业务

主要产品包括各种规格的重型、轻型和组合型的石材切割、混凝土切割、金刚石锯片的基体和各种金属切割锯、木工带锯、圆锯、中高档硬质合金圆锯片、木工刀具、塑钢及铝合金片、电动工具用锯片等。公司拥有德国“GERLING”“VOLLMER”全自动数控焊齿、磨齿生产线和加工技术，拥有一流的加工中心、热处理中心和检测中心，技术水平国内先进，加工能力在国内同行业名列前茅，产品出口至欧美、中东、东南亚等地区。

5. 机床业务

主要产品包括数控车床、车削中心、加工中心、数控镗铣床、数控专用机床、高速切割锯床及自动化设备等，各项技术性能指标达到国内先进水平。公司拥有国家级企业技术中心，科研条件优越，研发力量雄厚，设计手段先进，制造能力完备，产品用户覆盖航空航天、交通工具、工程设备、家用电器及环保设备等诸多行业。

本报告期内，公司主要营业收入均来源于上述业务，营业利润绝大部分来源于钻夹头业务、电动工具开关业务和粉末冶金件业务。在业绩驱动方面，从短期来看，公司业绩仍将受益于钻夹头、电动工具开关、粉末冶金件业务的稳定增长；从长期来看，钻夹头业务的产品结构调整、开关业务的持续放量、机床业务能否实现扭亏为盈以及公司并购苏州德迈科完成后的业务整合、拓展情况，将成为影响公司未来盈利能力和经营业绩的重要驱动因素。

二、行业地位

公司主营产品主要涉及电动工具的零部件制造、机床及其附件制造。

当前，公司电动工具零部件类产品定位于中高档市场，拥有电动工具领域高端客户群，主要为博世、牧田、百得、TTI等国际知名品牌的电动工具产品配套。尤其在钻夹头的研发方面技术精湛，工艺先进，“孔雀”“PEACOCK”牌系列钻夹头产品在国内外市场上已具有广泛的品牌知名度和影响力。

公司生产、销售“济一机”品牌的机床及附件。“济一机”品牌形成于国家“一五”期间建立的机床行业“十八罗汉”厂之一的济南第一机床厂，其所代表的数控车床曾荣获“中国名牌产品”，在机床行业具有较大的影响力。

三、主要财务数据

2014—2015年公司主要财务数据见下表。

指标名称	2015年	2014年	同比增长（%）
营业收入（元）	828 278 321.38	806 297 911.96	2.73
归属于上市公司股东的净利润（元）	80 031 758.10	99 007 572.47	−19.17
归属于上市公司股东的扣除非经常性损益的净利润（元）	52 603 496.02	56 152 903.23	−6.32
经营活动产生的现金流量净额（元）	108 356 781.70	−3 639 911.64	
基本每股收益（元／股）	0.23	0.34	−32.35

（续）

指标名称	2015年	2014年	同比增长（%）
稀释每股收益（元/股）	0.23	0.34	-32.35
资产总额（元）	2 020 081 667.42	1 984 811 776.85	1.78
归属于上市公司股东的净资产（元）	1 634 291 384.79	1 571 506 382.89	4.00

沈机集团昆明机床股份有限公司

（证券代码：600806 证券简称：昆明机床）

一、主要业务

公司主营业务是研发、设计、制造和销售卧式镗床、大型数控落地式铣镗床、数控龙门式镗铣床、数控刨台式镗铣床、坐标镗床、卧式镗铣加工中心及精密回转工作台等系列产品，主要产品国内先进。2015年，机床市场形势持续低迷，市场订单不足成为影响行业运行最为突出的矛盾。

二、主要财务数据

2014—2015年公司主要财务数据见下表。

指标名称	2015年	2014年	同比增长（%）
总资产（元）	2 796 144 096.72	2 815 121 513.91	-0.67
营业收入（元）	776 594 761.09	867 889 305.64	-10.52
归属于上市公司股东的净利润（元）	-196 385 215.66	-204 091 306.53	-3.78
归属于上市公司股东的扣除非经常性损益的净利润（元）	-218 582 693.59	-224 165 737.61	-2.49
归属于上市公司股东的净资产（元）	889 172 358.16	1 085 557 573.82	-18.09
经营活动产生的现金流量净额（元）	-163 568 963.03	-132 256 016.53	-23.68
期末总股本（元）	531 081 103.00	531 081 103.00	
基本每股收益（元/股）	-0.37	-0.38	-2.69
稀释每股收益（元/股）	-0.37	-0.38	-2.69

沈阳机床股份有限公司

（证券代码：000410 证券简称：沈阳机床）

一、主要业务

公司主营业务为金属切削机床，覆盖车、铣、镗、钻四大门类，共230多个型号规格，销往全国各地并出口到80多个国家和地区。近年来，公司在巩固传统业务的基础上，以用户需求为核心，逐步推进产品全生命周期管理、工艺系统解决方案、现代化升级服务等新业务，采取传统销售、U2U、设备租赁、智能工厂等多种模式的产品销售及业务推广方式。

二、主要财务数据

2014—2015年公司主要财务数据见下表。

指标名称	2015年	2014年	同比增长（%）
营业收入（元）	6 383 900 760.01	7 814 944 029.43	-18.31
归属于上市公司股东的净利润（元）	-638 033 996.16	25 578 595.12	-2 594.41
归属于上市公司股东的扣除非经常性损益的净利润（元）	-679 464 447.25	-64 479 681.52	-953.77
经营活动产生的现金流量净额（元）	-2 861 073 965.12	-1 643 096 495.53	-74.13

（续）

指 标 名 称	2015 年	2014 年	同比增长（%）
基本每股收益（元 / 股）	-0.83	0.03	-2 866.67
稀释每股收益（元 / 股）	-0.83	0.03	-2 866.67
资产总额（元）	22 289 637 179.27	20 146 087 495.39	10.64
归属于上市公司股东的净资产（元）	2 059 630 722.96	2 705 298 835.39	-23.87

威海华东数控股份有限公司

（证券代码：002248 证券简称：华东数控）

一、主要业务

公司是以研发和生产经营数控机床、普通机床及其关键功能部件为主营业务的高新技术企业，自公司设立以来主营业务未发生重大变化。公司主要产品有数控龙门镗铣床（龙门加工中心）、数控龙门磨床、立式车床、落地镗铣床、立卧式加工中心、数控外圆磨床、万能摇臂铣床、平面磨床、动静压主轴等机床和功能部件产品以及逆变器等光伏产品。

在报告期内，受机床行业市场低迷形势影响，市场对大型数控金属切削机床的需求明显下滑，市场竞争进一步加大，公司业绩下滑较大。公司 2015 年度实现营业收入 23 042.87 万元，同比下降 33.31%；归属于上市公司股东的净利润为 -21 175.31 万元。

二、主要财务数据

2014—2015 年公司主要财务数据见下表。

指 标 名 称	2015 年	2014 年	同比增长（%）
营业收入（元）	230 428 719.24	345 499 733.88	-33.31
归属于上市公司股东的净利润（元）	-211 753 099.67	3 890 251.77	-5 543.17
归属于上市公司股东的扣除非经常性损益的净利润（元）	-212 983 570.92	-125 675 736.13	69.47
经营活动产生的现金流量净额（元）	-39 721 319.50	-70 035 969.48	-43.28
基本每股收益（元 / 股）	-0.69	0.01	-7 000.00
稀释每股收益（元 / 股）	-0.69	0.01	-7 000.00
资产总额（元）	2 160 390 308.56	2 362 404 757.42	-8.55
归属于上市公司股东的净资产（元）	873 197 765.03	1 082 169 624.84	-19.31

武汉华中数控股份有限公司

（证券代码：300161 证券简称：华中数控）

一、主要业务

在报告期内，公司主要业务是数控系统配套、工业机器人及自动化、教育教学方案服务、伺服驱动电机。

数控系统配套业务主要为各类数控机床企业和 3C、航空航天等重点行业用户提供数控系统配套和服务，包括为钻攻中心、加工中心、五轴机床等提供华中 8 型高档数控系统，以及针对普及型数控车床和数控铣床等提供系列数控系统、120/180/160 系列伺服驱动装置等。

工业机器人及自动化业务主要为各类制造企业提供关节式机器人、桁架式机械手、机器人控制器等产品，以及自动化生产线、数字化工厂、智能工厂等业务。

教育教学方案服务业务主要为各类大中专院校数控技术、机器人、智能制造等相关专业提供专业建设方案、师资培训、实训基地建设方案等，其中设备部分包括各类数控机床、五轴数控培训、工业机器人、理实一体化、智能工厂实训基地等。

伺服驱动电机业务主要为数控机床、纺织、印刷、建材、包装、特种装备等行业提供各类三相交流伺服电动机、交流伺服主轴等产品和服务，广泛应用于机械、纺织、印刷、包装及自动化等各种行业。

二、行业地位

公司作为国产中高档数控系统的创新型企业，拥有数控装置、伺服驱动装置、伺服电动机成套生产能力，具备强大的技术优势。同时，随着“中国制造 2025”的提出与实施，公司作为国内数控行业领军企业，会继续保持国内行业品牌的引领地位。

（1）在数控系统配套领域，公司的产品和技术在国内处于领先地位，高档系统批量应用于航空航天、能源装备、汽车轮船等重点领域，五轴技术已在多家企业用于实际加工。尤其是在 3C 领域，华中数控系统超越国外知名品牌，成为批量应用于 3C 高速钻攻中心加工的国产数控系统企业。

（2）在教育教学领域，公司多年致力于数控人才的培养，是国内教育教学服务行业的引领者。公司具有广泛的工业用户群和产学研用基础，承办国家级数控大赛，举办教学研讨会，参与组建智能制造职教集团，成为国家级职教师资培训基地。公司努力推动五轴数控技术的“平民化”，提倡理实一体化教学改革，率先将先进的智能制造技术引领到职业教育，拥有强大的教学资源开发及整合能力、完善的实训设备配套能力、优秀的人才培养体系顶层设计能力、系统的师资培训能力、个性的人才培养方案定制能力，先后为企业输送大量优秀的数控人才。

（3）在工业机器人及自动化领域，公司作为国内少数在机器人关键部件（控制系统、伺服驱动、电动机等）具有完全自主知识产权的机器人生产企业，具有强大的生产和研发技术优势。产品已经应用于搬运、焊接、上下料、喷涂等领域，同时在机器人自动化生产线方面有成功的产线项目建设和整合经验，综合实力在国内保持前五的地位。

（4）在交流伺服电动机领域，公司是国内最大的数控机床伺服电动机供应商，年产销量 10 多万套。公司自主研发的伺服驱动、伺服电动机，已广泛用于数控机床、自动化生产线、工业机器人以及其他多种行业机械，有力地推动了工业产品“数控一代”的进程。公司对传统注塑机进行节能改造也取得成功，通过将传统液压式注塑机改造为伺服电液混合式注塑机，节能效果在 30% ～ 80%。此项节能技术还可向其他液压机械领域（如压铸机、挤出机、油压机等）拓展。

三、主要财务数据

2014—2015 年公司主要财务数据见下表。

指标名称	2015 年	2014 年	同比增长（%）
营业收入（元）	550 736 596.41	586 233 084.86	-6.06
归属于上市公司股东的净利润（元）	-41 358 974.02	10 714 560.02	-486.01
归属于上市公司股东的扣除非经常性损益的净利润（元）	-108 714 774.09	-55 726 534.54	-95.09
经营活动产生的现金流量净额（元）	-158 775 170.33	32 774 302.43	-584.45
基本每股收益（元 / 股）	-0.255 7	0.066 2	-486.25
稀释每股收益（元 / 股）	-0.255 7	0.066 2	-486.25
资产总额（元）	1 503 870 315.53	1 364 468 027.58	10.22
归属于上市公司股东的净资产（元）	814 828 723.77	859 422 597.79	-5.19

英洛华科技股份有限公司

（证券代码：000795 证券简称：太原刚玉）

一、主要业务

2015 年，由于受国内外经济环境的影响，钕铁硼磁性材料的市场需求不旺，市场价格受到一定制约；物流及消防智能装备因本期完工项目减少，收入下降，固定费用相对增加，毛利率下降；微特电动机因研发力度较强，产品适应市场需求，维持较强的盈利能力。面对严峻的市场形势，公司积极采取应对措施，通过优化产品结构，扩大高附加值产品比例，加大市场开拓力度，进一步强化内部管理，积极推行成本控制体系，实现了生产经营的平稳运行。

二、主要财务数据

2014—2015 年公司主要财务数据见下表。

指标名称	2015年	2014年	同比增长（%）
营业收入（元）	1 126 805 402.89	1 232 443 634.48	-8.57
归属于上市公司股东的净利润（元）	-57 954 343.33	64 659 958.49	-189.63
归属于上市公司股东的扣除非经常性损益的净利润（元）	-98 133 689.26	-142 379 024.34	-31.08
经营活动产生的现金流量净额（元）	-195 456 664.98	83 165 153.22	-335.02
基本每股收益（元/股）	-0.14	0.17	-182.35
稀释每股收益（元/股）	-0.14	0.17	-182.35
资产总额（元）	1 926 853 354.61	2 292 556 397.76	-15.95
归属于上市公司股东的净资产（元）	1 181 512 156.03	1 030 416 500.36	14.66

浙江日发精密机械股份有限公司

（证券代码：002520 证券简称：日发精机）

一、主要业务

公司成立十多年来，一直致力于数控机床行业先进技术的应用和研发，已形成七大系列产品。近几年基于对世界经济发展趋势和数控机床行业的分析和判断，公司于2014年切入航空航天领域。随着各个业务的开展，报告期内公司业已形成以传统的数控机床为载体的金属切削的整体解决方案，以航空器装备为主的大部件数字化装配系统和针对航空航天细分市场的金属切削加工系统，以复合材料、钛合金及高温合金加工为主的航空航天零部件加工业务和基于MCM的JFMX系统针对细分市场的管理软件集成四大业务板块。

（1）金属切削的整体解决方案。依托公司较高的系统集成能力和工程成套能力，在客户需求导向的基础上，通过售前产品选型和工艺设计、售中的产品研发、售后的操作员工培训、安装调试等提供全方位的服务，最大化保障客户的经济效益。公司改变传统机床厂单机销售的模式，逐步开发连线设备，为客户提供无人化工厂的整体解决方案。

（2）飞机数字化装配业务。随着我国军事工业和民航的发展，飞机数字化发展也是大势所趋。在报告期内，公司相继获得贵飞飞机数字化精加工台项目、中航汉中飞机分公司总装脉动生产线系统订单和某公司的机身前段数字化装配系统项目，敲开中航工业三大主机厂飞机数字化装配的大门，为未来航空业务发展及利润增长奠定了基础。

（3）航空航天零部件加工业务。在报告期内，公司下属子公司日发航空装备获得中航复材的合格供应商资格，蜂窝零件的加工工艺得到完善提升并得到中航复材和军方的认可，订单有序供应，其他航空零部件加工业务也在有条不紊地开展中。

（4）工业领域的管理软件业务。报告期内公司在杭州成立了杭州日发智能化系统工程有限公司，致力于引进意大利MCM公司自主开发的JFMX系统。该系统是车间的智能管理系统，已发展为一个完整层次和集成控制架构，可实施刀具管理、计划控制管理、设备过程数据管理、质量管理、产品识别与跟踪、各数据系统数据互换和联动管理等功能，从而实现覆盖从传感器和执行器直至生产计划的整体信息化管理，保证柔性制造系统的有效运行。

为了吸收海外先进的机床技术，公司实施海外并购战略，继2014年成功收购意大利MCM公司后，又收购了意大利Colgar公司。在对海外公司的整合上，仅从意大利当地招聘了总经理，从国内委派了财务总监，其他都沿用了原公司的团队，以诚信获得了原团队和市场的认可，使企业快速渡过交割过程中的高危期。公司资金与管理的支持让MCM公司摆脱了财政问题、新产品的完善和服务问题，2015年共获得5 000多万欧元的订单，企业实现扭亏为盈，并有大幅度的增长，也是近几年MCM公司的最佳业绩。收购意大利Colgar公司，一方面Colgar公司优良资产为MCM公司扩充产能提供基础，另一方面，Colgar公司的优势产品重型折弯机也能提升公司的盈利能力。

受益于公司航空产业和智能制造的提前布局，缓冲了数控机床行业惯性下滑对公司的不利影响，报告期内公司成功获得中航工业下属子公司多条飞机数字化装配线的订单，轴承磨超自动线的市场占有率也不断提升，在数控机床行业各个公司大幅亏损的情况下，公司依然领先于同行业取得较好的经营业绩。

二、主要财务数据

2014—2015年公司主要财务数据见下表。

指标名称	2015 年	2014 年	同比增长（%）
营业收入（元）	767 798 417.00	551 638 737.48	39.19
归属于上市公司股东的净利润（元）	39 577 995.78	48 558 015.18	-18.49
归属于上市公司股东的扣除非经常性损益的净利润（元）	33 228 301.67	43 994 605.46	-24.47
经营活动产生的现金流量净额（元）	22 887 891.26	10 607 315.84	115.77
基本每股收益（元 / 股）	0.12	0.15	-20.00
稀释每股收益（元 / 股）	0.12	0.15	-20.00
资产总额（元）	2 431 574 141.26	1 350 810 609.78	80.01
归属于上市公司股东的净资产（元）	1 655 162 392.29	667 793 421.38	147.86

郑州华晶金刚石股份有限公司

（证券代码：300064 证券简称：豫金刚石）

一、主要业务

报告期内公司主要从事的业务为超硬材料和超硬材料制品的研发、生产和销售。

（1）超硬材料业务。

主导产品：人造金刚石、金刚石大单晶、金刚石微粉等。

产品用途：工业和消费领域。

经营模式：公司直接向下游工业企业或终端消费者进行销售。

主要业绩驱动因素：技术创新推动公司产品进入消费市场；工业品在市场份额的增加。

（2）超硬材料制品业务。

主导产品：金刚石线锯。

产品用途：应用于光伏、国防军工、LED、半导体等行业，为硅切片、硅开方、蓝宝石切片、精密陶瓷加工、亚铁钕集成电路等硬质材料的精密高效切割提供完全解决方案。

经营模式：公司直接向下游工业企业进行销售。

主要业绩驱动因素：产能的增长与技术的提升；应用领域的扩大。

二、行业地位

作为超硬材料行业的龙头企业之一，公司拥有院士工作站、博士后科研工作分站及国家认可的实验室检测中心。公司主持或参与多项国家和行业标准的制定并享有自主知识产权，拥有专利 270 项，其中发明专利 22 项。公司专注于金刚石产业链的研发、生产和销售，充分利用材料配方、先进的技术和设备等优势，坚持创新驱动，优化产品结构，实现金刚石在工业和消费领域的融合发展。

三、主要财务数据

2014—2015 年公司主要财务数据见下表。

指标名称	2015 年	2014 年	同比增长（%）
营业收入（元）	763 212 111.07	637 596 256.87	19.70
归属于上市公司股东的净利润（元）	100 210 116.62	61 324 735.36	63.41
归属于上市公司股东的扣除非经常性损益的净利润（元）	97 888 269.95	52 985 457.91	84.75
经营活动产生的现金流量净额（元）	156 627 692.33	122 386 170.46	27.98
基本每股收益（元 / 股）	0.155 8	0.100 9	54.41
稀释每股收益（元 / 股）	0.155 8	0.100 9	54.41
资产总额（元）	3 377 009 689.12	2 829 407 762.51	19.35
归属于上市公司股东的净资产（元）	1 949 470 236.45	1 459 236 960.30	33.60

中国机床工具工业年鉴 2016

附录

公布2015年机床工具行业主要统计数据，发布全球金属加工机床消费及生产调查报告，记载2015年机床工具行业发生的重大事件

产业概况

产业运行

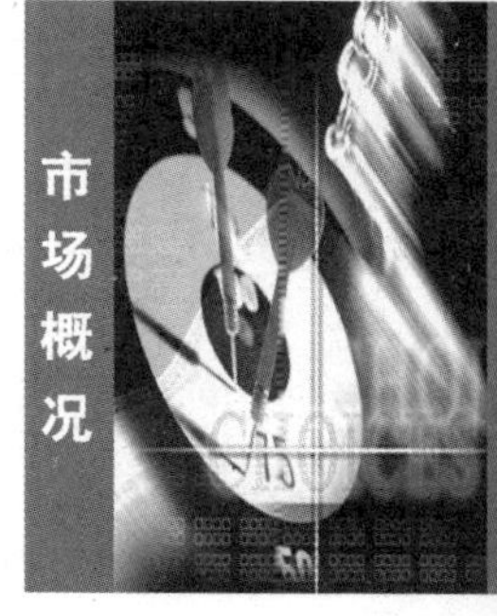
市场概况

产品与技术

特色企业

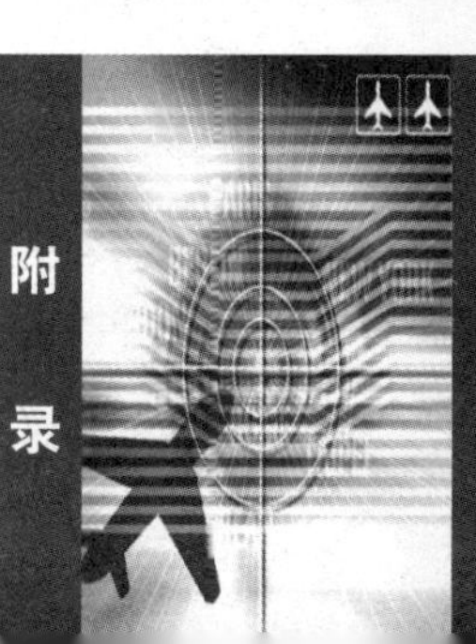
附录

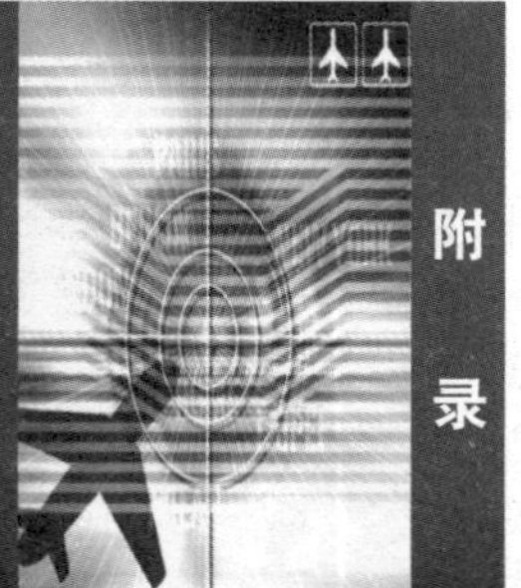

附录

2015年机床工具行业主要经济指标完成情况

序号	行业类别	企业数		主营业务收入			产成品存货	
		数量（家）	占比（%）	实际完成（万元）	占比（%）	同比增长（%）	实际完成（万元）	同比增长（%）
一	**金属切削机床**	739	100.0	16 857 667	100.0	0.2	1 542 968	2.6
1	国有控股	59	8.0	2 939 880	17.4	-9.6	557 029	-4.4
2	集体控股	12	1.6	165 026	1.0	12.3	46 918	-8.4
3	私人控股	533	72.1	11 573 673	68.7	3.9	718 953	8.4
4	港澳台商控股	51	6.9	838 431	5.0	-14.1	117 393	21.3
5	外商控股	54	7.3	969 872	5.8	4.9	59 927	-16.8
6	其他	30	4.1	370 786	2.2	-2.5	42 748	12.3
二	**金属成形机床**	575	100.0	8 820 488	100.0	3.7	451 673	4.7
1	国有控股	19	3.3	619 041	7.0	-13.2	85 359	11.3
2	集体控股	7	1.2	87 813	1.0	0.7	18 181	-1.0
3	私人控股	458	79.7	6 498 670	73.7	4.0	271 349	12.5
4	港澳台商控股	24	4.2	557 705	6.3	27.1	14 571	-56.1
5	外商控股	39	6.8	533 986	6.1	-9.9	20 228	-2.5
6	其他	28	4.9	523 273	5.9	23.5	41 985	1.6
三	**铸造机械**	636	100.0	10 297 523	100.0	5.2	357 284	3.6
1	国有控股	9	1.4	117 202	1.1	-11.0	13 854	-1.3
2	集体控股	13	2.0	348 094	3.4	1.5	11 954	-37.7
3	私人控股	550	86.5	8 829 335	85.7	6.4	272 068	15.1
4	港澳台商控股	17	2.7	441 652	4.3	-6.8	16 614	-25.1
5	外商控股	20	3.1	273 462	2.7	-11.0	23 070	-27.4
6	其他	27	4.2	287 779	2.8	22.0	19 724	-6.8
四	**木材加工机械**	143	100.0	1 901 292	100.0	3.1	88 645	-2.7
1	国有控股	1	0.7	18 599	1.0	19.3	841	193.0
2	集体控股	2	1.4	23 322	1.2	27.5	8 086	-0.6
3	私人控股	118	82.5	1 661 437	87.4	6.6	58 615	2.6
4	港澳台商控股	9	6.3	84 989	4.5	-29.4	12 865	-22.6
5	外商控股	9	6.3	81 071	4.3	-19.4	6 981	-7.6
6	其他	4	2.8	31 875	1.7	2.1	1 257	-9.8

（续）

序号	行业类别	企业数		主营业务收入			产成品存货	
		数量（家）	占比（%）	实际完成（万元）	占比（%）	同比增长（%）	实际完成（万元）	同比增长（%）
五	**机床附件**	413	100.0	5 857 153	100.0	3.1	180 997	3.1
1	国有控股	13	3.1	92 719	1.6	-17.3	44 833	-5.9
2	集体控股	2	0.5	105 940	1.8	26.5	5	73.3
3	私人控股	347	84.0	5 111 114	87.3	3.2	112 118	7.1
4	港澳台商控股	20	4.8	209 207	3.6	5.7	8 111	6.2
5	外商控股	24	5.8	254 382	4.3	-0.9	14 587	11.3
6	其他	7	1.7	83 793	1.4	10.4	1 343	-47.3
六	**工量具及量仪**	706	100.0	10 080 241	100.0	4.6	596 109	0.3
1	国有控股	21	3.0	467 586	4.6	-13.3	140 770	3.3
2	集体控股	13	1.8	215 455	2.1	9.8	4 033	-29.5
3	私人控股	530	75.1	7 698 311	76.4	7.2	310 116	3.5
4	港澳台商控股	34	4.8	427 540	4.2	2.5	27 526	-19.9
5	外商控股	84	11.9	1 030 361	10.2	-1.1	94 436	-1.4
6	其他	24	3.4	240 988	2.4	-7.5	19 229	-15.3
七	**磨料磨具**	1 762	100.0	30 895 315	100.0	3.8	971 735	6.7
1	国有控股	47	2.7	1 391 811	4.5	0.9	119 824	57.2
2	集体控股	40	2.3	724 871	2.3	9.1	19 177	-3.3
3	私人控股	1 503	85.3	26 213 254	84.8	4.1	726 104	5.1
4	港澳台商控股	44	2.5	612 378	2.0	6.7	20 108	-5.1
5	外商控股	59	3.3	878 761	2.8	-5.1	30 912	0.8
6	其他	69	3.9	1 074 240	3.5	3.6	55 610	-22.8
八	**其他金属加工机械**	682	100.0	11 536 603	100.0	-0.6	442 654	30.6
1	国有控股	17	2.5	1 797 060	15.6	-3.9	75 946	4.6
2	集体控股	10	1.5	102 451	0.9	-0.6	7 651	650.9
3	私人控股	584	85.6	8 563 168	74.2	1.6	274 842	29.3
4	港澳台商控股	20	2.9	119 830	1.0	-17.7	14 007	89.8
5	外商控股	30	4.4	569 511	4.9	-15.8	17 090	-2.7
6	其他	21	3.1	384 584	3.3	2.3	53 119	91.4
九	**行业合计**	5 656	100.0	96 246 283	100.0	2.8	4 632 066	5.5
1	国有控股	186	3.3	7 443 898	7.7	-7.1	1 038 456	3.2
2	集体控股	99	1.8	1 772 971	1.8	7.9	116 006	-6.0
3	私人控股	4 623	81.7	76 148 960	79.1	4.3	2 744 164	9.5
4	港澳台商控股	219	3.9	3 291 732	3.4	-1.6	231 193	-3.4
5	外商控股	319	5.6	4 591 404	4.8	-4.8	267 232	-7.6
6	其他	210	3.7	2 997 318	3.1	6.3	235 015	3.6

注：数据来源于国家统计局。

〔供稿人：中国机床工具工业协会黑杉〕

2015年机床工具行业主要经济指标分行业按地区完成情况

行业及地区名称	企业数（家）	主营业务收入			产成品存货		
		完成（万元）	同比增长（%）	在全国占比（%）	完成（万元）	同比增长（%）	在全国占比（%）
金属切削机床行业	739	16 857 667	0.2	100.0	1 542 968	2.6	100.0
辽宁省	64	4 069 911	-6.2	24.1	446 938	28.9	29.0
山东省	127	3 744 497	13.4	22.2	120 359	-13.2	7.8
江苏省	123	2 028 988	0.6	12.0	124 458	-5.9	8.1
浙江省	100	1 228 229	-13.9	7.3	146 523	-2.1	9.5
陕西省	11	672 195	-6.2	4.0	86 238	8.6	5.6
广东省	43	604 827	5.4	3.6	32 617	17.4	2.1
安徽省	40	579 686	22.9	3.4	25 972	-11.8	1.7
河南省	21	543 166	14.6	3.2	15 414	-12.1	1.0
湖北省	33	487 240	21.5	2.9	51 577	-45.9	3.3
北京市	13	423 459	-0.6	2.5	151 497	1.9	9.8
四川省	18	403 707	3.3	2.4	31 217	22.2	2.0
上海市	31	298 719	-21.9	1.8	33 551	-29.1	2.2
福建省	18	297 342	31.0	1.8	16 708	-6.5	1.1
江西省	13	227 094	3.0	1.3	15 561	15.1	1.0
河北省	13	187 057	-0.4	1.1	16 615	-1.6	1.1
云南省	17	169 766	-32.5	1.0	38 204	50.1	2.5
湖南省	13	141 609	2.8	0.8	14 528	-16.2	0.9
黑龙江省	7	135 180	-27.9	0.8	55 884	-12.7	3.6
青海省	2	117 925	1.6	0.7	25 467	-3.1	1.7
重庆市	7	110 924	-20.9	0.7	20 805	19.9	1.3
甘肃省	2	101 477	-22.3	0.6	7 934	-9.9	0.5
宁夏回族自治区	4	95 563	-15.7	0.6	17 902	-7.9	1.2
贵州省	5	88 374	19.2	0.5	12 985	238.5	0.8
天津市	6	39 848	-4.9	0.2	8 076	10.2	0.5
吉林省	3	36 968	-8.0	0.2	2 410	66.7	0.2
广西壮族自治区	3	13 742	-28.9	0.1	15 707	-9.9	1.0
山西省	2	10 176	-20.0	0.1	7 822	-3.8	0.5

（续）

行业及地区名称	企业数（家）	主营业务收入			产成品存货		
		完成（万元）	同比增长（%）	在全国占比（%）	完成（万元）	同比增长（%）	在全国占比（%）
金属成形机床行业	575	8 820 488	3.7	100.0	451 673	4.7	100.0
山东省	107	2 554 007	6.1	29.0	120 091	28.1	26.6
江苏省	137	2 205 888	7.4	25.0	89 718	8.8	19.9
安徽省	62	802 049	14.8	9.1	27 466	-9.3	6.1
广东省	39	671 772	22.2	7.6	24 796	-37.8	5.5
浙江省	58	386 926	-6.8	4.4	43 431	4.4	9.6
辽宁省	30	366 595	-35.2	4.2	12 769	-18.1	2.8
湖南省	10	275 649	22.6	3.1	7 572	-1.7	1.7
湖北省	22	264 453	5.4	3.0	16 948	27.8	3.8
河南省	15	231 028	11.4	2.6	6 265	-20.2	1.4
河北省	18	200 206	37.6	2.3	3 135	-25.1	0.7
上海市	19	200 035	-24.5	2.3	18 178	-16.8	4.0
福建省	8	154 035	8.6	1.7	3 028	-21.7	0.7
重庆市	7	125 616	-0.8	1.4	11 823	29.3	2.6
吉林省	7	81 687	-23.3	0.9	8 748	11.8	1.9
天津市	4	59 179	-29.8	0.7	36 452	8.5	8.1
四川省	10	57 792	-19.5	0.7	5 853	-4.8	1.3
北京市	2	47 309	1.6	0.5	179	-48.5	0.0
广西壮族自治区	3	37 972	6.8	0.4	3 125	38.3	0.7
陕西省	7	37 756	19.8	0.4	2 802	27.9	0.6
云南省	2	32 919	21.3	0.4	1 612	63.5	0.4
江西省	2	11 145	14.3	0.1	331	-26.1	0.1
山西省	2	4 431	-23.0	0.1	57	-68.9	0.0
甘肃省	1	3 775	-85.1	0.0	7 000	16.7	1.5
黑龙江省	1	3 099	-24.7	0.0	0		0.0
贵州省	1	3 021	-13.8	0.0	15		0.0
宁夏回族自治区	1	2 146	4.0	0.0	279	218.6	0.1
铸造机械行业	636	10 297 523	5.2	100.0	357 284	3.6	100.0
山东省	164	3 338 487	9.9	32.4	66 974	3.7	18.7
江苏省	95	1 640 934	2.6	15.9	72 625	37.4	20.3
湖南省	55	1 044 782	6.8	10.1	5 319	-3.2	1.5
河南省	55	849 587	8.7	8.3	30 634	32.3	8.6
广东省	36	606 212	-4.5	5.9	29 452	-18.8	8.2
辽宁省	33	427 386	-21.7	4.2	13 805	-31.4	3.9

（续）

行业及地区名称	企业数（家）	主营业务收入			产成品存货		
		完成（万元）	同比增长（%）	在全国占比（%）	完成（万元）	同比增长（%）	在全国占比（%）
湖北省	21	408 151	16.4	4.0	3 738	-2.7	1.0
四川省	29	292 668	8.9	2.8	9 508	-3.9	2.7
陕西省	7	284 508	18.5	2.8	3 372	33.3	0.9
福建省	22	210 549	66.6	2.0	9 998	16.4	2.8
河北省	17	209 751	-11.2	2.0	47 869	6.4	13.4
安徽省	22	168 444	-14.9	1.6	4 418	50.9	1.2
浙江省	23	142 741	-2.9	1.4	9 352	-15.2	2.6
吉林省	11	128 588	-9.8	1.2	7 484	-14.0	2.1
广西壮族自治区	4	127 842	15.5	1.2	10 242	3.4	2.9
江西省	8	110 728	4.0	1.1	567	-6.1	0.2
重庆市	7	78 755	24.7	0.8	5 227	27.1	1.5
贵州省	3	73 210	81.1	0.7	1 868	-20.6	0.5
天津市	5	68 198	-1.6	0.7	2 428	-75.7	0.7
上海市	8	55 905	-7.6	0.5	5 196	-30.2	1.5
云南省	3	9 165	-66.3	0.1	4 348	-6.9	1.2
山西省	4	8 927	-24.5	0.1	5 589	21.3	1.6
内蒙古自治区	3	8 643	-33.4	0.1	7 272	20.3	2.0
黑龙江省	1	3 363	49.7	0.0	0		0.0
木工机械行业	143	1 901 292	3.1	100.0	88 645	-2.7	100.0
山东省	52	776 962	14.1	40.9	27 221	40.5	30.7
江苏省	13	148 784	21.5	7.8	5 139	-23.7	5.8
吉林省	3	126 339	-6.0	6.6	3 166	9.8	3.6
广东省	13	111 844	-27.5	5.9	16 579	-21.6	18.7
辽宁省	7	110 841	-26.1	5.8	1 110	-56.7	1.3
上海市	8	109 428	-6.6	5.8	13 810	-20.3	15.6
湖北省	7	102 963	12.6	5.4	2 785	-19.0	3.1
福建省	9	98 298	-1.6	5.2	1 718	9.0	1.9
河南省	7	73 721	15.2	3.9	1 650	14.9	1.9
湖南省	2	71 535	22.2	3.8	715	-34.2	0.8
河北省	3	42 956	9.8	2.3	1 188	38.3	1.3
浙江省	5	28 512	1.4	1.5	1 169	-14.5	1.3
天津市	1	25 212	119.5	1.3	1 020	-40.2	1.2
四川省	3	19 562	-13.1	1.0	2 371	243.7	2.7
黑龙江省	2	14 752	11.2	0.8	7 772	-0.6	8.8

（续）

行业及地区名称	企业数（家）	主营业务收入			产成品存货		
		完成（万元）	同比增长（%）	在全国占比（%）	完成（万元）	同比增长（%）	在全国占比（%）
安徽省	3	12 557	−55.2	0.7	170	51.7	0.2
江西省	1	12 018	−2.4	0.6	725	20.1	0.8
北京市	2	7 889	−17.2	0.4	334	−19.5	0.4
重庆市	1	5 109	24.9	0.3	3	34.8	0.0
广西壮族自治区	1	2 012	−22.3	0.1	0		0.0
机床附件行业	413	5 857 153	3.1	100.0	180 997	3.1	100.0
山东省	112	2 276 815	9.3	38.9	45 588	14.8	25.2
江苏省	103	1 085 028	13.7	18.5	34 644	1.6	19.1
辽宁省	47	888 096	−27.5	15.2	4 805	−30.8	2.7
湖北省	14	250 258	2.6	4.3	9 354	−3.5	5.2
河北省	11	183 294	20.2	3.1	1 286	10.0	0.7
安徽省	16	166 292	24.5	2.8	3 896	−11.9	2.2
浙江省	26	153 641	0.1	2.6	18 165	12.6	10.0
广东省	19	138 701	6.8	2.4	6 787	−28.5	3.7
重庆市	8	132 662	129.8	2.3	9 780	19.7	5.4
福建省	8	131 936	82.4	2.3	1 232	23.5	0.7
四川省	7	106 905	12.1	1.8	907	−59.5	0.5
黑龙江省	6	102 320	−3.6	1.7	2 192	14.8	1.2
天津市	6	44 818	30.3	0.8	1 475	9.8	0.8
上海市	5	36 271	1.4	0.6	2 549	18.2	1.4
陕西省	4	30 835	−0.2	0.5	2 309	−9.3	1.3
湖南省	3	27 306	1.4	0.5	986	15.2	0.5
北京市	6	26 714	−10.5	0.5	6 146	36.5	3.4
云南省	4	26 152	−35.0	0.4	1 030	58.4	0.6
内蒙古自治区	2	18 440	−32.2	0.3	25 532	−1.2	14.1
贵州省	1	10 257	−48.5	0.2	542	0.9	0.3
河南省	2	9 971	−37.7	0.2	86	−73.3	0.0
宁夏回族自治区	1	5 938	9.2	0.1	309	55.5	0.2
甘肃省	1	2 650	−11.6	0.0	602	−36.7	0.3
山西省	1	1 855	−37.9	0.0	799	16.7	0.4
量仪行业	173	3 000 729	15.6	100.0	140 821	11.2	100.0
河南省	35	944 374	47.0	31.5	34 975	50.1	24.8
山东省	30	633 178	12.2	21.1	6 373	12.5	4.5
湖南省	9	255 770	17.9	8.5	3 527	36.4	2.5

（续）

行业及地区名称	企业数（家）	主营业务收入			产成品存货		
		完成（万元）	同比增长（%）	在全国占比（%）	完成（万元）	同比增长（%）	在全国占比（%）
浙江省	27	223 242	−15.9	7.4	18 708	−10.6	13.3
江苏省	17	159 390	2.9	5.3	10 830	−18.5	7.7
河北省	8	152 106	11.4	5.1	309	−34.1	0.2
广东省	8	146 935	−3.3	4.9	8 053	−9.2	5.7
江西省	8	95 734	11.7	3.2	4 369	9.3	3.1
广西壮族自治区	4	66 654	26.1	2.2	5 272	17.5	3.7
上海市	5	65 901	−3.5	2.2	6 138	−5.0	4.4
辽宁省	2	46 424	4.6	1.5	230	9.4	0.2
陕西省	3	44 532	20.0	1.5	3 971	36.0	2.8
重庆市	2	40 481	13.7	1.3	8 542	157.9	6.1
黑龙江省	1	34 803	−25.3	1.2	25 026	−3.8	17.8
安徽省	5	34 343	11.8	1.1	1 598	10.1	1.1
四川省	4	27 117	−23.4	0.9	1 042	−11.4	0.7
福建省	1	9 047	42.1	0.3	83	21.3	0.1
青海省	1	8 744	1.8	0.3	1 748	20.9	1.2
天津市	1	6 082	−12.4	0.2	0		0.0
湖北省	2	5 874	8.8	0.2	30	161.7	0.0
切削工具行业	533	7 079 512	0.5	100.0	455 288	−2.7	100.0
江苏省	109	1 500 049	−6.4	21.2	80 512	−8.0	17.7
山东省	52	1 040 929	13.0	14.7	41 937	9.1	9.2
广东省	37	783 630	6.1	11.1	31 738	−9.4	7.0
浙江省	80	491 419	1.3	6.9	36 212	−3.2	8.0
湖北省	44	483 417	1.5	6.8	24 004	19.1	5.3
河北省	28	419 112	0.3	5.9	43 038	16.9	9.5
辽宁省	19	297 904	−23.6	4.2	19 536	−50.3	4.3
福建省	19	277 213	1.0	3.9	9 514	−14.8	2.1
湖南省	12	274 023	−2.7	3.9	26 623	−22.7	5.8
上海市	22	264 401	−7.2	3.7	23 143	15.7	5.1
河南省	15	256 763	−6.0	3.6	10 674	−13.1	2.3
四川省	20	248 588	17.8	3.5	22 382	18.4	4.9
安徽省	26	174 412	5.6	2.5	6 695	97.6	1.5
江西省	6	133 064	−0.6	1.9	4 143	−13.6	0.9
贵州省	6	103 489	8.4	1.5	37 382	14.8	8.2
陕西省	9	54 976	−17.2	0.8	10 815	13.0	2.4

（续）

行业及地区名称	企业数（家）	主营业务收入			产成品存货		
		完成（万元）	同比增长（%）	在全国占比（%）	完成（万元）	同比增长（%）	在全国占比（%）
广西壮族自治区	4	53 109	13.4	0.8	928	-57.9	0.2
重庆市	8	50 221	43.8	0.7	4 092	-5.5	0.9
山西省	2	43 611	1 650.3	0.6	4 557	68.8	1.0
吉林省	4	40 739	10.7	0.6	2 631	31.7	0.6
天津市	4	32 469	-0.5	0.5	3 174	9.8	0.7
北京市	2	24 077	-32.5	0.3	1 223	16.9	0.3
黑龙江省	4	21 099	-13.7	0.3	10 255	-6.2	2.3
内蒙古自治区	1	10 801	17.7	0.2	83	0.2	0.0
磨料磨具行业	1 762	30 895 315	3.8	100.0	971 735	6.7	100.0
河南省	383	12 164 848	10.6	39.4	305 240	18.5	31.4
江苏省	228	3 630 395	10.2	11.8	69 890	6.2	7.2
山东省	147	2 087 438	-31.6	6.8	53 663	6.4	5.5
湖北省	102	1 321 503	5.7	4.3	49 292	-18.0	5.1
江西省	54	1 273 688	4.0	4.1	19 547	8.8	2.0
辽宁省	72	1 247 504	-11.4	4.0	28 293	15.7	2.9
湖南省	79	1 235 607	4.8	4.0	20 693	9.1	2.1
广东省	100	1 056 592	0.3	3.4	58 135	-20.5	6.0
四川省	75	987 457	16.6	3.2	32 270	9.5	3.3
安徽省	108	749 109	8.6	2.4	34 239	-2.9	3.5
福建省	42	596 074	21.9	1.9	25 353	-1.0	2.6
河北省	59	584 386	-3.6	1.9	30 243	19.7	3.1
黑龙江省	22	495 236	22.8	1.6	32 719	54.3	3.4
广西壮族自治区	40	430 153	12.7	1.4	19 680	22.4	2.0
内蒙古自治区	10	389 456	40.4	1.3	3 738	-2.1	0.4
新疆维吾尔自治区	12	376 063	46.3	1.2	20 022	-40.2	2.1
吉林省	13	360 453	3.3	1.2	11 815	25.3	1.2
陕西省	17	333 910	37.0	1.1	15 236	19.0	1.6
浙江省	44	317 708	8.8	1.0	21 934	26.9	2.3
贵州省	32	260 456	5.7	0.8	29 757	-10.3	3.1
北京市	21	249 437	-25.1	0.8	8 378	3.1	0.9
甘肃省	19	159 032	-20.9	0.5	27 153	11.5	2.8
上海市	16	157 069	-0.8	0.5	4 767	11.2	0.5
山西省	29	140 590	-32.2	0.5	29 807	40.4	3.1

（续）

行业及地区名称	企业数（家）	主营业务收入			产成品存货		
		完成（万元）	同比增长（%）	在全国占比（%）	完成（万元）	同比增长（%）	在全国占比（%）
重庆市	11	125 022	18.4	0.4	1 286	-10.3	0.1
天津市	15	100 423	-9.9	0.3	13 957	1.1	1.4
宁夏回族自治区	9	60 710	-22.4	0.2	3 655	-22.7	0.4
云南省	3	4 998	-66.1	0.0	974	-22.2	0.1
其他金属加工机械行业	682	11 536 603	-0.6	100.0	442 654	30.6	100.0
山东省	145	3 517 006	1.2	30.5	176 466	85.0	39.9
安徽省	25	1 410 968	-5.6	12.2	32 539	-7.5	7.4
江苏省	106	1 156 802	1.2	10.0	41 388	27.3	9.3
广东省	63	742 672	19.0	6.4	20 447	2.2	4.6
湖北省	27	661 204	18.9	5.7	32 948	32.8	7.4
湖南省	48	644 122	-34.2	5.6	17 405	-30.2	3.9
四川省	43	530 810	1.2	4.6	13 381	2.7	3.0
河南省	25	518 332	22.5	4.5	4 659	13.5	1.1
辽宁省	32	421 893	-17.1	3.7	24 381	35.3	5.5
北京市	4	261 327	-22.0	2.3	10 245	-10.8	2.3
吉林省	6	208 611	18.4	1.8	2 947	-11.2	0.7
福建省	18	186 791	43.0	1.6	6 404	144.4	1.4
江西省	11	180 106	2.2	1.6	2 922	-4.3	0.7
上海市	27	176 181	-6.8	1.5	13 865	2.1	3.1
陕西省	10	167 020	11.1	1.4	464	-32.5	0.1
天津市	20	122 017	-15.0	1.1	12 639	147.0	2.9
河北省	15	111 763	-8.0	1.0	2 691	-23.0	0.6
重庆市	12	110 844	22.7	1.0	4 354	-24.0	1.0
浙江省	23	107 954	-14.4	0.9	10 442	6.9	2.4
广西壮族自治区	4	96 254	4.0	0.8	1 239	-15.8	0.3
内蒙古自治区	3	70 818	536.7	0.6	4 436	21.6	1.0
黑龙江省	5	47 859	103.9	0.4	364	627.2	0.1
山西省	4	36 313	-48.2	0.3	5 400	-15.5	1.2
贵州省	4	35 490	14.4	0.3	412	59.0	0.1
甘肃省	1	9 599	2 032.1	0.1	0		0.0
宁夏回族自治区	1	3 846	1.9	0.0	216	11.4	0.0

注：1. 表中数据由于四舍五入，合计数有微小出入。

2. 数据来源于国家统计局。

〔供稿人：中国机床工具工业协会黑杉〕

2015 年机床工具行业中金属切削机床产品产量分地区完成情况

地区名称	金属切削机床					其中：数控机床				
	企业数（家）	2015 年产量（台）	2014 年产量（台）	同比增长（%）	2015 年产量占比（%）	企业数（家）	2015 年产量（台）	2014 年产量（台）	同比增长（%）	2015 年产量占比（%）
北京市	14	13 920	16 768	-17.0	1.8	13	12 471	13 891	-10.2	5.3
天津市	7	610	689	-11.5	0.1	5	384	444	-13.5	0.2
河北省	5	1 486	1 661	-10.5	0.2	3	543	780	-30.4	0.2
山西省	2	109	165	-33.9	0.0	1	52	79	-34.2	0.0
辽宁省	45	98 582	115 336	-14.5	13.0	12	62 340	63 328	-1.6	26.5
吉林省	1	419	161	160.2	0.1					
黑龙江省	7	505	920	-45.1	0.1	3	142	235	-39.6	0.1
上海市	28	36 371	46 892	-22.4	4.8	17	2 455	3 307	-25.8	1.0
江苏省	75	92 961	94 207	-1.3	12.3	28	15 147	17 206	-12.0	6.4
浙江省	104	132 714	152 628	-13.0	17.6	56	42 555	51 830	-17.9	18.1
安徽省	31	81 268	81 847	-0.7	10.8	10	3 039	2 298	32.2	1.3
福建省	15	6 828	5 758	18.6	0.9	5	2 438	1 609	51.5	1.0
江西省	11	6 091	5 775	5.5	0.8	5	1 487	1 475	0.8	0.6
山东省	72	177 798	167 050	6.4	23.5	31	49 049	42 439	15.6	20.9
河南省	14	11 002	11 371	-3.2	1.5	9	2 754	3 241	-15.0	1.2
湖北省	21	3 938	4 837	-18.6	0.5	8	626	857	-27.0	0.3
湖南省	12	4 455	6 660	-33.1	0.6	6	807	1 894	-57.4	0.3
广东省	38	20 402	25 419	-19.7	2.7	17	8 440	9 301	-9.3	3.6
广西壮族自治区	4	1 522	2 214	-31.3	0.2	4	8	23	-65.2	0.0
重庆市	10	5 492	4 684	17.3	0.7	6	2 901	2 230	30.1	1.2
四川省	10	5 598	5 784	-3.2	0.7	5	811	1 241	-34.6	0.3
贵州省	6	1 859	2 071	-10.2	0.2	5	1 555	1 380	12.7	0.7
云南省	20	30 375	51 826	-41.4	4.0	11	15 188	28 222	-46.2	6.5
陕西省	13	17 579	20 635	-14.8	2.3	8	8 083	9 981	-19.0	3.4
甘肃省	2	1 318	2 331	-43.5	0.2	1	160	327	-51.1	0.1
青海省	2	338	376	-10.1	0.0	2	269	258	4.3	0.1
宁夏回族自治区	5	1 950	2 825	-31.0	0.3	4	1 453	2 043	-28.9	0.6
合计	574	755 490	830 890	-9.1	100.0	275	235 157	259 919	-9.5	100.0

注：数据来源于国家统计局。

〔供稿人：中国机床工具工业协会黑杉〕

2015年机床工具行业中金属成形机床产品产量分地区完成情况

地区名称	金属成形机床				
	企业数（家）	2015年产量（台）	2014年产量（台）	同比增长（%）	2015年产量占比（%）
北京市	2	523	598	-12.5	0.2
天津市	3	1 182	1 318	-10.3	0.4
河北省	5	19 037	14 779	28.8	6.3
山西省	3	2 222	6 705	-66.9	0.7
辽宁省	16	1 700	5 539	-69.3	0.6
黑龙江省	1	0	1	-100.0	0.0
上海市	12	1 649	3 033	-45.6	0.5
江苏省	70	95 111	103 257	-7.9	31.3
浙江省	36	24 904	28 494	-12.6	8.2
安徽省	46	26 998	27 787	-2.8	8.9
福建省	7	9 642	9 802	-1.6	3.2
江西省	1	1 631	1 394	17.0	0.5
山东省	32	19 756	22 465	-12.1	6.5
河南省	7	20 748	11 931	73.9	6.8
湖北省	13	34 731	38 094	-8.8	11.4
湖南省	4	6 845	5 271	29.9	2.3
广东省	21	12 035	16 913	-28.8	4.0
广西壮族自治区	1	617	608	1.5	0.2
重庆市	4	3 024	2 637	14.7	1.0
四川省	4	11 405	9 700	17.6	3.8
贵州省	1	541	463	16.8	0.2
云南省	2	965	1 721	-43.9	0.3
陕西省	5	7 996	6 122	0.0	2.6
甘肃省	2	250	429	-41.7	0.1
合计	298	303 512	319 061	-4.9	100.0

注：数据来源于国家统计局。

〔供稿人：中国机床工具工业协会黑杉〕

2015 年全球金属加工机床消费及生产情况

一、总体情况

1. 消费高峰后的情况

2003 至 2011 年间，全球机床消费额快速增长。尽管在 2009 年出现了同比降幅高达 35% 的急速下降，但接下来的两年可以说是持续飞涨，直至 2011 年达到历史最高水平。然而，从 2012 年开始（除 2014 年外），全球机床消费额逐年萎缩，2015 年增速同比下降 11.9%。

但这一变化并非完全是全球范围内制造业投资普遍下降所致。分区域的调查表明，近年来机床消费额所受影响是既广泛存在又有明显差异。因此，不同区域的机床消费额在过去几年里的变化趋势成为预测 2016 年机床消费额的基础。

此次分析采用 2011 年的数据，也就是以全球机床消费近年的一个峰值作为基准。通过这一基准，可以看到全球三大主要制造区域的投资水平发生的变化，也可以解释这些变化的原因，以及各个区域之间的差别。

2003 至 2008 年全球机床消费的快速增长是由亚洲和欧洲共同推动的，但 2010 年到 2011 年的第二次快速增长则基本是由亚洲的消费推动的，对于自 2011 年来全球机床消费降幅超过 43% 的主要影响来自亚洲的说法也就不足为奇了。

这种暴涨和暴跌很大程度上是人口、金融和制造业全球化趋势的结果。首先是人口，亚洲地区人口众多，使得劳动力很廉价，很多跨国公司都选择这一区域以降低运营成本，提升盈利能力。第二是金融，放眼全球，各大金融机构大规模放债，大量资金的涌入影响了美国、中国和日本的投资战略。受影响最大的是亚洲，大量资金的涌入导致货币贬值，使其生产的产品在国际市场的实际价格降低。人口和金融的共同作用影响到了这些区域新工厂的建造。

制造业的爆发式增长（全球化趋势的第三个方面），使得固定设备的投资大幅增长成为必然。但实践证明，爆发式增长期的部分固定设备投入是过剩的、糟糕的，即投入了过多的或者不适用的固定设备。当前人口和金融的全球化趋于平稳，各地制造企业的竞争主要集中在其潜在能力的竞争。随着机床消费总量下降，消费者对产品技术水平的要求普遍提高。当前四轴、五轴多功能机床的需求仍持续火热，而单一型机床则不再受追捧。

2. 全球消费亮点

2015 年全球机床消费额为 791 亿美元，同比下降 11.8%，减少 106 亿美元。其中亚洲地区机床消费额为 455 亿美元，同比下降 13.0%，减少 67 亿美元，减少额度占全球减少总额度的比重超 60%；欧洲为 211 亿美元，同比下降 9.3%，减少 22 亿美元；北美洲为 108 亿美元，同比下降 11.2%；南美洲同比下降 24.9%，非洲同比增长 7.8%，但这两个区域的机床消费额在全球消费总额中所占比重并不高。

自 2011 年全球机床总消费达到顶峰以来，各个区域都发生了有趣的动态变化。亚洲区域的 19 个国家（地区）中，有 15 个国家（地区）在 2015 年的机床消费额均低于 2011 年。其中，全球最大的机床消费国 —— 中国，2015 年的机床消费额较 2011 年下降了 33%。另外几个主要的机床消费国家（地区），如日本、韩国、中国台湾、印度、泰国和马来西亚等，2015 年的机床消费额也均较 2011 年降低了 25% 以上。自 2011 年以来机床消费额保持增长的 4 个亚洲国家中的两个国家（越南和菲律宾）情况与之前的中国一样，得益于低廉的劳动力资源。

欧洲的 28 个国家（地区）中，虽然有 15 个国家（地区）在 2015 年的机床消费额高于 2011 年，但作为全球机床消费第三大国的德国则呈下降状态，从而使得整个欧洲机床消费市场呈现基本持平运行的状态。15 个处于增长状态的国家（地区），大部分都是欧洲边缘地区国家（如丹麦、葡萄牙、希腊、西班牙和爱尔兰）或者是东欧国家（如保加利亚、捷克共和国、斯洛文尼亚、匈牙利和波兰）。

对比 2015 年与 2011 年的机床消费数据，亚洲呈下降状态，欧洲持平，作为第三大机床消费区域的北美则呈增长状态。这 4 年间，美国的机床消费额下降了约 5%，加拿大下降了约 15%，但整个北美却呈增长状态。主要原因在于墨西哥机床消费的增长超过了以上两个国家减少的总和。墨西哥 2015 年的机床需求较 2011 年增长了 50%，且在这 4 年期间，有 3 个年份都高达 20 亿美元。墨西哥是此次调查中仅有的两个 2015 年机床消费额达到历史峰值的国家之一（另一个是越南），已飞速发展为全球第七大机床消费国。

加德纳公司估测，2016 年全球的机床消费额还将下降 10% 左右，主要是由于亚洲将下降 3.9%，北美将下降 11.6%。另一方面，欧洲的机床消费额则有望在 2016 年出现微小的上涨，涨幅约为 0.3%。

3. 全球机床生产亮点

2015 年，全球机床生产额同比下降 11.9%，而亚洲的降幅仅为 10.7%，是唯一降幅低于全球水平的区域。同时，亚洲又是在全球机床消费额下降额中占比最大的区域。这表明 2015 年亚洲的主要机床生产国较其他区域更加依赖出口拉动。欧洲的降幅为 13.1%，北美的降幅为 15.2%。与 2014 年相比，2015 年全球机床生产国前 11 位的排位基本保持不变。美国 2013 年排在生产国的前 5 位，但 2014 年和 2015 年跌出前 5 位。

4. 调查情况

2015 年度的调查样本，从以往年度的 26 个国家（地区）扩展到了 60 个国家（地区），新增了 34 个国家（地区）。涵盖了自 2001 年以来任一年度机床进口额达到 1 亿美元的所有国家（地区）。

关于机床生产和进出口的数据均来源于各国家（地区）政府机构和贸易协会的官方资料。2015 年度新增的 34 个样本国家（地区）的生产数据为估算数据。消费额计算方法是：消费等于生产加上进口再减去出口。数据一般是以当地货币为单位，再转换为美元。在所有的数据都转换成美元后，还进行了通胀调整，以提供更准确的历史比较。

二、全球机床生产和消费

2003 至 2008 年，全球机床消费快速增长，2009 年同比下降 35%。经过 2010 年和 2011 年的再次快速增长后，全球机床消费在之后的四年中有三年都处于下降状态。

亚洲和欧洲对 2003 至 2008 年全球机床消费快速增长的推动可以说是平分秋色，而 2010 至 2011 年的再次快速增长则基本完全是由亚洲推动的。

自 2011 年以来，在全球机床消费额前 20 位的国家（地区）中，墨西哥上升幅度最大，从第 12 位提升至第 7 位；巴西下降幅度最大，由第 8 位跌至第 19 位。

1976—2016 年全球机床生产和消费趋势见图 1。1976—2016 年全球机床分区域消费趋势见图 2。2014—2015 年各国家（地区）机床消费情况见表 1。2014—2015 年各国家（地区）机床生产情况见表 2。2015 年各国家（地区）机床进口及消费情况见表 3。2015 年各国家（地区）机床出口情况见表 4。2015 年各国家（地区）机床贸易顺差情况见表 5。2015 年各国家（地区）机床人均消费情况见表 6。

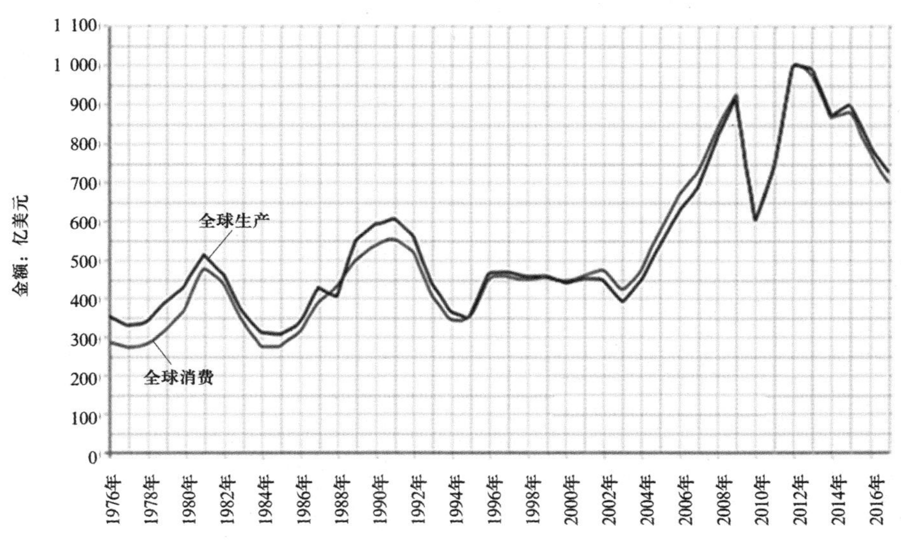

图 1　1976 —2016 年全球机床生产和消费趋势

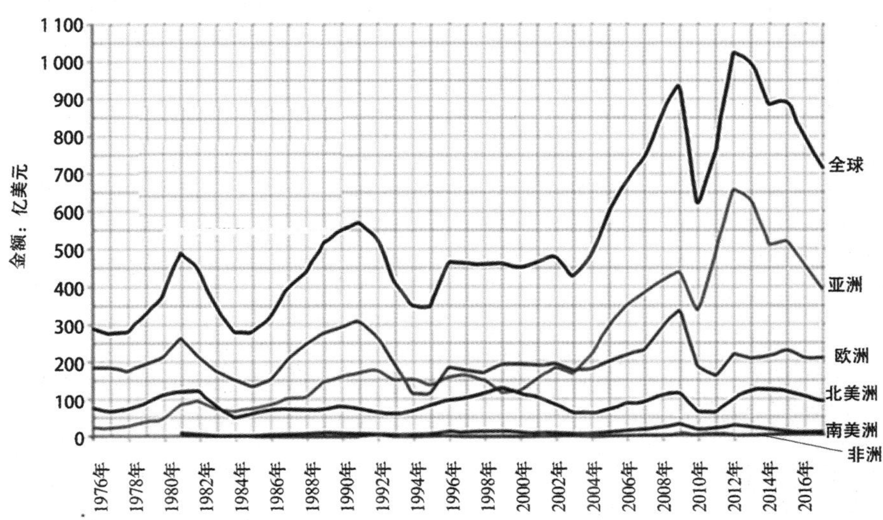

图 2　1976 —2016 年全球机床分区域消费趋势

表 1　2014—2015 年各国家（地区）机床消费情况

序号	国家（地区）	2014 年（百万美元）	2015 年（百万美元）	同比增长（%）
1	中国	31 800.0	27 500.0	-13.5
2	美国	8 811.1	7 361.0	-16.5
3	德国	7 347.8	6 360.8	-13.4
4	日本	5 307.1	5 804.5	9.4
5	韩国	4 927.8	3 823.0	-22.4
6	意大利	2 866.6	3 136.1	9.4
7	墨西哥	2 047.3	2 214.1	8.1
8	俄罗斯	2 304.3	2 177.0	-5.5
9	中国台湾	1 815.3	1 564.0	-13.8
10	印度	1 514.1	1 541.0	1.8
11	土耳其	1 435.5	1 278.0	-11.0
12	加拿大	1 236.1	1 178.3	-4.7
13	泰国	1 843.6	1 173.8	-36.3
14	瑞士	1 308.5	1 038.0	-20.7
15	越南	991.1	969.9	-2.1
16	法国	1 062.8	960.3	-9.6
17	英国	1 129.1	950.5	-15.8
18	印度尼西亚	1 033.6	802.0	-22.4
19	巴西	990.1	672.3	-32.1
20	奥地利	612.0	637.2	4.1
21	波兰	644.7	599.6	-7.0
22	西班牙	578.5	595.2	2.9
23	捷克	597.1	558.4	-6.5
24	马来西亚	591.6	475.3	-19.7
25	荷兰	453.6	452.9	-0.2
26	新加坡	427.0	388.2	-9.1
27	沙特阿拉伯	309.1	330.0	6.8
28	澳大利亚	316.1	291.8	-7.7
29	阿尔及利亚	215.6	286.5	32.9
30	斯洛伐克	313.5	277.9	-11.3
31	罗马尼亚	273.8	272.7	-0.4
32	比利时	277.8	242.0	-12.9
33	阿根廷	244.6	241.8	-1.1
34	匈牙利	295.5	218.2	-26.2
35	阿拉伯联合酋长国	234.2	203.0	-13.3
36	葡萄牙	255.0	195.4	-23.4
37	南非	199.5	176.7	-11.4
38	白俄罗斯	243.4	172.3	-29.2

（续）

序号	国家（地区）	2014年（百万美元）	2015年（百万美元）	同比增长（%）
39	瑞典	202.6	167.6	-17.3
40	菲律宾	110.0	166.8	51.6
41	斯洛文尼亚	159.7	158.1	-1.0
42	以色列	180.3	152.8	-15.3
43	中国香港	139.4	144.0	3.3
44	芬兰	130.1	114.3	-12.2
45	保加利亚	136.4	102.3	-25.0
46	克罗地亚	116.2	101.2	-12.9
47	丹麦	111.4	92.1	-17.3
48	挪威	153.3	91.8	-40.1
49	哥伦比亚	88.9	82.0	-7.8
50	埃及	85.0	82.0	-3.5
51	爱尔兰	53.5	65.3	22.0
52	哈萨克斯坦	80.4	63.8	-20.7
53	智利	88.1	56.4	-36.0
54	摩洛哥	47.2	47.6	0.9
55	希腊	56.6	47.3	-16.4
56	乌克兰	116.6	41.6	-64.3
57	委内瑞拉	35.9	35.5	-1.0
58	阿塞拜疆	22.6	23.0	1.6
59	加纳	15.3	14.4	-5.6
60	伊朗	133.2	0.0	-100.0
	总计	89 117.2	78 969.6	-11.4

表2　2014—2015年各国家（地区）机床生产情况

序号	国家（地区）	2014年（百万美元）	2015年（百万美元）	同比增长（%）
1	中国	24 649.1	22 100.0	-10.3
2	日本	14 857.2	13 489.5	-9.2
3	德国	14 456.7	12 422.0	-14.1
4	意大利	5 797.7	5 306.3	-8.5
5	韩国	5 675.4	4 758.0	-16.2
6	美国	5 480.4	4 600.0	-16.1
7	中国台湾	4 864.2	4 030.0	-17.1
8	瑞士	3 681.3	3 052.8	-17.1
9	西班牙	1 177.9	1 003.3	-14.8
10	奥地利	1 049.5	938.0	-10.6
11	英国	956.8	825.3	-13.7

（续）

序号	国家（地区）	2014年（百万美元）	2015年（百万美元）	同比增长（%）
12	土耳其	762.7	706.0	-7.4
13	印度	683.4	690.8	1.1
14	法国	763.6	645.0	-15.5
15	捷克	754.2	641.6	-14.9
16	加拿大	556.4	530.8	-4.6
17	俄罗斯	450.6	485.0	7.6
18	泰国	534.7	476.0	-11.0
19	新加坡	511.4	448.5	-12.3
20	荷兰	468.3	387.4	-17.3
21	比利时	373.1	293.1	-21.4
22	波兰	248.5	235.0	-5.4
23	巴西	293.8	208.3	-29.1
24	马来西亚	288.0	178.8	-37.9
25	瑞典	193.3	159.9	-17.3
26	斯洛伐克	189.8	159.2	-16.1
27	芬兰	183.9	155.4	-15.5
28	中国香港	206.0	150.0	-27.2
29	墨西哥	145.8	121.9	-16.4
30	澳大利亚	125.3	110.0	-12.2
31	葡萄牙	130.2	107.7	-17.3
32	阿根廷	94.3	96.7	2.6
33	斯洛文尼亚	79.5	96.1	20.9
34	丹麦	87.3	81.0	-7.2
35	白俄罗斯	75.6	65.8	-12.9
36	克罗地亚	78.5	54.7	-30.3
37	以色列	118.3	50.1	-57.6
38	保加利亚	45.7	42.1	-7.8
39	希腊	45.9	36.9	-19.5
40	印度尼西亚	46.0	35.6	-22.5
41	越南	38.9	34.9	-10.3
42	匈牙利	36.8	31.2	-15.2
43	乌克兰	37.1	30.6	-17.5
44	罗马尼亚	40.4	26.3	-34.9
45	挪威	32.2	25.8	-19.9
46	菲律宾	42.7	21.9	-48.8
47	南非	23.7	17.2	-27.5
48	爱尔兰	19.9	16.7	-16.1

（续）

序号	国家（地区）	2014 年（百万美元）	2015 年（百万美元）	同比增长（%）
49	智利	9.3	3.5	-62.3
50	哥伦比亚	3.0	3.0	-1.0
51	摩洛哥	1.4	1.4	-1.0
52	沙特阿拉伯	1.8	1.2	-34.0
53	哈萨克斯坦	4.1	1.0	-75.9
54	埃及	0.2	0.2	-1.0
55	委内瑞拉	0.1	0.1	-1.0
56	伊朗	19.9	0.0	-100.0
	总计	91 491.5	80 189.6	-12.4

表 3　2015 年各国家（地区）机床进口及消费情况

序号	国家（地区）	进口额（百万美元）	消费额（百万美元）	进口额占消费额的比重（%）
1	中国	8 600.0	27 500.0	31
2	美国	4 506.0	7 361.0	61
3	德国	2 730.8	6 360.8	43
4	墨西哥	2 187.7	2 214.1	99
5	俄罗斯	1 756.0	2 177.0	81
6	意大利	1 470.9	3 136.1	47
7	韩国	1 407.0	3 823.0	37
8	泰国	1 080.5	1 173.8	92
9	土耳其	1 031.0	1 278.0	81
10	越南	960.0	969.9	99
11	日本	940.5	5 804.5	16
12	比利时	903.6	242.0	373
13	加拿大	901.1	1 178.3	76
14	印度	897.2	1 541	58
15	法国	890.3	960.3	93
16	英国	785.7	950.5	83
17	印度尼西亚	778.6	802.0	97
18	中国香港	744.0	144.0	517
19	中国台湾	720.0	1 564.0	46
20	捷克	610.6	558.4	109
21	波兰	608.6	599.6	102
22	巴西	594.7	672.3	88
23	瑞士	571.7	1 038.0	55
24	荷兰	448.5	452.9	99
25	西班牙	442.8	595.2	74

（续）

序号	国家（地区）	进口额（百万美元）	消费额（百万美元）	进口额占消费额的比重（%）
26	马来西亚	442.4	475.3	93
27	奥地利	396.3	637.2	62
28	沙特阿拉伯	330.0	330.0	100
29	新加坡	305.7	388.2	79
30	阿尔及利亚	286.5	286.5	100
31	罗马尼亚	283.9	272.7	104
32	斯洛伐克	248.6	277.9	89
33	瑞典	246.4	167.6	147
34	澳大利亚	233.4	291.8	80
35	阿拉伯联合酋长国	228.0	203.0	112
36	匈牙利	207.6	218.2	95
37	南非	184.6	176.7	104
38	菲律宾	160.6	166.8	96
39	阿根廷	156.3	241.8	65
40	白俄罗斯	154.5	172.3	90
41	斯洛文尼亚	140.4	158.1	89
42	以色列	138.6	152.8	91
43	葡萄牙	136.5	195.4	70
44	丹麦	111.0	92.1	121
45	保加利亚	102.3	102.3	100
46	芬兰	88.8	114.3	78
47	挪威	84.4	91.8	92
48	哥伦比亚	82.0	82.0	100
49	埃及	82.0	82.0	100
50	克罗地亚	67.8	101.2	67
51	哈萨克斯坦	63.5	63.8	100
52	爱尔兰	60.5	65.3	93
53	智利	56.4	56.4	100
54	摩洛哥	47.2	47.6	99
55	希腊	36.8	47.3	78
56	乌克兰	36.0	41.6	87
57	委内瑞拉	35.5	35.5	100
58	阿塞拜疆	23.0	23.0	100
59	加纳	14.4	14.4	100
60	伊朗	0.0	0.0	

表 4　2015 年各国家（地区）机床出口情况

序号	国家（地区）	出口额（百万美元）	生产额（百万美元）	出口额占生产额的比重（%）
1	德国	8 792.0	12 422.0	71
2	日本	8 625.5	13 489.5	64
3	意大利	3 641.1	5 306.3	69
4	中国	3 200.0	22 100.0	14
5	中国台湾	3 186.0	4 030.0	79
6	瑞士	2 586.5	3 052.8	85
7	韩国	2 342.0	4 758.0	49
8	美国	1 745.0	4 600.0	38
9	比利时	954.7	293.1	326
10	西班牙	850.9	1 003.3	85
11	中国香港	750.0	150.0	500
12	奥地利	697.1	938.0	74
13	捷克	693.8	641.6	108
14	英国	660.5	825.3	80
15	法国	575.0	645.0	89
16	土耳其	459.0	706.0	65
17	荷兰	383.0	387.4	99
18	泰国	382.7	476.0	80
19	新加坡	366.0	448.5	82
20	加拿大	253.6	530.8	48
21	波兰	244.0	235.0	104
22	瑞典	238.7	159.9	149
23	马来西亚	145.9	178.8	82
24	巴西	130.7	208.3	63
25	芬兰	129.9	155.4	84
26	斯洛伐克	129.9	159.2	82
27	丹麦	99.9	81.0	123
28	墨西哥	95.5	121.9	78
29	斯洛文尼亚	78.4	96.1	82
30	俄罗斯	64.0	485.0	13
31	澳大利亚	51.6	110.0	47
32	葡萄牙	48.8	107.7	45
33	白俄罗斯	48.0	65.8	73
34	印度	47.0	690.8	7
35	保加利亚	42.1	42.1	100
36	罗马尼亚	37.5	26.3	143
37	以色列	35.8	50.1	71
38	希腊	26.4	36.9	72

（续）

序号	国家（地区）	出口额（百万美元）	生产额（百万美元）	出口额占生产额的比重（%）
39	乌克兰	25.0	30.6	82
40	南非	25.0	17.2	145
41	阿拉伯联合酋长国	25.0	0.0	
42	越南	25.0	34.9	72
43	克罗地亚	21.3	54.7	39
44	匈牙利	20.7	31.2	66
45	挪威	18.4	25.8	71
46	菲律宾	15.6	21.9	71
47	印度尼西亚	12.2	35.6	34
48	爱尔兰	11.9	16.7	71
49	阿根廷	11.2	96.7	12
50	智利	3.5	3.5	100
51	哥伦比亚	3.0	3.0	100
52	沙特阿拉伯	1.2	1.2	100
53	摩洛哥	1.0	1.4	71
54	哈萨克斯坦	0.8	1.0	80
55	埃及	0.2	0.2	100
56	阿塞拜疆	0.1	0.0	
57	委内瑞拉	0.1	0.1	100
58	伊朗	0.0	0.0	
59	加纳	0.0	0.0	
60	阿尔及利亚	0.0	0.0	

表5　2015年各国家（地区）机床贸易顺差情况

（单位：百万美元）

序号	国家（地区）	出口额	进口额	贸易顺差
1	日本	8 625.5	940.5	7 685.0
2	德国	8 792.0	2 730.8	6 061.2
3	中国台湾	3 186.0	720.0	2 466.0
4	意大利	3 641.1	1 470.9	2 170.2
5	瑞士	2 586.5	571.7	2 014.8
6	韩国	2 342.0	1 407.0	935.0
7	西班牙	850.9	442.8	408.1
8	奥地利	697.1	396.3	300.8
9	捷克	693.8	610.6	83.2
10	新加坡	366.0	305.7	60.3
11	比利时	954.7	903.6	51.1
12	芬兰	129.9	88.8	41.1

（续）

序号	国家（地区）	出口额	进口额	贸易顺差
13	中国香港	750.0	744.0	6.0
14	伊朗	0.0	0.0	0.0
15	瑞典	238.7	246.4	-7.7
16	希腊	26.4	36.8	-10.4
17	乌克兰	25.0	36.0	-11.0
18	丹麦	99.9	111.0	-11.1
19	加纳	0.0	14.4	-14.4
20	阿塞拜疆	0.1	23.0	-22.9
21	委内瑞拉	0.1	35.5	-35.4
22	摩洛哥	1.0	47.2	-46.2
23	克罗地亚	21.3	67.8	-46.5
24	爱尔兰	11.9	60.5	-48.6
25	智利	3.5	56.4	-52.9
26	保加利亚	42.1	102.3	-60.2
27	斯洛文尼亚	78.4	140.4	-62.0
28	哈萨克斯坦	0.8	63.5	-62.7
29	荷兰	383.0	448.5	-65.5
30	挪威	18.4	84.4	-66.0
31	哥伦比亚	3.0	82.0	-79.0
32	埃及	0.2	82.0	-81.8
33	葡萄牙	48.8	136.5	-87.7
34	以色列	35.8	138.6	-102.8
35	白俄罗斯	48.0	154.5	-106.5
36	斯洛伐克	129.9	248.6	-118.7
37	英国	660.5	785.7	-125.2
38	菲律宾	15.6	160.6	-145.0
39	阿根廷	11.2	156.3	-145.1
40	南非	25.0	184.6	-159.6
41	澳大利亚	51.6	233.4	-181.8
42	匈牙利	20.7	207.6	-186.9
43	阿拉伯联合酋长国	25.0	228.0	-203.0
44	罗马尼亚	37.5	283.9	-246.4
45	阿尔及利亚	0.0	286.5	-286.5
46	马来西亚	145.9	442.4	-296.5
47	法国	575.0	890.3	-315.3
48	沙特阿拉伯	1.2	330.0	-328.8
49	波兰	244.0	608.6	-364.6
50	巴西	130.7	594.7	-464.0

（续）

序号	国家（地区）	出口额	进口额	贸易顺差
51	土耳其	459.0	1 031.0	-572.0
52	加拿大	253.6	901.1	-647.5
53	泰国	382.7	1 080.5	-697.8
54	印度尼西亚	12.2	778.6	-766.4
55	印度	47.0	897.2	-850.2
56	越南	25.0	960.0	-935.0
57	俄罗斯	64.0	1 756.0	-1 692.0
58	墨西哥	95.5	2 187.7	-2 092.2
59	美国	1 745.0	4 506.0	-2 761.0
60	中国	3 200.0	8 600.0	-5 400.0

表6　2015年各国家（地区）机床人均消费情况

序号	国家（地区）	2015年消费额 （百万美元）	人口 （百万）	人均消费额 （美元/人）
1	瑞士	1 038.0	8.2	126.6
2	德国	6 360.8	80.9	78.6
3	韩国	3 823.0	50.4	75.9
4	斯洛文尼亚	158.1	2.1	75.3
5	奥地利	637.2	8.5	75.0
6	新加坡	388.2	5.5	70.6
7	中国台湾	1 564.0	23.4	66.8
8	捷克	558.4	10.5	53.2
9	斯洛伐克	277.9	5.4	51.5
10	意大利	3 136.1	61.3	51.2
11	日本	5 804.5	127.1	45.7
12	加拿大	1 178.3	35.5	33.2
13	荷兰	452.9	16.9	26.8
14	克罗地亚	101.2	4.2	24.1
15	美国	7 361.0	318.9	23.1
16	阿拉伯联合酋长国	203.0	9.1	22.3
17	匈牙利	218.2	9.9	22.0
18	比利时	242.0	11.2	21.6
19	芬兰	114.3	5.5	20.8
20	中国	27 500.0	1 364.3	20.2
21	中国香港	144.0	7.2	20.0
22	葡萄牙	195.4	10.4	18.8
23	以色列	152.8	8.2	18.6
24	白俄罗斯	172.3	9.5	18.1
25	挪威	91.8	5.1	18.0
26	墨西哥	2 214.1	125.4	17.7

（续）

序号	国家（地区）	2015年消费额（百万美元）	人口（百万）	人均消费额（美元/人）
27	泰国	1 173.8	67.7	17.3
28	瑞典	167.6	9.7	17.3
29	土耳其	1 278.0	75.9	16.8
30	丹麦	92.1	5.6	16.4
31	马来西亚	475.3	29.9	15.9
32	波兰	599.6	38.0	15.8
33	俄罗斯	2 177.0	143.8	15.1
34	英国	950.5	64.5	14.7
35	法国	960.3	66.2	14.5
36	保加利亚	102.3	7.2	14.2
37	爱尔兰	65.3	4.6	14.2
38	罗马尼亚	272.7	19.9	13.7
39	西班牙	595.2	46.4	12.8
40	澳大利亚	291.8	23.5	12.4
41	越南	969.9	90.7	10.7
42	沙特阿拉伯	330.0	30.9	10.7
43	阿尔及利亚	286.5	38.9	7.4
44	阿根廷	241.8	43.0	5.6
45	希腊	47.3	11.0	4.3
46	哈萨克斯坦	63.8	17.3	3.7
47	南非	176.7	54.0	3.3
48	巴西	672.3	206.1	3.3
49	智利	56.4	17.8	3.2
50	印度尼西亚	802.0	254.5	3.2
51	阿塞拜疆	23.0	9.5	2.4
52	哥伦比亚	82.0	47.8	1.7
53	菲律宾	166.8	99.1	1.7
54	摩洛哥	47.6	33.9	1.4
55	印度	1 541.0	1 295.3	1.2
56	委内瑞拉	35.5	30.7	1.2
57	乌克兰	41.6	45.4	0.9
58	埃及	82.0	89.6	0.9
59	加纳	14.4	26.8	0.5
60	伊朗	0.0	78.1	0.0

说明：本文是美国加德纳商务媒体公司每年在收集全球各国机床生产和贸易数据的基础上，以美元为单位进行的分析报告，目前是第51期。报告编写人是市场信息部主任斯蒂夫·克莱恩和研究部经理南希·米勒。中国机床工具工业协会在本报告完成中提供了帮助。本报告属于该公司独立调查形成的成果，其中观点和结论与中国机床工具工业协会无关，仅供参考。

〔翻译整理：中国机床工具工业协会谷金花、杜智强〕

2015 年中国机床工具行业大事记

1 月

6 日　广东省省长朱小丹在省政府秘书长李锋、省经信委主任赖天生等陪同下，到广州数控设备有限公司专题调研工业机器人的发展。他提出，要大力推动广东省智能制造装备产业发展；积极推广国产机器人产品；坚持自主创新，努力实现全面自主研发；进一步缩短关键核心技术的研发攻关周期。

19 日　山特维克可乐满（廊坊）中心在廊坊举行开业典礼。该中心是继瑞典 Sandviken 中心之后第二家投入使用的同一级别的中心，总面积达 3 100m^2，拥有先进的加工设备、测量设备，各类 CAM、仿真软件，有 9 个培训中心、44 名专业工程师。中心可向客户提供应用方案开发、定制刀具设计和工艺方案等全面技术服务，帮助客户提高生产效率、降低生产成本，并推广先进应用技术和零件解决方案。

19—20 日　受工信部装备司委托，中国机床工具工业协会在江苏张家港机械工业数控机床功能部件性能测试与可靠性重点实验室举办了滚动功能部件评测方案专家研讨会。广东高新凯特精密机械股份有限公司、山东博特精工股份有限公司、陕西汉江机床有限公司、南京工艺装备制造有限公司、大连高金数控有限公司以及承担科技重大专项机床滚动功能部件可靠性测试项目的南京理工大学都派技术专家参加了研讨会。会议就滚动功能部件 04 专项成果产品的测试产品型号、规格、安装规范、测试程序、送检方式、费用支出、时间进度以及后期工作建议等内容进行了充分讨论，并达成一致。工信部装备司机械处苏铮副巡视员出席会议并讲话，提出委托中国机床工具工业协会在 2015 年内组织召开有国内外主机企业和重点装备领域用户参加的“滚动功能部件专项成果应用推广会”，并在会上发布滚动功能部件测评结果的设想。

27 日　04 专项项目“高温合金航发叶片五轴联动加工中心研制与应用”在沈阳黎明航空发动机（集团）有限责任公司通过了 04 专项办公室组织的验收。项目主要责任单位为北京机电院机床有限公司，联合单位有中航工业沈阳黎明航空发动机公司、清华大学、重庆三磨海达公司。根据合同要求，北京机电院机床有限公司开发了 5 台加工小规格航空发动机叶片的五轴专用机床。该机床主体为立式加工结构，主轴有 ±40° B 轴功能，工件可实现 360° A 回转轴进给，最大工件长度 400mm，最大回转直径 ϕ300mm，主轴转速 20 000r/min，功率 25kW，出厂检验直线轴达到定位精度 0.008mm、重复定位精度 0.004mm。经机床所可靠性检定，平均无故障时间（MTBF）达到了 900h。目前这 5 台机床已交付沈阳黎明航空发动机（集团）有限责任公司叶片分厂使用。

29 日　04 专项项目“航空大型复杂结构件高效加工工艺应用试验研究”在中航工业成都飞机工业（集团）有限责任公司（以下简称成飞公司）通过了 04 专项办公室组织的验收。按照项目要求，沈阳机床集团有限责任公司（以下简称沈阳机床集团）主要开展了“多轴联动加工误差补偿技术研究”和“航空件加工机床研究与改进”两项工作，为成飞公司提供了改进型 A/B 轴的五轴立式加工中心和 A/B 轴的五轴龙门加工中心，同时开发了 A/B 轴的五轴卧式加工中心供成飞公司首家试用；成飞公司开展了“多轴加工工艺后置处理”及“基于几何和物理仿真的质量控制技术”两项研究工作；沈阳飞机公司和北京航空航天大学参与了“三维快速编程和测试技术研究”。

30 日　中国机床工具工业协会“2015 年外资驻华企业（机构）代表联席交流会”在大连召开。来自 20 多家境外机床协会组织、机构及外国驻华企业的近 40 位代表参加，共同探讨行业及企业的未来发展。

31 日　04 专项项目“高速数控车床及车削中心”在青岛力鼎自动化设备有限公司通过了 04 专项办公室组织的验收。该项目责任单位为沈阳机床集团，参与单位有河北工业大学、东北大学、沈阳航空发动机设计研究所和青岛力鼎自动化设备有限公司。根据项目要求，沈阳机床集团开展了高速主轴研制（带 C 轴电主轴和机械主轴）、高速进给（直线电动机进给 60m/min）和新材料机座等关键技术研究，研制了 8 台高速数控车床（HTC2550hs 型和 HTC4015n 型），并投入用户使用。沈阳机床集团联合参与单位开展了动态模拟、热补偿技术、轻量化技术、在线检测、可靠性试验和样机应用验证工作。

★　沈阳机床股份有限公司承担的国家科技重大专项课题“HTC2550hs 高速数控车床及车削中心”，在用户单位青岛力鼎自动化设备有限公司顺利通过了国家工信部组织的课题终验收。该产品在主轴转速 6 000r/min、快速移动速度 40 ～ 60m/min 的条件下，仍能保证其可靠、稳定的力学性能，已经达到国际同类产品先进水平。

2月

2 日　财政部、工业和信息化部和全国保监会联合印发《关于开展首台（套）重大技术装备保险补偿机制试点工作的通知》财建〔2015〕19 号（以下简称《通知》），以推动重大技术装备创新应用。通知明确重大技术装备是关系国家安全和国民经济命脉的战略产品，是国家核心竞争力的重要标志；首台（套）重大技术装备是指经过创新，其品种、规格或技术参数等有重大突破，具有知识产权但尚未取得市场业绩的首台（套）或首批次的装备、系统和核心部件。《通知》鼓励保险公司在试点期间，自主组成共保体按照示范条款开展“综合险”承保业务，风险共担、收益共享；制造企业可与共保体中的保险公司签订投保合同，保险赔款由出单公司先行支付。同时，工信部发布《首台（套）重大技术装备推广应用指导目录》（2015 年版），保监会发布《关于开展首台（套）重大技术装备保险试点工作的指导意见》。

3 日　“高档数控机床与基础制造装备”科技重大专项实施管理办公室在上海航天设备总厂组织召开了“航天复杂结构件高档数控加工示范工程”04 专项课题终验收会和成果推介会。课题参与单位的相关人员，科技部重大办、工信部装备司、上海市经信委、航天科技集团公司、航空工业集团的领导，以及部分航天航空领域企业和研究院所相关人员共 100 多人参加了成果推介会。“航天复杂结构件高档数控加工示范工程”课题主要针对航天复杂结构件小批量、多工序、复杂薄壁、轻质高强的特点，建立以国产高档数控机床装备为主体的加工制造单元，形成国产高档机床、数控系统和功能部件在航天典型零部件加工中的应用示范，并收集归纳加工过程中出现的问题，建立信息化管理系统以及开展关键共性技术研究。

6 日　中国机床工具工业协会与中国和平利用军工技术协会在中航工业沈阳飞机工业（集团）有限公司（简称沈飞公司）共同组织飞机关键件制造装备供需对接交流会。该活动得到国家发改委经济与国防协调发展司、科工局发展计划司的支持。国家发改委经济与国防协调发展司吴一亮处长，国防科工局发展计划司陈振华副调研员参加了会议。13 家机床行业企业的 15 位代表与沈飞公司杨春龙副总经理、杜宝瑞副总工程师以及规划处、数控加工厂、工艺研究部相关技术人员进行了供需对接交流。沈飞公司数控加工厂副厂长房志亮详细阐述了飞机发展趋势及制造特点、飞机结构件加工对设备的需求特点、国产数控装备的现状及期望，并着重介绍了沈飞公司建立智能制造车间的规划设想与设备需求。沈飞公司希望国产机床提高可靠性、加工效率，并能提供成套解决方案，期待国产机床的核心技术、核心部件国产化，以提高设备的保障性。

★　大连光洋科技集团公司承担的 04 专项项目“面向航空发动机机匣的五轴立式铣车复合加工中心”在北京航天 31 所通过了 04 专项办公室组织的鉴定。原国家发改委副主任、原能源局局长张国宝，工信部装备司司长张相木，工信部 04 专项办公室副调研员苏铮，辽宁省科委和大连市经信委有关领导出席鉴定会。围绕该项目，大连光洋科技集团公司开展了机床整机结构研究和设计，进行了车铣复合电主轴、车铣直驱双摆角转台、人造大理石床身等关键技术研究和应用，配套大连光洋科技集团公司的数控系统成功进行了工业性试验。开发出的立式铣车复合加工中心系列产品，在航天 31 所、航空 331 厂、航空贵州黎阳公司、西安势加动力公司等多家单位实际使用，效果良好。

3月

3 日　财政部、工信部、保监会三方主持召开全国电视电话会议，部署首台（套）重大技术装备保险补偿机制试点工作。财政部副部长刘昆、工信部副部长苏波和中国保监会副主席王祖继先后发言阐明工作意义，并部署具体试点工作。会议在全国设 30 个分会场。北京会场参会单位有 96 家，除北京市相关单位外，还有国家电网、中国石油天然气集团公司、中国中车股份有限公司、中国航空工业集团公司、中国船舶重工集团公司等国字头的 17 家企业集团，6 家保险公司和机构，25 家协会，新华社、人民日报、腾讯网等 29 家媒体参会。

9 日　工信部印发了《关于开展 2015 年智能制造试点示范专项行动的通知》，并下发了《2015 年智能制造试点示范专项行动实施方案》，决定自 2015 年起启动实施智能制造试点示范专项行动，以促进工业转型升级，加快制造强国建设进程。《2015 年智能制造试点示范专项行动实施方案》明确了专项行动的总体思路和目标，部署了 2015

年的具体工作。明确要坚持立足国情、统筹规划、分类施策、分步实施的方针，以企业为主体、市场为导向、应用为切入点，持续推进试点示范。2015 年将聚焦制造关键环节，在基础条件好、需求迫切的重点地区、行业和企业中，选择试点示范项目，分类开展流程制造、离散制造、智能装备和产品、智能制造新业态新模式、智能化管理、智能服务等 6 方面试点示范。

12 日 2015 年中国机床工具工业协会用户联络网年会在北京召开。来自航空、航天、汽车、兵器、船舶、环保机械、模具、汽轮机、内燃机、电子、石油石化、铁路、通用机械、重型机械、液气密、煤矿机械、工程机械、轴承、塑料机械、维修改造和农业机械行业的愈百位代表参会，还有部分代表来自大专院校、机床工具行业企业、专业媒体等。会议以交流沟通、合作共赢、紧密行业和供需间联系为基本宗旨，围绕“交流合作、创新发展”的主题，供需双方共同研究探讨新形势下的携手发展之路。

20 日 南京埃斯顿自动化股份有限公司在深交所中小板上市，首次公开发行 3 000 万新股，发行价格为每股 6.80 元。发行新股所筹集到的资金主要用于工业机器人制造及成套设备产业化项目和技术研发中心项目。公司是一家科技型民营企业，成立于 1993 年。长期专注于金属成形机床数控系统和电液伺服系统的研发与制造，并在此基础上进一步发展了交流伺服及运动控制系统、工业机器人和自动化成套设备，在金属成形机床制造领域具有较强的市场影响力和较高的用户信誉。

23 日 陕西省委办公厅公布了 2014 年度“陕西省首席技师”名单。宝鸡机床集团李晓佳榜上有名。李晓佳还先后荣获过全国五一劳动奖章、陕西省人大代表、陕西省技术状元、宝鸡市首届十大杰出工人等诸多荣誉。

26 日 中国机床工具工业协会磨料磨具分会第六届理事会第一次会议在安徽合肥召开。会议选举产生了第六届常务理事单位 59 家，副会长单位 28 家，会长单位 1 家，中国机械工业国际合作公司为新一届理事会会长单位，齐军亮为新任会长。会议通过了陈鹏为第六届理事会秘书处秘书长，周金龙、夏舒为第六届理事会秘书处副秘书长的提名。

4 月

1 日 工信部装备工业司、国家发改委经济与国防协调发展司、国防科工局发展计划司在成都联合主办了“国产高档数控机床在典型飞机结构件加工中的示范应用”成果应用推广会。会议由中国机床工具工业协会、中国和平利用军工技术协会和中国航空工业集团公司承办，成都飞机工业（集团）有限责任公司协办。成果应用推广会展示了成都飞机工业（集团）有限责任公司成功应用沈阳机床和航空 625 所提供的 7 台国产五轴联动数控机床、S 试件检测标准、基于特征的快速编程系统和通用铣削后置处理平台。这些成果是成都飞机工业（集团）有限责任公司在利用多年积累的高档数控机床应用经验基础上，与机床企业、科研院所合作，突破了国产五轴数控机床在飞机结构件加工中的关键应用技术。

★ 上海市政协主席吴志明、副主席周太彤、秘书长贝晓曦、经济委员会主任张新生等市政协领导一行到上海机床厂有限公司视察，实地调研国家重大专项高精度、高效数控磨床产品，参观数控机床装配车间和公司技术中心中试基地。此次视察调研的目的，是“推进上海市科技创新中心建设中重视促进传统行业的技术升级，致力于产品的做精、做细来提升传统产业的核心竞争力”。

9 日 国务委员王勇在山东省委、济南市委等领导陪同下到济南二机床集团有限公司调研指导，了解企业发展和生产经营情况，听取意见建议。王勇对济南二机床集团有限公司依靠技术创新赢得市场、依靠人才强企的做法和所取得的成绩给予较高评价，称赞济南二机床集团有限公司在经济下滑的整体形势下，志气不短，瞄准国际一流目标，走出了创新发展之路，取得显著成效，为中国制造业企业，为中国国有企业创造了典型，树立了榜样，勉励济南二机床集团有限公司在经济新常态下牢记国企使命，克服形势下滑、环境改变的影响，在调结构转方式的过程中，继续保持干劲，扎实苦干，在技术创新上不松劲，在管理提升上不松劲，在人才强企上不松劲，为实现中国由制造大国向制造强国转变，再立新功，再创辉煌。

★ 重庆机床（集团）有限责任公司、重庆大学、重庆工具厂有限责任公司共同承担的“十二五”国家“863”计划先进制造技术领域“齿轮高速干式滚切工艺关键技术与装备”课题通过了科技部高技术中心组织的技术验收。验收专家组认为：课题围绕量大面广的齿轮滚切加工，重点开发了绿色环保的齿轮高速干切滚齿工艺技术与装备，研制了 YE3120CNC7、YDZ3126CNC-CDF 两种型号高速干切滚齿机床及配套干切滚刀，并在东风日产乘用车公司、陕西法士特公司、浙江双环公司等轿车齿轮制造企业实现产业化应用，取得了明显的经济社会效益，完成了课题任务要求，提升了我国齿轮干式滚切工艺与装备的技术水平，同意通过技术验收。

17 日 昆明机床与国内某汽车零部件发动机行业龙

头企业正式签订了“年产 10 万台 YNF40 及 D25/D30TCI 系列柴油发动机灰铸铁缸体缸盖柔性生产线研发与制造项目”的设备采购协议。该协议包含昆明机床自主开发的 58 台卧式加工中心，可以组成两条柔性生产线，用于生产加工柴油发动机的缸体和缸盖。

19 日 中国机床工具工业协会工业机器人应用分会在北京举行成立仪式，广州数控设备有限公司当选为工业机器人应用分会理事长单位。设立中国机床工具工业协会工业机器人应用分会旨在加快工业机器人与数控机床的深度融合进程，并助推传统制造业向数字化、自动化、智能化制造转型升级。当日，中国机床工具工业协会以“工业机器人与机床制造业升级”为主题举办了“2015 工业机器人高层论坛”。全球工业机器人企业、相关用户领域高层管理者和部分专家、学者、媒体记者共 150 余人出席论坛。

★ 中国机床工具工业协会主办的“2015 机床制造业 CEO 国际论坛”在北京举行，来自全球机床工具行业以及用户行业的 150 余位企业家应邀参加论坛。论坛以“新常态·新发展”为主题，济南二机床集团有限公司董事长张志刚先生、德马吉森精机董事会主席卡披萨博士、天田株式会社代表取缔役社长冈本满夫、友嘉实业集团总裁朱志洋 4 位 CEO 应邀发表了演讲。沈阳机床 (集团) 有限责任公司董事长关锡友，山崎马扎克（中国）有限公司总裁董庆富，西门子（中国）有限公司数字化工厂集团副总裁、运动控制部总经理夏伟中，浙江日发精密机械股份有限公司董事长王本善，北京精雕科技集团有限公司执行总裁张保全 5 位 CEO 应邀参加了圆桌对话，围绕“经济新常态与竞争力成长”的主题展开讨论。论坛由中国机床工具工业协会常务副理事长陈惠仁主持。中国机床工具工业协会当值理事长、沈阳机床 (集团) 有限责任公司董事长关锡友和中航工业沈阳飞机工业（集团）有限公司总经理袁立致辞。

20 日 由哈尔滨量具刃具集团有限责任公司精心打造，专注于工量具商品的购物网站 —— 中国工量具商城在第 14 届中国国际机床展览会 (CIMT2015) 期间召开了招商启动新闻发布会。中国工量具商城网以工量具“名品折扣”为主题，推动制造业企业与电子商务融合发展，旨在全力打造一个全国首家工量具行业性价比最高的网上超级市场。商城首期邀请了工量具行业上百家著名生产商入驻，以专业化经营工量具及相关产品的现货及定制服务为主，不断打造和突出专业化的服务能力，形成最全面、最专业、能够提供一揽子解决方案的工量具品牌产品电商平台。

20—25 日 第十四届中国国际机床展览会（CIMT2015）在中国国际展览中心新馆（北京）举行。展会展出面积 13.1 万 m^2，来自中国、德国、日本、美国、瑞士、意大利及中国台湾等 28 个国家和地区的 1 554 家机床工具制造商参展，境内外展商展出面积各占 50%。全球知名机床工具制造商悉数参加了展出。为期 6 天的展会共接待境内外专业观众 130 918 人，同比增长 10.56%；观众人次 176 617，同比增长 9.35%。来自汽车、航空航天、轨道交通等重点用户领域的用户组团对展会进行了深入参观和考察。

★ 院校之窗首次亮相 CIMT。在机床工具行业转型升级的关键时刻，中国机床工具工业协会在其主办的第十四届中国国际机床展览会（CIMT2015）上，推出了一个全新的展览板块 —— 院校之窗，旨在为企业与院校搭建技术交流合作平台，打造新型技术市场。清华大学、天津大学、上海交通大学、西安交通大学和南京理工大学国内五个知名院校参加了展会。院校之窗板块通过文字、图片、视频、技术资料、小实物等方式，生动、直观地将我国高等院校在机床工具行业的基础理论和共性技术研究、先进设计理念、新工艺研发等方面的成果向企业进行展示。院校的成果展示同样得到了机床工具行业用户企业的关注，现场咨询踊跃。

21 日 由中国机床工具工业协会主办的首届国际机床工具信息发布会（IMTIC2015）在京举行。来自全球各地的机床工具制造商、采购商、经销商、行业组织、专业机构和专业媒体的 100 余名专业人士受邀参加信息发布会。会议同时发布了 2014 年度中国机床工具行业“30 强”企业。美国制造技术协会（AMT）主席道格拉斯·武德，德国机床制造商协会（VDW）执行董事维尔弗里德·谢弗博士，日本机床工业协会主席、大隈株式会社社长兼首席执行官花木，台湾机械工业同业公会秘书长王正青，中国机床工具工业协会常务副理事长兼秘书长陈惠仁向与会代表发布了各自国家和地区机床工具行业的运行情况及预测市场信息。

★ 由国家发改委、工信部、国家国防科技工业局联合主办，中国机床工具工业协会和中国和平利用军工技术协会承办的 2015 年国产数控机床应用座谈会在北京举行。会议以“融合、创新”为主题，来自军工集团公司及所属企事业单位和国内重点机床企业代表共计 150 余人出席了会议。国家发改委经济与国防协调发展司王树年司长、吴一亮处长，工信部装备工业司王卫明副司长、王建宇处长，国家国防科技工业局发展计划司宋宝丽巡视员、于继科处长，中国机床工具工业协会陈惠仁常务副理事长兼秘书长，中国和平利用军工技术协会宫宏光副秘书长等出席会议并讲话。会议期间发布了第 10 批《军工行业高档数控机床需求指南》以及《2015 版国产数控机床推荐产品汇编》。

22 日 由中国机床工具工业协会主办的 2015 各国家和地区机床协会负责人联席会在北京举行，来自全球 17 个国家和地区的机床协会负责人及代表参加了会议。会上，美国制造技术协会、日本机床制造商协会、英国制造技术协会、意大利机床机器人及自动化制造商协会、德国机床制造商协会及瑞士机械电器工业协会等国家和地区机床协会代表进行了信息交流，分别介绍了各自国家和地区机床工具市场及产业发展现状。与会代表一致认为，CIMT 是一个很好的交流平台，极大地促进了中国机床工具工业协会与各国家和地区机床协会的合作共赢。

23 日 由商务部主办、中国机床工具工业协会承办的“海外并购暨国际化经营座谈会”在北京中国国际展览中心新馆会议楼举行。商务部相关部门的领导，部分海外行业组织、商业机构，以及国内机床工具行业 30 多家企业近 50 位代表参加会议。美国制造技术协会（AMT）中国代表李星斌在会上介绍了美国政府及协会帮助本国企业开拓国际市场的经验与体会；美国 GARDNER 公司市场总监 Steve Kline 预测了全球机床市场走势，并特别指出，未来墨西哥、俄罗斯将是中国机床工具产品出口的重要市场；商务部对外投资和经济合作司曹亚伟副处长介绍了国家对外投资方面的最新政策，以及商务部提供相应公共服务方面的一些情况。产业安全管制局朱小娟处长介绍了产业安全、进出口管制等方面的信息。沈阳机床（集团）有限责任公司、浙江海德曼机床有限公司、台州北平机床有限公司等企业代表介绍了国际市场开拓、海外并购与合作方面的经验。德国 CMS 律师事务所张宁律师介绍了德国最新的产业政策、在德国并购企业的注意事项及部分案例。会议由中国机床工具工业协会执行副理事长王黎明主持。

★ 中国机床工具工业协会铣床分会第七届三次理事（扩大）会议在北京召开，旨在贯彻落实中国机床工具工业协会第七届三次常务理事（扩大）会议精神，把“新常态·新发展”的工作思路和措施落实到行业工作中，促进企业调结构稳发展。分会 43 家会员单位的 55 位代表出席会议，25 家理事单位中的 21 家理事到会。会议邀请北京精雕科技集团有限公司执行总裁张保全和福建省嘉泰数控机械有限公司总经理兰猛作主题报告。张保全总裁以“北京精雕开发高端客户群体的策略”为题，从分析机床行业现状入手，详述了北京精雕重新选择客户群体、争取高端客户群体、挖掘需求信息；强化研发、制造投入，掌握机床设计、制造、使用整套技术；构建配套体系，促进产业链的健康发展等策略。兰猛总经理以“挖掘客户真实需求、展示产品真正价值”为主题，从专注行业需求、凸显产品价值，全面推进智能化技术两方面介绍了福建嘉泰数控如何在普遍低迷的行业需求形势下逆势而上，抓住市场先机。铣床分会理事单位还审议通过了苏州伟扬精机有限公司和深圳市远洋翔瑞机械股份有限公司 2 家企业的入会申请。

27 日 中国机械工业标准化协会第五届九次常务理事会在北京举行。中国机械工业标准化协会常务理事单位代表约 50 人参加了会议。会议筹备六届理事会及常务理事的换届，并布置了 2015 年机械工业标准化工作的重点。

28 日 2015 年庆祝“五一”国际劳动节暨表彰全国劳动模范和先进工作者大会在北京举行。济南二机床集团有限公司压力机及自动化公司副总工程师江秀花、秦川机床工具集团股份公司宝鸡机床集团有限公司高级技师田浩荣、武汉重型机床集团有限公司铸锻公司机械模型厂吴何庆等人荣获“全国劳动模范”称号。

★ 全国机械工业品牌战略推进工作会在北京召开。会议对在品牌建设活动中涌现出的 65 家企业 72 种品牌的优质产品、24 家获得机械工业质量诚信的企业、6 个获得机械工业产业集群区域品牌创建优秀奖的地区及在品牌推进工作中作出突出贡献的专业协会进行了表彰。四川普什宁江机床有限公司的“宁江”牌卧式加工中心产品荣获“2014 年机械工业优质产品”称号。

5 月

8 日 成都普瑞斯数控机床有限公司在成都举行成立十周年庆典。中国机床工具工业协会执行副理事长王黎明，四川省经信委、成都市经信委、成都市高新区相关领导，供应商、代理商、用户和新闻界代表共约 200 人参加了庆典活动。公司成立 10 年来，已累计向航空航天、军工、核工业、铁道、汽车、摩托车、模具、电子和教育等行业用户提供了近 3 000 台各种高性价比的加工中心和其他数控机床，其主导产品 PT500A、PL700A、PL800A 立式加工中心连续三年（2012—2014 年）获得了中国机床工具工业协会颁发的“产品质量十佳”称号。

9 日 工信部装备工业司组织 2015 年智能制造专项组织实施工作会在北京召开。会议组织中国航空工业集团公司、中国船舶重工集团公司、城市轨道交通研究所、中国汽车工业协会、中国机床工具工业协会等各系统专家编写了“智能制造专项项目申报指南”。

12 日 埃斯维机床（苏州）有限公司在苏州举行了新工厂奠基仪式。这是德国埃斯维公司在海外建立的第一家工厂。德国埃斯维机床的核心产品是多主轴加工中心，广泛应用在汽车、航空航天、液压等制造领域，尤其适用于复杂工件的大批量生产。埃斯维机床（苏州）新工厂于2015年底落成，占地面积近18 000m^2。新工厂建成后具备了销售、客户定制服务、预验收、产品展示、试切、售后服务、备件仓库和培训等功能。工厂落成后，前期将通过进口光机，选配当地生产的配套产品、夹具和刀具，以降低成本，并继续强化项目交钥匙工程能力，提升与国内、国际客户的战略合作能力，旨在深入贴近中国市场，并为中国乃至亚太地区的用户带来更加便捷的服务。

19日　国务院正式印发《中国制造2025》，部署全面推进实施制造强国战略。这是我国实施制造强国战略第一个十年的行动纲领。《中国制造2025》提出，坚持“创新驱动、质量为先、绿色发展、结构优化、人才为本”的基本方针，坚持“市场主导、政府引导，立足当前、着眼长远，整体推进、重点突破，自主发展、开放合作”的基本原则，通过“三步走”实现制造强国的战略目标：第一步，到2025年迈入制造强国行列；第二步，到2035年我国制造业整体达到世界制造强国阵营中等水平；第三步，到新中国成立100年时，制造业大国地位更加巩固，综合实力进入世界制造强国前列。为此，《中国制造2025》明确了9项战略任务和重点。

★　宝鸡市首家以全国劳模、高级技师名字命名的“田浩荣技能大师（劳模创新）工作室”在宝鸡机床举行了揭牌仪式。该工作室成立后，计划用1—2年时间，建成企业数控机床主轴箱装配研发、生产和高技能人才技能提升基地，为陕西装备制造业和我国数控机床的产业升级作出更大贡献。

★　南京马波斯自动化设备有限公司在南京举行了第二工厂开幕典礼。马波斯是一家世界知名测量设备供应商，成立于1952年，进入中国市场已有近30年的历史。自2010后，随着中国市场对自动化设备需求的加大，现有的条件难以满足中国市场的需求。2013年，南京马波斯自动化设备有限公司成功兼并了与之相邻的南京回转支承有限公司，并将该公司扩建和改造成为第二工厂，厂房面积由14 000m^{2}增加到27 000m^2。

27日　“国家机床产品质量监督检验中心（四川）”在四川绵阳中国工程物理研究院（中物院）授牌成立。中物院副院长何颖波、王洋，中物院六所全体班子成员出席，工信部装备工业司副司长王卫明、国家认监委副主任谢军以及相关行业协会、部分机床制造企业、其他地区机床国检中心代表和省市有关部门领导约50余人参加了授牌成立仪式。国家认监委副主任谢军向中物院六所颁发“国检中心资格证书”，并宣布“国家机床产品质量监督检验中心（四川）”成立。“国家机床产品质量监督检验中心（四川）”挂靠单位中国工程物理研究院机械制造工艺研究所，是我国重要的武器制造技术研究与生产基地之一，长期承担国防尖端技术相关的新材料、新工艺、新装备研究和军民两用技术开发任务，在超精密制造，高端工艺装备设计、制造、检测等方面形成了良好的人才、技术优势。

★　东莞市南兴家具装备股份有限公司在深圳证交所正式挂牌在中小板上市，证券简称“南兴装备”，证券代码002757，首次公开发行股票2 734万股，发行价为12.94元。南兴家具装备股份有限公司于1996年由林旺南创办，经过近20年的发展，已成为国内业界公认的木工机床行业龙头企业。其主导产品为板式家具生产线，2014年经营规模突破5亿元，在行业面临下行压力的情况下，仍实现了两位数的增长，并且出口约占总销售收入的30%。南兴家具装备股份有限公司是中国机床工具工业协会木工机床分会的原理事长单位。

27—28日　工信部、财政部组织的“智能制造”专项专家评审工作在北京举行。此次专家评审按专业领域分为标准1组、标准2组、信息技术、高档数控机床和机器人、航空装备、海工和船舶、轨道交通、新能源汽车、电力装备、新材料和农业机械11个领域分组进行评审。其中，高档数控机床和机器人领域包括高档数控机床和机器人核心部件制造新模式以及铸、锻、焊新模式。评审组专家对本领域42个项目的上报材料进行了审查。机床行业企业上报了14个项目。

6月

3日　工信部公示了2015年智能制造专项项目，共有76家公司、研究机构的94个项目入选。其中，机床工具行业有8家企业的8个项目上榜。这8家企业和项目分别是：国家机床质量监督检验中心（智能机床生产线标准体系及实验验证）、重庆机床（集团）有限责任公司（齿轮智能制造装备标准化试验验证系统研究及建设）、四川普什宁江机床有限公司（智能柔性制造系统（FMS）应用标准实验验证体系研究）、大连光洋科技集团有限公司（自主智能化高档数控功能部件智能制造新模式支持下采用全信息化的五轴高速高精度智能化高档数控机床、智能化机器人制造新模式）、宁波海天精工股份有限公司（高档数控机床及其核心部件智能制造新模式应用）、沈阳高精数控技术有限公司（飞机结构件智能制造新模式应用）、北京机电院机床有限公司（高档数控机床及其关键零部件的数字化车间）、湖北三环锻压设备有限公司（利用成组和智能技术打造数字化车间）。

★ 中国机床工具工业协会发布消息，已有 844 家会员企业申请加入《中国机床工具行业反不正当竞争公约》，超过了中国机床工具工业协会会员企业数的一半以上。其中，26 家副理事长所在企业全部申请成为《中国机床工具行业反不正当竞争公约》成员，84% 的常务理事所在企业、77% 的理事所在企业也申请成为《中国机床工具行业反不正当竞争公约》成员。

5 日 重庆机床集团牵头承担的国家“863”计划“制齿机床智能化关键技术及智能滚齿机”课题通过了科技部高技术中心组织的技术验收。该课题主要针对汽车、船舶、工程机械、航空、航天及发电设备急需高档智能化制齿机床的迫切需求，研发的制齿机床装备智能化成套技术，具有机床运行的数据采集、故障检测、能效检测、远程维护和节能运行等功能；能够实现制齿机床加工工艺参数优化决策、程序自动生成以及加工过程中的质量信息管理。

26—27 日 中国机床工具工业协会工具分会七届三次常务理事会在成都召开。工具分会 17 家常务理事单位的主要领导和分会秘书处共 30 人参会。会议由工具分会轮值理事长、成都成量工具集团有限公司董事长朱书林和常务副理事长、成都工具研究所有限公司董事长罗勇共同主持。会议研究了当前工具行业的经济运行形势和企业关注的热点问题，交流当前形势下各企业改革发展的经验和转型升级的思路。

7 月

2 日 工信部公布了 2015 年 46 个智能制造试点示范项目名单。机床工具行业有两家企业上榜。分别是沈阳机床（集团）有限责任公司的智能机床试点示范项目、大族激光科技产业集团股份有限公司的激光切割机床智能制造试点示范项目。

14 日 武汉重型机床集团有限公司吴何庆技能大师工作室被评选为国家级技能大师工作室。吴何庆技能大师工作室成立于 2012 年，以中华技能大奖获得者吴何庆为带头人，主要承担各类铸造模型的研发制造及重点问题攻关。经过 3 年发展，工作室现已建成一支拥有 20 余名技术及技能人员的人才团队，并形成以人才培养促进技能攻关、以技能攻关带动技能人才培养的良性循环。

18 日 陕西省人社厅召开“关于确定 2014—2015 年省级技能大师工作室建设项目推进会议”，宣布了包括秦川集团宝鸡机床“杨忠州技能大师工作室”在内的 2014—2015 年省级技能大师工作室项目。

24—25 日 中国机床工具工业协会 2015 年度理事长工作会议在秦川集团公司召开。工信部装备司副调研员苏铮，协会轮值理事长、济南二机床集团有限公司董事长张志刚，轮值理事长、北京北一机床股份有限公司董事长王旭及理事长、副理事长单位负责人参加会议。会议由协会轮值理事长、秦川集团党委书记、董事长龙兴元主持。会议讨论了当前行业经济运行及市场变化特点，通报了“中国机床工具 2020（讨论稿）”的编制情况，提交了关于开展“中国机床工具工业协会标准工作”的议案。

26 日 中国机床工具工业协会第七届理事会轮值理事长、济南二机床集团有限公司董事长张志刚接任中国机床工具工业协会第七届理事会第三年度理事长。

28 日 齐齐哈尔二机床（集团）有限责任公司承担的 04 专项项目“水室封头专用数控龙门移动式车铣加工中心”在上海重型机床厂通过了 04 专项办公室组织的验收。该项目参与单位有：上海重型机器厂、燕山大学、上海电机学院和哈尔滨理工大学。该项目的实施，解决了核电蒸汽发生器水室封头的粗精加工问题，水室封头零件的单件加工周期从原来的 10 个月减少到现在的一个半月。

★ 武汉重型机床集团有限公司研制的国内最大镜片口径望远镜机架，顺利通过了中国科学院光电技术研究所的验收。该项目是国际合作项目，主要用于天文银河系研究，具有国际先进可视成像技术。在该项目的研制过程中，武重集团主动适应经济发展新常态，以用户为中心，积极履行质量管理主体责任，加强研发设计、加工制造、外协外购等全过程质量控制，把严的标准、实的要求切实落实在产品质量上，层层落实责任、严肃考核奖惩，最终交付满足客户预期的优质产品。

29—31 日 中国机械工业企业管理协会七届三次理事会在北京召开。济南二机床集团有限公司张志刚董事长等 4 位企业家被评为“全国机械工业明星企业家”。

8 月

5 日 教育部公布了首批现代学徒制试点单位名单。经专家评议，从 1 186 家申报单位中遴选出 165 家单位成为试点单位，其中有 8 家试点企业，济南二机床集团有限公司位列其中。济南二机床集团有限公司作为技术密集型企业，始终把培养高技能人才队伍作为企业发展的长期战略任务，是首批全国高技能人才培训基地，先后荣获“国家技能人才培育突出贡献奖”“2014全国大学生就业最佳企业100强”等称号。济南二机床技工学校，创建于1953年，是山东省重点技工学校，现为国家高级技能人才培训基地、山东省金蓝领培训基地，是一所师资力量雄厚，集职业教育、职业培训、职业指导、职业技能鉴定于一体的综合性职业教育学校。

6日 中国机械工业标准化技术协会（中机标协）第六届会员代表大会暨六届一次理事会在哈尔滨举行。会议听取了第五届理事会工作总结，选举产生了第六届理事会。选举中国机械工业联合会标准工作部副主任谭湘宁为理事长，选举产生了副理事长11人，常务理事55人。

8日 济南一机床集团有限公司2015年度高端客户&网点会议在济南章丘举行。来自全国各地的100多家机床销售商和诸多高端客户参加了会议。会议以“新工厂、新面貌、新挑战、新发展”为主题，结合新工厂的投入使用，展现了重组后济南一机床集团有限公司背水一战、重振雄风的决心和信心。

14日 重庆机床（集团）有限责任公司、德国KAPP GmbH&Co.KG、浙江双环传动机械股份有限公司三方在重庆签订了“合资合作框架协议”，拟共同投资设立重庆中德智能制造有限公司（暂定名）。该合资公司注册资本为1亿元，三方均以货币方式进行出资，合资公司的投资总额为3亿元。合资公司将设立在重庆，主要致力于机械、汽车、轻工、纺织和航空等行业现有生产设备的智能化提升、新型智能装备以及相关系统集成与制造服务产品提供，向除美洲及欧洲以外的汽车等行业的全球用户提供智能工厂以及数字化车间（工业4.0）方面完整的流水线制造解决方案。

18日 中国机床工具工业协会组织的中国机床工具行业标准化工作会议在北京举行。机床协会各分会秘书长、机床工具行业全国标准化技术委员会和各分标准化技术委员会秘书长60多人参加了会议。中国机床工具工业协会常务副理事长陈惠仁出席会议，并在讲话中阐明了“协会标准”工作的思路和基本原则；国家标准委工业一部孙旭亮处长出席会议并讲话，他介绍了国家出台深化标准化工作改革方案的政策思路、改革总体要求及实施原则，并对机床协会开展团体标准（协会标准）工作提出了具体意见。会议就协会标准管理办法编制说明及协会标准工作思路进行了交流和讨论。

★ 武汉重型机床集团有限公司、北方爆破科技有限公司和内蒙古北方重型汽车股份有限公司在武重集团举行战略合作协议签字仪式。三方将建立以兵器为平台、市场为牵引、项目为支撑的战略合作关系，实现强强联合、优势互补，加快优质项目的开发，致力于为客户提供钻、爆、采、运、装等一体化系统解决方案。

21日 科技部公示了75个“第三批企业国家重点实验室拟新建立项名单”，济南二机床集团有限公司获批新建“大型先进智能冲压设备国家重点实验室”。新建“大型先进智能冲压设备国家重点实验室”，将通过对大型智能冲压设备基础理论和共性技术的探索研究，提升我国冲压装备制造业的原始创新能力和国际市场核心竞争力，为中国汽车工业“由大变强”提供强大的装备支持。济南二机床集团有限公司作为国内重要的冲压技术和大型金属切削机床研发基地，拥有4个研究所、5个试验室，配备有235台（套）实验设备仪器，应用了三维设计、有限元分析、PDM/PLM、CAPP（工艺）系统等先进工具手段。之前企业技术中心已相继认定为“国家级企业技术中心”“国家级工程技术研究中心”“大型精密复合冲压成形机床创新平台”。

★ 中国机床工具工业协会机床附件分会第八届会员代表大会在哈尔滨举行。会议选举产生了15家理事单位，选举烟台环球机床附件集团有限公司、呼和浩特众环（集团）有限责任公司、无锡建华机床附件集团有限公司、北京机床附件有限公司和山东征宙机械股份有限公司5家公司为常务理事单位，其中烟台环球机床附件集团有限公司为理事长单位，呼和浩特众环（集团）有限责任公司为副理事长单位。

9月

1—5日 第十四届中国国际装备制造业博览会（CIEME2015）暨首届中国沈阳国际机器人展在沈阳国际展览中心举行。展会由商务部、国家发改委、工信部、科技部、贸促会和辽宁省人民政府主办，中国机械工业联合会、中国机电产品进出口商会、辽宁省贸促会协办，沈阳市人民政府承办。展会总面积达11万m^2。海内外参展企业849家，展位数量4 026个，其中国内展位2 685个，境外及外商投资企业展位1 341个。

10日 工信部办公厅组织召开了智能制造试点示范经验交流电视电话会议。工信部相关司局负责人、主要行业协会代表、中央企业集团代表、重点发言企业、北京市重点企业（包括试点示范企业）、有关媒体和专家代表约80多人参会。会议同时在全国各省市设立了35个分会场。工信部装备司张相木司长主持会议，苗圩部长作重要讲话，强调要牢牢把握智能制造发展方向，用好试点示范这个重要抓手，进一步协同做好试点示范工作。会议宣布了 46 家 2015 年智能制造试点示范企业名单，组织了 5 家典型企业进行经验交流。

18 日 四川普什宁江机床有限公司举行宁江机床五十周年庆典活动。中国机床工具工业协会常务副理事长陈惠仁，四川省经济和信息化委员会重大装备与机械处处长叶郎晴，成都市经济和信息化委员会重大装备处处长宾格，都江堰市经济科技和信息化局局长周福初，宜宾普什集团副总裁吴元文，宁江集团董事长彭臻莹，公司党委书记、总经理姜华等领导及公司中高层管理人员，原企业党委书记倪仁贤、厂长黄炳钧、销售总监陈玉良等老领导，以及客户、代理商、供应商，业内同行、合作伙伴代表等近 300 人参加了庆典活动。庆典活动主要由合作伙伴恳淡会、产品开放日、庆典大会组成。

★ 北京安德建奇数控设备有限公司承担的 04 专项项目“带自动穿丝装置的高精度六轴数控单向走丝线切割机床”通过了 04 专项办公室组织的项目验收。安德建奇围绕该项目，开展了纳秒级无电解电源研究、自动穿丝及恒张力机构研制、六轴数控系统及温度补偿装置研制，开发了电火花线切割加工工艺数据库，开发的高精度六轴数控单向走丝线切割机床，加工精度 ±0.002mm, 加工表面粗糙度 R_a ≤ 0.000 2mm，加工效率 ≥ 275mm^2/min，达到国际同类产品先进水平，并形成了批量生产能力，年销售 50 ～ 100 台。

★ 中国机床工具工业协会夹具分会第七届四次分会大会在合肥召开。会议传达了中国机床工具工业协会理事长工作会议、标准化会议以及反不正当竞争等会议精神及工作安排，重点围绕夹具行业面临的市场环境、如何根据市场需求变化推进结构调整和转型升级等企业关注的问题进行了讨论和交流。

★ 重型机床分会六届四次理事会暨 2015 年年会在济南召开。13 家会员企业的负责人出席。会议总结了重型机床行业的经济运行情况，围绕重型机床行业企业如何调整转型升级进行了深入的交流和讨论。与会代表一致认为，重型机床市场凸显两个新的特点：一是中高档产品成为市场需求主流，要继续加大新产品开发力度，加快产品结构调整；二是国内重型机床拥有量已严重过剩，必须强化国际市场的开拓。重型机床企业需要坚持调整发展战略，优化产品结构，加大研发投入，加快产品和技术升级，主动适应市场需求变化。

21 日 宝鸡忠诚机床有限公司承担的 04 专项项目“BM63150C 精密数控车床及 BM63150X 车削中心”在山东济宁博特精密丝杠有限公司通过了 04 专项办公室组织的项目验收。该项目的参与单位有西安理工大学和上海原创精密机床主轴有限公司。围绕该项目，宝鸡机床开展了精密数控车床整机设计验证；精密动静压主轴轴承的研制；数控精密宏 / 微伺服进给系统研究；车床热变形分析及综合误差补偿技术、人造花岗岩床身技术研究，开发了 5 台样机。其中 1 台在山东济宁博特精密丝杠有限公司得到应用，效果良好。该机床主轴径向跳动≤ 0.000 5mm，轴向跳动≤ 0.001mm，重复定位精度≤ 0.003mm。

23—24 日 中国机械工业科学技术奖评审会（终评会）在北京举行。2015 年机械工业网络申报项目共 903 项，未通过形式审查和网上初评的有 140 项，提交专业组初评的有 763 项。经 14 个专业评审组初评，共推荐特等奖 3 项（其中发明类 1 项）、一等奖 38 项（其中发明类 9 项），评审二等奖 120 项，评定三等奖 205 项。终评会对各专业组推荐的一等奖以上的 41 个项目，逐个进行了项目介绍、答辩专家质询、专家组讨论、分项打分、专家投票等程序。最终，沈阳鼓风机集团股份有限公司等 6 单位申报的“20MW 级变频电驱压缩机组研制及工业性应用”项目获机械工业特等奖，另有 33 个项目通过了一等奖评审，有 7 个项目降为二等奖。

28 日 秦川机床工具集团股份公司承担的宝鸡市重大新产品开发专项“工业机器人 GBX 系列高精度高效率减速器开发”顺利通过了由宝鸡市科学技术局组织的项目验收。验收专家组认为，该项目研制成功了高精度高效率减速器，产品在传动精度、回差、传动效率、噪声四方面达到了合同书要求；攻克了工业机器人高精度高效率减速器设计和制造中的回差分配、摆线传动修形、零件加工工艺及精度保证等多项核心关键技术难题。

10 月

5—10 日 EMO 2015 在意大利米兰展览中心举办。中国机床工具工业协会组织了 31 家国内企业出展，展览面积达 1100 余平方米。

9 日 济南二机床集团有限公司为一汽 - 大众华东基地提供 8 100t 高速智能冲压线项目签约仪式，在青岛即墨汽车产业新城举行。此次签约的 8 100t 大型智能冲压生产线是国内整线吨位最大、工序最多的冲压线。整线生产节拍达到 15 次 /min，采用同步控制、全自动换模、智能控制等关键技术，是代表当今国际最先进水平的大型成套冲压装备。

12 日 中华全国总工会、科学技术部、人力资源和社会保障部、工信部联合举办的2015年中国技能大赛——第五届全国职工职业技能大赛加工中心操作工、数控机床装调维修工决赛，在北京市工贸技师学院开幕。该赛事将持续3天，共有170名选手参加两个工种的激烈角逐。按照大赛规则，决赛由理论考试和实际操作两部分组成。理论考试为闭卷，试题以国家职业技能标准为基础，从国家题库中抽取或组织专家命制。理论考试和现场操作内容的权重设定为3 ∶ 7。

21—22日　大连华根机械有限公司承担的04专项项目“系列高速立、卧式加工中心”以及大连机床（数控）股份有限公司承担的04专项项目“DLM系列精密数控车床和车削中心”在上海航天设备总厂通过了04专项办公室组织的验收。这两个项目研制的新产品都在上海航天设备总厂经过了两年多的使用，效果良好。

22日　受国家发改委经济与国防协调发展司、科工局发展计划司委托，中国机床工具工业协会与中国和平利用军工技术协会联合在中航工业昌河飞机工业（集团）有限责任公司组织了直升机制造装备供需对接交流会。来自14家机床行业企业的23名代表与昌飞公司进行了对接交流。在交流会上，昌飞公司详细介绍了昌飞制造直升机的发展趋势及制造特点、直升机构件加工对设备的需求特点、信息化管理的经验以及国产数控装备的现状及需求；还详细介绍了昌飞公司使用国产机床遇到的问题，并希望机床制造企业努力实现国产数控机床从“中国制造”到“中国质造”。

23日　财政部、国家发改委、工信部、海关总署、国家税务总局、国家能源局六部委共同组织召开了2016年度“重大技术装备进口税收目录”审查工作会议，对重大技术装备16个领域的“国家支持发展的重大技术装备和产品目录”以及“重大技术装备产品进口关键零部件原材料目录”进行审核。其中机床领域的进口机床及相关零部件免税政策全部取消。

23—25日　中国机床工具工业协会小型机床分会第七届三次理事扩大会在浙江富阳召开。来自全国各地的10个会员单位的16名代表参加了会议。会议听取并审议通过了分会2015年度工作报告和2015年度财务收支报告，传达了中国机床工具工业协会近期对行业工作的指导意见，进行了“细分市场、狠抓质量、提升企业生命力”的主题交流。

28日　陕西汉江机床有限公司与北京精密机电控制设备研究所就设立“机械工业精密传动机构及伺服驱动系统工程技术研究中心精密传动机构汉中分中心”签订战略合作协议。根据合作协议，北京精密机电控制设备研究所将依托陕西汉江机床有限公司设立机械工业精密传动机构及伺服驱动系统工程技术研究中心精密传动机构汉中分中心，并独立运行；陕西汉江机床有限公司利用自身技术和优势，承担北京精密机电控制设备研究所滚珠丝杠等产品的配套、协作任务，并在数控机床、专业设备、航空领域开展联合应用开发。

30日　工信部发布了《首台（套）重大技术装备推广应用指导目录（2015年第二版）》（工信部装〔2015〕360号）。《首台（套）重大技术装备推广应用指导目录（2015年版）》（工信部装〔2015〕63号）同时废止。

11月

3日　在上海举办的第17届中国国际工业博览会上，北京北一机床股份有限公司研发的随动式（切点跟踪）RV减速器偏心轴磨床获第十七届中国国际工业博览会金奖。

3—6日　全国量具量仪标准化技术委员会数显装置分技术委员会第二届三次会议在珠海举行，全国量标委、中国机床工具工业协会和特邀行业专家参加会议，数显装置分技术委员会全体委员、观察员约40人参加。会议传达了中国机床工具工业协会行业标准化工作会议精神，学习了《国务院关于深化标准化工作改革方案（国发〔2015〕13号）》文件，总结了2015年数显装置分技术委员会的工作，通报及讨论了已经工信部立项的“光栅编码器　可靠性试验方法”等8项标准工作情况并确定标准起草小组成员单位。讨论了拟组织编撰“现代数显技术与位置检测”一书的相关事宜。

3—7日　第十七届中国国际工业博览会在上海虹桥国家会展中心举行。展会设数控机床与金属加工展、工业自动化展、工业环保技术与设备展、信息与通信技术应用展、新能源与电力电工展、节能与新能源汽车展、机器人展、航空航天技术展、科技创新展9大专业展，使用了会展中心3个单层展馆、3个双层展馆。展会面积达23万m^2，展会的展览规模和展商国别数创历史新高，参展企业达2 270家。其中数控机床与金属加工展的金属切削和成形激光加工大体各占一个馆，展出面积约5万m^2。

4日　中国机床工具工业协会组合机床分会第七届四次理事会扩大会议在重庆大足举行，分会会员企业代表60多人参会。会议传达并研讨了《中国机床工具2020》规划以及中国机床工具工业协会《协会标准管理办法》，围绕组合机床行业如何自主创新、转型升级、行业自律等议题进行了讨论。

12 日 工信部装备司在北京召开了“推进工业强基工作座谈会”。此次会议是工信部为制定下一步“强基”工作思路和措施，确定 2016 年工业强基项目重点方向而组织召开的。中国机床工具工业协会参加会议，并在会上提出机床工具行业 2016 年强基项目四个重点方向建议：数控机床核心功能部件，数控装置，用于加工自动线的工业机器人，刀具、工具系统、量具、量仪、测量装置。

13 日 大连机床集团有限责任公司与石家庄职教中心举办战略合作签字仪式。根据协议，双方通过产教融合、校企合作，提升各自的社会影响力和企业的品牌影响力，实现双方社会效益和经济效益的共赢，共建适应经济发展方式转变和产业结构调整要求的现代职业教育体系下的校企合作新模式，共同探索技术技能人才系统化的培养、国家技术技能认定制度化的推广和人才成长道路多样化的建立，推动建立较为完整的中国特色社会主义现代教育体系。

13—15 日 由郑州市人民政府和国机精工有限公司、中国汽车工业国际合作有限公司共同主办的第三届中国（郑州）国际磨料磨具磨削展览会在郑州国际会展中心举行。展出面积 20 000m^2，参展商 320 余家。国内行业知名企业悉数到场。圣戈班 (Saint-Gobain)、3M 等 30 多家国外知名企业（品牌）参展。展会以磨料磨具、超硬材料及制品为特色，涵盖磨削全产业链最新技术和产品，提供磨削解决方案，是国内唯一、全球知名的磨削技术专业展会。

16 日 首批“首台（套）重大技术装备保险项目”审查会在北京举行。工信部装备司张荣翰处长主持会议，中国机械工业联合会重大办，以及机床、重型机械、石化装备、塑料机械、农业机械、电器等协会相关专家参加项目审查。会议分专业对全国首批申报的 108 项首台（套）重大技术装备保险项目进行了技术性审查。机床工具行业有 6 家企业申报，其中 5 个项目通过技术审查。

16—17 日 烟台环球机床附件集团有限公司承担的 04 专项项目“立式伺服转塔刀架关键技术研究与开发应用”和“大重型数控回转工作台关键技术研究与开发应用”通过了 04 专项办公室在济南组织的验收。“立式伺服转塔刀架关键技术研究与开发应用”项目研制了 380×380、440×440 的伺服转塔刀架，刀位数 4 ～ 6，分度精度 ±3″，重复定位精度 ±1″；“大重型数控回转工作台关键技术研究与开发应用”项目完成了台面直径 ϕ2 500 至 ϕ5 000mm 系列数控回转工作台的制造，转台承重为 30 ～ 60t，分度精度为 6″。

19 日 江苏无锡建华机床附件集团有限公司承担的 04 专项“高速精密动力卡盘系列化产品研发与应用”通过了 04 专项办公室在河南安阳组织的验收。按照项目要求，无锡建华研制了 ϕ125mm、ϕ160mm、ϕ200、ϕ250mm 四个规格的高速精密动力卡盘，卡盘最高转速大于 5 500r/min，重复夹持精度 0.010mm，最大夹紧力 100kN。研制的产品在安阳鑫盛机床股份有限公司得到应用验证。

26—28 日 中国机床工具工业协会特种加工机床分会年会在贵阳花溪迎宾馆召开，会员代表约 80 人参会。会议总结了 2015 年分会的工作，介绍了 2016 年工作计划。宣布了特种加工机床分会第七届四次理事会关于吸收新会员入会的决定。会议安排了会员单位的经验交流座谈，邀请了上海交通大学赵万生教授介绍“新构架电加工数控系统”。

12 月

3 日 第五届全国职工职业技能大赛总结大会在北京召开。北京北一机床股份有限公司吴广磊获本届数控机床装调维修赛项的个人第一名，与李志波、曹彦文、陈秋瑞、王建明 5 名选手荣获“全国五一劳动奖章”，曹彦文等 24 名选手获“全国技术能手”称号。这次技能大赛围绕产业转型升级的需要，在注重传统工种的同时突出新兴工种，设置了加工中心操作工、数控机床装调维修工、焊工、计算机程序设计员、动画绘制员 5 个工种。全国近 350 万名职工参加了 5 个工种的各层次选拔赛，辐射带动了 1 500 多万名职工参加多工种、不同层次的技能比赛，120 多万名职工通过比赛晋升了技术等级。经层层选拔，全国 30 个省（区、市）和新疆生产建设兵团共派出 141 支参赛队、427 名选手参加了分别在北京、株洲、杭州 3 个城市举行的 5 个工种的决赛。

★ 工信部办公厅与国防科工局综合司联合印发了《民参军技术与产品推荐目录（2015 年度）》。该目录针对海军装备建设需求，围绕新型船舶机电设备、水下无人潜航器、新型船舶功能材料、新型舰船材料、新型船舶能源、新型电子信息技术、新型船舶制造技术、减振降噪技术、船舶控制和综合测试技术 9 个领域，共征集 799 项技术及产品信息，涉及全国 22 个省（自治区、直辖市）的 352 家民口单位。经相关技术领域和装备研制需求方面专家评审遴选，120 项技术及产品入编目录。入编该目录的技术及产品将向海军和以舰船研制为主的军队用户、军工科研生产单位推荐共享。

4 日 全国刀具标准化技术委员会与中国机床工具工业协会工具分会技委会在汕头联合举办 2015 年会。出席会议的有全国专业标准化技术委员会委员、特邀代表、工具分会代表共 32 人。会议听取了 2015 年工具行业经济运行情况报告；听取并审议了全国刀标委查国兵秘书长所作的全国刀标委 2014—2015 年度秘书处工作报告；审议同意秘书处提出的2016年计划开展的刀具标准制、修订项目；审议通过了秘书处所做的刀标委年度经费报告；并就刀具行业的转型升级、技术创新和管理创新进行了热烈的探讨，特别就刀具标准工作服务于创新、服务于科技成果的转化提出了很多积极的建议。

4—5 日 济南二机床集团有限公司（简称济南二机床）承担的 04 专项项目“大型精密复合冲压成形机床创新能力平台建设”“汽车车身大型智能冲压生产线”两项国家重大专项通过 04 专项办公室组织的验收。

“大型精密复合冲压成形机床创新能力平台建设”项目，主要通过建立大型冲压成形机床自动化系统实验平台、冲压装备分析与仿真平台、控制系统技术平台，开发冲压成形机床产业所需的关键技术，创建自主创新体系，提高重大成套技术的自主开发、原始创新能力，实现冲压成形机床结构升级，引领行业发展。

“汽车车身大型智能冲压生产线”项目，依托济南二机床为上汽通用汽车武汉分公司研制的 52 500kN 大型冲压生产线，研究开发了适用于钢板、铝合金板、激光拼焊板板材的冲压成形，以及连续不间断拆垛、智能化板料视觉对中、远程诊断智能监控等一批关键共性技术。济南二机床已为美国福特公司、长安福特公司、上海大众公司等提供了十余条大型智能冲压生产线。

7 日 财政部、国家发改委、工信部、海关总署、国家税务总局、国家能源局在广泛听取产业主管部门、行业协会及企业代表等方面意见的基础上，决定对重大技术装备进口税收政策有关目录和规定部分条款进行修订。发布了《国家支持发展的重大技术装备和产品目录（2015 年修订）》《重大技术装备和产品进口关键零部件及原材料商品目录（2015 年修订）》和《进口不予免税的重大技术装备和产品目录（2015 年修订）》3 个产品目录。这 3 个经过修订后的目录自 2016 年 1 月 1 日起执行。届时，财政部、国家发改委、工信部、海关总署、国家税务总局、国家能源局《关于调整重大技术装备进口税收政策的通知》（财关税〔2014〕2 号）附件 2、附件 3、附件 4 予以废止。

7 日 大连机床集团东莞创业孵化基地正式运营。基地（一期）厂房面积共约 22 000m^2，计划投资总额 8 亿元，主要围绕电子、汽车、摩托车配件、模具等相关产业，尤其是围绕 3C 产业，采取租赁模式为用户提供工艺、规划等技术以及制造一体化和部分订单服务。

9 日 武汉重型机床集团有限公司（简称武重集团）顺利通过了中国质量协会质量保证中心对公司质量、环境和职业健康安全质量管理体系的审核。审核专家组认为，武重集团在质量管理、安全标准化、企业发展、精益管理等十几项基础管理工作中取得了实效，确保了质量、环境和职业健康安全质量管理体系的充分性、适宜性和有效性。

14 日 上海机床厂有限公司公司承担的 04 专项项目“大型数控切点跟踪曲轴磨床”与“高精度滚珠丝杆及螺母成套磨削设备”通过了 04 专项办公室组织的项目验收。按照“大型数控切点跟踪曲轴磨床”项目的要求，上海机床厂有限公司对大型曲轴切点跟踪数控磨床的总体设计方法与性能保证技术、曲轴变速回转驱动磨削工艺方法、高随动特性的砂轮架驱动系统设计、磨削过程中的随动支撑技术以及曲轴尺寸、位置与变形量的在线检测与控制等关键技术开展了深入的研究，研制的 MK8280/SD-H 大型数控切点跟踪曲轴磨床，主要用于船舶曲轴、机车曲轴等制造企业大型曲轴的磨削加工，可实现曲轴在一次装夹中完成主轴颈和连杆颈的高效、精密磨削。围绕“高精度滚珠丝杆及螺母成套磨削设备”项目的研制，开展了高精度数控丝杠磨床和数控内螺纹磨床优化设计、磨削颤振和烧伤控制研究，开发了软件控制系统，研制出数控丝杠磨床和数控内螺纹磨床，经第三方检测达到了课题任务书的考核指标，实现了 P1 级滚珠丝杠的加工。

17 日 济南二机床承担的 04 专项项目“高架式五轴联动高速龙门镗铣加工中心”在江西南昌顺利通过 04 专项办公室组织的终验收。该课题成功研制出具有自主知识产权的高架式五轴联动高速龙门镗铣加工中心，应用了济南二机床自主研发的力矩电机直驱式双摆角数控万能铣头，可实现对飞机大型壁板类铝合金零件、大型汽车模具等大型复杂曲面类零件的高精度、高速加工，机床主要性能和技术指标达到国际先进水平。

18 日 济南二机床在武汉举行的东风雷诺汽车有限公司年度供应商大会上，荣获“2015 年度优秀供应商”称号。公司也是东风雷诺汽车有限公司 10 家“2015 年度优秀供应商”中唯一的一家设备供应商。此外，济南二机床还先后荣获了上海通用汽车“年度最佳供应商”、奇瑞捷豹路虎“优秀供应商”、北京汽车“优秀供应商”等称号。

20 日 重庆机床（集团）有限责任公司、德国 KAPP GmbH&Co.KG、浙江双环传动机械股份有限公司继 8 月 14 日签订“合资合作框架协议”之后，再次在重庆举行了智能制造合资合同签约仪式，合资合作三方代表张明智、Martin Kapp、吴长鸿签订正式“合资合同”及“合资章程”。合资公司将主要从事智能化装备制造设备、配件及系统的设计、制造、销售、服务，自动化生产线、数字化车间、智能化工厂的全套解决方案。

23 日　中国机床工具工业协会第七届五次常务理事（扩大）会议在北京召开。中国机床工具工业协会常务理事以上单位、常设机构中层以上干部以及各分会秘书长、副秘书长等共 200 多人参加了会议。会议邀请工信部装备工业司司长张相木出席会议并讲话，邀请工信部规划司副司长李北光作“工业领域‘十三五’规划和中国制造 2025”专题报告，邀请国务院发展研究中心宏观经济研究部余斌部长作宏观经济形势报告。中国机床工具工业协会常务副理事长兼秘书长陈惠仁作机床工具行业市场和运行分析报告，协会执行副理事长毛予锋作协会工作报告。会议由协会当值理事长、济南二机床董事长张志刚主持。

30 日　工信部、国家标准化管理委员会联合发布了《国家智能制造标准体系建设指南（2015 年版）》。该指南以聚焦制造业优势领域、兼顾传统产业转型升级为出发点，按照“共性先立、急用先行”原则，主要面向跨领域、跨行业的系统集成类标准，通过统筹标准资源、优化标准结构，重点解决当前推进智能制造工作中遇到的数据集成、互联互通等基础瓶颈问题；明确了建设智能制造标准体系的总体要求、建设思路、建设内容和组织实施方式，从生命周期、系统层级、智能功能等 3 个维度建立了智能制造标准体系参考模型，并由此提出了智能制造标准体系框架，框架包括基础、安全、管理、检测评价、可靠性 5 类基础共性标准和智能装备、智能工厂、智能服务、工业软件和大数据、工业互联网 5 类关键技术标准以及在不同行业的应用标准。该指南采取滚动修订制度，每 2 ～ 3 年修订后发布。

月内　济南二机床顺利通过了 ISO 3834 国际焊接质量体系认证审核。企业焊接技术和管理水平获得国际认可，为进一步开拓国际市场，尤其是欧洲市场提供了重要保证。ISO 3834 认证是当前世界焊接领域的权威认证，对于提升企业焊接管理水平、人员资质和技能，强化产品质量过程控制等方面具有重要意义。在市场竞争日益激烈的形势下，获得 ISO 3834 认证，标志着企业产品质量能够满足欧洲及其他国际客户的标准要求，提升了在国际市场的竞争力，为取得海外高端订货又增加了重要砝码。

〔供稿人：中国机床工具工业协会符祚钢〕